普通高等院校财务管理专业
核心课程系列教材

顾问　王化成
主编　韦德洪
主审　郭复初

财务预算学

（第2版）

韦德洪　邹武平　编著

国防工业出版社
·北京·

内容简介

本书主要介绍了财务预算的基本原理和方法，内容包括财务预算概论、财务预算的编制模式、财务预算的编制流程、财务预算的编制方法、财务预算的编制过程、财务预算的执行与调整、财务预算的监督与控制、财务预算的考核与评价、财务预算的奖励与惩罚、财务预算的管理体制、企业财务预算管理的应用和国家预算管理概论。

本书的特点是把财务预算的内容划分为经营活动预算、投资活动预算、筹资活动预算、现金流量预算、财务状况预算、经营成果预算六个模块，把财务预算管理的过程划分为预算的编制、预算的执行、预算的调整、预算的监控、预算的考评和预算的奖惩六个环节，同时把国家预算纳入了财务预算的范畴，体现了国家财务管理是大财务管理学科的重要组成部分这一学术观点。学习本书后，可以掌握财务预算管理的基本原理和方法，了解国家预算的管理体制和编制原理，有助于提高财务预算管理的意识和技能。

本书主要读者对象为普通高等院校财务管理及相关专业的本科生、研究生，同时包括财务管理理论工作者和实务工作者。

图书在版编目(CIP)数据

财务预算学 / 韦德洪，邹武平编著．—2 版．—北京：国防工业出版社，2017.1

普通高校财务管理专业核心课程系列教材

ISBN 978-7-118-11058-6

Ⅰ．①财…　Ⅱ．①韦…　②邹…　Ⅲ．①企业管理 - 财务管理 - 预算 - 高等学校 - 教材　Ⅳ．①F275

中国版本图书馆 CIP 数据核字(2016)第 279262 号

※

国防工業出版社出版发行

(北京市海淀区紫竹院南路 23 号　邮政编码 100048)

天利华印刷装订有限公司印刷

新华书店经售

*

开本 787×1092　1/16　**印张** 21¾　**字数** 542 千字

2017 年 1 月第 2 版第 1 次印刷　**印数** 1—3000 册　**定价** 46.00 元

(本书如有印装错误，我社负责调换)

国防书店：(010)88540777　　发行邮购：(010)88540776

发行传真：(010)88540755　　发行业务：(010)88540717

第 2 版总序

中国特色财务管理学科的构建,我的几点主张①。

1. 基本主张

我既不是学术权威,也不是政府高官。我无法决定,甚至不能参与决定中国财务管理学科的构建,但我是一个虔诚的财务管理学人,同时还是一个深深植根于中国传统文化土壤的中国人。我有几点强烈的主张想要表达,中国财务管理学科的构建,应该从汉字“财”和“务”的字义出发,探求财务管理的本质,明确财务管理的内涵,界定财务管理的外延,建立财务管理的理论体系,摆正财务管理的学科归属和地位,最后构建出一个基于汉字“财”和“务”的字义的、具有中国特色的财务管理学科。

2. 关于财务管理本质的主张

我无从考证,我们的祖先是从什么时候起创造了“财”和“务”这两个汉字。但我从《现代汉语词典》中看到,“财”有一种字义叫做“钱和物资的总称”,“务”有一种字义叫做“事情”。因此我想,财务应该是“跟钱和物资有关的事情”,财务管理应该是“对那些跟钱和物资有关的事情所进行的管理”。

钱是什么,物资又是什么?用现在的专业术语来说,钱是货币性资产,物资(包括有形和无形的物资)是非货币性资产,而货币性资产和非货币性资产又合称为资产。这样想着,财务就演化成了“跟资产有关的事情”,财务管理也演化成了“对那些跟资产有关的事情所进行的管理”。这就是财务管理的本质,是从汉字“财”和“务”的字义延伸出来的、任何人都不应该回避或掩饰的财务管理的内在特质。

3. 关于财务管理内涵的主张

财务管理的内涵是什么?这要从财务管理的客体、主体和行为去寻求答案。根据财务管理的本质,财务管理就是“对那些跟资产有关的事情所进行的管理”。因此,财务管理的客体就是那些“跟资产有关的事情”。而跟资产有关的事情大致可以分为三类,即资产的取得、资产的耗用和资产的保全。资产的取得主要是在筹资活动、投资活动和经营活动中取得;资产的耗用也主要是在筹资活动、投资活动和经营活动中耗用;资产的保全也需要在筹资活动、投资活动和经营活动中保全。因此,财务管理的客体就是那些在筹资活动、投资活动和经营活动中与资产的取得、资产的耗用和资产的保全有关的事情。

任何一个法人和自然人,诸如国家、政府部门、事业单位、企业、其他非营利组织,乃至每一个家庭和个人,谁没有各自的资产,谁不会发生各自的跟资产有关的事情,谁不需要对自己的那些跟资产有关的事情进行管理。于是乎,财务管理的主体就是那些合法拥有或依法控制着

---

① 韦德洪. 中国特色财务管理学科的构建:我的几点主张. 会计之友,2011,5:4 – 8.

自己的资产的法人和自然人。具体包括国家法人、机关法人、事业法人、企业法人、团体法人，以及每一个家庭和个人等。

一个法人或自然人，抑或一个财务管理主体，在对其资产的取得、耗用和保全进行管理时，应该做一些什么事情，或者说应该实施哪些管理行为，这是财务管理学科的构建必须解决的问题。我曾站在财务管理主体的立场，对这个问题进行过认真的思索，也曾深入过一些企业、事业单位，就这个问题与一些财务管理实务工作者进行过促膝的交流。我们共同发现，一个财务管理主体，在对其资产的取得、耗用和保全进行管理时，主要是做以下10件事情。

预测——预测收入、成本费用、现金流量、利润等；

决策——经营决策、投资决策、筹资决策；

预算——经营预算、投资预算、筹资预算、现金流量预算等；

核算——对经营活动、投资活动、筹资活动进行确认、计量、记录、报告；

控制——对经营活动、投资活动、筹资活动进行控制；

分配——对经济利益进行分配；

分析——对经营活动、投资活动、筹资活动的有效性进行分析；

审计——对经营活动、投资活动、筹资活动进行内部审计或外部审计；

沟通——与内外部的利益相关者沟通，掌握内外部的各种相关信息；

协调——平衡各个利益相关者的责权利，解决各种责权利纠纷。

这10件事情就是一个财务管理主体。在对其资产的取得、耗用和保全进行管理时，需要实施的10种财务管理行为。

至此，财务管理的客体、主体和行为都已经很明确了，财务管理的内涵也就跃然纸上了，那就是法人或自然人在其筹资活动、投资活动和经营活动中对其合法拥有或依法控制的资产，在取得、耗用和保全过程中所发生的事情进行科学的预测和决策、准确的预算和核算、严格的控制和审计、合理的分配和分析、有效的沟通和协调的一项管理活动。

4. 关于财务管理外延的主张

财务管理的外延，应该从财务管理的主体范畴、客体范畴、行为范畴，以及财务管理与传统的相关学科之间的关系来界定。

从财务管理的主体范畴来看，财务管理的外延应该包括国家财务管理、公众财务管理、行政事业单位财务管理、企业（含金融企业）财务管理、其他非营利组织财务管理、家庭及个人财务管理等。

从财务管理的客体范畴来看，财务管理的外延应该包括筹资活动、投资活动和经营活动中关于资产取得、资产耗用和资产保全的管理等。

从财务管理的行为范畴来看，财务管理的外延应该包括财务预测、财务决策、财务预算、财务核算（即会计）、财务控制、财务分配、财务分析、财务审计、财务沟通和财务协调等。

从财务管理与相关学科的关系来看，财务管理的外延应该包括传统的会计学、审计学、财政学、税收学、金融学等。

从本质上说，会计是对那些“跟资产有关的事情”进行确认、计量、记录和报告。会计的目标是向会计信息使用者提供那些“跟资产有关的事情”的有用信息。审计是对那些“跟资产有关的事情”进行审查和鉴证。审计的目标是保障那些“跟资产有关的事情”的合法性、合规性、合理性、经济性、效率性和效果性。而财政、税收则是政府管理国家的那些“跟资产有关的事情”的管理活动。财政和税收属于国家财务管理。

金融是什么？根据《现代汉语词典》的解释，“金”即是钱，“融”则为流通。金融实乃“钱之流通”，亦即货币性资产的流通，而货币性资产的流通仅仅是“跟资产有关的事情”的一部分。由此可见，金融属于财务管理的一部分，金融学科是财务管理学科的一个分支学科。

5. 关于财务管理理论体系构成的主张

一个完善的财务管理理论体系，应当能够满足各种财务管理主体，对各自的财务管理客体实施各种财务管理行为的需要。因此，财务管理的理论体系应该由财务管理基础理论、财务管理主体理论、财务管理客体理论、财务管理行为理论和财务管理其他理论5个部分构成。

财务管理基础理论主要包括财务管理本质理论、环境理论、假设理论、目标理论、职能理论、原则理论、方法理论等。

财务管理主体理论主要包括国家财务管理理论（含国家财政、税收、金融、外汇等管理理论）、公众财务管理理论（含社会保障基金、住房公积金等管理理论）、行政事业单位财务管理理论、企业（含金融企业）财务管理理论、其他非营利组织财务管理理论、家庭及个人财务管理理论等。其中，国家财务管理理论、公众财务管理理论构成宏观财务管理理论。行政事业单位财务管理理论、企业财务管理理论、其他非营利组织财务管理理论、家庭及个人财务管理理论构成微观财务管理理论。

财务管理客体理论主要包括筹资活动中关于资产取得、资产耗用和资产保全的管理理论；投资活动中关于资产取得、资产耗用和资产保全的管理理论；经营活动中关于资产取得、资产耗用和资产保全的管理理论。

财务管理行为理论主要包括财务预测理论、财务决策理论、财务预算理论、财务核算理论、财务控制理论、财务分配理论、财务分析理论、财务审计理论、财务沟通理论、财务协调理论等。其中，财务核算理论就是会计确认、计量、记录和报告的理论。

财务管理其他理论主要包括财务管理法规理论、政策理论、体制理论、发展理论、比较理论、教育理论等。

6. 关于财务管理学科归属和地位的主张

曾几何时，财务管理学科仅仅是工商管理一级学科所属的企业管理二级学科下的一个小小的学科，而会计学科与企业管理学科并列为工商管理一级学科下属的两个二级学科，财政学科、金融学科则被划归到经济学门类，作为应用经济学一级学科下的两个二级学科。这种学科归属和地位的安排，严重脱离了基于汉字“财”和“务”的字义而界定的财务管理的本质、内涵、外延以及财务管理的理论体系，极大地制约了中国财务管理学科的建设和发展。

根据上述财务管理本质、内涵、外延以及理论体系构成的主张，我曾在无数个不眠之夜里苦思，中国财务管理学科是否可以构建出一个包括传统的财政学（含税收学）、金融学（含保险学）、会计学（含审计学）在内的大财务管理学科呢？如果可以，那么就要对这个大财务管理学科的归属和地位做出新的安排，将它归属于管理学门类的一级学科，下设宏观财务管理学和微观财务管理学两个二级学科。

宏观财务管理学主要包括国家财务管理学和公众财务管理学。国家财务管理学主要包括国家财政管理学、国家税收管理学、国家金融管理学、国家外汇管理学。公众财务管理学主要包括社会保险基金管理学、社会慈善基金管理学、社会救助基金管理学、社会福利基金管理学和住房公积金管理学。

微观财务管理学主要包括企业(含金融企业)财务管理学、行政事业单位财务管理学、其他非营利组织财务管理学、家庭和个人财务管理学。

7. 关于中国特色财务管理学科的主张

综上所述,中国财务管理学科的构建应当以汉字“财”和“务”的字义为基础,构建出一个具有以下特征的、中国式的财务管理学科体系。

从本质上看,中国的财务管理就是“对那些跟资产有关的事情所进行的管理”。从内涵上看,中国的财务管理是法人或自然人在其筹资活动、投资活动和经营活动中,对其合法拥有或依法控制的资产在取得、耗用和保全过程中所发生的事情进行科学的预测和决策、准确的预算和核算、严格的控制和审计、合理的分配和分析、有效的沟通和协调的一项管理活动。

从外延上看,中国的财务管理包括国家财务管理、公众财务管理、行政事业单位财务管理、企业财务管理、其他非营利组织财务管理、家庭及个人财务管理等;包括筹资活动、投资活动和经营活动中,关于资产取得、资产耗用和资产保全的管理等;包括财务预测、财务决策、财务预算、财务核算(即会计)、财务控制、财务分配、财务分析、财务审计、财务沟通和财务协调等;同时还包括传统的会计学、审计学、财政学、税收学和金融学等。从理论体系构成上看,中国的财务管理理论体系主要是由财务管理基础理论、主体理论、客体理论、行为理论和其他理论所构成。

从学科归属和地位上看,中国的财务管理学科是一个包括宏观财务管理学和微观财务管理学这两个二级学科在内的属于管理学门类下的一级学科。

韦德洪

2016 年 7 月

总　序

根据《现代汉语词典(修订本)》(中国社会科学院语言研究所词典编辑室编撰、商务印书馆1996年出版)的解释:"财"是钱和物资的总称,"务"是事情。因此,财务就是"有关钱和物资的事情",财务管理就是"对有关钱和物资的事情所进行的管理"。既然如此,那么,国家、公众、各类单位乃至每一个家庭和个人都有各自的钱和物资,因此也都有各自的财务和财务管理。因此,从财务管理的主体来看,财务管理学科的范畴应该包括国家财务管理学、公众财务管理学、单位财务管理学、家庭及个人财务管理学。而一个财务管理主体内部没有什么事情不跟钱和物资有关,因此,没有什么事情不是财务管理的事情。这些跟钱和物资有关的事情可以划分为钱和物资的流动、钱和物资的存放、钱和物资的经济利益分配、钱和物资的经济关系协调四大类。因此,从财务管理的客体来看,财务管理学科的范畴应该包括钱和物资的流量管理学、钱和物资的存量管理学、钱和物资的经济利益管理学、钱和物资的经济关系管理学。而在实践中,一个财务管理主体主要通过财务预测、财务决策、财务预算、财务核算、财务控制、财务分析、财务分配、财务审计、财务沟通、财务协调这10种具体的行为来对有关钱和物资的事情实施管理。因此,从财务管理的行为来看,财务管理学科的范畴应该包括财务预测学、财务决策学、财务预算学、财务核算学、财务控制学、财务分析学、财务分配学、财务审计学、财务沟通学、财务协调学。

上述关于财务和财务管理的中文字义以及财务管理学科的主体范畴、客体范畴和行为范畴的认识,就是我策划并主编这套系列教材的指导思想和理论依据。这套系列教材包括《初级财务管理学》、《财务预测学》、《财务决策学》、《财务预算学》、《财务会计学》、《财务控制学》、《财务分析学》、《高级财务管理学》共八本,主要具有以下四个方面的特色:

(1) 以"财务就是有关钱和物资的事情,财务管理就是对有关钱和物资的事情所进行的管理。国家、公众、单位、家庭及个人都有各自的钱和物资,因此,也都有各自的财务和财务管理"这个观点为指导思想,构建了一个包括宏观财务管理学(含国家财务管理学、公众财务管理学)和微观财务管理学(含企业财务管理学、行政事业单位财务管理学、其他非营利组织财务管理学、家庭及个人财务管理学)在内的"大财务管理学科"及其对应的教学内容体系,力求冲破传统的学科定位中财务管理学科定位偏离财务管理的中文字义、进而偏离财务管理的本质特征的局限,同时力求克服传统的教育模式中只关注企业财务管理、使教师和学生都误认为只有企业才需要进行或者才需要重视财务管理的不足。

(2) 坚持"大财务管理学科"的观点,把传统的会计学、审计学、财政学、税收学、金融学、保险学都纳入这个"大财务管理学科"的范畴,把会计学科看作这个"大财务管理学科"的一个分支学科,把会计工作看作整个财务管理工作的一种基础工作,把会计行为看作所有财务管理行为中的一种重要行为。以"基于会计、但要超越会计"作为基本目标来重新确定财务管理专业的培养目标定位,强调财务管理专业的学生必须首先学会做会计,然后才能学会做其他的财务管理工作,力求避免出现财务管理专业的学生不会做或做不好会计的现象。

(3) 以财务预测、财务决策、财务预算、财务核算、财务控制、财务分析、财务分配、财务审计、财务沟通、财务协调这10种财务管理行为作为教材内容体系的基本框架,强调财务管理专业的学生至少应当掌握这10种财务管理专业技能,突出了整套教材的技能性,力求弥补传统的教育模式中财务管理专业学生技能性不强的缺陷。

(4) 合理布局各门课程的教学内容,把传统教材体系中《成本会计学》、《管理会计学》、《财务管理学》这三门课程的内容分散编入《财务预测学》、《财务决策学》、《财务预算学》、《财务会计学》、《财务控制学》、《财务分析学》等课程,力求解决传统教材体系中《成本会计学》、《管理会计学》和《财务管理学》这三门课程之间内容上的交叉重叠问题。

根据这套教材来培养财务管理专业的学生,应该可以收到以下三个方面的明显效果:

第一,学生能够意识到,不仅企业需要进行财务管理,而且国家、公众、各类单位乃至每一个家庭和个人也都需要进行财务管理,财务管理无处不在,克服了传统教育模式中“只关注企业财务管理、忽视其他主体财务管理”的不足。

第二,学生能够意识到,在一个财务管理主体内部,没有什么事情不跟钱和物资有关,没有什么事情不是财务管理的事情,财务管理无所不是,拓展了传统教育模式中“财务管理就是投资管理、筹资管理、资产或股利分配管理”的狭隘的管理视野。

第三,学生能够掌握到财务预测、财务决策、财务预算、财务核算、财务控制、财务分析、财务分配、财务审计、财务沟通、财务协调的具体技能,培养出“基于会计、但超越会计”的综合型财务管理人才,弥补了传统教育模式中“财务管理专业的学生只会做会计或者不会做会计,要么是会计专业学生的翻版,要么是金融专业学生的克隆,没有形成自身的专业特色和人才优势”的缺陷。

这套教材是广西大学“十一五”期间第一批优秀教材立项建设项目,它的编写和出版得到了广西大学、河北经贸大学、湖南农业大学、桂林电子科技大学、桂林理工大学等多所院校有关老师的热情参与,得到了国防工业出版社有关领导和编辑老师的大力支持,得到了中国人民大学商学院王化成教授和西南财经大学会计学院郭复初教授的热心指导。在这里,我衷心地向所有支持和帮助这套教材编写和出版的单位和个人表示最真诚的感谢!

这套教材还有许多不尽如人意的地方,它受限于编者的知识和能力,也受限于当前相关学科的分割和相关专业的设置。尽管如此,我仍然感谢所有阅读和使用它的人,你们的阅读和使用就是对编者的鞭策和鼓励!

韦德洪
2009 年 8 月

第2版前言

本书第1版自2009年8月出版以来，受到了众多读者的喜爱，几经重印。随着财务管理学科的不断发展，在读者的建议之下，对第1版图书进行了修改，保留了之前的内容框架，即书的内容仍然包括财务预算概论、财务预算的编制模式、财务预算的编制流程、财务预算的编制方法、财务预算的编制过程、财务预算的执行与调整、财务预算的监督与控制、财务预算的考核与评价、财务预算的奖励与惩罚、财务预算的管理体制、企业财务预算管理的应用、国家预算管理概论共十二章。继续保持第1版已形成的特点，即把财务预算的内容划分为经营活动预算、投资活动预算、筹资活动预算、现金流量预算、财务状况预算、经营成果预算六个模块；把财务预算管理的过程划分为预算的编制、预算的执行、预算的调整、预算的监控、预算的考评和预算的奖惩六个环节；介绍了企业财务预算管理的实践应用现状、应用过程中遇到的难点问题以及解决这些难点问题的对策建议，同时介绍了部分行业财务预算管理的特点、要求和具体做法；介绍了国家预算的概念、特点、作用、管理体制和编制原理，把国家预算纳入了财务预算的范畴，体现了国家财务管理是大财务管理学科的重要组成部分这一学术观点。

本书第2版与第1版相比，首先，根据广大读者在使用本书过程中提出的意见和建议，对第1版中的一些错误以及由于政策法规的更新而变得陈旧过时的内容进行了修改和补充，对一些案例进行了更新。其次，在书末增加了作者的两篇阐述个人学术观点的文章（箴言），供广大读者作为学术参考。为了丰富财务管理学课堂教学形式，还增加了一首作者创作的《财务学之歌》，朗朗上口，使财务管理学课堂充满欢声笑语，不再枯燥乏味。

本书第2版由韦德洪修改定稿。由于作者水平有限以及修改时间比较紧迫，书中仍然难免存在错漏或者不够完善的地方，请读者多多提出批评或修改意见，本人不胜感激。

编著者

2016年7月

前　言

本书主要介绍财务预算的基本原理和方法,内容包括财务预算概论、财务预算的编制模式、财务预算的编制流程、财务预算的编制方法、财务预算的编制过程、财务预算的执行与调整、财务预算的监督与控制、财务预算的考核与评价、财务预算的奖励与惩罚、财务预算的管理体制、企业财务预算管理的应用以及国家预算管理概论。

本书的特点:一是把财务预算的内容划分为经营活动预算、投资活动预算、筹资活动预算、现金流量预算、财务状况预算、经营成果预算六个模块,使财务预算的数据与会计报表的数据能够互相对应,并详细介绍了这六个模块预算的具体编制过程;二是把财务预算管理的过程划分为预算的编制、预算的执行、预算的调整、预算的监控、预算的考评和预算的奖惩六个环节,详细介绍了这六个环节的具体管理要求和操作方法;三是介绍了企业财务预算管理的实践应用现状、应用过程中遇到的难点问题以及解决这些难点问题的对策建议,同时介绍了部分行业财务预算管理的特点、要求和具体做法;四是介绍了国家预算的概念、特点、作用、管理体制和编制原理,把国家预算纳入了财务预算的范畴,体现了国家财务管理是大财务管理学科的重要组成部分这一学术观点。学生学习本书后,可以掌握财务预算管理的基本原理和方法,了解企业财务预算管理的应用现状、常见问题和解决对策,了解部分行业财务预算管理的特点、要求和具体做法,了解国家预算的概念、特点、作用、管理体制和编制原理,有助于提高财务预算管理的意识和技能。

本书由韦德洪拟定编写提纲,由韦德洪、邹武平共同编写。编写分工为:韦德洪、邹武平编写第一章、第二章、第三章、第四章、第五章、第十章、第十一章、第十二章;邹武平、韦德洪编写第六章、第七章、第八章、第九章。全书由韦德洪修改定稿。编写过程中参考了大量的文献资料,在此特向这些文献资料的原作者致以诚挚的谢意。由于作者水平有限,书中错漏之处敬请读者批评指正。

编著者

目　录

第一章 财务预算概论

内容介绍

本章主要介绍预算、财务预算和财务预算管理的内涵以及财务预算管理的特点和作用。

学习目标

了解预算、财务预算和财务预算管理的内涵，理解财务预算管理的四大特点和十大作用。

第一节 预算、财务预算与财务预算管理

一、预算的内涵

（一）什么是预算

预算管理在西方已经实践了一个世纪以上，西方发达国家对预算管理理论的研究也比较多。现在，预算管理在政府、企业和各种非营利组织的管理中已被广泛的应用。对于预算，不同的学者有不同的理解和表达：

Charles T. Horngren 认为预算是行动计划的数量表达。

Chris Argyris 把预算定义为一种由人来控制成本的会计技术。

Fremgen 认为预算是一种广泛而协调的计划以财务条件来表达。

Glenm A. Welsh 则认为企业预算乃是一种涵盖未来一定期间内所有营运活动过程的计划，它是企业最高管理者为整个企业及其各部门所预先设定的目标、策略及方案的正式表达。

Harold Bierman 认为预算有两类：一类是预测，告诉管理人员他在未来将可能处于何种地位；另一类是标准，告诉管理人员预定的效率水准是否已维持或达成。

安达信公司“全球最佳实务数据库”中预算的定义是：预算是一种系统的方法，用来分配企业的财务、实物及人力等资源，以实现企业既定的战略目标。企业可以通过预算来监控战略目标的实施进度，有助于控制开支，并预测企业的现金流量与利润。

本书作者认为，预算是指一个单位对其未来经济活动的过程和结果所做的详细而具体的数量说明，它具有以下几方面的涵义：

（1）预算是一个单位未来经济活动过程和结果的一种数量表现。在管理上讲求精细化管理的单位一般都会对其未来的经济活动过程和结果做出各种各样的安排和描述，这些安排和描述可以是文字、图表等形式，也可以是数量的形式。一个单位如果以数量的形式来安排和描述其未来经济活动的过程和结果，就可以称为预算。

(2) 预算是为了完成特定目标而对所拥有的有限资源进行的合理安排。一个单位所拥有的资源,既包括人、财、物等资源,也包括关于权、责、利划分的各种制度资源。要让一个责任单位或责任人完成一定的责任事项,除了给该责任单位或责任人一定的财产资源之外,还要明确它或他的权、责、利范围。通过以数量的方式明确一个责任单位或责任人的权、责、利范围来合理安排有限的财产资源,使这些责任单位或责任人能够完成特定的目标,这就是预算的主要功能之一。

(3) 预算是以货币形式为主对单位未来某一特定时期的经济活动过程和结果所作的系统而详细的表述。用以安排和描述一个单位未来经济活动过程和结果的那些数量,主要是货币形式,但也有实物形式和劳动形式。比如,安排和描述各种收入、费用和利润时通常采用货币形式;安排和描述产量、销量、工作量或劳动量时,往往需要采用实物形式(如件、台、千克等)和劳动形式(如工时、工日等)。一个单位的预算就是由很多相互之间存在勾稽关系的货币形式、实物形式、劳动形式的数量而组成的一个书面或电子形式的文件。

(4) 预算是对各项经济活动过程和结果进行有效控制的一种工具。预算对一个单位未来经济活动的过程和结果做出了安排和描述,可以从过程和结果两个方面对单位的经济活动进行控制。一方面,预算对经济活动过程所做出的安排和描述是规定了各个责任单位或责任人可以做什么、应该怎样做;另一方面,预算对经济活动结果所做出的安排和描述是规定了各个责任单位或责任人完成自己的责任事项应该达到的目标或效果。"可以做什么、应该怎样做"以及"应该达到的目标或效果"这些规定,实际上就是对单位未来经济活动的过程和结果所做的控制。各个责任单位或责任人只能在这样的控制范围和标准内完成自己的责任事项,如果不在这个范围或标准之内,其经济活动就要受到限制或者其经济利益就要受到影响。比如,预算规定某个责任单位要完成多少销售量,如果完不成,则相关的责任人就会被削减甚至取消奖励性薪酬。再比如,预算规定某个责任单位要把某项费用控制在某一个水平之内,如果达不到这个要求,则相关的责任人也会被削减甚至取消奖励性薪酬。因此说,预算是对各项经济活动过程和结果进行有效控制的一种工具。

(二) 预算、计划、预测三者的关系

为了正确理解预算的内涵,需要理清预算、计划、预测三者的关系。图1-1反映了预算、计划、预测三者之间的关系。

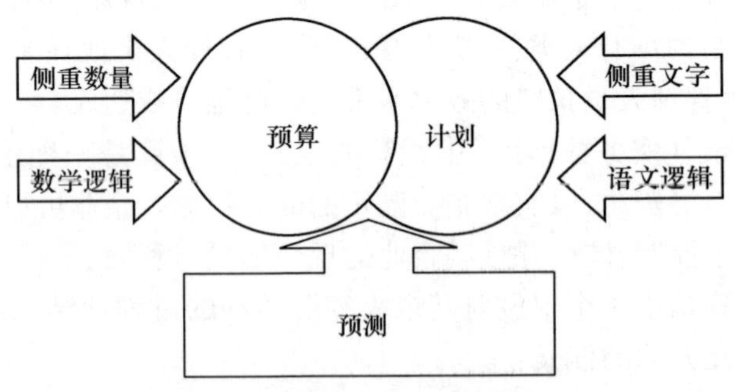

图1-1 预算、计划、预测关系图

1. 预测是预算和计划的前提

预测源于经济事件的不确定性与风险,是对未来不可知因素、变量以及结果的不确定性的主观判断(当然这种判断应是在科学基础上的主观判断)。预测是预算和计划的前提,没有预测就没有预算和计划。如果未来经济事项的后果是完全确定已知的,就无须使用预算方法,也不需要计划。预算和计划都是以预测为基础,根据预测的结果提出的对策性方案,是对预测的一种反映,是对预测的规划,旨在趋利避害,以求实现较好的结果。预测风险性的大小取决于据以预测的基础(如环境或变量因素)是否扎实和方法是否科学、可靠。预测的结果越确定,预算和计划的过程也就越简单,准确性也就越高,效果自然也就越好。

2. 预算与计划的区别和联系

在管理实践中,经常有人将预算等同于计划,这是不严谨的。其实,预算和计划是两个不同的概念。计划主要是通过文字形式对一个单位未来经济活动的过程和结果做出安排和描述,而预算则是以数量形式对一个单位未来经济活动的过程和结果做出安排和描述。计划注重文字的表达,强调的是语文逻辑;而预算则注重数量的描述,强调数学逻辑。从这个角度去看,预算不等于计划。但预算与计划并非没有联系:它们的共同点在于,两者都是对一个单位未来经济活动的过程和结果做出安排和描述;所不同的是,预算主要是通过数字,而计划主要是通过文字。因此,预算可以说是数字化、具体化、详细化了的计划,而计划也可以说是文字化、抽象化、简单化了的预算。可见,预算和计划还是有着密切联系的。在一个单位内部,通常是预算与计划并存,两者互相补充、相得益彰,共同发挥着各自的管理功能。

二、财务预算的内涵

财务预算是对一个单位未来财务活动的过程和结果所做的详细而具体的数量说明。为了进一步理解财务预算的内涵,必须首先理解财务活动的内涵。顾名思义,财务活动就是与财务有关的活动。但哪些活动跟财务有关呢?这要从财务的含义去解释。根据《现代汉语词典》的解释①:“财”是钱和物资的总称,“务”是事情。因此,财务就是“与钱和物资有关的事情”;财务活动就是“与钱和物资有关的活动”。根据这种解释,一个单位的任何一项经济活动都跟钱和物资有关,因此,一个单位的任何一项经济活动都是财务活动。从这个意义上看,财务活动与经济活动是一对等同的概念。本书就是基于这种认识来定义财务活动和财务预算的。既然财务活动与经济活动是一对等同的概念,那么,财务预算就是对一个单位未来经济活动的过程和结果所做的详细而具体的数量说明。这个定义与上述关于预算的定义相同,因此,在本书中,预算与财务预算是同一个概念,本书后面的内容中不管是出现“预算”一词还是出现“财务预算”一词,都是代表一个相同的概念,即财务预算。

一个单位的财务活动(或经济活动)主要包括经营活动、投资活动和筹资活动,这三项活动的结果在财务上主要通过现金流量表、资产负债表和利润表来反映。因此,财务预算的内容主要包括经营活动预算、投资活动预算、筹资活动预算、现金流量预算、财务状况预算和经营成果预算六个部分。其中,经营活动预算、投资活动预算和筹资活动预算是对财务活动的过程所做的数量说明,现金流量预算、财务状况预算和经营成果预算是对财务活动的结果所做的数量说明。财务预算六个部分的具体内容分别解释如下。

(一) 经营活动预算

经营活动预算是指对一个单位在预算期内从事的各种经营活动所编制的预算,它主要包

① 中国社会科学院语言研究所词典编辑室,现代汉语词典,第5版,商务印书馆,2005。

括目标利润(或目标成本)预算、主营业务收入预算、应收账款预算、主营业务量预算、主营业务成本预算、主营业务采购量预算、应付账款预算、间接费用预算、营业费用预算、管理费用预算、财务费用预算、其他业务收支预算、营业外收支预算、税费支出预算等。

(二) 投资活动预算

投资活动预算是指对一个单位在预算期内从事的各种投资活动所编制的预算,它包括对内投资预算和对外投资预算、短期投资预算和长期投资预算、股权投资预算和债权投资预算等。

(三) 筹资活动预算

筹资活动预算是指对一个单位在预算期内从事的各种筹资活动所编制的预算,它包括股权筹资预算和债权筹资预算、短期筹资预算和长期筹资预算、内部筹资预算和外部筹资预算等。

(四) 现金流量预算

现金流量预算是指对一个单位在预算期内的现金流入量、现金流出量和现金净流量所编制的预算,它包括经营活动现金流量预算、投资活动现金流量预算和筹资活动现金流量预算。

(五) 财务状况预算

财务状况预算是指对一个单位在预算期末各种资产、负债、所有者权益的构成情况所编制的预算,亦即资产负债表各项目期末余额的预算。

(六) 经营成果预算

经营成果预算是指对一个单位在预算期内的利润及其分配情况所编制的预算,亦即利润表各项目本期发生额的预算。

这里需要特别指出的是,本书所定义的财务预算,实际上就是人们习惯所说的全面预算。本书之所以叫“财务预算”而不叫“全面预算”,除了基于上述关于“一个单位的任何一项经济活动都是财务活动”这个认识之外,还有一个原因就是,本书是站在财务管理的视角来讨论预算和预算管理的,因此,叫“财务预算”而不叫“全面预算”更加符合本书的研究视角和意图。另外,在很多关于全面预算的文献中,都把全面预算划分为经营预算、资本预算、筹资预算和财务预算四个部分,其中的财务预算又包括现金流量表预算、资产负债表预算和利润表预算。这种划分把“财务”定位为一个狭小的概念范畴,不符合本书关于“财务就是与钱和物资有关的事情,财务活动就是与钱和物资有关的活动;一个单位的任何一项经济活动都跟钱和物资有关,因此,一个单位的任何一项经济活动都是财务活动”的观点。同时,这种划分也与会计准则中的现金流量表对一个单位财务活动(经济活动)的划分不完全相符,容易造成预算数据与会计信息不对应的问题。综合以上原因,本书将财务预算定位为“全面预算”,但舍弃“全面预算”这个称谓,同时把财务预算划分为经营活动预算、投资活动预算、筹资活动预算、现金流量预算、财务状况预算和经营成果预算六个部分,并强调前三个部分是对财务活动的过程所做的数量说明,后三个部分是对财务活动的结果所做的数量说明。作者的这种观点和处理希望得到广大读者的认同。

三、财务预算管理的内涵

财务预算管理是指一个单位围绕财务预算而展开的一系列管理活动,包括财务预算的编制、财务预算的执行、财务预算的调整、财务预算的监控、财务预算的考评和财务预算的奖惩等若干个管理环节。

(一) 财务预算的编制

预算编制是财务预算管理的基础和起点,它对于财务预算管理的有效实施和水平提高有着十分重要的意义。为了保证预算编制的科学性和合理性,单位需要确定合理的编制模式,制定科学的编制流程,采用恰当的编制方法来编制预算。财务预算的编制模式主要有高度集权模式、集权为主适当分权模式、分权为主适当集权模式和高度分权模式等几种。财务预算的编制流程主要有以目标利润为编制起点的编制流程、以目标销量为编制起点的编制流程、以目标成本为编制起点的编制流程、以目标现金流量为编制起点的编制流程以及以目标净资产收益率为编制起点的编制流程等几种。财务预算的编制方法主要有固定预算法、弹性预算法、定基预算法、零基预算法、静态预算法、动态预算法和概率预算法等几种。

预算编制是一个单位的年度大事。每到下半年,单位就要启动下一年度预算的编制工作,通过召开不同层次的会议,对本年度预算的执行情况进行阶段分析,同时对本年度预算的年终执行结果进行可靠的预测,然后结合单位的中长期发展战略,按照既定的编制模式、编制流程和编制方法来编制下一年度的财务预算。

一个单位的财务预算编制工作一般要经过财务预算预案、财务预算草案、财务预算修正案三个阶段后才算大功告成。财务预算预案是指财务预算的初步方案,也称试编方案,它是单位根据财务预算管理最高决策机构提出的编制要求初步编制出来的方案。财务预算预案经过多次反复协调和修改后就形成财务预算草案,它是单位在下一年度的第一个季度试执行的方案。财务预算草案在预算年度的第一个季度试执行后,根据试执行的情况对草案进行再一次修改就形成财务预算修正案。财务预算修正案经股东大会或职工代表大会或类似的权力机构表决通过后,才能进入正式执行的阶段。

(二) 财务预算的执行

财务预算的执行阶段就是明确各级执行主体的执行任务,将年度预算目标、季度预算目标、月度预算目标逐级分解到各级责任单位或责任人,并敦促这些责任单位或责任人将上级责任单位或责任人分解下来的月度预算目标再一次细分为每旬、每周、每日的执行目标,并严格按照这些执行目标来合理地安排当旬、当周、当日的生产经营活动和管理活动,保证单位的生产经营活动和各项管理活动能够在这种合理的安排之下有序、高效地进行。

(三) 财务预算的调整

财务预算在执行过程中,由于内外部环境条件的变化可能会导致原先的预算与当前的实际情况发生偏离。这时,单位应该对环境条件的变化情况以及预算与实际的偏离程度进行客观的分析和评价。如果确信环境条件的变化是客观存在的而非人为因素渲染的,而且这种变化所造成的预算与实际的偏差已经超出了正常的范围,单位应该根据实际情况对预算进行适当的调整,以保证预算的科学性和可操作性。但如果通过客观的分析和评价后发现环境变化是人为渲染的,或者客观存在的环境变化所导致的预算与实际的偏差并没有超出正常的范围,则不应该对预算进行调整,以维护预算的严肃性和权威性。

(四) 财务预算的监控

财务预算的监控从监控的内容来看包括对预算编制过程的监控、对预算执行过程的监控、对预算调整过程的监控、对预算考评过程的监控、对预算奖惩过程的监控;从监控的范围来看包括对单位内部各个预算责任部门、单位和个人的监控。财务预算的监控是保证财务预算管理实施效果的重要手段。通过监控,单位可以确保预算编制的准确性和及时性、预算执行的严肃性和有效性、预算调整的客观性和时效性、预算考评的公平性和公正性、预算奖惩的公开性和合理性,同时还可以促进各个预算责任部门、单位和个人认真履行各自的预算管理职责,进而推动财务预算管理目标的顺利实现。因此,单位应该对每一个预算管理环节和每一个预算责任主体的责任目标都加以明晰化,并以此为依据加强财务预算的监控。

(五)财务预算的考评

财务预算提供了明确的在预算期内要求达到的生产经营管理目标,是对单位计划的数量化和货币化表现,为单位的业绩考评提供了标准,是业绩评价的重要依据。财务预算的考评是单位的各级考评主体对其下属的各级预算责任单位和个人完成预算责任目标的情况进行考核与评价,是对预算管理成效的确认和评价过程,是财务预算管理环节中承上启下的重要一环。如果没有财务预算的考核与评价,财务预算管理就会流于形式,达不到应有的管理效果。

(六)财务预算的奖惩

有效的激励与约束机制是财务预算管理活动得以长期顺利运行的重要保证。考评和奖惩是相连的,考评之后必须要有相应的奖惩与之衔接,才能正确引导员工自觉履行自己的职责、约束自己的行为,才能更大限度地激励员工努力工作,共同为实现财务预算管理的最终目标而尽心尽责。如果奖惩制度不完善,考评后没有配套的奖惩措施,缺乏应有的激励与约束机制,往往会使考评工作流于表面形式,各项预算指标丧失约束力,甚至会使整个预算管理工作失去应有的功效。

财务预算管理与发达的市场经济有着紧密的、内在的联系,而发达的市场经济主要表现为各种发达的市场以及建立在现代企业制度之上的现代企业。一个单位无论实施何种管理手段,其最终目的都是为了实现效益或效率最大化,这是由单位的自然属性和社会属性决定的。一个单位如果不追求效益或效率最大化,就没有必要实施包括财务预算管理在内的各种先进的、有效的管理手段。

财务预算管理把单位的经济活动看成一个整体,以预算目标进行统筹规划,具有一套完善的内容体系、方法体系及运行机制,是一个内容完整、要素齐全的内部管理系统,单位内部的人、财、物等要素都置于这一系统之内,成为该系统的有机组成部分。从本质上讲,财务预算管理属于财务管理,是财务管理的重要手段。财务预算管理所需的大量信息都是通过财务管理的方法计算得出,而且财务预算管理的运行机制也与财务管理的体制密切相关,财务预算管理需要借助财务管理的体制来进行运转。因此,财务预算管理与财务管理具有职能上的从属性和模式上的兼容性。一个单位通过经营活动预算降低成本,增加利润或效益;通过投资活动预算寻求最佳的投资组合,获取最好的投资收益;通过筹资活动预算选择最佳的资金来源渠道和方式,实现资金成本的最低化。所以说,财务预算管理是从财务管理的角度出发对单位的经营活动、投资活动、筹资活动的过程及其结果进行规划和控制的、以量化管理为重要标志的管理活动。

第二节 财务预算管理的特点

以企业为例,财务预算管理的特点主要表现为全方位渗透、全员工参与、全过程监控和全量化实施四个方面。

一、财务预算管理是一种全方位渗透的管理，内涵深、范围广

财务预算管理是围绕财务预算而展开的一系列管理活动，是财务管理的一项重要内容和一种重要手段。从管理的内容来看，财务预算管理不仅包括现金流量预算管理、财务状况预算管理、经营成果预算管理，而且还包括营业活动预算管理、投资活动预算管理和筹资活动预算管理（图1－2），其管理的内容全方位地渗透到企业生产经营管理的每一个过程、每一个环节，具有内涵深、范围广的特点。现代企业的生产经营管理不仅需要关注日常营业活动的发生过程及其结果，还需要关注投资活动和筹资活动的发生过程及其结果。只有在对营业活动及其结果进行预算管理的基础上，把预算管理的内容延伸到投资活动和筹资活动以及它们所产生的结果，才能将企业资源的有效配置与相关的生产经营管理活动有机地结合起来，保证企业财务预算管理目标的顺利实现。

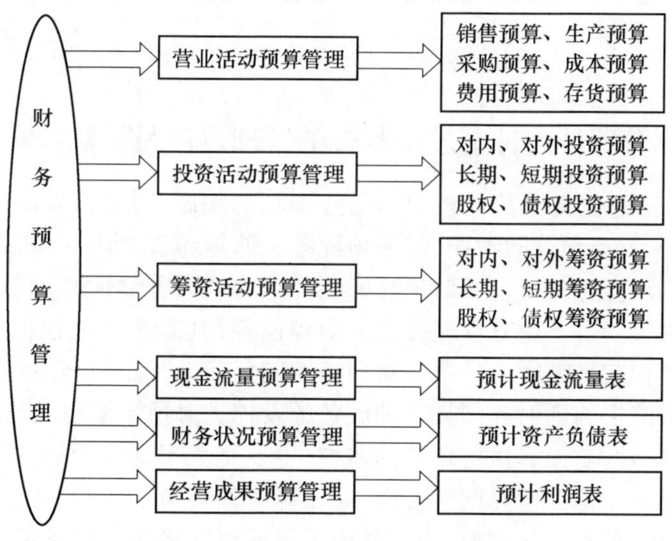

图1－2　财务预算管理内容示意图

二、财务预算管理是一种全员工参与的管理，层次多、链条长

财务预算管理全方位渗透的特点衍生了其全员参与的特点。由于财务预算管理的内容涵盖了营业活动、投资活动、筹资活动的各个方面，所以，财务预算管理并不是有了高层管理者的组织和推动或者有了财务管理人员的参与就能做得好的，它需要企业全体员工的共同参与，是一种全员参与的管理。财务预算只不过是一个管理的载体，预算机制的良好运行需要企业全员参与和支持，特别是中层和基层管理者对预算管理的参与和支持尤为重要。这就要求企业管理者在实施财务预算管理之前首先要对全体员工进行必要的预算管理教育，使他们都能认识到财务预算管理的重要性，都能了解到财务预算管理的一些必备知识，激励员工主动地参与和支持财务预算管理机制的运行，为财务预算管理创造了一个良好的精神环境或文化环境。当然，由于企业内部的组织分工不同，不同管理层的员工在财务预算管理过程中所担当的角色和所起的作用也是不同的。此外，企业组织结构的多层性和链状结构还决定了财务预算管理

的多层性和链条性,特别是在大型企业或集团公司,财务预算管理层次多、链条长的特点表现得尤为明显。财务预算管理的这一特点可用图 1－3 描绘。

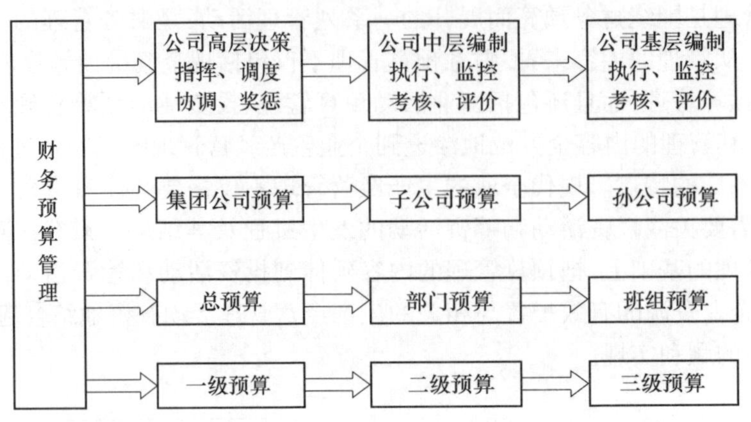

图 1－3　财务预算管理全员性、层次性、链条性示意图

三、财务预算管理是一种全过程监控的管理,过程长、监控难

从管理的过程来看,财务预算管理包括财务预算的编制、财务预算的执行、财务预算的调整、财务预算的监控、财务预算的考评、财务预算的奖惩等环节。其中,财务预算的监控并不仅仅是对预算执行环节的监控,还包括对预算编制环节、预算调整环节、预算考评环节和预算奖惩环节的监控,即对整个财务预算管理过程的全程监控,其监控的过程长,监控的主体和客体都比较复杂,因而监控起来难度大。单一对预算编制环节进行监控,会使其他的管理环节由于失控而问题百出,最终影响到财务预算管理成效的发挥。对预算编制环节的监控,主要是为了保证预算编制的准确性;对预算执行环节的监控,主要是为了保证预算执行到位;对预算调整环节的监控,主要是为了保证预算调整合理;对预算考评环节的监控,主要是为了保证预算考评客观公正;对预算奖惩环节的监控,主要是为了保证预算奖惩合理得当。财务预算监控的全程性可用图 1－4 描绘。

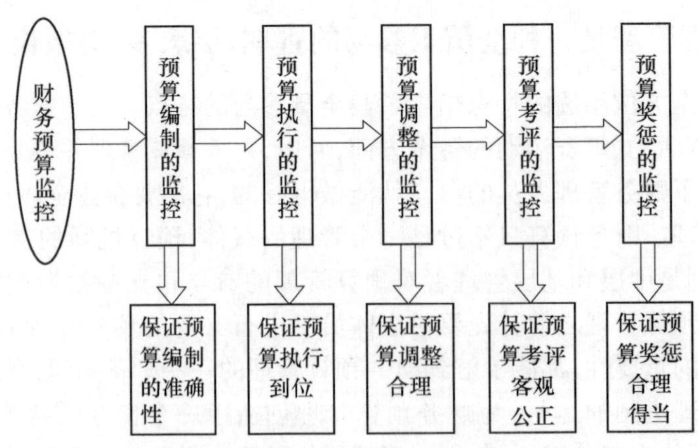

图 1－4　财务预算监控全程性示意图

四、财务预算管理是一种全量化实施的管理，指标繁琐、利益敏感、关系复杂

财务预算可以以价值形式表示，也可以以实物等多种数量形式表示，它侧重于数量，注重的是数学逻辑，是一种全量化实施的管理，这种量化既包括目标的量化，也包括责、权、利的量化。财务预算主要用数量形式来反映企业未来某一特定时期的有关生产经营活动、现金收支、资金需求、成本控制以及财务状况等各方面的详细计划。预算管理即是依据企业编制的以数量形式为主的定量描述全方位地加强对企业生产经营活动的控制，使之有序运行。财务预算过程中涉及的指标繁琐，既有财务指标，也有非财务指标，这就要求预算管理人员在工作中要耐心、细致。财务预算管理的量化特征可用图1－5描绘。

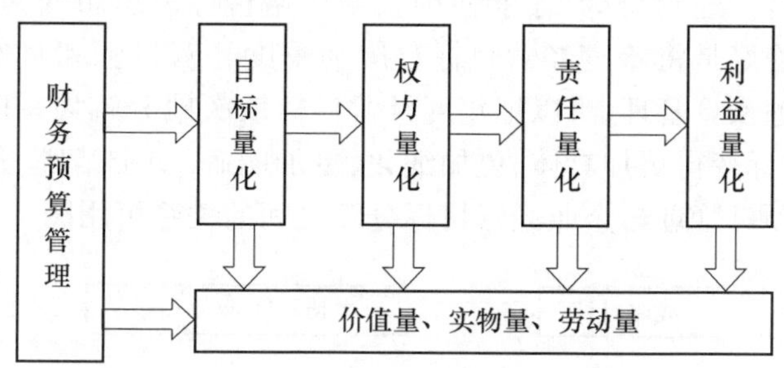

图1－5 财务预算管理的量化特征图

第三节 财务预算管理的作用

以企业为例，财务预算管理的作用主要表现在：支持企业战略目标；分解企业经营目标；明确部门（单位）经济责任；协调部门（单位）经济关系；控制企业经济活动；评价企业经营业绩；激励企业全体员工；促进企业制度完善；推动企业文化建设和提高企业管理水平等。

一、支持企业战略管理

战略管理是现代企业竞争的一个重要法宝。无数成功（或失败）企业的实践经验（或教训）表明，科学的战略管理是企业在竞争中立于不败之地的重要保障。

从战略管理的过程来看，企业的战略管理包括战略调研、战略规划、战略实施、战略控制和战略评价五个阶段，每一个阶段都需要财务预算管理的支持。在战略调研和战略规划这两个阶段，以往年度的财务预算管理实施情况是全面评价企业的战略环境和科学规划企业的总体战略、分部战略以及职能战略的重要事实依据；在战略实施阶段，企业总体战略、分部战略、职能战略的目标都需要通过财务预算管理来层层分解，战略目标的实施需要财务预算管理提供保障；在战略控制阶段，无论是事前控制、事中控制还是事后控制，也无论是战略性控制、战术性控制还是业务性控制，财务预算管理控制都是一个非常重要的手段；在战略评价阶段，财务预算管理的实施结果更是评价战略管理效果的重要事实依据。财务预算管理与企业战略管理之间的关系可用图1－6来反映。

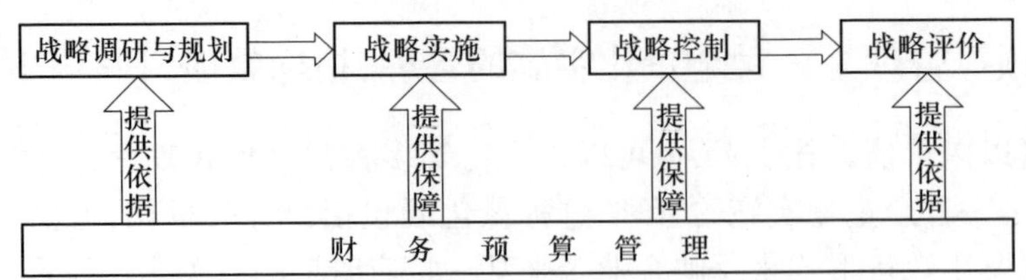

图1-6 财务预算管理与企业战略管理关系图

二、分解企业经营目标

企业的中长期战略目标在实施过程中必须分解为年度经营目标,年度经营目标又必须分解为季度经营目标和月份经营目标,才能使中长期战略目标由思想变为行动、由理想变为现实。而财务预算管理恰好是将年度经营目标分解为季度经营目标和月份经营目标的最好方式。企业通过实行财务预算管理,可以把年度经营目标依次地分解为季度经营目标和月份经营目标,使年度经营目标变得更加具体、更加细化、更加明确、更加清晰,从而保证年度经营目标的顺利实现。财务预算管理与企业经营目标分解之间的关系可用图1-7来反映。

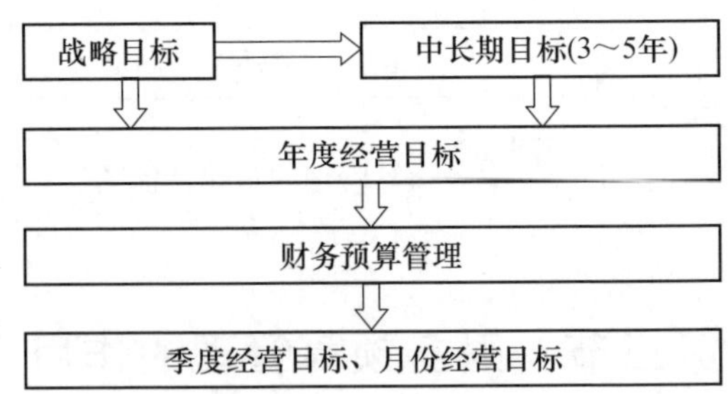

图1-7 财务预算管理与企业经营目标分解关系图

三、明确部门(单位)经济责任

财务预算管理需要把企业经营目标从最高管理层向最低操作层逐层分解,每一个管理(或操作)层的经营目标都需要有一个部门(单位)来承载。通过实行财务预算管理,企业可以把经营目标分解到企业内部上下左右各个部门(单位),使各个部门(单位)的经济责任变得更加具体和明确,有利于企业经营目标的顺利实现。财务预算管理与部门(单位)经济责任明确之间的关系可用图1-8来反映。

图1-8 财务预算管理与部门(单位)经济责任明确关系图

四、协调部门(单位)经济关系

企业内部上下左右各个部门(单位)之间有着不同的经济责任,每一个部门(单位)在完成自己的经济责任的时候,都要和其他部门(单位)发生经济关系。这种经济关系包括经济责任(即各自将要完成什么样的职责和目标)、经济权限(即各自将要拥有什么样的资源支配权)和经济利益(即各自将要受到什么样的激励与约束)三个方面,它们需要通过企业内部的有效管理来进行协调,而财务预算管理正是协调这种经济关系的一种有效方法。通过实行财务预算管理,把企业的年度经营目标合理地分解到各个部门(单位),使各个部门(单位)的经济责任、经济权限和经济利益都得以公开化、明晰化、具体化,从而达到有效协调部门(单位)之间经济关系的目的。财务预算管理与部门(单位)经济关系协调之间的关系可用图1-9来反映。

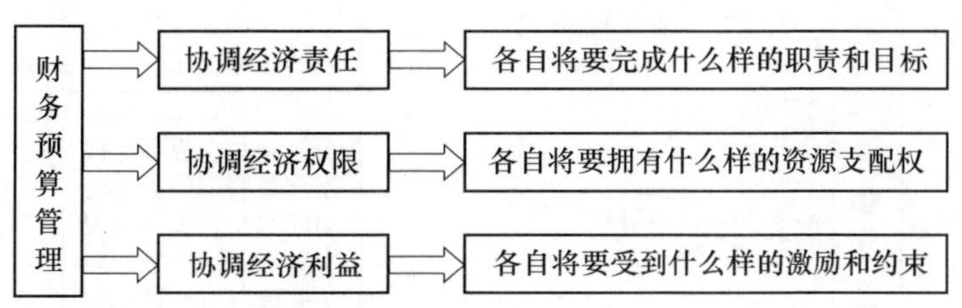

图1-9　财务预算管理与部门(单位)经济关系协调关系图

五、控制企业经济活动

控制经济活动是财务预算管理的一项基本职能。通过对财务预算编制过程的控制,可以预先设定哪些经济活动发生或不发生;通过对财务预算执行过程的控制,可以允许或不允许哪些经济活动发生;通过对财务预算考核过程的控制,可以了解哪些经济活动已经或尚未发生;通过对财务预算评价过程的控制,可以知道哪些经济活动应该或不应该发生;通过对财务预算奖惩过程的控制,可以激励或约束哪些经济活动发生。财务预算管理与企业经济活动控制之间的关系可用图1-10来反映。

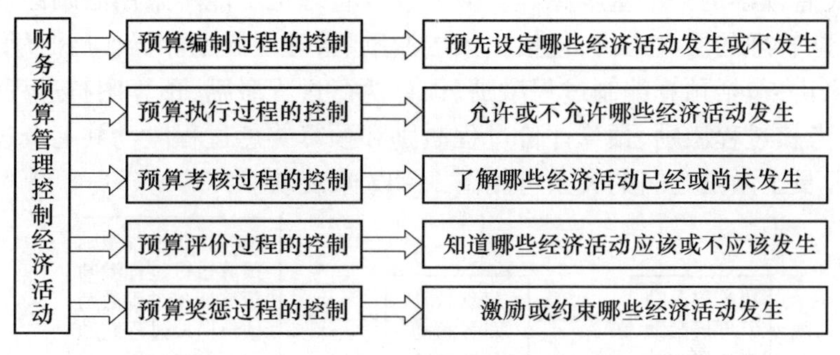

图1-10　财务预算管理与经济活动控制关系图

六、评价企业经营业绩

评价企业经营业绩是企业经营活动过程中的一项重要事项。通过经营业绩评价,企业可以了解各个经营期间的经营业绩好坏。好,好在哪里,为什么好;坏,坏在哪里,为什么坏,今后如何改善。财务预算管理为企业的经营业绩评价提供了基本的评价标准、评价方法、评价范围和评价期间。首先,经过审批的各种预算指标,是评价经营业绩的基本标准;其次,把预算指标同历史指标、行业指标、当期实际指标进行对比,是评价经营业绩的基本方法;再次,各种预算指标既有企业总体性指标,又有部门单位指标甚至岗位员工指标,这就为企业经营业绩评价提供了三个基本的评价范围,即企业整体经营业绩评价、部门单位经营业绩评价和岗位员工经营业绩评价;此外,财务预算不仅有年度预算,而且还有季度预算和月份预算,经营业绩评价据此可以进行年度评价、季度评价和月份评价。财务预算管理与企业经营业绩评价之间的关系可用图1-11来反映。

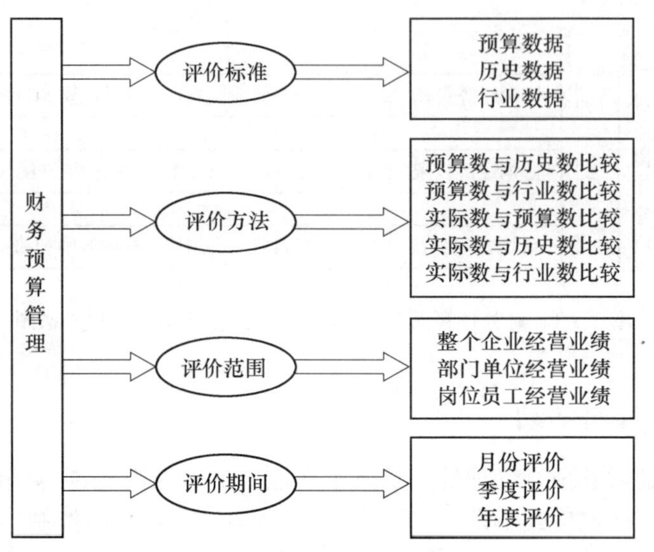

图1-11　财务预算管理与企业经营业绩评价关系图

七、激励企业全体员工

激励原理是管理学的一个基本原理。财务预算管理也不能不采用激励原理。财务预算管理过程的激励,从管理的层次来讲,包括决策层激励、管理层激励和操作层激励三个层次激励;从管理的环节来讲,包括预算编制过程激励、预算执行过程激励、预算调整过程激励、预算监控过程激励、预算考核过程激励、预算评价过程激励和预算奖惩过程激励共七个过程激励。财务预算管理与企业员工激励之间的关系可用图1-12来反映。

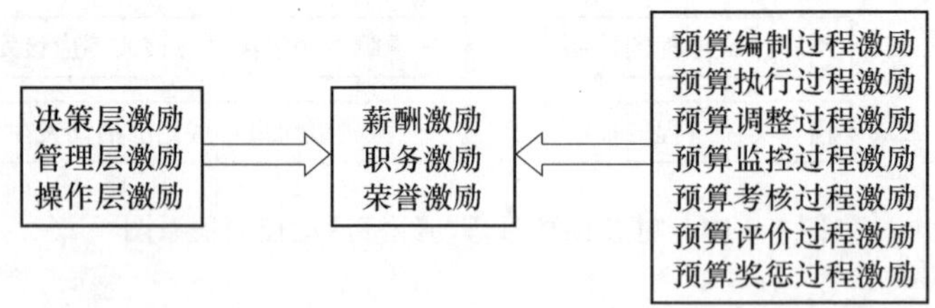

图1-12　财务预算管理与企业员工激励关系图

八、促进企业制度完善

财务预算管理涵盖了企业营业活动预算、投资活动预算、筹资活动预算、现金流量预算、财务状况预算和经营成果预算等多个方面的管理内容。每一个方面的管理内容都需要有完善的管理制度作为保障。因此,实行财务预算管理可以促进企业加强管理制度的建设,使企业各方面的管理制度逐步臻于完善。财务预算管理与企业制度建设之间的关系可用图 1－13 来反映。

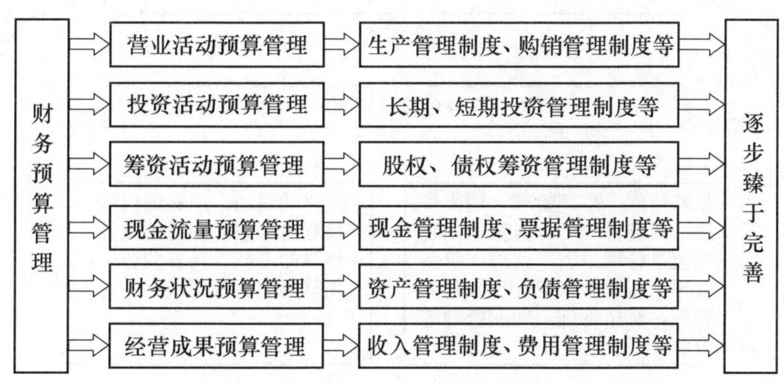

图 1－13 财务预算管理与企业制度建设关系图

九、推动企业文化建设

企业文化包括物质层面的文化、行为层面的文化、制度层面的文化和精神层面的文化。财务预算管理需要企业文化的支持，比如实行财务预算管理需要一定的物质基础，需要规范的员工行为，需要完善的管理制度，需要积极向上的企业精神等。但同时，财务预算管理对企业文化的建设也具有不可小觑的促进作用。比如，通过实行财务预算管理，可以提高企业的经济效益，改善企业的物质基础；可以增强员工的团队意识，规范员工的管理行为；可以促进企业的制度建设；可以使各种管理制度日臻完善；可以营造企业的积极向上的良好氛围，锻造企业的崇高精神等。财务预算管理与企业文化建设之间的关系是一种相互需要、相互支持、相互促进的关系，这种关系可用图 1－14 来反映。

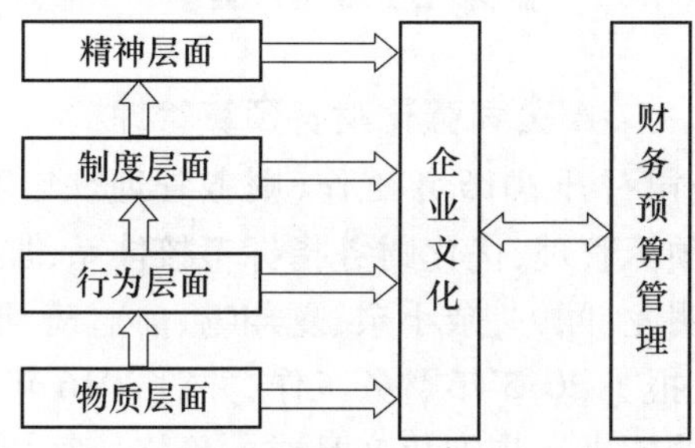

图 1－14 财务预算管理与企业文化建设关系图

十、提高企业管理水平

财务预算管理涉及采购管理、生产管理、销售管理、投资管理、筹资管理、现金流量管理、资产管理、负债管理、所有者权益管理、收入管理、费用管理、利润管理等内容。整个管理过程包括预算的编制、预算的执行、预算的调整、预算的监控、预算的考核、预算的评价、预算的奖惩等环节。上述管理内容和管理环节的管理水平的高低将直接影响到财务预算管理水平的高低；反言之，财务预算管理的有效实施也将有助于提高上述管理内容和管理环节的管理水平。财务预算管理水平与企业管理水平之间的关系是一种相互制约、相互促进的关系，这种关系可用

图1－15来反映。

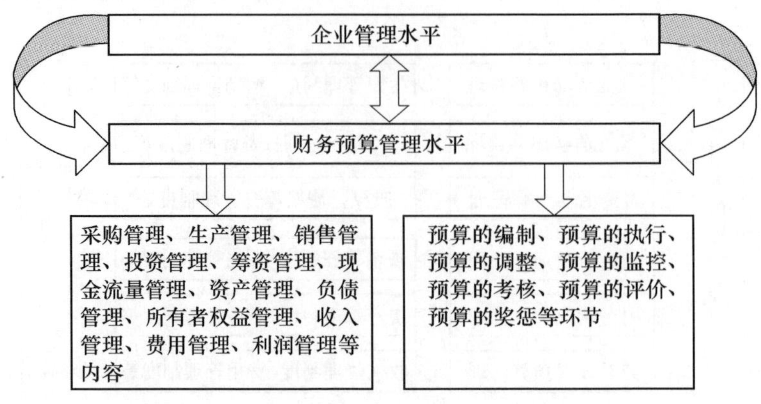

图1－15　财务预算管理与企业管理水平关系图

【复习思考题】

1. 什么是预算？预算与预测、计划有什么区别和联系？
2. 什么是财务预算？它主要包括哪几个方面的预算？
3. 什么是财务预算管理？它主要包括哪几个管理环节？
4. 如何理解财务预算管理的四大特点？
5. 如何理解财务预算管理的十大作用？

【案例分析题】

A公司强化财务预算管理

2015年12月11日，A公司召开2016年工作(财务管理暨年度决算)调研会，要求2016年财务工作要进一步强化财务预算管理，优化财务指标考核体系，加强技能培训，提高队伍素质。公司领导李成峰、杨文化、张明龙、闻方，余小余、夏翔鸣、俞冠琦、邢建良等出席会议。

会上，公司财务部简要汇报了2015年财务工作，并对2016年财务工作做出安排。

公司副总工程师邢建良希望进一步细化产品成本价格核算，提高全年考核预算的准确性。副总经济师俞冠琦要求财务部门要进一步加强工程统一投资管理，理顺资金使用渠道，优化办公费管理。副总工程师夏翔鸣就闲置资产和报废资产的处置提出了要求。副总经济师余小余对推行财务一级化管理后的职工技能培训工作提出了建议和要求。

公司总会计师闻方高度称赞财务部在2015年做了大量工作，希望财务部门正视成绩，保持清醒头脑，寻找差距，在2016年工作中做好装置与科级部门的预决算，为厂、公司提供准确的参考数据；继续严格执行内控制度，做到规范化、制度化；优化财务指标考核体系，做到持续改进，动态调整；加强资产管理，提高资产使用效率和质量；加强资金管理，加快资金流转，降低资金使用成本，建立客户信用档案；加强员工技能培训，提高队伍素质。公司副总经理张明龙对财务考核指标的简化以及权重比提出了要求，他希望各厂回顾一下近几年来的财务费用管理,从数据变化比较中找出优势点和不足处,以寻找改进的方法和措施,以便降低成本,提高生产效益。他要求费用超支部门不能一味用扣钱的方法简单处理,要通过审计,发现超支的原因是否合理,从而进行科学合理的调整。他对修理费的支付时间和如何界定终副产品成本等问题提出了新的建议,并要求各厂做好质检、电仪费用的核对和决算。

公司总经理李成峰充分肯定了财务部门一年来所做的大量工作,代表公司对财务部门表示感谢,并对明年财务工作提出了要求。他通过自己亲身经历的发生在扬巴公司管理中的三个小故事,来生动形象地提醒大家,要高度重视企业财务预算管理体系的重要性。他说,凡事预则立,不预则废,大家要对目标、利润采取计划性、针对性措施,并通过严格控制费用,来帮助年度目标的实现。

案例分析要求 结合案例中A公司领导的总结和本书关于财务预算管理内涵的阐述,讨论A公司的财务预算管理应该包括哪些具体的内容。

第二章　财务预算的编制模式

内容介绍

本章主要介绍财务预算的四种编制模式，即高度集权的编制模式，集权为主、适当分权的编制模式，分权为主、适当集权的编制模式和高度分权的编制模式。

学习目标

了解每一种财务预算编制模式的特点、主要编制过程、优缺点、适用范围、难点及解决思路。

财务预算编制是财务预算管理的首要环节，是整个财务预算管理工作的起点。财务预算编制质量直接影响到财务预算的执行结果，而财务预算的编制过程涉及单位内部生产经营活动的各个方面，关系错综复杂，财务预算的编制应力求既符合单位的整体利益，有利于各部门的相互协调，又适合基层预算责任单位的具体情况。

财务预算的编制模式是指一个单位在财务预算编制的过程中对整个预算编制工作所采取的管理模式。正确选择财务预算编制模式是保证预算编制科学性、有效性和适用性的重要前提。单位在编制财务预算时，应根据最高决策层的预算编制方针，理性选择适合自身特点的财务预算编制模式。财务预算的编制模式按照集权和分权的程度不同，可以分为四种编制模式，即高度集权的编制模式，集权为主、适当分权的编制模式，分权为主、适当集权的编制模式和高度分权的编制模式。

第一节　高度集权的编制模式

一、高度集权编制模式的特点和主要编制过程

（一）特点

高度集权的编制模式又称为“自上而下”的模式，是指由单位高管层（如董事会或经理层等）根据本单位的战略目标确定预算目标并亲自编制财务预算的一种预算编制管理模式。在高度集权编制模式下，高管层直接编制财务预算，将预算目标分解下达给各级预算责任单位，各级预算责任单位只是预算的执行者，不参与预算的编制。

（二）主要编制过程

（1）高管层确定预算目标。高管层根据本单位的中长期发展战略和预算年度的内外部经营环境制定预算年度的发展目标，并根据预算年度的发展目标来确定预算年度的预算目标，提出预算年度的营业收入、营业成本、利润等主要财务指标的预算目标。

（2）高管层编制财务预算。高管层根据年度预算目标和单位内部各级预算责任单位的实际情况编制年度财务预算。通过编制年度财务预算，将年度预算目标逐级分解给单位内部的各级预算责任单位。

（3）高管层召开预算编制征询会。高管层召开各级预算责任单位负责人会议，通报财务预算的编制情况，对预算目标和各项具体预算指标的确定做出说明或解释，听取各级预算责任单位对预算目标和各项具体预算指标的意见。高管层根据合理意见对预算方案做出修改。

（4）高管层召开预算编制发布会。高管层召开各级预算责任单位负责人会议，正式发布预算年度的财务预算方案，并对各级预算责任单位在执行预算的过程中应该注意的问题提出具体要求。

二、高度集权编制模式的优、缺点

（一）优点

（1）有利于高管层进行决策控制。在高度集权编制模式下，高管层根据本单位的中长期发展战略和预算年度的内外部经营环境制定了预算年度的发展目标，并通过亲自编制预算来落实这个发展目标，有利于高管层将本单位的发展目标不折不扣地贯彻到财务预算目标之中，保证了高管层的决策意图能够在财务预算中得到完整体现，从而保证了高管层能够很好地进行决策控制。

（2）有利于缩短预算编制时间，提高预算编制效率。在高度集权编制模式下，高管层直接编制财务预算，不需要经历各级预算责任单位逐级编制、逐级汇总、逐级审核的过程，编制过程耗用的时间相对较少，使预算编制的效率得到提高。

（二）缺点

（1）容易导致预算目标的分解，脱离实际。在高度集权编制模式下，由于各级预算责任单位不参与预算的编制，预算目标的确定和逐级分解都是由高管层独立进行，而高管层对各级预算责任单位的实际情况很难做到全面、深入、细致的了解和掌握，这就很容易导致在确定预算目标、特别是在分解预算目标时会出现一些脱离实际的现象，比如某些预算指标制定得不合理，预算责任单位很难完成或很容易就可以完成等。

（2）容易导致各级预算责任单位对预算管理产生消极情绪。在高度集权编制模式下，由于各级预算责任单位不能参与预算的编制，整个预算编制的过程都是由高管层独立完成，各级预算责任单位完全处于被动执行、甚至是强制执行的地位，对预算的编制没有话语权和参与权，这就使这些执行单位对预算管理产生消极情绪。特别是在高管层编制的预算脱离各级预算责任单位的实际，各级预算责任单位的合理化建议又得不到高管层的理解和接受，导致预算指标根本或者很难完成的情况下，各级预算责任单位对预算管理不仅会产生消极情绪、甚至会产生抵触情绪，从而影响财务预算管理作用的发挥，降低财务预算管理的效果。

三、高度集权编制模式的适用对象

鉴于高度集权编制模式存在上述缺点，它一般只能适用于采用高度集权管理模式下的小型单位。因为这种小型单位的规模不大，业务不复杂，组织机构比较简单，管理链条不长，管理幅度很小，高管层容易对各级预算责任单位的实际情况进行全面、深入、细致的了解和掌握，预算编制过程中高管层与各级预算责任单位也比较容易进行沟通，因此，所编制的预算不容易脱离实际，容易得到各级预算责任单位的认同和接受。

四、高度集权编制模式的难点及解决思路

(一) 难点

(1) 如何确保所编制的预算不脱离实际?实务中采用高度集权编制模式的单位,往往规模较小,决策权、管理权高度集中在高管层。长期的高度集权管理,很容易使高管层养成长官意识、家长作风。高管层在编制预算时可能会过度地强调自己的意志,对本单位预算期内所面临的外部发展环境和内部经营管理条件缺乏足够的、正确的了解和认识,导致编制出来的预算严重脱离实际,使预算失去了应有的作用。因此,在实务中,采用这种编制模式遇到的一个难点问题就是如何确保所编制的预算不脱离实际。

判断预算是否脱离实际,主要有以下三条标准:

① 预算目标的确定是否符合本单位的发展目标(以本单位的发展目标符合内外部发展环境为前提)?如果符合,则表明预算在总体目标上不脱离实际。

② 各项具体预算指标的分解是否符合各级预算责任单位的经营管理条件?如果符合,则表明预算在具体指标的制定上不脱离实际。

③ 预算是否得到各级预算责任单位的广泛认同和积极执行?如果得到,则表明预算在编制环节上不脱离实际。

(2) 如何使预算得到各级预算责任单位的广泛认同和积极执行?高度集权的编制模式下,各级预算责任单位不能参与预算的编制,只能被动地执行高管层编制出来的预算。而高管层由于缺乏与各级预算责任单位的有效沟通,对各级预算责任单位的经营管理条件和心理诉求没有充分的了解和认识,导致编制出来的预算得不到各级预算责任单位的广泛认同和积极执行。因此,如何使预算得到各级预算责任单位的广泛认同和积极执行,是采用这种编制模式遇到的另一个难点问题。

(二) 解决思路

(1) 建立高管层通畅的内外部信息渠道。单位内外部信息对预算的编制来说非常重要。就外部信息而言,主要是指单位发展所面临的外部环境,包括经济环境、金融环境、市场环境、竞争环境等。可靠、充分的外部信息,对一个单位确定自己的发展目标、市场定位至关重要,而发展目标、市场定位又是确定预算目标的重要基础。就内部信息而言,主要是指单位发展所面临的内部环境,包括组织结构现状、生产经营特点、管理模式现状、企业文化现状、员工素质现状、预算管理现状、历史财务信息等。可靠、详实的内部信息,是一个单位正确制定和合理分解自己的预算目标的重要保证。只有建立了通畅的内外部信息渠道,高管层才能及时了解和掌握可靠、详实、充分的内外部信息,编制出来的预算才能不脱离实际、才能得到各级预算责任单位的广泛认同和积极执行。

(2) 做到单位预算目标与员工个人目标相结合,使预算目标成为个人目标。单位的预算,最终是要靠员工去执行;单位的预算目标,最终也是要靠员工去实现。做到单位预算目标与员工个人目标相结合,使预算目标成为个人目标,这是保证预算得到员工的认可,进而提高员工执行预算的积极性、主动性、能动性的重要前提。员工作为一个“经济人”,有其个人的追求目标,比如希望通过自己的劳动付出来获得合理的薪酬。但单位也是一个“经济人”,它也希望通过降低成本耗费来实现自身利润或效益的最大化。因此,员工和单位之间在追求的目标上存在着相互博弈的关系。这种博弈关系需要单位与员工通过某些有效的方式来整合、来协调。

预算管理就是这些有效方式中的一种。通过预算管理,对单位预算目标和员工个人目标进行整合,尽可能使单位预算目标成为员工个人目标,是有效处理单位与员工之间博弈关系的重要手段。目标整合的方法很多,如通过建立有效的激励与约束机制,促使行为主体(员工)改变目标函数或改变实现目标函数的约束条件;或者通过改善预算编制模式和改进预算管理的其他流程,使员工更多的参与到预算管理中来,以便更深地了解和理解单位的预算目标;或者通过加强单位文化建设,提高员工对单位预算目标的认同意识等。

(3) 加强高管层与预算责任单位的交流和沟通。人的认知能力是有差别的,对于同样一件事物,不同的人可能会有不同的理解。预算管理中,高管层与预算责任单位之间对于目标合理性的理解存在差别是必然的。因此,作为预算编制者的高管层,必须意识到人的认知能力的差别,在编制预算的过程中与各级预算责任单位进行广泛的交流和沟通,以便使预算的认识差别得到提前释放、提前消除,最终促成所编制的预算得到各级预算责任单位乃至全体员工的广泛认同和积极执行。

第二节　集权为主、适当分权的编制模式

一、集权为主、适当分权编制模式的特点和主要编制过程

(一) 特点

集权为主、适当分权的编制模式又称为“先自上而下、后自下而上、再自上而下”的模式,是指先由高管层确定总的预算目标,将总的预算目标层层分解到各级预算责任单位,并提出预算编制的原则和要求;然后由各级预算责任单位根据上级分解下来的预算目标、高管层提出的预算编制原则和要求以及本单位的实际情况来编制本单位的预算草案,并将预算草案逐级审核、调整、审定、汇总和上报;最后由高管层对各级预算责任单位汇总上报上来的预算草案进行审核、调整、审定和汇总,得出单位的总体预算方案的一种编制模式。

在这种编制模式下,高管层的集权主要体现在确定总的预算目标,将总的预算目标分解给各级预算责任单位,提出预算编制的原则和要求,对各级预算责任单位汇总上报上来的预算草案进行审核、调整、审定和汇总这几个环节上。而各级预算责任单位的适当分权主要体现在根据上级分解下来的预算目标、高管层提出的预算编制原则和要求以及本单位的实际情况来编制本单位的预算草案,并将预算草案逐级审核、调整、审定、汇总和上报。

这种编制模式使各级预算责任单位能够根据本单位的实际情况来编制本单位的预算草案,成为预算编制的参与者。此外,这种编制模式的“自上而下、自下而上”的过程往往需要经过几个上下的回合才能完成,因为预算编制过程也是单位内部各级预算责任单位的利益博弈过程,其间有很多矛盾和利益冲突需要沟通、需要协调,如果不经过上下几个回合的博弈,很难编制得一个能够兼顾各级预算责任单位责、权、利的预算方案出来。

(二) 主要编制过程

(1) 高管层确定总的预算目标,并根据各级预算责任单位的实际情况对总的预算目标进行逐级分解。高管层根据本单位的中长期发展战略和预算年度的内外部经营环境制定预算年度的发展目标,并根据预算年度的发展目标来确定预算年度总的预算目标,提出预算年度的营业收入、营业成本、利润等主要财务指标的预算目标,并将这些体现着总的预算目标的主要财

务指标按照各级预算责任单位的职能范围进行分解,使总的预算目标分解成各级预算责任单位的具体预算目标。

(2)高管层提出预算编制的原则和要求。高管层根据本单位的预算管理模式和要求,提出预算编制的原则和要求,比如,预算编制应该遵循目标至上、切实可行、统筹兼顾等原则,预算编制要严格执行时间要求、方法要求、程序要求等。预算编制的原则和要求既是各级预算责任单位编制本单位预算草案的指南,也是高管层审核、调整和审定单位总体预算方案的"政策"依据。

(3)高管层召开预算编制布置会。高管层召开各级预算责任单位负责人会议,公布预算年度总的预算目标,说明总的预算目标产生的过程和理由,解释指标分解的情况和依据,并对预算编制的原则和要求做出解释和说明,让各级预算责任单位负责人了解总的预算目标和各个主要指标的内涵和依据,了解预算编制的原则和要求。高管层还要对预算编制工作做出具体的安排,让各级预算责任单位负责人知道预算编制的工作流程和方法程序,以便顺利地开展编制工作。

(4)各级预算责任单位编制本单位的预算草案。各级预算责任单位根据上级分解下来的指标任务和编制原则及要求着手编制本单位的预算草案,在规定的时间内认真完成预算草案的编制工作。

(5)各级预算责任单位逐级审核、调整、审定和汇总上报送本单位的预算草案,上一级的单位负责对下一级的单位报送上来的预算草案进行审核、调整、审定和汇总,使之形成本单位汇总后的预算草案,直至形成单位总体预算草案。在这个过程中,上级预算责任单位要注意听取下级预算责任单位的意见和建议,协调好下级预算责任单位的责、权、利。

(6)高管层召开预算审核会议,对各级预算责任单位汇总上报上来的预算草案进行审核、调整、审定和汇总。在这个过程中,高管层要注意听取各级预算责任单位对预算草案的陈述或说明,仔细了解各级预算责任单位在预算草案编制过程中的问题和建议,协调好各级预算责任单位的责、权、利。对各级预算责任单位的合理化建议,高管层应当加以接受,并根据这些合理化建议来调整原来的指标分解方案,使调整后的指标分解方案更加切合实际。在充分听取意见和建议的基础上,高管层对各级预算责任单位的预算草案进行最后的审定,并汇总形成本单位总体的预算方案。这个过程可能要多次反复,几上几下,直到各级预算责任单位和高管层都认为比较合理为止。

(7)高管层召开预算编制发布会。高管层召开各级预算责任单位负责人会议,正式发布预算年度的财务预算方案,并对各级预算责任单位在执行预算的过程中应该注意的问题提出具体要求。

二、集权为主、适当分权编制模式的优、缺点

(一)优点

(1)既体现集权管理,比如由高管层确定总的预算目标,将总的预算目标分解给各级预算责任单位,提出预算编制的原则和要求,对各级预算责任单位汇总上报上来的预算草案进行审核、调整、审定和汇总;又在一定程度上发挥了民主,比如各级预算责任单位可以根据上级分解下来的预算目标、高管层提出的预算编制原则和要求以及本单位的实际情况来编制本单位的预算草案,并将预算草案逐级审核、调整、审定、汇总和上报。因此,这种编制模式有利于调动

和发挥各级预算责任单位在预算管理中的能动作用。

（2）各级预算责任单位能够根据上级分解下来的预算目标、高管层提出的预算编制原则和要求以及本单位的实际情况来编制本单位的预算草案，并将预算草案逐级审核、调整、审定、汇总和上报。而且在上级预算责任单位直至高管层审核、调整、审定和汇总预算草案的过程中能够广泛听取下级预算责任单位的意见和建议，有利于对各级预算责任单位的预算草案进行层层把关，使各级预算责任单位的预算草案尽可能符合相应层级预算责任单位的实际情况，从而有利于保证预算的准确性、合理性和可行性。

（二）缺点

（1）编制预算所耗费的时间和精力比较多、效率也不高。这种编制模式下，预算编制需要经过"先自上而下、后自下而上、再自上而下"的几个反复过程，而且在这个反复的过程中还要广泛听取意见和建议，上下级之间有时为了一个指标的合理性问题都需要反复多次的讨论、沟通、协调才能达成一致的意见，因此，整个预算编制过程耗费较多的时间、人力和精力，降低了预算编制的效率。

（2）上级预算责任单位直至高管层在审核、调整、审定和汇总下级预算责任单位上报上来的预算草案的过程中，容易出现因认识的差异和利益的冲突而导致的协调难的问题。预算编制的过程是各个利益团体（或群体）之间的博弈过程，每一个利益团体为了自己的利益都会在预算目标的确定、预算指标的分解上讨价还价，加上不同行为主体之间存在认识上的差异，这就导致上级预算责任单位乃至高管层在审核、调整、审定和汇总下级预算责任单位上报上来的预算草案时，需要对下级预算责任单位做很多解释、协调的工作，有时为了一个关键指标的确定问题还要费很多周折才能协调得好。

三、集权为主、适当分权编制模式的适用对象

根据集权为主、适当分权编制模式的特点，这种模式主要适用于采用集权管理模式下的大中型单位。集权管理是大多数管理者喜欢采用的管理模式。但在大中型单位，因为管理幅度比较大、管理链条比较长，采用高度集权的管理模式显然不太合适，因此，管理者们通常会选择集权为主、适当分权的模式。预算管理是财务管理的一种重要手段。在大中型单位，为了适应集权为主、适当分权的总体管理模式，管理者们一般都会对预算管理采取集权为主、适当分权的模式，故而这种预算编制模式在大中型单位得到广泛运用。

四、集权为主、适当分权编制模式的难点及解决思路

（一）难点

（1）如何提高预算编制的效率？集权为主、适当分权编制模式因为要经过由上到下、由下到上、再由上到下几个回合的分解指标、提出要求、布置工作、着手编制、逐级审核、逐级调整、逐级审定、逐级汇总，整个预算编制过程耗时比较长。有的单位从预算年度上一年的9月份就开始着手确定预算年度的预算目标，直到预算年度的3月份至4月份才最后审定批准预算，整个过程需要经过7个月至8个月的时间，效率非常低。因此，如何提高预算编制的效率就成了这种编制模式下必须要解决的一个难点问题。

（2）如何协调好各级预算责任单位的责、权、利？一个大中型单位内部，职能部门比较多，下属单位也比较多，每一个部门、每一个单位都有各自的预算管理责任，都要完成一定的预算

指标。通常情况下,实行财务预算管理的单位都把预算责任的完成情况与员工的薪酬水平挂钩,此为其一;其二,对于耗用单位资源的各级预算责任单位来说,能够得到较多的耗用指标是一件愉快的事。因此,各级预算责任单位一方面希望上级单位分解下来的工作量指标越少越好,另一方面希望上级单位分解下来的资源耗用指标越多越好,它们在组织本单位预算草案的编制时首先考虑的就是本单位的责、权、利,无论是工作量指标还是资源耗用指标,都尽量朝着有利于本单位的方向去编制,即使在上级预算责任单位审核预算草案的过程中发现了这种倾向,这些下级预算责任单位也会做出种种解释、提出种种困难来强调自己编制出来的预算草案是合理的。这时,就需要上级预算责任单位去协调,这是一个难点问题。

(二) 解决思路

(1) 成立组织严密的预算管理机构,配备精干高效的预算编制人员。财务预算管理是一项全体员工参与、全方位渗透、全过程监控、全量化实施的管理,管理范围大,管理难度高,必须要建立一套由预算管委员会(或领导小组)、预算管理办公室、预算管理小组等机构组成的严密的预算管理组织机构,配备一批精干高效的预算管理人员,才能保障预算编制能够高效有序地完成。

(2) 制定标准化的预算编制管理流程,把预算编制工作引入标准化的轨道。预算编制涉及单位生产经营管理活动的各个方面,指标多、数字多、各种勾稽关系复杂,编制起来费时费力。通过制定标准化的编制管理流程,可以使预算编制人员清楚地了解预算编制的各种流程和标准,严格按照既定的流程和标准来测算相关数据、检查相关数据之间的勾稽关系,提高数据测算的速度,减少数据之间的差错,进而提高预算编制的效率。

(3) 强化预算管理委员会的功能,最大限度地发挥预算管理委员会在预算编制过程中的组织和协调作用。预算管理委员会是单位预算管理的最高权力机构,具有确定预算目标、提出预算编制原则和要求、制定预算编制标准、审核预算草案、协调预算矛盾、解决预算纷争、调整审定预算方案等功能。强化预算管理委员会功能可以提高预算指标分解的合理性,可在一定程度上降低各级预算责任单位不顾大局、只顾小团体利益的可能性,促使各级预算责任单位在编制预算的过程中能够从整个单位的大局出发,用最经济的预算去完成最经济的工作任务。强化预算管理委员会的功能应该关注三点:一是单位最高领导应该是预算管理委员会的主要成员,这样既提高了预算的权威性,又有利于协调各级预算责任单位的责、权、利;二是预算管理委员会的组成人员要有务实精神,在预算编制之前要深入基层单位了解实际情况,不能光凭下属的汇报就确定指标、审定预算;三是预算管理委员会的组成人员还要有大局意识,不能站在自己所分管的部门或单位小团体利益的角度来参与预算草案的审核、调整和审定,要从整个单位的大局出发,严格审核下级预算责任单位上报上来的预算草案,不合理的,坚决予以调整。

第三节　分权为主、适当集权的编制模式

一、分权为主、适当集权编制模式的特点和主要编制过程

(一) 特点

分权为主、适当集权的编制模式又称为“先自下而上、后自下而上”的模式,是指首先由各级预算责任单位自行编制各自的预算草案;然后逐级往上报送,上级预算责任单位负责对下级

预算责任单位报送上来的预算草案进行审核、调整、审定和汇总上报；最后由高管层对下级预算责任单位报送上来的预算草案进行审核、调整、审定和汇总，得出单位的总预算方案的一种编制模式。

（二）主要编制过程

（1）高管层布置预算编制工作，提出预算编制的原则和要求。

（2）下级预算责任单位根据高管层提出的预算编制原则和要求以及上级预算责任单位对本单位预算编制提出的具体要求编制本单位的预算草案，并由本单位负责人审核预算草案后报送给上级预算责任单位。

（3）上级预算责任单位对下级预算责任单位报送上来的预算草案进行审核、调整、汇总和审定，然后逐级往上报送，直至报送到高管层。

（4）高管层对各个预算责任单位报送上来的预算草案进行审核、调整、审定和汇总，得出单位总体预算方案。在此过程中，高管层需要协调各个预算责任单位的责、权、利关系。

（5）高管层召开预算编制发布会。高管层召开各级预算责任单位负责人会议，正式发布预算年度的财务预算方案，并对各级预算责任单位在执行预算的过程中应该注意的问题提出具体要求。

二、分权为主、适当集权编制模式的优、缺点

（一）优点

分权为主、适当集权编制模式的优点是：各级预算责任单位能够根据本单位的实际情况自主编制本单位的预算草案，有效地调动和发挥了各级预算责任单位在预算编制中的积极性和能动作用，使编制出来的预算更加切合实际。

（二）缺点

分权为主、适当集权编制模式的不足之处在于：由于强调分权为主，高管层不提出总的预算目标，也不给各级预算责任单位分解预算指标，只提出一些原则性要求，各级预算责任单位根据本单位的实际情况自主编制本单位的预算草案，不利于把各级预算责任单位的生产经营管理活动统一到高管层的战略意图上来，容易造成单位资源的不合理利用。比如，各级预算责任单位为了本单位的利益，可能会加大消耗性资源的预算支出，造成这些资源的不当利用甚至浪费。

三、分权为主、适当集权编制模式的适用对象

根据分权为主、适当集权编制模式的特点，这种模式主要适用于采用分权管理模式下的大中型单位。一些大中型单位，由于业务多元化，不同业务之间共性的东西比较少，不同的业务需要由不同的下级单位来生产、经营或管理，而不同的下级单位都分别是自主经营、自负盈亏的独立核算单位，因此，一些管理者就认为，采用分权为主、适当集权的管理模式更适合于这种单位。在这种管理模式下，预算编制很自然地就采用了分权为主、适当集权的编制模式。

四、分权为主、适当集权编制模式的难点及解决思路

分权为主、适当集权编制模式的难点及解决思路与集权为主、适当分权编制模式相类似,这里不再赘述。

第四节 高度分权的编制模式

一、高度分权编制模式的特点和主要编制过程

(一)特点

高度分权的编制模式又称为"自下而上"的模式,是指高管层既不制定总的预算目标,也不提出预算编制的原则和要求,各级预算责任单位完全自主的编制、审核、审定自己的预算方案,只需将审定后的预算方案报送给高管层备案即可的一种预算编制模式。在这种编制模式下,高管层不过问、更不干预各级预算责任单位的预算编制过程,将预算编制的管理权高度的下放给各级预算责任单位。

(二)主要编制过程

(1)各级预算责任单位自主编制本单位的预算。

(2)各级预算责任单位自主审核、调整、审定本单位的预算。

(3)各级预算责任单位将审定后的预算方案报送高管层备案。

二、高度分权编制模式的优、缺点

(一)优点

高度分权编制模式的优点是:各级预算责任单位能够根据本单位的实际情况完全自主的编制、审核、调整、审定本单位的预算草案,能最大限度地调动和发挥预算责任单位在预算编制过程中的积极性和能动作用,使预算更加切合实际。

(二)缺点

高度分权编制模式的不足之处在于:由于是分权,高管层既不提出总的预算目标和编制原则及要求,也不给各级预算责任单位分解预算指标,各级预算责任单位完全自主地根据本单位的实际情况编制、审核、调整、审定本单位的预算草案,形成各自为政的管理格局,不利于把各级预算责任单位的生产、经营或管理行为统一到高管层的战略意图上来,也不利于各级预算责任单位之间的资源优势互补,容易造成资源的不合理利用,更不利于集中配置单位的各种资源以便培育单位的整体竞争优势。

三、高度分权编制模式的适用对象

根据高度分权编制模式的特点,这种模式主要适用于采用高度分权管理模式下的大型多级法人制的单位。多级法人制单位是指具有两级或两级以上独立法人资格的单位,如企业集团,集团(母公司)是一级法人,子公司是二级法人,若还有孙公司,孙公司则是三级法人。在

一些多级法人制单位，由于业务多元化，各种业务之间的关联度低，加上最高管理层的管理思想偏向于分权管理，因此，对预算编制乃至整个预算管理就采取高度分权的编制模式。高度分权的编制模式也只有在这种多级法人制单位才适合采用，在单一法人单位内部一般不适合采用这种模式，因为单一法人单位内部的各个部门或单位都没有独立的法人资格，一般不具有独立的财务收支权，因此不具有高度分权管理的前提条件。

四、高度分权编制模式的难点及解决思路

（一）难点

高度分权编制模式的难点主要是高管层如何通过预算管理把各级预算责任单位的生产、经营或管理行为统一到高管层的战略意图上来，使各级预算单位的预算能够充分体现高管层的战略意图。在高度分权的编制模式下，由于各级预算责任单位拥有预算的编制、审核、调整和审定权，高管层不过问、更不干预各级预算责任单位的预算编制过程，各级预算责任单位出于局部利益的考虑，在编制预算时都从自身的利益出发，高管层无法通过预算来贯彻自己的战略意图。

（二）解决思路

（1）高管层可以通过各种有效方式向各级预算责任单位描绘单位的战略意图，让各级预算责任单位了解并深刻领会单位的战略意图，自觉地把单位的战略意图贯彻到预算中去。比如，高管层可以通过制定并发布单位的中长期发展战略和短期经营方针、经营策略、经营计划的方式向各级预算责任单位描绘单位的战略意图，并经常在有关会议上强调这种战略意图的重要性，希望各级预算责任单位在编制预算时能够体现这种战略意图，让各级预算责任单位对单位的战略意图耳濡目染，自觉地编制出能够体现单位战略意图的预算方案。

（2）从集中配置单位的各种资源以便培育单位的整体竞争优势、实现单位的战略目标这个角度出发，建议各种单位在实务中尽量不采用这种预算编制模式。

【复习思考题】

1. 什么是财务预算编制模式？根据集权和分权的程度不同，财务预算编制模式主要有哪几种？

2. 财务预算的四种编制模式在特点和主要编制过程上有什么不同？

3. 财务预算的四种编制模式在优、缺点上有什么不同？

4. 财务预算的四种编制模式在适用对象上有什么不同？

5. 财务预算的四种编制模式在难点和解决思路上有什么不同？

【案例分析题】

某上市公司是一个单一法人单位，资产总额达10亿元人民币，主要经营A、B、C三个系列产品，分别由第一、第二、第三制造分厂生产，公司的组织结构如下图所示：

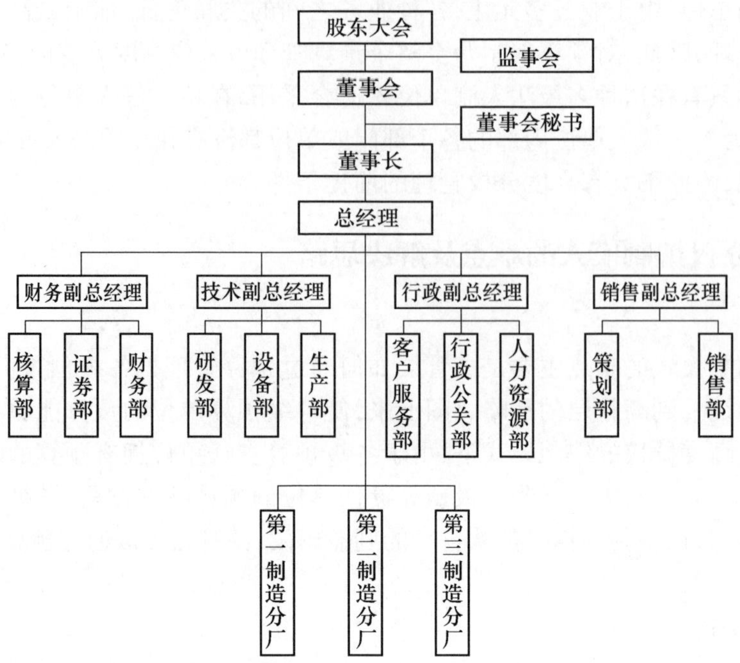

案例分析要求 请为该公司设计一个预算编制模式,阐述你选择该模式的理由,描述该模式下预算编制的主要过程,并指出预算编制过程中应采用什么措施来保证预算编制尽可能切合实际和提高效率。

第三章　财务预算的编制流程

内容介绍

本章主要介绍财务预算的编制流程，包括以目标销量为编制起点的编制流程、以目标利润为编制起点的编制流程、以目标成本为编制起点的编制流程、以目标产量为编制起点的编制流程、以目标现金流量为编制起点的编制流程、以目标净资产利润率为编制起点的编制流程。

学习目标

了解财务预算编制流程的概念，了解每一种编制流程的内涵和编制步骤，熟悉每一种编制流程的优、缺点与适用范围。

财务预算编制流程是指以某一个预算指标为编制起点的一系列编制工作的程序和步骤。财务预算编制流程是一个单位编制财务预算的工作主线，编制流程确定之后，整个编制工作就沿着这条主线去进行。一个单位确定财务预算编制流程时应当根据自身的生产经营管理特点、市场环境、内部组织机构设置以及单位的发展目标等情况来加以考虑。通常是先选择编制起点，并确定编制起点的预算数，然后再从编制起点的预算数延伸出去，依次确定各个编制程序和步骤，并依次编制各个预算指标的预算数。所谓编制起点，通常是指单位在预算期内最为关注、需要首先确定下来的那个预算指标。这个预算指标一般是单位在预算期内众多预算指标中的核心指标，只有这个核心指标确定之后才能编制其他预算指标的预算数。编制起点的确定需要考虑单位的生产经营管理特点、市场环境、内部组织机构设置以及单位的发展目标等因素。不同单位，其编制起点可能不同；同一个单位，在不同预算期内的编制起点也可能不同。总之，编制起点的选择要符合单位的实际情况。

以企业为例，根据所选择的核心指标不同，财务预算的编制流程主要有六种，即以目标销量为编制起点的编制流程、以目标利润为编制起点的编制流程、以目标成本为编制起点的编制流程、以目标产量为编制起点的编制流程、以目标现金流量为编制起点的编制流程和以目标净资产利润率为编制起点的编制流程。

第一节　以目标销量为编制起点的编制流程

一、以目标销量为编制起点的编制流程的内涵

以目标销量为编制起点的编制流程是指以目标销量为核心指标，以销售预测为基础来确定目标销量，根据目标销量来编制销售预算，根据销售预算和预计期初、期末合理库存来编制

生产预算,继而编制管理预算、投资预算、筹资预算、采购预算、成本费用预算、经营成果预算、现金流量预算和财务状况预算的一种编制流程。

目标销量是企业战略管理的重点之一,是扩大市场份额、提高市场占有率、实现企业战略目标的重要手段和途径。为了实现目标销量,把目标销量作为财务预算编制的起点是以市场为导向的生产经营管理模式下的必然选择。通过把目标销量作为财务预算的编制起点,可以把整个预算方案定位在市场销量的基础上,以销定产、以产促销,使预算成为实现目标销量、甚至成为企业扩大市场份额和提高市场占有率的一种重要管理手段,有助于改善财务预算管理的功能、提高财务预算管理的作用。因此,在实践中,以目标销量为编制起点的编制流程被很多企业广泛采用。

二、以目标销量为编制起点的编制流程的基本步骤

以目标销量为编制起点的财务预算编制流程通常是以经营活动为主线、以投资活动和筹资活动为辅线来设计整个预算编制的流程。整个编制流程主要由预测销量、确定目标销量、编制销售预算、编制生产预算、编制管理预算、编制投资活动预算、编制筹资活动预算、编制采购预算、编制成本费用预算、编制经营成果预算、编制现金流量预算和编制财务状况预算等环节所构成,其编制的大致流程如图3-1所示。

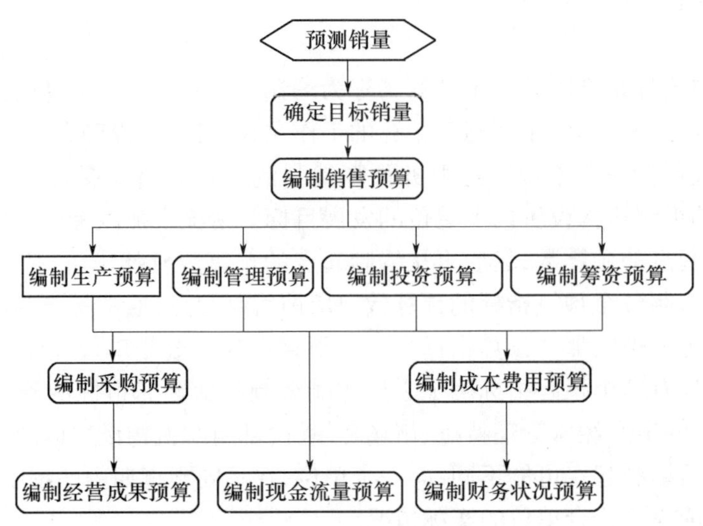

图3-1　以目标销量为编制起点的编制流程图

(一)预测销量

根据企业既有的销售渠道、销售网络和销售手段等销售资源,结合预算期的市场行情,采用市场调查法、判断分析法等定性预测方法和时间序列预测法、因果预测法等定量预测方法,预测企业预算期内的销售量。

(二)确定目标销量

根据销售预测的结果,结合企业在预算期内的生产经营情况,确定企业预算期内的目标销量。

(三)编制销售预算

根据目标销量、计划价格和适用增值税税率,考虑预算期间可能发生的变动,编制销售预

算,包括销售数量的预算、销售价格的预算、销售税金及附加的预算、含税销售收入的预算和不含税销售收入的预算,同时也包括单项产品的销售预算和全部产品的销售预算等。

（四）编制生产预算

根据销售预算、生产能力和产品在期初、期末的合理库存编制生产预算,包括产品品种预算和产品产量预算等。

（五）编制管理预算

根据管理活动的需要编制管理费用的预算,包括管理费用项目的预算和管理部门的预算等。

（六）编制投资预算

根据投资规划编制投资预算,包括单个投资项目的预算和全部投资项目的总预算;包括投资总额的预算和各种资金用途的预算等。

（七）编制筹资预算

根据筹资规划编制筹资预算,包括筹资总额的预算和各种筹资方式筹资金额的预算,包括借款金额的预算和偿还金额的预算;包括本金的预算和利息的预算等。

（八）编制采购预算

根据生产预算、管理预算、投资预算编制采购预算;包括采购数量的预算和采购金额的预算;包括单项采购数量和采购金额的预算以及采购总金额的预算等。

（九）编制成本费用预算

根据销售预算、生产预算、管理预算、投资预算、筹资预算、采购预算编制成本费用预算;包括单项成本费用的预算和总成本费用的预算;包括人工成本费用的预算和物耗成本费用的预算;包括生产成本的预算和管理费用、销售费用、财务费用的预算;包括直接材料、直接人工和制造费用的预算等。

（十）编制经营成果预算

根据销售预算、生产预算、管理预算、投资预算、筹资预算、采购预算、成本费用预算编制经营成果预算,包括营业收入预算、营业成本预算、营业税金及附加预算、销售费用预算、管理费用预算、财务费用预算、资产减值损失预算、公允价值变动收益预算、投资收益预算、营业利润预算、营业外收入预算、营业外支出预算、利润总额预算、所得税预算、净利润预算、每股收益预算、利润分配预算等。

（十一）编制现金流量预算

根据销售预算、生产预算、管理预算、投资预算、筹资预算、采购预算、成本费用预算、经营成果预算编制现金流量预算;包括现金流入量预算、现金流出量预算和现金净流量预算;包括经营活动现金流量预算、投资活动现金流量预算和筹资活动现金流量预算等。

（十二）编制财务状况预算

根据销售预算、生产预算、管理预算、投资预算、筹资预算、采购预算、成本费用预算、现金流量预算、经营成果预算编制财务状况预算,包括资产状况预算、负债状况预算和所有者权益状况预算等。

三、以目标销量为编制起点的编制流程的优、缺点

（一）优点

以目标销量为起点编制财务预算,贯彻以销定产的原则,以实现目标销量为核心,合理安

排产销计划,不断开发市场潜力,提高市场占有率,有助于整体市场的迅速扩大,提高企业市场应变能力和竞争优势,使企业快速成长;同时有利于避免存货积压,减少资金沉淀,提高资金使用效率。

(二)缺点

以目标销量为经营目标,可能会造成产品过度开发,不利于企业长远发展;同时,只追求目标销量也会导致忽略成本降低的因素,不利于提高企业盈利水平;此外,只追求目标销量还可能会导致过度赊销,增加企业坏账损失。

四、以目标销量为编制起点的编制流程的适用范围

以目标销量为编制起点的编制流程一般适用于以下三种情形。

(一)处在成长期的企业

处在成长期的企业,其产品正逐渐被市场接受,市场需求量直线上升,企业的经营目标主要是通过市场营销来开发市场的潜力,提高市场占有份额,使企业快速成长,这时,采用以目标销量为编制起点的编制流程来编制财务预算,有助于企业适应市场营销的需要,找准市场定位,以销定产,提高市场应变能力和竞争优势。

(二)市场竞争很激烈的企业

市场竞争很激烈的企业,其产品的市场需求波动性很大,市场占有率忽高忽低,企业的经营目标主要是稳定市场需求、提升竞争优势甚至想打败竞争对手,这时,采用以目标销量为编制起点的编制流程来编制财务预算,可以起到促进销售的作用。

(三)生产经营季节性较强的企业

生产经营季节性较强的企业,其产品的市场需求波动性较大,企业所面临的市场不确定性也较大,需要根据市场的变化情况来调整其生产经营活动,其财务预算管理需要按照特定的季节和时期来进行,这时,采用以目标销量为编制起点的编制流程来编制财务预算,能够适应这种生产经营特点的要求。

第二节　以目标利润为编制起点的编制流程

一、以目标利润为编制起点的编制流程的内涵

以目标利润为编制起点的编制流程是指以目标利润为核心指标,以利润预测为基础来确定目标利润,根据目标利润来编制销售预算,根据销售预算和预计期初、期末合理库存来编制生产预算,继而编制管理预算、投资预算、筹资预算、采购预算、成本费用预算、经营成果预算、现金流量预算和财务状况预算的一种编制流程。

以目标利润为编制起点的编制流程是在继承传统预算编制流程基础上的一种创新,它是利润最大化目标导向的产物。该流程以目标利润作为整个预算编制的起点和核心指标,把目标利润作为业绩考评的主要指标。其特点是以利润作为预算目标和起点,利润指标既是预算的前提也是预算执行的结果。目标利润确定后,预算单位应努力采取措施增加收入、降低成本,以保证目标利润的实现。

以目标利润为编制起点的财务预算应以利润预测为基础来编制。企业应以历史资料为基

础,在充分考虑预算期产品结构、成本、技术、供求关系及其对利润指标的综合影响的基础上预测预算期的利润水平,再根据企业未来发展的规划来确定目标利润,据以确定预算期完成目标利润的销售量及各项成本费用水平,并分解为各级预算单位的预算目标,由各级预算单位根据预算目标编制销售预算、生产预算、采购预算以及成本费用预算等,通过各级预算单位完成单位预算目标来实现企业的目标利润。企业在确定目标利润时,应兼顾长短期利益,使预算目标与企业长远发展规划协调一致,同时确保目标利润的科学性、先进性和可行性。

二、以目标利润为编制起点的编制流程的基本步骤

以目标利润为编制起点的财务预算编制流程通常是以经营活动为主线、以投资活动和筹资活动为辅线来设计整个预算编制的流程。整个编制流程主要由预测利润、确定目标利润、编制销售预算、编制生产预算、编制管理预算、编制投资活动预算、编制筹资活动预算、编制采购预算、编制成本费用预算、编制经营成果预算、编制现金流量预算和编制财务状况预算等环节所构成,其编制的大致流程如图 3 - 2 所示。

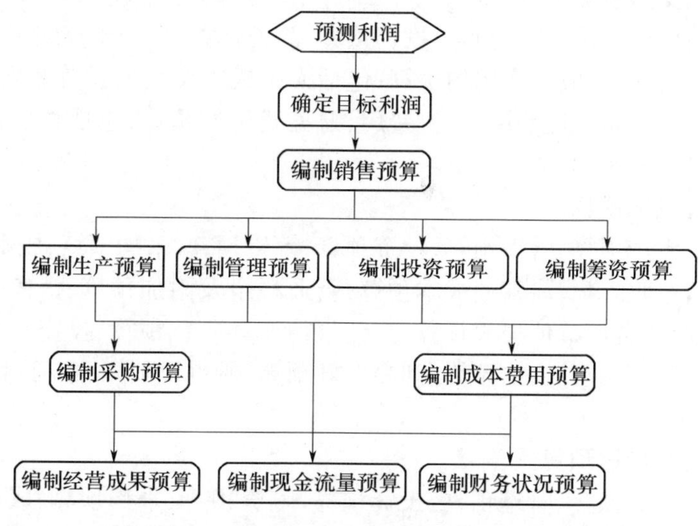

图 3 - 2　以目标利润为编制起点的编制流程图

(一) 预测利润

根据企业历史资料和预算期企业的实际生产经营能力以及市场行情的变化情况,采用定性分析法和定量分析法相结合的方法,预测企业预算期内的利润。

(二) 确定目标利润

根据利润预测的结果,结合企业在预算期内的生产经营情况,确定企业预算期内的目标利润。

(三) 编制销售预算

根据目标利润以及各种产品的销售利润率来编制销售预算,包括销售数量的预算、销售价格的预算、销售税金及附加的预算、含税销售收入的预算和不含税销售收入的预算;包括单项产品的销售预算和全部产品的销售预算等。

(四) 编制生产预算

根据销售预算、生产能力和产品在期初、期末的合理库存编制生产预算,包括产品品种预

算品和产品产量预算等。

(五) 编制管理预算

根据管理活动的需要编制管理费用的预算,包括管理费用项目的预算和管理部门的预算等。

(六) 编制投资预算

根据投资规划编制投资预算,包括单个投资项目的预算和全部投资项目的总预算;包括投资总额的预算和各种资金用途的预算等。

(七) 编制筹资预算

根据筹资规划编制筹资预算,包括筹资总额的预算和各种筹资方式筹资金额的预算,包括借款金额的预算和偿还金额的预算;包括本金的预算和利息的预算等。

(八) 编制采购预算

根据生产预算、管理预算、投资预算编制采购预算,包括采购数量的预算和采购金额的预算;包括单项采购数量和采购金额的预算以及采购总金额的预算等。

(九) 编制成本费用预算

根据销售预算、生产预算、管理预算、投资预算、筹资预算、采购预算编制成本费用预算,包括单项成本费用的预算和总成本费用的预算;包括人工成本费用的预算和物耗成本费用的预算;包括生产成本的预算和管理费用、销售费用、财务费用的预算;包括直接材料、直接人工和制造费用的预算等。

(十) 编制经营成果预算

根据销售预算、生产预算、管理预算、投资预算、筹资预算、采购预算、成本费用预算编制经营成果预算,包括营业收入预算、营业成本预算、营业税金及附加预算、销售费用预算、管理费用预算、财务费用预算、资产减值损失预算、公允价值变动收益预算、投资收益预算、营业利润预算、营业外收入预算、营业外支出预算、利润总额预算、所得税预算、净利润预算、每股收益预算、利润分配预算等。

(十一) 编制现金流量预算

根据销售预算、生产预算、管理预算、投资预算、筹资预算、采购预算、成本费用预算、经营成果预算编制现金流量预算,包括现金流入量预算、现金流出量预算和现金净流量预算;包括经营活动现金流量预算、投资活动现金流量预算和筹资活动现金流量预算等。

(十二) 编制财务状况预算

根据销售预算、生产预算、管理预算、投资预算、筹资预算、采购预算、成本费用预算、现金流量预算、经营成果预算编制财务状况预算,包括资产状况预算、负债状况预算和所有者权益状况预算等。

三、以目标利润为编制起点的编制流程的优、缺点

(一) 优点

以目标利润作为财务预算的编制起点,使利润不仅是预算的结果,还是预算的前提,即利润不再是预定销售行为和成本控制的结果,而是销售行为和成本控制必须达到的水平。企业为了追求目标利润,必须积极考虑销售和成本所应保持的水平,表现出这种预算的主动性,从而把握了实现企业利润最大化的主动权,促使各部门为了完成利润目标,努力扩大销售和挖掘节约成本的潜力,提高企业的竞争能力,增强企业综合盈利水平。同时,企业通过目标利润进

行控制和考核,并配合企业的薪酬激励方案,使企业每位员工明确自己应尽的责任和与此挂钩的利益,想方设法完成预算任务,极大限度地调动了员工的积极性、主动性。

(二) 缺点

以目标利润为编制起点编制的预算,容易造成企业只顾追求高额利润,忽略企业的财务风险和经营风险,也可能会导致企业为了预算年度的利润而做出一些不顾企业长远发展的短期行为,同时还有可能会引发企业通过一系列手段虚降成本、虚增利润的虚假行为。

四、以目标利润为编制起点的编制流程的适用范围

(一) 处在成熟期的企业

处在成熟期的企业,其生产技术比较先进而且成熟,产品质量比较稳定,市场销路比较畅通,市场竞争能力比较强,市场占有率比较稳定,企业生产经营的主要目标就是获取利润,这时,采用以目标利润为编制起点的财务预算编制流程,有利于企业积极地开源节流、努力降低成本费用、实现利润的最大化。

(二) 长期以利润最大化作为财务管理目标的企业

长期以利润最大化作为财务管理目标的企业,其生产经营的目标始终如一地定位在利润的最大化,这时,它们通常就采用以目标利润为编制起点的编制流程来编制财务预算。

(三) 短期内以利润最大化作为财务管理目标的企业

短期内以利润最大化作为财务管理目标的企业,比如需要改制上市的企业、需要增发股票的企业、需要增发债券的企业、需要向银行贷款的企业等。这些企业为了达到改制上市或者增加筹资的目的,通常需要在短期内将利润水平提高到有利于其改制上市或者增加筹资的程度,这时,它们通常都把利润最大化作为近期的财务管理目标,因此在财务预算编制流程的选择上就会选择以目标利润为编制起点的编制流程。

第三节 以目标成本为编制起点的编制流程

一、以目标成本为编制起点的编制流程的内涵

以目标成本为编制起点的编制流程是指以目标成本为核心指标,以成本预测为基础来确定目标成本,根据目标成本来确定目标利润,根据目标利润来编制销售预算,根据销售预算和预计期初、期末合理库存来编制生产预算,继而编制管理预算、投资预算、筹资预算、采购预算、成本费用预算、经营成果预算、现金流量预算和财务状况预算的一种编制流程。

以目标成本为编制起点的编制流程,以历史成本为基础,结合市场信息进行成本预测,然后再根据企业的生产经营潜力来确定目标成本,形成一套完整的标准成本体系,并将目标成本进行层层分解,落实到各预算执行单位和个人。整个编制流程中应包括各项成本费用预算、产销量预算、采购预算等经营活动预算和其他预算。在该编制流程下,企业应按预算流程对其生产经营活动进行全程跟踪,按预算目标进行严密控制,并建立以成本指标的完成情况为考核依据的评价激励制度,促使各部门不断提高生产工艺,努力挖掘节约成本的潜力。

二、以目标成本为编制起点的编制流程的基本步骤

以目标成本为编制起点的财务预算编制流程通常是以经营活动为主线、以投资活动和筹

资活动为辅线来设计整个预算编制的流程。整个编制流程主要由预测成本、确定目标成本、确定目标利润、编制销售预算、编制投资活动预算、编制筹资活动预算、编制生产预算、编制管理预算、编制采购预算、编制成本费用预算、编制经营成果预算、编制现金流量预算和编制财务状况预算等环节所构成,其编制的大致流程如图3-3所示。

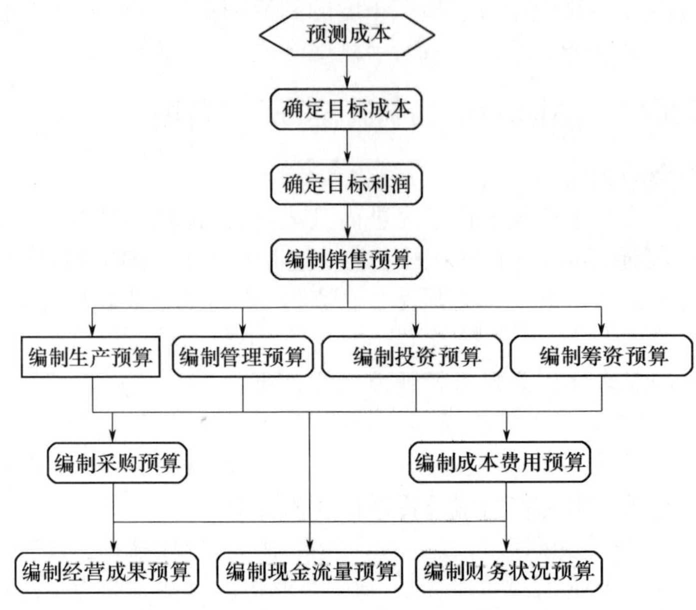

图3-3 以目标成本为编制起点的编制流程图

(一)预测成本

根据企业历史资料和预算期企业的实际生产经营能力以及市场行情的变化情况,采用定性分析法和定量分析法相结合的方法,预测企业预算期内的单位变动成本和固定成本。

(二)确定目标成本

根据成本预测的结果,结合企业在预算期内的生产经营情况,确定企业预算期内的目标成本,包括单位变动成本和固定成本。

(三)确定目标利润

根据目标成本,结合企业在预算期内的生产经营情况,确定企业预算期内的目标利润。

(四)编制销售预算

根据目标利润以及各种产品的销售利润率来编制销售预算,包括销售数量的预算、销售价格的预算、销售税金及附加的预算、含税销售收入的预算和不含税销售收入的预算;包括单项产品的销售预算和全部产品的销售预算等。

(五)编制生产预算

根据销售预算、生产能力和产品在期初、期末的合理库存编制生产预算,包括产品品种预算和产品产量预算等。

(六)编制管理预算

根据管理活动的需要编制管理费用的预算,包括管理费用项目的预算和管理部门的预算等。

（七）编制投资预算

根据投资规划编制投资预算，包括单个投资项目的预算和全部投资项目的总预算，包括投资总额的预算和各种资金用途的预算等。

（八）编制筹资预算

根据筹资规划编制筹资预算，包括筹资总额的预算和各种筹资方式筹资金额的预算；包括借款金额的预算和偿还金额的预算；包括本金的预算和利息的预算等。

（九）编制采购预算

根据生产预算、管理预算、投资预算编制采购预算，包括采购数量的预算和采购金额的预算；包括单项采购数量和采购金额的预算以及采购总金额的预算等。

（十）编制成本费用预算

根据销售预算、生产预算、管理预算、投资预算、筹资预算、采购预算编制成本费用预算，包括单项成本费用的预算和总成本费用的预算；包括人工成本费用的预算和物耗成本费用的预算；包括生产成本的预算和管理费用、销售费用、财务费用的预算；包括直接材料、直接人工和制造费用的预算等。

（十一）编制经营成果预算

根据销售预算、生产预算、管理预算、投资预算、筹资预算、采购预算、成本费用预算编制经营成果预算，包括营业收入预算、营业成本预算、营业税金及附加预算、销售费用预算、管理费用预算、财务费用预算、资产减值损失预算、公允价值变动收益预算、投资收益预算、营业利润预算、营业外收入预算、营业外支出预算、利润总额预算、所得税预算、净利润预算、每股收益预算、利润分配预算等。

（十二）编制现金流量预算

根据销售预算、生产预算、管理预算、投资预算、筹资预算、采购预算、成本费用预算、经营成果预算编制现金流量预算，包括现金流入量预算、现金流出量预算和现金净流量预算；包括经营活动现金流量预算、投资活动现金流量预算和筹资活动现金流量预算等。

（十三）编制财务状况预算

根据销售预算、生产预算、管理预算、投资预算、筹资预算、采购预算、成本费用预算、现金流量预算、经营成果预算编制财务状况预算，包括资产状况预算、负债状况预算和所有者权益状况预算等。

三、以目标成本为编制起点的编制流程的优、缺点

（一）优点

以目标成本为编制起点编制财务预算，使目标成本成为成本控制和预算考核的核心指标，促使企业各部门努力挖掘降低成本的潜力，寻找降低成本的各种方法和途径，不断降低成本，提高盈利水平。同时，以目标成本为编制起点编制财务预算有助于企业采取低成本扩张战略，迅速占领市场，扩大市场占有率，提高企业的市场竞争能力。

（二）缺点

以目标成本为编制起点编制财务预算，通常是要把降低成本作为预算管理的目标，把成本指标作为考核的业绩的核心指标，这就容易造成各个预算责任单位和责任人为了追求低成本而偷工减料，从而影响产品质量或服务质量，最终影响企业的市场信誉。此外，通过走低成本

扩张路线去占领市场,也可能会导致企业忽略新产品的开发。

四、以目标成本为编制起点编制流程的适用范围

(一)处在成熟期的企业

处在成熟期的企业,其市场销售相对稳定,市场扩张速度减慢,通过扩大市场销售来增加利润的空间很有限,需要通过实施严格的成本控制达到降低成本、提高效益的目的,这时,比较适合采用以目标成本为编制起点的编制流程来编制财务预算。

(二)处在衰退期的企业

处在衰退期的企业,其产品的市场逐渐萎缩,要想维持盈利的状态,只有通过不断地挖掘降低成本的潜力才能实现,这时,比较适合采用以目标成本为编制起点的编制流程来编制财务预算。

(三)与同行业相比,成本水平偏高的企业

与同行业相比,成本水平偏高的企业,其竞争优势不明显,很容易在激烈的市场竞争中被击垮、被淘汰,即使不被击垮、不被淘汰,其盈利水平也很低,这时,通过采用以目标成本为编制起点的编制流程来编制财务预算,可以有助于其加强成本管理、降低成本水平、提高盈利能力。

第四节　以目标产量为编制起点的编制流程

一、以目标产量为编制起点的编制流程的内涵

以目标产量为编制起点的编制流程是指以目标产量为核心指标,以产量预测为基础来确定目标产量,根据目标产量来编制生产预算,根据生产预算来编制销售预算,继而编制管理预算、投资预算、筹资预算、采购预算、成本费用预算、经营成果预算、现金流量预算和财务状况预算的一种编制流程。

以目标产量为编制起点的编制流程是企业内部实行以生产管理为中心所采用的一种预算编制流程,它通常是根据合同或订单来安排生产任务、确定目标产量,并以此为依据编制财务预算。

二、以目标产量为编制起点的编制流程的基本步骤

以目标产量为编制起点的财务预算编制流程通常是以经营活动为主线、以投资活动和筹资活动为辅线来设计整个预算编制的流程。整个编制流程主要由预测产量、确定目标产量、编制生产预算、编制销售预算、编制管理预算、编制采购预算、编制成本费用预算、编制投资活动预算、编制筹资活动预算、编制经营成果预算、编制现金流量预算和编制财务状况预算等环节所构成,其编制的大致流程如图3-4所示。

(一)预测产量

根据企业历史资料和预算期企业的实际生产经营能力以及市场行情的变化情况,采用定性分析法和定量分析法相结合的方法,预测企业预算期内的产量。

(二)确定目标产量

根据产量预测的结果,结合企业在预算期内的生产经营情况,确定企业预算期内的目

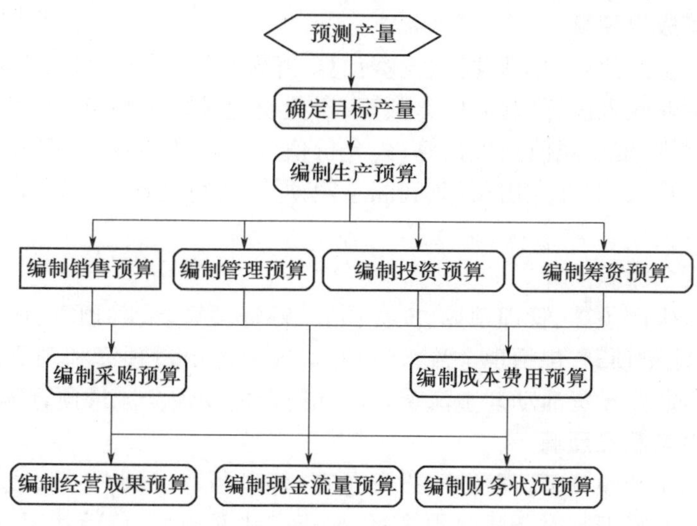

图3－4　以目标产量为编制起点的编制流程图

标产量。

（三）编制生产预算

根据目标产量、生产能力和产品在期初、期末的合理库存编制生产预算，包括产品品种预算品和产品产量预算等。

（四）编制销售预算

根据生产预算编制销售预算，包括销售数量的预算、销售价格的预算、销售税金及附加的预算、含税销售收入的预算和不含税销售收入的预算；包括单项产品的销售预算和全部产品的销售预算等。

（五）编制管理预算

根据管理活动的需要编制管理费用的预算，包括管理费用项目的预算和管理部门的预算等。

（六）编制投资预算

根据投资规划编制投资预算，包括单个投资项目的预算和全部投资项目的总预算；包括投资总额的预算和各种资金用途的预算等。

（七）编制筹资预算

根据筹资规划编制筹资预算，包括筹资总额的预算和各种筹资方式筹资金额的预算；包括借款金额的预算和偿还金额的预算；包括本金的预算和利息的预算等。

（八）编制采购预算

根据生产预算、管理预算、投资预算编制采购预算，包括采购数量的预算和采购金额的预算；包括单项采购数量和采购金额的预算以及采购总金额的预算等。

（九）编制成本费用预算

根据销售预算、生产预算、管理预算、投资预算、筹资预算、采购预算编制成本费用预算，包括单项成本费用的预算和总成本费用的预算；包括人工成本费用的预算和物耗成本费用的预算；包括生产成本的预算和管理费用、销售费用、财务费用的预算；包括直接材料、直接人工和制造费用的预算等。

(十) 编制经营成果预算

根据销售预算、生产预算、管理预算、投资预算、筹资预算、采购预算、成本费用预算编制经营成果预算,包括营业收入预算、营业成本预算、营业税金及附加预算、销售费用预算、管理费用预算、财务费用预算、资产减值损失预算、公允价值变动收益预算、投资收益预算、营业利润预算、营业外收入预算、营业外支出预算、利润总额预算、所得税预算、净利润预算、每股收益预算、利润分配预算等。

(十一) 编制现金流量预算

根据销售预算、生产预算、管理预算、投资预算、筹资预算、采购预算、成本费用预算、经营成果预算编制现金流量预算,包括现金流入量预算、现金流出量预算和现金净流量预算;包括经营活动现金流量预算、投资活动现金流量预算和筹资活动现金流量预算等。

(十二) 编制财务状况预算

根据销售预算、生产预算、管理预算、投资预算、筹资预算、采购预算、成本费用预算、现金流量预算、经营成果预算编制财务状况预算,包括资产状况预算、负债状况预算和所有者权益状况预算等。

三、以目标产量为编制起点的编制流程的优、缺点

(一) 优点

以目标产量为预算编制起点,预算编制的起点是目标产量,预算管理的目标是完成目标产量,它有利于企业扩大产量,满负荷生产,降低产品的单位成本;有利于企业不断扩大生产规模,实现规模经营;有利于企业及时确认收入,保证收入的实现。

(二) 缺点

以目标产量为预算编制起点,容易导致企业内部相关预算责任单位为了完成目标产量而忽视生产成本的管理,使成本的发生得不到有效控制、成本水平得不到有效降低,从而降低了企业的盈利水平、削弱了企业的竞争优势。同时,容易导致企业内部相关预算责任单位为了完成目标产量而忽视产品的质量管理,造成产品质量下降,最终可能会导致市场的萎缩。

四、以目标产量为编制起点的编制流程的适用范围

(一) 市场销路很好、产品供不应求的企业

市场销路很好、产品供不应求的企业,通常把生产经营目标确定为尽可能地扩大生产规模、提高生产能力、增加产品产量,把目标产量作为其生产经营的核心指标,这时,采用以目标产量为编制起点的财务预算编制流程,有利于企业把目标产量纳入预算管理系统,通过预算管理来实现企业的生产经营目标。

(二) 以产量作为收入确认和货款结算依据的企业

以产量作为收入确认和货款结算依据的企业,如建筑施工企业、安装施工企业、路桥施工企业、劳务服务企业等,它们的产量就是建筑工程量、安装工程量、路桥工程量或劳务提供量。这些企业的生产经营特点是根据合同约定来组织施工或提供劳务,根据完成的工程量或劳务量来确认收入的实现和结算货款,因此,它们收入的实现和货款的取得都依赖于它们的产量。这时,采用以目标产量为编制起点的财务预算编制流程,有利于促进企业完成目标产量,及时确认收入和取得货款。

（三）订单式生产的企业或者按照指令性计划进行生产的企业

在一些集团公司内部，往往存在这样一些独立的企业法人，它们不直接面对市场，无论是采购还是销售都由集团公司总部的职能机构来完成，它们只负责按照集团公司总部提供的订单或者指令性计划来组织生产，只要完成订单任务或者指令性计划的生产任务，就达到了集团公司总部的要求。这时，这些独立的法人企业往往采用以目标产量为编制起点的编制流程来编制它们的财务预算。

第五节　以目标现金流量为编制起点的编制流程

一、以目标现金流量为编制起点的编制流程的内涵

以目标现金流量为编制起点的编制流程是指以目标现金流量为核心指标，以现金流量预测为基础来确定目标现金流量，根据目标现金流量来编制现金流量预算，继而编制销售预算、生产预算、管理预算、采购预算、成本费用预算、投资预算、筹资预算、经营成果预算和财务状况预算的一种编制流程。

以目标现金流量为编制起点的编制流程是一种以实现预算期现金流量平衡为核心的预算编制流程，其基础是现金流量预测和现金流量预算，现金流量成为预算管理编制的起点和预算管理的关键。

现金流量预算是规划企业预算期日常生产经营活动和投资活动、筹资活动所发生的现金流入量、现金流出量、现金净流量情况的预算。现金流量预算通过协调企业经营活动、投资活动和筹资活动的现金流量，合理安排预算期的现金收支，以保持现金收支的平衡和保证现金支付能力，为现金控制提供依据。

现金流量预算依据预算期经营活动预算、投资活动预算、筹资活动预算产生的现金流量，按收付实现制的原则编制，其内容主要包括经营活动产生的现金流量、投资活动产生的现金流量和筹资活动产生的现金流量，分为现金流入预算、现金流出预算和现金净流量。

现金流量预算编制方法主要是现金收支法。现金收支法也称为直接法，它是根据现金收入和支出的类别直接反映企业经营活动、投资活动和筹资活动产生的现金流量的方法。

二、以目标现金流量为编制起点的编制流程的基本步骤

以目标现金流量为编制起点的财务预算编制流程通常是以经营活动为主线、以投资活动和筹资活动为辅线来设计整个预算编制的流程。整个编制流程主要由预测现金流量、确定目标现金流量、编制现金流量预算、编制销售预算、编制生产预算、编制管理预算、编制采购预算、编制成本费用预算、编制投资活动预算、编制筹资活动预算、编制经营成果预算和编制财务状况预算等环节所构成，其编制的大致流程如图 3－5 所示。

（一）预测现金流量

根据企业历史资料和预算期企业的经营活动、投资活动、筹资活动规划以及市场行情的变化情况，采用定性分析法和定量分析法相结合的方法，预测企业预算期内的现金流量，包括经营活动现金流量、投资活动现金流量、筹资活动现金流量；包括现金流入量、现金流出量、现金净流量。

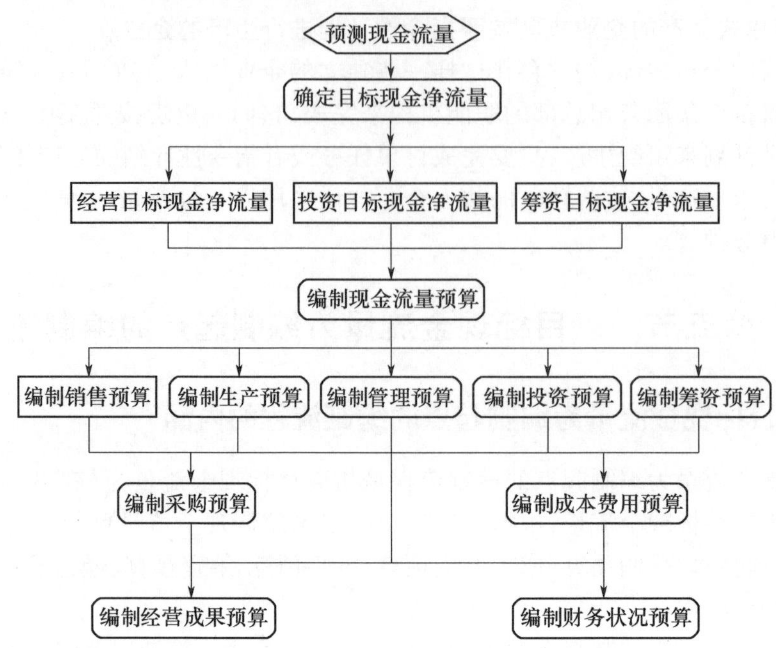

图3-5 以目标现金流量为编制起点的编制流程图

(二)确定目标现金净流量

根据现金流量预测的结果,结合企业在预算期内的经营活动、投资活动、筹资活动情况,确定企业预算期内的目标现金净流量,包括经营活动目标现金净流量、投资活动目标现金净流量、筹资活动目标现金净流量。

(三)编制现金流量预算

根据目标现金净流量编制现金流量预算,包括经营活动现金流量预算、投资活动现金流量预算和筹资活动现金流量预算;包括现金流入量预算、现金流出量预算和现金净流量预算。

(四)编制销售预算

根据现金流量预算编制销售预算,包括销售数量的预算、销售价格的预算、销售税金及附加的预算、含税销售收入的预算和不含税销售收入的预算;包括单项产品的销售预算和全部产品的销售预算等。

(五)编制生产预算

根据销售预算、生产能力和产品在期初、期末的合理库存编制生产预算,包括产品品种预算品和产品产量预算等。

(六)编制管理预算

根据管理活动的需要编制管理费用的预算,包括管理费用项目的预算和管理部门的预算等。

(七)编制投资预算

根据投资规划和现金流量预算编制投资预算,包括单个投资项目的预算和全部投资项目的总预算;包括投资总额的预算和各种资金用途的预算等。

(八)编制筹资预算

根据筹资规划和现金流量预算编制筹资预算,包括筹资总额的预算和各种筹资方式筹资金额的预算;包括借款金额的预算和偿还金额的预算;包括本金的预算和利息的预算等。

(九) 编制采购预算

根据生产预算、管理预算、投资预算编制采购预算,包括采购数量的预算和采购金额的预算;包括单项采购数量和采购金额的预算以及采购总金额的预算等。

(十) 编制成本费用预算

根据销售预算、生产预算、管理预算、投资预算、筹资预算、采购预算编制成本费用预算,包括单项成本费用的预算和总成本费用的预算;包括人工成本费用的预算和物耗成本费用的预算,包括生产成本的预算和管理费用、销售费用、财务费用的预算;包括直接材料、直接人工和制造费用的预算等。

(十一) 编制经营成果预算

根据销售预算、生产预算、管理预算、投资预算、筹资预算、采购预算、成本费用预算编制经营成果预算,包括营业收入预算、营业成本预算、营业税金及附加预算、销售费用预算、管理费用预算、财务费用预算、资产减值损失预算、公允价值变动收益预算、投资收益预算、营业利润预算、营业外收入预算、营业外支出预算、利润总额预算、所得税预算、净利润预算、每股收益预算、利润分配预算等。

(十二) 编制财务状况预算

根据销售预算、生产预算、管理预算、投资预算、筹资预算、采购预算、成本费用预算、现金流量预算、经营成果预算编制财务状况预算,包括资产状况预算、负债状况预算和所有者权益状况预算等。

三、以目标现金流量为编制起点的编制流程的优、缺点

(一) 优点

以目标现金流量为起点编制财务预算,从财务管理的角度出发安排企业的财务收支,有利于积极组织现金流入、有效控制现金流出、实现现金的收支平衡,保持企业良好的财务状况。

(二) 缺点

由于预算编制时按量入为出的原则安排现金流出,预算思想比较保守,导致资金投入过少,可能会使企业错过发展的有利时机,不利于企业的快速发展。

四、以目标现金流量为编制起点的编制流程的适用范围

(一) 处在衰退期的企业

处在衰退期的企业,其产品的市场已逐渐萎缩,企业的生产经营目标主要是回笼现金,寻找新的投资机会,以应对产品即将被淘汰出局的危机,维持企业的生存和发展,这时,采用以目标现金流量为编制起点的编制流程来编制财务预算,有利于保障现金的回笼。

(二) 财务困难的企业

一些因现金短缺而导致财务困难的企业,也可通过采用以目标现金流量为编制起点的编制流程来编制财务预算,积极地组织现金流入,有效地控制现金流出,实现现金的收支平衡,摆脱财务困境。

(三) 认同“财务管理的核心是现金流量管理”这个理念的企业

现实生活中,现金的重要性不言而喻。因此,有的管理者就认为,财务管理的核心应该是

现金流量管理。在这个管理理念的支持下,一些企业把现金流量管理摆在非常重要的位置,在日常的生产经营活动中积极地创造现金收入,谨慎地安排现金支出,这时,它们可能会采用以目标现金流量为编制起点的编制流程来编制财务预算。

第六节　以目标净资产利润率为编制起点的编制流程

一、以目标净资产利润率为编制起点的编制流程的内涵

以目标净资产利润率为编制起点的编制流程是指以目标净资产利润率为核心指标,以净资产利润率预测为基础来确定目标净资产利润率,并把目标净资产利润率分解为目标资产利润率和目标权益乘数,进而把目标资产利润率进一步分解为目标销售利润率和目标资产周转率,同时把目标权益乘数转化为目标资产负债率,然后根据目标销售利润率和目标资产周转率来确定目标利润、目标销售收入和目标资产总额,根据目标资产负债率和目标资产总额来确定目标负债总额和目标权益总额,最后再根据目标利润、目标销售收入和目标资产总额、目标负债总额、目标权益总额来编制销售预算、生产预算、管理预算、投资预算、筹资预算、采购预算、成本费用预算、经营成果预算、现金流量预算和财务状况预算的一种编制流程。

以目标净资产利润率为编制起点的编制流程是以净资产利润率最大化作为财务管理目标的情况下采用的一种编制流程。该流程以净资产利润率为预算管理的核心指标,以目标净资产利润率为预算编制的起点和预算考核的关键指标。

以目标净资产利润率为预算编制的起点,不仅要求企业追求销售额最大,成本费用最低,而且要求尽可能减少资本投入,以确保净资产利润率达到最大化。

二、以目标净资产利润率为编制起点的编制流程的基本步骤

以目标现金流量为编制起点的财务预算编制流程通常是以经营活动为主线、以投资活动和筹资活动为辅线来设计整个预算编制的流程。整个编制流程主要由预测净资产利润率、确定目标净资产利润率、确定目标资产利润率和目标权益乘数、确定目标销售利润率和目标资产周转率、确定目标资产负债率、确定目标利润和目标销售收入、确定目标资产总额和目标负债总额、确定目标权益总额、编制销售预算、编制生产预算、编制管理预算、编制投资预算、编制筹资预算、编制采购预算、编制成本费用预算、编制经营成果预算、编制现金流量预算和编制财务状况预算等环节所构成,其编制的大致流程如图3-6所示。

(一)预测净资产利润率

根据企业历史资料和预算期企业的生产经营情况以及市场行情的变化情况,采用定性分析法和定量分析法相结合的方法,预测企业预算期内的净资产利润率。

(二)确定目标净资产利润率

根据净资产利润率预测的结果,结合企业在预算期内的生产经营情况和投资者的合理要求,确定企业预算期内的目标净资产利润率。

(三)确定目标资产利润率和目标权益乘数

根据企业的资产运营情况、产品获利水平和资金结构情况,将目标净资产利润率分解为目标资产利润率和目标权益乘数。

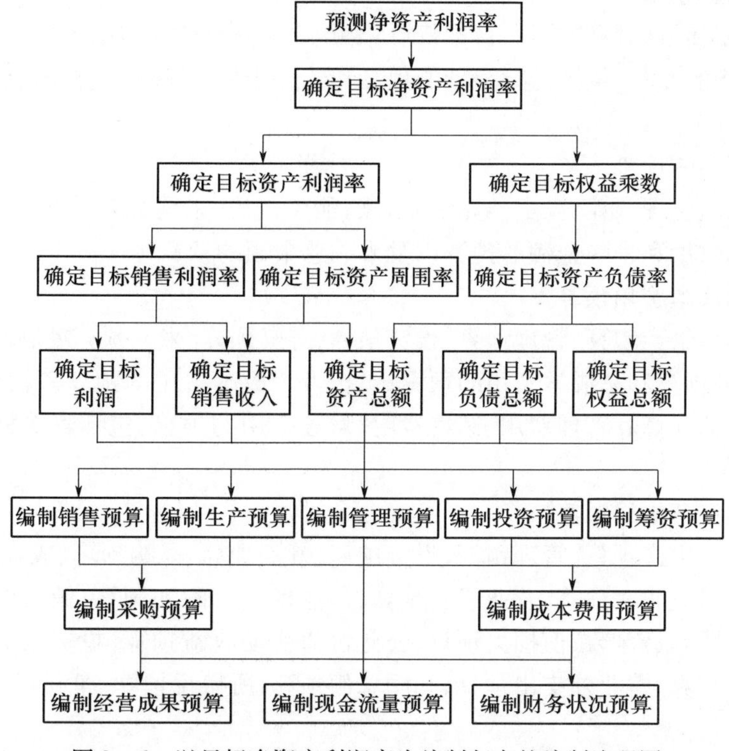

图3－6　以目标净资产利润率为编制起点的编制流程图

（四）确定目标销售利润率、目标资产周转率和目标资产负债率

根据销售获利水平、资产运营能力将目标资产利润率分解为目标销售利润率和目标资产周转率，同时将目标权益乘数转换成目标资产负债率。

（五）确定目标利润、目标销售收入、目标资产总额、目标负债总额和目标权益总额

根据目标销售利润率、目标资产周转率和目标资产负债率来确定目标利润、目标销售收入、目标资产总额、目标负债总额和目标权益总额。

（六）编制销售预算

根据目标利润、目标销售收入编制销售预算，包括销售数量的预算、销售价格的预算、销售税金及附加的预算、含税销售收入的预算和不含税销售收入的预算；包括单项产品的销售预算和全部产品的销售预算等。

（七）编制生产预算

根据销售预算、生产能力和产品在期初、期末的合理库存编制生产预算，包括产品品种预算品和产品产量预算等。

（八）编制管理预算

根据管理活动的需要编制管理费用的预算，包括管理费用项目的预算和管理部门的预算等。

（九）编制投资预算

根据投资规划和目标资产总额编制投资预算，包括单个投资项目的预算和全部投资项目的总预算，包括投资总额的预算和各种资金用途的预算等。

(十) 编制筹资预算

根据筹资规划和目标负债总额、目标权益总额编制筹资预算,包括筹资总额的预算和各种筹资方式筹资金额的预算;包括借款金额的预算和偿还金额的预算;包括本金的预算和利息的预算等。

(十一) 编制采购预算

根据生产预算、管理预算、投资预算编制采购预算,包括采购数量的预算和采购金额的预算;包括单项采购数量和采购金额的预算以及采购总金额的预算等。

(十二) 编制成本费用预算

根据销售预算、生产预算、管理预算、投资预算、筹资预算、采购预算编制成本费用预算,包括单项成本费用的预算和总成本费用的预算;包括人工成本费用的预算和物耗成本费用的预算;包括生产成本的预算和管理费用、销售费用、财务费用的预算;包括直接材料、直接人工和制造费用的预算等。

(十三) 编制经营成果预算

根据销售预算、生产预算、管理预算、投资预算、筹资预算、采购预算、成本费用预算编制经营成果预算,包括营业收入预算、营业成本预算、营业税金及附加预算、销售费用预算、管理费用预算、财务费用预算、资产减值损失预算、公允价值变动收益预算、投资收益预算、营业利润预算、营业外收入预算、营业外支出预算、利润总额预算、所得税预算、净利润预算、每股收益预算、利润分配预算等。

(十四) 编制现金流量预算

根据销售预算、生产预算、管理预算、投资预算、筹资预算、采购预算、成本费用预算、经营成果预算编制现金流量预算,包括现金流入量预算、现金流出量预算和现金净流量预算;包括经营活动现金流量预算、投资活动现金流量预算和筹资活动现金流量预算等。

(十五) 编制财务状况预算

根据销售预算、生产预算、管理预算、投资预算、筹资预算、采购预算、成本费用预算、现金流量预算、经营成果预算编制财务状况预算,包括资产状况预算、负债状况预算和所有者权益状况预算等。

三、以目标净资产利润率为编制起点的编制流程的优、缺点

(一) 优点

以目标净资产利润率为编制起点编制财务预算,有利于提升所有者和经营者对整个公司计划和控制的能力,使企业由直接管理向间接管理转化,高管层只需要通过预算系统,便可监控企业的预算执行过程,迅速把握企业的整体运转情况,从而将主要的精力和时间用以规划公司未来的发展战略。

此外,以目标净资产利润率为编制起点编制财务预算,高管层只需要关注目标净资产利润率是否能够实现,而把企业的日常生产经营管理主要交由各个相关职能部门去负责完成,通过目标净资产利润率对各个职能部门进行控制和考核,并配合实施合理的薪酬激励方案,使各个职能部门及其员工都能够明确自己应尽的责任和了解自己所能够获得的经济利益,极大限度地调动各个职能部门及其员工的主动性、积极性,有助于实现企业财务预算管理的目标。

（二）缺点

以目标净资产利润率为编制起点编制财务预算，也可能会使企业只顾预算年度利润、忽略长远发展，只顾追求高额利润、忽略财务风险和经营风险，同时还可能引发企业虚降成本、虚增利润的虚假行为。

四、以目标净资产利润率为编制起点的编制流程的适用范围

（一）母子公司架构下的大型企业或集团公司

母子公司架构下的大型企业或集团公司，公司总部（母公司）作为子公司的投资控股公司，通常将子公司定位为利润中心，特别关注子公司的盈利水平进而关心自己的投资获利水平，因此，在对子公司经营业绩的考核上主要就是考核子公司的净资产利润率。这时，公司比较适合采用以目标净资产利润率为编制起点的编制流程来编制财务预算。

（二）处在成熟期的企业

处在成熟期的企业，资产获利水平是企业管理者所追求的目标，而净资产的获利水平则是投资者所追求的目标。处在这个时期的企业，除了适合采用以目标利润为编制起点的编制流程和以目标成本为编制起点的编制流程之外，也适合采用以目标净资产利润率为编制起点的编制流程。

（三）所有权和经营权分离的企业

所有权和经营权分离的企业，所有者和经营者之间由于存在权属的差异而导致他们的根本利益也是有差别的。所有者为了保证自己的投资报酬率，达到自己的投资期望，往往更关注净资产利润率，他们会要求经营者把提高净资产利润率作为主要的生产经营目标，同时会把净资产利润率作为对经营者业绩考核和薪酬给付的核心指标。在这种情况下，企业比较适合采用以目标净资产利润率为编制起点的编制流程来编制财务预算。

【复习思考题】

1. 什么是财务预算编制流程？它主要有哪几种流程？
2. 各种财务预算编制流程的内涵是什么？基本步骤有哪些？优、缺点是什么？
3. 为什么说处在成熟期的企业既适合采用以目标利润为编制起点的编制流程，也适合采用以目标成本为编制起点的编制流程和以目标净资产利润率为编制起点的编制流程？
4. 为什么说处在衰退期的企业适合采用以目标成本为编制起点的编制流程和以目标现金流量为编制起点的编制流程？
5. 哪些企业适合采用以目标销量为编制起点的编制流程和以目标产量为编制起点的编制流程？为什么？

【案例分析题】

苏州B纺织有限公司预算管理案例

苏州B纺织有限公司是一个传统型的纺织企业，其市场相对稳定，处于稳步发展阶段。在这一时期，采用扩大销售的方法来提高企业的利润不是非常有效，因此，提高企业利润的重

心就应放在加强成本费用的管理上。与企业的发展阶段相适应,B公司预算管理模式采用以成本费用为中心的预算管理模式,对企业的成本费用进行事前、事中和事后管理,其预算管理流程主要包括:

1. 预算的编制

B公司采用零基预算(基本思想是不考虑以往会计期间所发生的费用项目或费用额,一切从零开始)的方法,每月由各部门对其资金收支情况进行预算,总会计师和总经理确认预算合理以后,财务部门将整个企业的预算进行汇总,形成企业的月份资金使用总预算。

预算是建立在对企业业务情况的一定假设基础上的,而企业的实际业务情况不一定能在假设范围内,因此各部门有时需要根据业务发展态势调整本月预算。出现这种情况时,要求追加用款的部门填写"月度用款追加计划申请表",说明申请追加用款的理由及金额,总经理审批通过后,方可追加进入预算范围。

2. 预算的执行和控制

公司对预算的执行情况采用双轨制进行记录,即对每一笔支出,需要财务人员填制凭证,在总账子系统中自动登记总账和明细账。同时,经手人都必须填写"申请领用支票及申请付款工作联系单",并在"限额费用使用手册"上进行登记,控制成本费用的发生。限额费用使用手册类似于为预算管理所设计的责任会计账。

3. 预算的考评

月末对限额费用使用手册进行汇总,得到资金费用使用汇总表,随后将汇总表和预算进行比较,找出两者的差异,并进一步分析差异形成的原因。B公司对各部门的费用支出在进行预算的基础上进行了有效的控制,对整个企业的成本费用起到了非常好的监控作用。而且,事后的差异分析为各部门的业绩考核提供了依据,企业的奖惩制度有了实行的基础。

案例分析要求 请根据案例提供的背景资料,讨论B公司适合采用哪一种预算编制流程,并详细阐述其理由。

第四章　财务预算的编制方法

内容介绍

本章主要介绍财务预算的编制方法,包括固定预算法、弹性预算法、定基预算法、零基预算法、定期预算法、滚动预算法、概率预算法。

学习目标

了解每一种预算编制方法的概念与特点,熟悉每一种预算编制方法的优、缺点与适用范围,掌握每一种预算编制方法的具体编制程序。

第一节　固定预算法

一、固定预算法的概念和特点

(一) 概念

固定预算法是指以某一固定业务量水平为基础来编制与该固定业务量水平相对应的预算项目的预算数以及与该预算项目相关的其他预算项目的预算数的一种预算编制方法。

比如,在编制某种产品的销售预算时,假设该产品预测的销售量在 40 000 ～ 60 000 件之间波动,但正常可实现的销售量可能是 50 000 件, 就以 50 000 件作为固定的销售量来编制销售预算以及与销售相关的成本费用预算、利润预算、现金流量预算等,这就是固定预算法。

(二) 特点

固定预算法的特点是:在编制预算时,不考虑预算项目预算期内业务量水平可能发生的变动,即不考虑预算期内业务量水平出现多种结果的可能性,只按照一个固定的、预计可以实现的正常业务量水平为基础来确定与该业务量相关的各个预算项目的预算数。采用固定预算法编制出来的预算只有一个预算。

二、固定预算法的优、缺点及适用范围

(一) 优点

固定预算法的优点是只根据一个固定的业务量水平来编制某一个预算项目的预算数以及与该预算项目相关的其他预算项目的预算数,简单易行,而且编制出来的预算只有一个预算而不是一组预算,因此预算编制的工作量比较少。

(二) 缺点

固定预算法不论预算期内实际业务量水平是否发生波动,都只按预定的某一个固定业务量水平作为编制预算的依据,当实际业务量与编制预算所依据的预计业务量发生较大差异时,

就会使指标的实际数与预算数失去比较的意义,使预算无法适应实际业务量的变化,削弱甚至失去了预算控制和考核作用。

(三)适用范围

固定预算法一般只适用于那些业务量基本不发生波动或者波动程度很小的预算项目的预算,如折旧费用的预算、摊销费用的预算、办公费用的预算以及其他固定成本项目的预算;不适用于那些业务量受市场因素影响较大的预算项目的预算,如销售预算、生产预算、变动成本预算、投资预算等。如果业务量受市场因素影响较大,采用固定预算法编制出来的预算数就会与实际的执行结果发生较大偏差,使预算失去了控制和监督的意义以及考核和评价的可靠依据。

三、固定预算法的基本原理

(一)选择适合采用固定预算法的预算项目

一个企业或单位的财务预算将会涉及很多预算项目,因此,采用固定预算法来编制财务预算,首先就要对所有预算项目的业务发生情况进行分析判断,掌握各个预算项目的业务发生规律,根据固定预算法的特点和适用范围来分析哪些预算项目适合采用固定预算法,然后把这些预算项目确定为采用固定预算法来编制预算的项目。

(二)对所选择的预算项目的未来发生数进行预测

对所选择的适合采用固定预算法来编制预算的预算项目的未来发生数进行预测,是编制固定预算的重要前提。对未来发生数的预测是否准确可靠,直接关系到采用固定预算法编制出来的预算是否准确可靠,而预算是否准确可靠,又直接影响到预算管理的作用和效果的发挥。要做好对所选择的预算项目的未来发生数进行预测,就要掌握这些项目的历史发生数,了解这些项目业务发生的规律,同时对这些项目在预算期可能发生的变化做出充分的估计,然后采用定性预测、必要时还要采用定量预测的方法对这些项目在预算期的发生数做出可靠的预测。

(三)编制预算

在对所选择的适合采用固定预算法来编制预算的预算项目的未来发生数进行可靠预测之后,就可以着手编制预算。编制预算时,除以预测数为参考依据之外,还要考虑预算期内的管理要求,如成本降低的要求、费用节约的要求、业务扩大的要求、利润增加的要求等。充分考虑预算期内的管理要求之后,所编制出来的预算才有可能是切合实际的预算和有效的预算。

四、固定预算法的应用举例

【例4-1】M公司预算年度某产品销售量变动的范围在40 000件~60 000件之间,正常可实现的销售量为50 000件,销售单价为15元,单位变动成本9元(其中:直接材料3.5元,直接人工2.5元,变动性制造费用2元,变动性销售及管理费用1元)。固定成本总额100 000元(其中:固定性制造费用70 000元,固定性销售及管理费用30 000元)。根据上述资料,按照正常可实现的销售量水平用固定预算法编制该公司预算年度的利润预算。

分析:

根据上述资料,编制该公司预算年度的利润预算见表4-1所列。

表 4-1　M 公司预算年度分季度利润预算表　　金额单位:元

预算项目	第一季度	第二季度	第三季度	第四季度	全年合计
销售量(件)	15 000	9 500	12 000	13 500	50 000
销售收入	225 000	142 500	180 000	202 500	750 000
减:变动成本总额	135 000	85 500	108 000	121 500	450 000
直接材料	52 500	33 250	42 000	47 250	175 000
直接人工	37 500	23 750	30 000	33 750	125 000
制造费用	30 000	19 000	24 000	27 000	100 000
销售及管理费用	15 000	9 500	12 000	13 500	50 000
贡献毛益	90 000	57 000	72 000	81 000	300 000
减:固定成本总额	25 000	25 000	25 000	25 000	100 000
制造费用	17 500	17 500	17 500	17 500	70 000
销售及管理费用	7 500	7 500	7 500	7 500	30 000
经营利润	65 000	32 000	47 000	56 000	200 000

例 4-1 中,由于变动成本总额 = 销量 × 单位变动成本,因此,影响变动成本总额变动的因素有销量和单位变动成本两个因素。当分析变动成本总额的实际执行结果与预算数的差异时,要注意采用因素分析法分析各个因素的影响程度,判断哪个因素是积极因素、哪个因素是消极因素,进而区分有利差异和不利差异,以免造成对变动成本总额变动(发生差异)的误判。

【例 4-2】承例 4-1,M 公司预算年度某产品变动成本预算见表 4-2 所列。

表 4-2　M 公司预算年度某产品变动成本预算表　　金额单位:元

成本项目	总成本	单位成本
直接材料	175 000	3.5
直接人工	125 000	2.5
变动性制造费用和变动性销售及管理费用	150 000	3
合 计	450 000	9

假设该产品预算期实际销量为 60 000 件,实际变动成本为 510 000 元,其中直接材料 190 000 元,直接人工 155 000 元,变动性制造费用和变动性销售及管理用 165 000 元,单位变动成本为 8.5 元,试根据实际成本资料和预算成本资料编制该公司的成本业绩报告并进行差异分析。

分析:

该公司的成本业绩报告见表 4-3 所列。

表4-3 M公司某产品预算年度成本业绩报告表 金额单位:元

成本项目	实际成本	预算成本	差异(实际-预算)
直接材料	190 000	175 000	+15 000
直接人工	155 000	125 000	+30 000
变动制造费用和变动性销售及管理费用	165 000	150 000	+15 000
合 计	510 000	450 000	+60 000
销量/件	60 000	50 000	+10 000
单位变动成本	8.5	9	-0.5

差异因素分析:

(1) 分析销量的变动对变动成本总额的影响:

$$(60\ 000 - 50\ 000) \times 9 = 90\ 000(\text{元})$$

(2) 分析单位变动成本的变动对变动成本总额的影响:

$$60\ 000 \times (8.5 - 9) = -30\ 000(\text{元})$$

(3) 两个因素综合影响:

$$90\ 000 - 30\ 000 = 60\ 000(\text{元})$$

例4-2的分析结果表明,由于销量的增加,导致变动成本增加了90 000元,属于不利差异;由于单位变动成本的降低,使变动成本减少了30 000元,属于有利差异;两个因素共同影响的结果,使得实际成本比预算成本超支了60 000元。从表面上看,实际成本大于预算成本,出现了不利差异;但如果按实际业务量60 000件和预算单位成本9元计算预算成本,那么,调整后的预算成本却节约了30 000元,出现了有利差异。这说明,如果预算期实际业务量发生了变化,仍将实际成本与预算成本比较,就会因业务量基础不同而缺乏可比性,影响业绩考核和评价的真实性,甚至可能出现相反的结论。因此,在评价成本业绩时应将预算成本按实际业务量进行调整,以便客观地反映成本业绩。

五、采用固定预算法应注意的问题

采用固定预算法应该注意预算项目固定业务量的可靠性,因为如果这个固定业务量不可靠,编制出来的预算就会与实际执行结果偏差太大,使预算就失去应有的作用。而要保证这个固定业务量的可靠性,就需要充分了解和掌握影响这个业务量发生变动的相关因素及其数据信息,采用定性预测和定量预测相结合的方法来可靠地预测业务量的发生水平。

第二节 弹性预算法

一、弹性预算法的概念和特点

(一) 概念

弹性预算法是指按照预算期内可预见的各种不同的业务量水平,编制出各种不同业务量水平下相关预算项目的预算数的一种预算编制方法。

比如,在编制某种产品的销售预算时,假设该产品预测的销售量有40 000件、50 000件、

60 000 件这三种比较可靠的可能结果，就以 40 000 件、50 000 件、60 000 件作为可能的销售量来编制出三个方案的销售预算以及与这三个方案的销售预算所对应的成本费用预算、利润预算、现金流量预算等，这就是弹性预算法。弹性预算法是与固定预算法相对立的一种预算编制方法，因此又称为变动预算法。

（二）特点

弹性预算法的特点是：在编制预算时，需要考虑预算期内业务量水平出现多种结果的可能性，然后再根据各种不同的业务量水平来编制与之相对应的预算。这时，编制出来的预算已不再是只适应一个业务量水平的一个预算，而是能够适应多个业务量水平的一组预算。

二、弹性预算法的优、缺点及适用范围

（一）优点

弹性预算法的优点是能够反映预算期内各种可能的业务量水平下相关预算项目的预算结果，便于企业从不同的业务量水平的角度去了解其生产经营活动的量化过程和结果。

（二）缺点

弹性预算法的缺点在于编制预算的工作量较大，而且技术要求高。如果对预算项目在预算期内各种可能的业务量水平估计不准，编制出来的预算就会与实际发生较大偏差，这时，预算管理就会发挥不了应有的作用。

（三）适用范围

弹性预算法适用于业务量水平可能会发生较大变动的预算项目的预算，如销售预算、生产预算、变动成本预算、投资预算等。由于未来某一个业务量的变动都有可能影响到企业主要预算指标的变动，如销量的变动就有可能影响到销售收入、销售成本、销售费用、产品产量、产品成本、投资总额、筹资总额、现金流量、利润等，诸多预算指标也会跟着发生变动，因此，从理论上讲，弹性预算法不仅适用于那些业务量水平可能会发生较大变动的单一预算项目的预算，而且适用于企业整体预算方案的编制，但在实务中，为了减少预算编制的工作量，通常将所有预算项目划分为变动项目和固定项目两大类，对变动项目采用弹性预算法来编制，而对固定项目则采用固定预算法来编制。

三、弹性预算法的基本原理

（一）将所有预算项目划分为变动项目和固定项目

所谓变动项目，是指预算期内业务量可能会发生较大变动的那些预算项目，如销量、产量、变动成本、投资总额、筹资总额、现金流量、利润等，其中，变动成本主要包括直接材料、直接人工、变动性制造费用、变动性销售及管理费用。所谓固定项目，是指预算期内业务量不会发生较大变动的那些预算项目，如折旧费用、摊销费用、办公费用以及其他固定成本。固定成本主要包括固定性制造费用、固定性销售及管理费用。

把所有预算项目划分为变动项目和固定项目，就是为了确定哪些预算项目可以采用弹性预算法，哪些预算项目则要采用固定预算法。通常，变动项目采用弹性预算法，固定项目采用固定预算法。

（二）确定弹性范围和业务量可能值

确定了需要采用弹性预算法的预算项目以后，就需要确定这些项目的弹性范围和业务量

可能值。弹性范围的大小和业务量可能值的多少直接关系到预算编制的工作量和难易程度。通常情况下,业务量可能值的个数以3～5个为宜,太多了会增加预算编制的工作量和困难程度,太少了又显得弹性不足、达不到弹性预算的效果。确定弹性范围和业务量可能值的方法主要有以下两种:

(1) 以正常业务量水平的上下一定幅度作为弹性范围的上下限,以3个或5个作为业务量可能值的个数,然后每隔10个或若干个百分点取一个业务量可能值来编制一个预算,共编制出一组若干个预算。比如,在正常业务量的80%～120%之间取5个可能值,每隔10个百分点取一个,就可以取得正常业务量80%、90%、100%、110%、120%这5个可能值,然后根据这5个可能值分别编制出5个预算,就得到了业务量分别为正常业务量的80%、90%、100%、110%、120%时的一组共5个预算。

(2) 以近3～5年的最高业务量和最低业务量作为弹性范围的上下限,以3个或5个作为业务量可能值的个数,然后用2或4去除上下限的距离(注:业务量可能值为3个时用2去除,业务量可能值为5个时用4去除),求出弹性的间距,再按此间距确定3个或5个不同的业务量,然后根据这3个或5个不同的业务量编制出3个或5个不同的预算。比如,假设上限为100,下限为60,则上下限的距离为40。这时,如果业务量可能值为3个,则用2去除40得到弹性的间距为20,业务量可能值就取60、80、100这3个,编制出来的弹性预算就是业务量分别为60、80、100的一组共3个预算;如果业务量可能值为5个,则用4去除40得到弹性的间距为10,业务量可能值就取60、70、80、90、100这5个,编制出来的弹性预算就是业务量分别为60、70、80、90、100的一组共5个预算。

(三) 编制预算

将所有预算项目划分为变动项目和固定项目,并确定了变动项目的弹性范围和业务量可能值之后,即可根据历史信息、预测信息和其他相关信息编制预算。编制时,变动项目采用弹性预算法,固定项目采用固定预算法。

四、弹性预算法的应用举例

【例4-3】某公司第一车间20××年1月份的人工工时正常为50 000工时,弹性范围为40 000～60 000工时,该月各项固定性制造费用和变动性制造费用的相关资料见表4-4所列。

表4-4 某公司第一生产车间20××年1月制造费用情况表 金额单位:元

业务量/人工工时	正常50 000,变动范围40 000～60 000	
费用项目	固定性制造费用总额	单位变动性制造费用/(元/工时)
辅助材料		0.30
辅助人员工资		0.45
检验员工资		0.25
维修费	6 000	0.20
水电费	1 500	0.15
管理人员工资	15 000	
保险费	5 000	
折旧费	9 000	
设备租金	12 000	
合计	48 500	1.35

试根据上述资料编制该车间1月份人工工时分别为正常水平的80%、90%、100%、110%、120%时的制造费用预算。

分析：

本例中，制造费用总额=固定性制造费用+单位变动性制造费用×人工工时，即$y=a+b\cdot x$。根据这个公式编制该车间1月份制造费用预算见表4-5所列。

表4-5　某公司第一生产车间20××年1月制造费用预算表　金额单位：元

人工工时的弹性范围	80%	90%	100%	110%	120%
人工工时的可能值	40 000	45 000	50 000	55 000	60 000
变动成本项目	40 000	45 000	50 000	55 000	60 000
辅助材料	12 000	13 500	15 000	16 500	18 000
辅助人员工资	18 000	20 250	22 500	24 750	27 000
检验员工资	10 000	11 250	12 500	13 750	15 000
混合人员项目	21 500	23 250	25 000	26 750	28 500
维修费	14 000	15 000	16 000	17 000	18 000
水电费	7 500	8 250	9 000	9 750	10 500
固定成本项目	41 000	41 000	41 000	41 000	41 000
管理人员工资	15 000	15 000	15 000	15 000	15 000
保险费	5 000	5 000	5 000	5 000	5 000
折旧费	9 000	9 000	9 000	9 000	9 000
设备租金	12 000	12 000	12 000	12 000	12 000
制造费用总额	102 500	109 250	116 000	122 750	129 500

表4-5中：

变动成本项目=(0.3+0.45+0.25)×人工工时

混合成本项目=(6 000+1 500)+(0.2+0.15)×人工工时

固定成本项目=15 000+5 000+9 000+12 000=41 000

制造费用总额=48 500+1.35×人工工时

其中：

辅助材料项目=0.3×人工工时

辅助人员工资项目=0.45 ×人工工时

检验员工资项目=0.25 ×人工工时

维修费项目=6 000+0.2 ×人工工时

水电费项目=1 500+0.15 ×人工工时

管理人员工资项目=15 000

保险费项目=5 000

折旧费项目=9 000

设备租金项目=12 000

【例4-4】乙公司预算年度某产品销售量变动的范围在40 000～60 000件之间，销售单价为15元，单位变动成本9元，固定成本总额100 000元。试编制该公司销售量弹性的间距为5 000件时的年度利润预算。

分析:

销售量弹性的间距为5 000件,则销售量的可能值就有40 000件、45 000件、50 000件、55 000件、60 000件这五个水平。据此编制乙公司的利润预算见表4-6所列。

表4-6　乙公司某年度利润预算表　　金额单位:元

销售量可能值/件	40 000	45 000	50 000	55 000	60 000
销售单价	15	15	15	15	15
单位变动成本	9	9	9	9	9
销售收入	600 000	675 000	750 000	825 000	900 000
减:变动成本	360 000	405 000	450 000	495 000	540 000
边际贡献	240 000	270 000	300 000	330 000	360 000
减:固定成本	100 000	100 000	100 000	100 000	100 000
营业利润	140 000	170 000	200 000	230 000	260 000

【例4-5】某公司生产多种产品,某年度正常的销售收入为15 000万元,加权平均变动成本率为60%,固定成本为3 500万元。试编制该公司销售收入的弹性范围为正常销售收入的80%~120%、弹性间距为10%时的年度利润预算。

分析:

销售收入的弹性范围为正常销售收入的80%~120%、弹性间距为10%,意味着销售收入有五种可能值,它们分别为正常销售收入的80%、90%、100%、110%和120%。据此编制该公司的年度利润预算见表4-7所列。

表4-7　某公司年度利润预算表　　金额单位:万元

销售收入弹性范围	80%	90%	100%	110%	120%
销售收入可能值	12 000	13 500	15 000	16 500	18 000
减:变动成本(60%)	7 200	8 100	9 000	9 900	10 800
边际贡献(40%)	4 800	5 400	6 000	6 600	7 200
减:固定成本	3 500	3 500	3 500	3 500	3 500
利润总额	1 300	1 900	2 500	3 100	3 700

五、采用弹性预算法应注意的问题

采用弹性预算法应该注意以下两个问题:

(1) 变动项目和固定项目划分的合理性。因为固定项目的预期发生额(量)基本不会发生变动或变动范围很小,所以,通常都采用固定预算法来编制预算。而变动项目的预期发生额(量)通常会发生较大的变动,需要采用弹性预算法来编制预算。如果对变动项目和固定项目的划分不合理,就会误将变动项目按照固定预算法来编制预算,或者误将固定项目按照弹性预算法来编制预算,从而使整个预算失去了编制的合理性。

(2) 弹性范围的合理性和业务量可能值的可靠性。因为弹性范围的合理性和业务量可能值的可靠性都会直接影响预算编制的质量,进而影响预算管理作用的发挥,因此,采用弹性预算法必须确定一个合理的弹性范围,选择几个可靠的业务量可能值。

第三节　定基预算法

一、定基预算法的概念和特点

(一) 概念

定基预算法又称为增减调整预算法,它是以基期(一般是上期)各个预算项目的实际数或估计数为基础,结合预算期内生产经营环境可能发生的变化,对各个预算项目的基期实际数或估计数进行适当的增减调整后形成预算期的预算数的一种预算编制方法。

比如,办公费这个项目,假设上期的实际数或估计数是 10 万元,考虑到预算期的生产经营规模扩大和物价上升等因素,办公经费按照 10 万元来做预算明显满足不了实际开支的需要,因此,就在 10 万元的基础上再加 2 万元,按照 12 万元来做预算,这就是定基预算法或增减调整预算法。

定基预算法为什么需要以基期的估计数为基数?这是因为,在按年来编制预算的情况下,通常是在上年年末(一般是第四季度)就开始着手编制下一年的预算,编制预算时,上年的预算还没有执行完毕,全年的实际执行结果还没有出来,因此就需要根据已执行完成的月份的实际执行结果来估计全年的实际执行结果,并以此为基数来进行增减调整,编制下一年的预算。所以,如果是以上年为基期,那么,基数就是上年实际执行结果的估计数。

(二) 特点

定基预算法的特点是以基期的实际数或估计数为预算编制的基数,在这个基数的基础上进行增减调整后作为预算期的预算数。定基预算法下,预算期的预算数可以用以下公式反映:

$$\text{预算期的预算数} = \text{基期的实际数或估计数} \times (1 \pm \text{预算期增减调整的百分比})$$

或

$$\text{预算期的预算数} = \text{基期的实际数或估计数} \pm \text{预算期增减调整的金额}$$

二、定基预算法的优、缺点与适用范围

(一) 优点

定基预算法以基期的实际数或估计数为基数,考虑预算期生产经营环境可能发生的变化,对这个基数进行适当的增减调整后确定预算期的预算数。这种编制方法比较简单易行,可以减少预算编制的工作量,提高预算编制的效率,因此,在实际工作中被许多单位广泛运用。

(二) 缺点

(1) 容易导致基期的一些不合理的发生数在预算期得以继续发生。定基预算法是对基期的实际或估计发生数进行适当的增减调整,然后确定预算期的预算数的一种方法。它的一个基本前提就是承认基期的全部或大部分实际发生数或估计发生数的合理性,但实际上这些实际发生数或估计发生数往往都不是全部合理的,总有一些不合理的成分的存在,采用定基预算法来编制预算,不加分析地保留基期全部或大部分的发生数,就会导致基期的那些不合理发生数继续存在。

(2)容易导致预算编制的随意性,使预算偏离实际。定基预算法是对基期的实际或估计发生数进行适当的增减调整,然后确定预算期的预算数的一种方法。它很容易使预算编制人员产生随意增减的心理,对基期的实际或估计发生数是否存在合理性不进行认真的分析,对预算期的实际需要也不加以合理判断,为了省去预算编制的麻烦,在基期的实际或估计发生数的基础上随意增减一个数就作为预算期的预算数,从而使预算编制带有较大的随意性,最终的结果就是造成预算偏离实际。

(3)容易导致新增预算项目被忽视。定基预算法是建立在原有预算项目的基础上而采用的一种预算编制方法,因此,它很容易导致预算编制人员忽视新增的预算项目,使一些在预算期内有可能或者有必要发生的收支项目因为得不到重视而没有被纳入预算体系,从而使这些收支项目失去了预算的控制。

(三)适用范围

由于定基预算法是建立在原有预算项目的基础上,对原有预算项目的基期实际或估计发生数进行适当的增减调整后作为预算期预算数的一种预算编制方法,因此,它只适用于预算期内变动幅度较小甚至基本不发生变动的原有预算项目的预算,不适用于新增预算项目的预算,也不适用于预算期内变动幅度较大的原有预算项目的预算。

三、定基预算法的基本原理

(一)确定适合采用定基预算法的预算项目

由于定基预算法只适用于预算期内变动幅度较小甚至基本不发生变动的原有预算项目的预算,因此,在选择预算编制方法之前,首先要对基期的预算项目进行逐个的分析,判断哪些预算项目在预算期内的发生数变动幅度较小甚至基本不发生变动,然后确定适合采用定基预算法的预算项目。

(二)确定增减调整的幅度

对适合采用定基预算法的预算项目,要认真分析其基期实际或估计发生数的合理性,对那些不合理的发生数要加以剔除,而对那些合理的发生数要予以保留;同时,要合理判断适合采用定基预算法的预算项目在预算期内的实际需要。在此基础上合理确定增减调整的幅度,即合理确定增减调整的金额或比例。

(三)确定预算数、编制预算

根据基期的实际或估计发生数和所确定的增减调整金额或比例,运用公式“预算期的预算数 = 基期的实际数或估计数 × (1 ± 预算期增减调整的百分比)”或者“预算期的预算数 = 基期的实际数或估计数 ± 预算期增减调整的金额”来确定预算期的预算数,进而编制预算。

四、定基预算法的应用举例

【例4-6】某公司第一生产车间2015年11月编制2016年的制造费用预算时,根据11个月的实际发生数估计2015年整个车间的制造费用为35 000元,劳动工时为140 000工时。根据2016年的生产预算,该车间2016年的劳动工时预计为180 000工时。根据公司下达的成本降低目标,该车间2016年制造费用要在2015年的基础上降低5%,试计算确定该车间2016年度制造费用的预算数。

分析:

首先，根据2015年的估计数计算单位工时应分摊的制造费用金额如下：

$$35\ 000 \div 140\ 000 = 0.25(\text{元})$$

其次，根据公司下达的成本降低目标计算确定2016年的单位工时制造费用目标如下：

$$0.25 \times (1 - 5\%) = 0.2375(\text{元})$$

最后，根据2016年的单位工时制造费用目标和预计的劳动工时计算确定2016年制造费用的预算数如下：

$$0.2375 \times 180\ 000 = 42\ 750(\text{元})$$

以上三个步骤的计算过程可以组合在以下公式进行计算：

$$(35\ 000 \div 140\ 000) \times (1 - 5\%) \times 180\ 000 = 42\ 750(\text{元})$$

例4－6的计算采用2015年平均每个工时发生的制造费用乘以2016年预计的劳动工时来求得2016年的制造费用预算数。这种计算办法假定制造费用的发生数与劳动工时的发生数存在线性的相关关系，但实际上，由于制造费用既包括变动性制造费用也包括固定性制造费用（其中，固定性制造费用，如固定资产的折旧费用等与劳动工时并无直接的关系），制造费用发生数与劳动工时发生数之间虽然存在一定的相关关系，但并非线性的相关关系。所以，采用这种计算办法来计算确定2016年的制造费用预算数会降低预算的合理性。为了克服这种弊端，应该先将35 000元的制造费用分解为变动性制造费用和固定性制造费用，对变动性制造费用可以合理确定其降低目标，而对固定性制造费用则保留其原有发生数（假设预算期不发生导致固定性制造费用变动的经济事项），然后再计算单位工时应分摊的变动性制造费用，并以此为依据计算确定2016年制造费用的预算数。

【例4－7】承例4－6，假设该公司该车间2015年估计发生的35 000元制造费用中，有28 000元属于变动性制造费用，有7 000元属于固定性制造费用，公司给该车间下达的变动性制造费用的降低目标为6%，其他条件不变，试重新计算确定该车间2016年制造费用的预算数。

分析：

该车间2016年制造费用的预算数可计算如下：

$$28\ 000 \div 140\ 000 \times (1 - 6\%) \times 180\ 000 + 7\ 000 = 41\ 560(\text{元})$$

【例4－8】某公司2015年销售收入为1 000万元，销售费用率为5%。2016年公司要求销售收入要在上年的基础上提高20%，销售费用率要在上年的基础上降低10%。试计算确定该公司2016年销售收入和销售费用的预算数。

分析：

$$\text{销售收入预算数} = 1\ 000 \times (1 + 20\%) = 1\ 200(\text{万元})$$

$$\text{销售费用预算数} = 1\ 200 \times 5\% \times (1 - 10\%) = 54(\text{万元})$$

本例中，如果销售费用不完全属于变动费用，则需按照例4－7所介绍的办法计算确定2016年销售费用的预算数。

五、采用定基预算法应注意的问题

采用定基预算法需要注意两个问题：一是准确判断适合采用定基预算法的预算项目；二是合理确定增减调整的幅度。预算项目很多，究竟哪些预算项目适合采用定基预算法，需要对各个预算项目的业务发生特点和规律进行认真分析之后做出可靠的判断。增减调整的幅度直接影响预算数的准确性和合理性,需要对基期发生数的合理性进行认真分析,同时对预算期的生产经营环境做出可靠分析之后再进行可靠、合理的估计。

第四节　零基预算法

一、零基预算法的概念和特点

(一) 概念

零基预算法是根据预算项目在预算期内的实际需要和现实的可行性,以零为基数(而不是以前期的实际数或估计数为基数)来合理确定预算项目的预算数的一种预算编制方法。零基预算法的全称应为“以零为基数编制预算的方法”,它与定基预算法是一对相互对立的预算编制方法。

比如,办公费这个项目,假设基期的发生数为10万元,在10万元的基础上增加2万元,按照12万元来做预算,这是定基预算法。但如果不考虑基期的发生数,完全根据预算期的实际需要和现实的可行性,对构成办公费的各项开支逐项进行估计之后再将它们汇总起来,把汇总所得到的数当做办公费的预算数,这就是零基预算法。假设办公费主要由材料费用、茶水费用和其他费用三个项目构成,根据预算期的实际需要和现实的可行性,估计材料费用8万元、茶水费用3万元、其他费用1万元,合计12万元,把12万元当作办公费的预算数,这种编制预算的方法就是零基预算法。

(二) 特点

零基预算法的特点就是“以零为基数编制预算”,一般不考虑基期的发生数,只考虑预算期的实际需要和现实的可行性。与定基预算法相比,零基预算法的编制基数是零,而定基预算法的编制基数则是基期的发生数;零基预算法需要逐项分析、逐项估计,然后把各项的估计数汇总起来作为预算数,而定基预算法则通常只进行总体分析、总体估计,在基期发生数的基础上进行适当的增减调整后作为预算数。不妨做个比喻,定基预算法是在一幅已完成的画卷上进行修改、加工、润色,使其艺术品位和欣赏价值得到升华;而零基预算法则是在一幅洁白的画布上进行艺术构思,然后布图、落笔、提炼,直至勾画出一幅美丽的图画。

二、零基预算法的优、缺点及适用范围

(一) 优点

与定基预算法相比,零基预算法不受前期发生数的约束,可以根据预算期的实际需要对预算项目进行重新评价,从零开始对预算项目的可能发生数进行观察、分析和确定,有助于增强员工的投入产出意识和成本效益观念,避免由于采用定基预算法而有可能出现的随意增减一个数作为预算数的现象,使预算更加切合预算期的实际需要,从而有助于提高预算管理的水平。

(二) 缺点

由于零基预算法在编制预算时需要根据实际情况对预算项目进行重新评价,从零开始对预算项目的可能发生数进行观察、分析和确定,这就使预算编制所花费的时间和精力较多,而

且在重新评价各个预算项目的实际需要、进而确定各个预算项目的预算数时，可能会存在一定程度的主观性，给预算协调机构带来一定的协调障碍。

（三）适用范围

从理论上说，零基预算法适用于任何一个预算项目的预算编制，但在实际工作中，对所有预算项目都采用零基预算法编制预算可能会大大地增加预算编制的工作量，而且对一些发生数变化不大甚至基本不发生变化的预算项目（即前述固定项目）也没有采用零基预算法的必要。所以，零基预算法一般适用于三种预算项目的预算编制：一是发生数变化较大的经常性预算项目（即前述变动项目）；二是非经常性预算项目，比如专项开支的项目，它们没有比较可靠的基数，不适合采用定基预算法，只能采用零基预算法；三是重大或特殊的预算项目，比如重大投资项目、重大采购项目、并购重组项目等，它们也没有比较可靠的基数，不适合采用定基预算法，只能采用零基预算法。

虽然人们普遍认为零基预算法比定基预算法更有助于提高预算编制质量，但在实践中，零基预算法并没有得到更为广泛的应用。原因可能有两个方面：一是零基预算法本身存在预算编制花费的时间和精力较多，而且在编制预算数时可能会存在一定程度的主观性等缺点，使预算编制单位或人员不愿意采用这种方法；二是由于预算编制单位或人员在实践中形成了较为稳定的思维方式和工作习惯，不愿意改变现有的思维方式和工作习惯，编制预算时依然沿袭以往的定基预算法，对基期发生数进行适当调整后就编制出预算期的预算。零基预算法的这种受冷落的局面正在逐步的得到改变，目前，已经有越来越多的单位尝试着采用零基预算法来编制预算。

近年来，在实践中产生了一种"基础预算法"，该方法将零基预算法和定基预算法结合起来运用，扬长避短，是一种值得借鉴的方法。基础预算法在编制预算时，以维持预算单位生存所必需的最低限度的基本费用作为基础数据，在此基础上再从实际需要出发，考虑增加的每一项经济业务的必要性以及所需的费用水平，并对该项经济业务进行成本效益分析之后，才根据其所需的费用水平来确定它的预算数。

三、零基预算法的基本原理

（一）确定适合采用零基预算法的预算项目

零基预算法一般适用于三种预算项目的预算编制：一是发生数变化较大的经常性预算项目；二是非经常性预算项目；三是重大或特殊的预算项目。因此，在选择预算编制方法之前，首先要对基期的预算项目进行逐个分析，判断哪些预算项目在预算期内的发生数可能会变动较大；其次要详细了解预算期内的生产经营活动，对非经常性的生产经营活动以及重大或特殊的生产经营活动要做出可靠的判断；然后确定适合采用零基预算法的预算项目。

（二）分析适合采用零基预算法的预算项目在预算期内的实际需要并评估这种需要的现实可行性

预算项目在预算期内的实际需要是预算编制的重要依据，因此，在编制预算之前必须要认真分析适合采用零基预算法的各个预算项目在预算期内的实际需要，并根据这种实际需要来估计预算期内的发生数。但是，一个单位的资源（资金）总是有限的，现有的资源（资金）可能不能全部满足各个预算项目的实际需要，因此，资源（资金）的有限性或者实际需要的现实可行性就成为预算编制的制约条件。所以，在编制预算之前，还要评估实际需要的现实可行性。

当资源(资金)不能全部满足各个预算项目的实际需要时,要对各个预算项目的估计发生数进行成本效益分析,根据成本效益分析的结果把各个预算项目划分为可避免项目和不可避免项目,再把不可避免项目划分为重点项目和非重点项目,然后按照轻重缓急的原则,排出资源(资金)安排的先后顺序。对重点项目必须足额地安排预算,对非重点项目可酌情安排或延缓安排预算,对可避免项目不安排预算。

(三)确定预算数、编制预算

根据"重点项目足额安排预算、非重点项目酌情安排或延缓安排预算、可避免项目不安排预算"的原则,合理确定有关预算项目的预算数,进而编制预算。

四、零基预算法的应用举例

【例4-9】C公司拟采用零基预算法对历年严重超支的业务招待费、劳动保护费、办公费、广告费、保险费等间接费用项目编制销售及管理费用预算,以有效地降低费用开支水平。经过自下而上又自上而下多次反复讨论研究,预算人员确定上述费用在预算年度开支水平见表4-8所列。

表4-8 C公司某年度预计销售及管理费用开支表 单位:元

费用项目	开支金额
1. 业务招待费	175 000
2. 劳动保护费	125 000
3. 职工培训费	80 000
4. 办公费	100 000
5. 广告费	300 000
6. 保险费	150 000
合计	930 000

经过充分论证,上述费用中,劳动保护费、办公费和保险费属于不可避免的重点项目,必须全额保证;业务招待费、职工培训费和广告费属于不可避免的非重点项目,需进行成本效益分析后再酌情安排,分析情况见表4-9所列。

表4-9 C公司某年度有关预算项目成本效益分析表 单位:元

费用项目	费用金额	收益金额
职工培训费	100	200
业务招待费	100	400
广告费	100	400

假定C公司上述六项费用可安排的资金只有800 000元,试编制这六项费用的预算。

分析:

根据"重点项目足额安排预算、非重点项目酌情安排或延缓安排预算、可避免项目不安排预算"的原则,劳动保护费、办公费和保险费属于不可避免的重点项目,必须足额安排资金。这三项费用需安排的预算金额合计为

$$125\ 000 + 100\ 000 + 150\ 000 = 375\ 000(\text{元})$$

剩余可安排给另外三项费用的预算金额为

$$800\,000 - 375\,000 = 425\,000(\text{元})$$

广告费、业务招待费和职工培训费都属于不可避免的非重点项目，根据表4－9的成本效益分析结果，这三项费用都有比较明显的投入产出效益，但广告费和业务招待费的投入产出效益相对较大，职工培训费的投入产出效益相对较小，可根据三者之间的投入产出效益比例来计算分配每一项费用应安排的预算金额。

$$\text{分配比例} = \frac{\text{某项费用的投入产出效益}}{\text{各项费用的投入产出效益合计}} \times 100\%$$

$$\text{分配金额} = \text{剩余可供安排的预算金额总额} \times \text{分配比例}$$

据此计算广告费、业务招待费和职工培训费应安排的预算金额分别如下：

（1）广告费应安排的预算金额：

$$425\,000 \times [400 \div (200 + 400 + 400)] = 170\,000(\text{元})$$

（2）业务招待费应安排的预算金额：

$$425\,000 \times [400 \div (200 + 400 + 400)] = 170\,000(\text{元})$$

（3）职工培训费应安排的预算金额：

$$425\,000 \times [200 \div (200 + 400 + 400)] = 85\,000(\text{元})$$

上述六项费用的预算编制过程可列表反映见表4－10所列。

表4－10　C公司某年度销售及管理费用预算表　　单位：元

费用项目		初步预算数（总预算数930 000元）	调整后的预算数（总预算数800 000元）
重点项目	劳动保护费	125 000	125 000
	办公费	100 000	100 000
	保险费	150 000	150 000
	小计	375 000	375 000
剩余可供安排的资金		555 000	425 000
非重点项目	职工培训费	80 000	85 000
	业务招待费	300 000	170 000
	广告费	175 000	170 000
	小计	555 000	425 000
总计		930 000	800 000

五、采用零基预算法应注意的问题

零基预算法是以零为基数编制预算的方法，其特点是不考虑基期的发生数，只考虑预算期的实际需要和现实的可行性。零基预算法一般适用于发生数变化较大的经常性项目、非经常性项目和重大或特殊项目的预算编制。在采用零基预算法的过程中，应当注意四个问题：第一，要正确选择适合采用零基预算法的预算项目；第二，要准确掌握外部市场信息和内部经营信息，为编制零基预算提供准确可靠的信息来源；第三，要合理制定各项资源的消耗定额，为编制零基预算提供科学的参考依据和控制标准;第四,要认真分析有关预算项目在预算期内的实际需要,并评估这种实际需要的现实可行性,为合理安排预算资金提供可靠、充分的事实依据。

第五节　定期预算法

一、定期预算法的概念和特点

(一) 概念

定期预算法又称静态预算法,是以一个会计年度作为一个固定的、独立的预算期,每年定期在年末编制下一年度预算的一种预算编制方法。

比如,在实际工作中,很多单位都是定期在第四季度甚至更早的时间就开始着手编制下一年度的预算,这种定期编制下一年度预算的方法就是定期预算法。

(二) 特点

定期预算法的特点是:预算期与会计年度一致,不同会计年度的预算是定期、分开、单独编制的,因而是相互独立的。

二、定期预算法的优、缺点及适用范围

(一) 优点

定期预算法的优点是预算期与会计年度一致,会计信息能够直接反映预算的实际执行结果,有利于将会计信息所反映的实际执行结果与预算数进行比较,也有利于利用会计信息进行预算的考评。此外,由于定期预算法只定期在年末编制一次预算,所以,它还有助于减少预算编制的工作量和降低整个预算管理的复杂程度。

(二) 缺点

(1) 定期预算法可能会使管理者为了追求某一个预算年度的显著效益而忽略下一个预算年度的持续效益,从而削弱年度预算之间资源配置的连续性,使企业的生产经营管理出现一些短期行为。

(2) 定期预算法还有可能导致资源的浪费。有一种现象——姑且称之为“期末狂欢现象”——值得注意:年度预算的执行临近年末时,如果预算指标(主要是指资源消耗性指标)的控制额度还有剩余,执行部门和执行人员往往会采取突击行动,将尚未消耗完的预算控制额度,无论需要与否,都尽可能地花光耗尽,以防下期预算中被砍掉,给下期预算的执行造成压力,其结果必然导致资源的严重浪费。

(3) 定期预算法不利于对预算进行实时、动态的调整和修正。定期预算法由于每年都定期在年末编制预算,不利于建立实时、动态的预算调整修正机制,在过于强调预算刚性的情况下,不利于及时发现并调整修正预算执行过程中出现的偏差,从而使预算脱离实际。

(三) 适用范围

定期预算法是被各类单位广泛运用的一种预算编制方法。理论上说,不管哪一个单位,都可以采用定期预算法来编制预算。但由于这种方法本身存在上述缺点,一些对管理要求比较高、而且具备较高的预算管理技术水平的单位,更倾向于采用本章第六节所介绍的滚动预算法。此外,从定期预算法的第三个缺点来看,它更适用于那些生产经营活动相对比较稳定、预

算执行过程中不会出现较大偏差的单位。

三、采用定期预算法应注意的问题

针对定期预算法存在的三个缺点，在采用定期预算法时，首先要注意提高预算编制的质量（即提高预算编制的准确性），只有预算编制准确了，执行过程中出现偏差的可能性才会很小，需要实时、动态调整和修正的次数也才会变少；而且，只有预算编制准确了，“期末狂欢现象”才能得到杜绝。其次，要注意保持年度预算之间资源配置的连续性，防止短期行为的发生。再次，要培育健康的预算管理心态，提倡开源节流的良好风尚，增强各级预算管理单位和人员的全局观念，对年末剩余的预算控制额度要严加控制，有效防止“期末狂欢现象”的发生。

第六节　滚动预算法

一、滚动预算法的概念和特点

（一）概念

滚动预算法又称动态预算法、永续预算法或连续预算法，是一种随着时间的推移，逐月或逐季地调整、修正现有预算，同时追加编制一个新的月份或季度的预算，从而使预算期始终都保持着 12 个月或 4 个季度时间跨度的一种预算编制方法。

比如，某单位从 2016 年开始采用滚动预算法，编制了 2016 年 1 月至 12 月的预算之后，随着预算的执行，2016 年 1 月末，预算编制人员就要根据本月的预算执行情况和未来可以预知的生产经营环境的变化情况，调整和修正 2016 年 2 月至 12 月的预算，同时追加编制 2017 年 1 月份的预算；2016 年 2 月末，预算编制人员又要根据本月的预算执行情况和未来可以预知的生产经营环境的变化情况，调整和修正 2016 年 3 月至 2017 年 1 月的预算，同时追加编制 2017 年 2 月份的预算；如此逐月地调整、修正现有预算，同时追加编制新的月份的预算的预算编制方法，就是滚动预算法。

（二）特点

滚动预算法的特点主要有预算期的连续性、时间跨度的固定性、预算调整的动态性、预算编制的追加性。即预算期是连续不断的，始终保持在 12 个月或 4 个季度时间跨度的状态上，预算每执行完 1 个月或 1 个季度，都要全面分析实际执行结果和预算发生偏差的程度和原因，并结合执行过程中出现的新情况、新问题和未来可以预知的生产经营环境的变化情况，动态地调整和修正剩余月份或季度的预算，然后再追加编制 1 个月或 1 个季度的预算，如此逐期向后滚动，使预算连续不断的规划单位未来 12 个月或 4 个季度的生产经营活动。

二、滚动预算法的优、缺点及适用范围

（一）优点

（1）有助于提高预算的准确性。滚动预算法需要在预算执行每过 1 个月或 1 个季度之后，都要根据该月或季的执行结果和执行中出现的新情况、新问题并结合未来生产经营环境可能发生的变化，对剩余 11 个月或 3 个季度的预算加以调整修正，同时追加编制第 12 个月或第 4 个季度的预算，这就使得原来较为粗糙的、准确度不太高的预算随着时间的推移经过每个月

或季度的调整修正后会逐渐变得细致和准确,从而提高了预算的准确性。

(2) 有助于保持预算的连续性,克服预算管理过程中的短期行为。滚动预算法使预算管理模式由静态管理模式转变为动态管理模式,有助于管理人员从动态的预算中实时地把握单位未来生产经营活动的发展趋势,有效地配置各种资源,保持预算期内资源配置的连续性,使预算同单位的近期发展目标、长期发展战略有机地结合在一起,更好地发挥预算管理的作用。

(3) 有助于发挥预算的监控功能,提高预算的监控效果。滚动预算每执行完1个月或1个季度,都要对该月或该季的执行情况进行监督检查,并根据监督检查的结果和未来生产经营环境可能发生的变化来调整修正剩余月份或季度的预算,使预算完全处于一种动态、实时的监控状态之下,有利于加强对预算执行过程的监控,提高预算的监控效果。

(二) 缺点

(1) 滚动预算法由于需要逐月或逐季地调整、修正现有预算,同时追加编制一个新的月份或季度的预算,因此,会大大增加预算管理的工作量,使预算管理工作变得更加繁琐。

(2) 滚动预算法的预算期始终都保持在12个月或4个季度时间跨度的状态上,这12个月或4个季度的时间跨度与会计年度的时间跨度不一致,容易造成预算监控、考评、奖惩所需的信息与会计信息脱节,不利于利用会计信息来进行预算的监控、考评和奖惩。

(3) 滚动预算法由于需要逐月或逐季地调整、修正现有预算,同时追加编制一个新的月份或季度的预算,因此,对预算管理的技术水平和信息化程度要求比较高,适用性比较差。

(三) 适用范围

滚动预算法由于对预算管理的技术水平和信息化程度要求比较高,因此,它只适用于那些预算管理技术水平较高、信息化程度也较高的单位。

三、滚动预算法的基本原理

首次采用滚动预算法编制预算时,先按12个月或4个季度的时间跨度编制出预算并付诸执行,随后,每当执行完1个月或1个季度的预算,都要根据该月或该季的执行结果和执行中出现的新情况、新问题并结合未来生产经营环境可能发生的变化,对剩余11个月或3个季度的预算加以调整修正,并追加编制第12个月或第4个季度的预算,使总的预算期持续保持12个月或4个季度的时间跨度。

四、滚动预算法下预算的滚动方式

滚动预算法的一个基本技术问题就是预算的滚动方式问题。所谓预算的滚动方式,是指预算执行每隔多长时间就要定期调整和修正剩余期间的预算并同时追加编制与剩余期间相连续的一个固定期间的预算。在实际工作中,常见的预算滚动方式主要有逐月滚动、逐季滚动和逐季分月滚动三种。

(一) 逐月滚动方式

逐月滚动方式是指按年、分月编制预算,然后预算执行每隔1个月就要定期调整和修正剩余11个月的预算并同时追加编制第12个月的预算的方式。逐月滚动方式的示意图如图4-1所示。

图4-1表明,假设某单位从2016年起采用滚动预算法,编制了2016年1月至12月共12个月的预算并付诸执行。1月末,根据该月预算的实际执行情况进行差异分析,并根据执行中

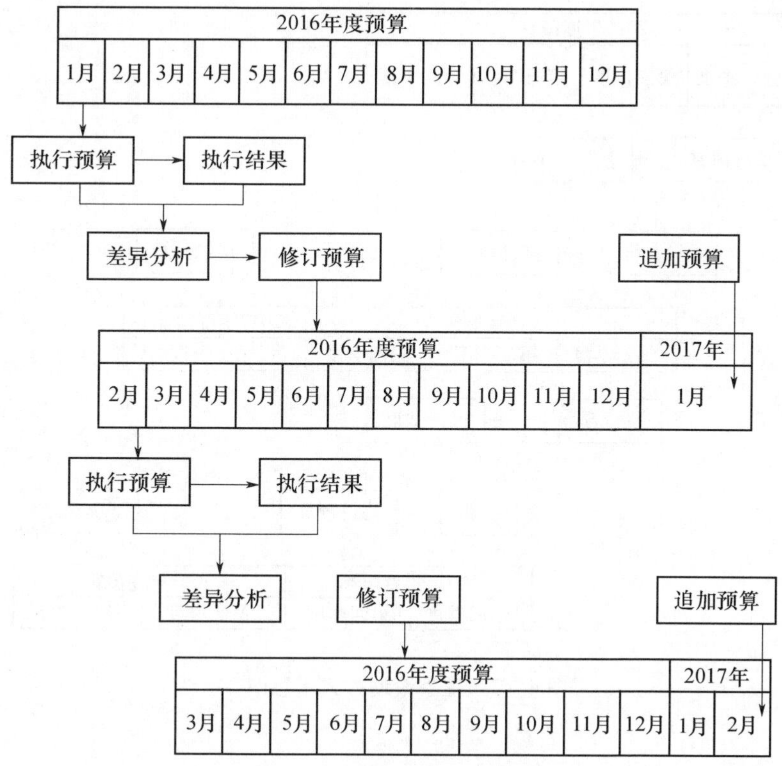

图 4 - 1　逐月滚动方式示意图

出现的新情况、新问题和未来生产经营环境可能发生的变化,重新调整和修订 2 月至 12 月的预算,同时追加编制 2017 年 1 月份的预算;2 月末又根据该月预算的实际执行情况进行差异分析,并根据执行中出现的新情况、新问题和未来生产经营环境可能发生的变化,重新调整和修订 2016 年 3 月至 2017 年 1 月份的预算,同时追加编制 2017 年 2 月份的预算……如此连续不断地逐月执行、逐月调整修订、逐月追加预算,这就是逐月滚动方式。

逐月滚动方式编制的预算精确度较高,但由于是逐月执行、逐月调整修订、逐月追加预算,使得预算管理的工作量较大、繁杂程度也较高。

(二) 逐季滚动方式

逐季滚动方式是指按年、分季度编制预算,然后预算执行每隔 1 个季度就要定期调整和修正剩余 3 个季度的预算并同时追加编制第四季的预算的方式。逐季滚动方式的示意图如图 4 - 2 所示。

图 4 - 2 表明,假设某单位从 2016 年起采用滚动预算法,编制了 2016 年第一季度至第四季度共 4 个季度的预算并付诸执行。第一季度末,根据该季度预算的实际执行情况进行差异分析,并根据执行中出现的新情况、新问题和未来生产经营环境可能发生的变化,重新调整和修订第二季度至第四季度的预算,同时追加编制 2017 年第一季度的预算;第二季度末又根据该季度预算的实际执行情况进行差异分析,并根据执行中出现的新情况、新问题和未来生产经营环境可能发生的变化,重新调整和修订 2016 年第三季度至 2017 年第一季度的预算,同时追加编制 2017 年第二季度的预算……如此连续不断地逐季执行、逐季调整修订、逐季追加预算,

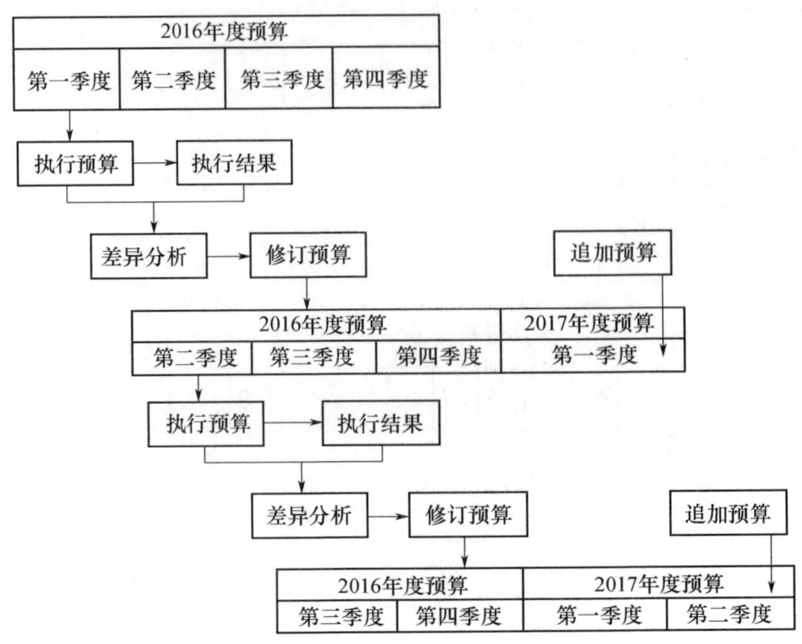

图4－2 逐季滚动方式示意图

这就是逐季滚动方式。

逐季滚动方式是逐季执行、逐季调整修订、逐季追加预算,工作量较小,预算管理的繁杂程度较低,但预算的精确度较低。

(三)逐季分月滚动方式

逐季分月滚动方式是指先按年、分季度编制预算,然后再在执行预算的那个季度把本季度的预算细分为月份预算并按月份预算来付诸执行,预算执行每隔1个季度(3个月份)就要定期调整和修正剩余3个季度的预算并同时追加编制第四季的预算的方式。逐季分月滚动方式的示意图如图4－3所示。

图4－3表明,假设某单位从2016年起采用滚动预算法,编制了2016年第一季度至第四季度共4个季度的预算,同时把第一季度的预算细分为月份预算并付诸执行。第一季度末,根据该季度3个月预算的实际执行情况进行差异分析,并根据执行中出现的新情况、新问题和未来生产经营环境可能发生的变化,重新调整和修订第二季度至第四季度的预算,并将第二季度的预算细分为月份预算,同时追加编制2017年第一季度的预算;第二季度末又根据该季度3个月预算的实际执行情况进行差异分析,并根据执行中出现的新情况、新问题和未来生产经营环境可能发生的变化,重新调整和修订2016年第三季度至2017年第一季度的预算,并将2016年第三季度的预算细分为月份预算,同时追加编制2017年第二季度的预算……如此连续不断地逐季分月执行、逐季调整修订、逐季追加预算,这就是逐季分月滚动方式。

逐季分月滚动方式采用的是“长预算、短安排”的方式,即首先按年分季度来编制预算,然后再把执行的那个季度的预算细分为月份预算来做出精细的安排并付诸执行。这种“长预算、短安排”的方式又称为“远略近详”的预算管理方式,它既可以克服逐月滚动方式的工作量较大、繁杂程度较高的缺点,又可以克服逐季滚动方式的预算精确度较低的缺点,是一种介于逐月滚动方式和逐季滚动方式之间的折中方式，采用滚动预算法编制预算的单位可以采用这种滚动方式。

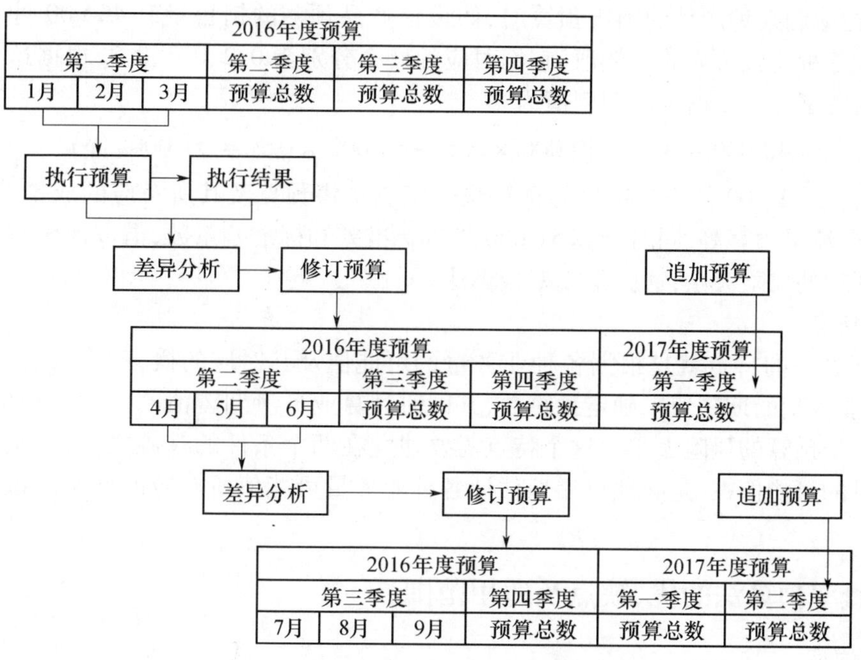

图4－3　逐季分月滚动方式示意图

五、采用滚动预算法应注意的问题

采用滚动预算法首先建立一支训练有素的预算管理队伍，并配备信息化程度较高的预算管理网络系统，因为滚动预算法需要对预算进行动态的、实时的监控、调整、修正、考评和编制，如果没有一支业务素质很好的预算管理队伍和一套信息化程度较高的预算管理网络系统，就很难成功地采用滚动预算法。其次，要对预算采取分月执行、按月考评的管理办法，保证当月的会计信息能够真实地反映当月预算的实际执行结果，保持会计信息与预算考评之间的高度相关性，防止会计信息不能真实反映预算的实际执行结果、进而不能满足预算考评的需要的现象发生。再次，要根据单位自身的业务规模、业务复杂程度、管理幅度大小、管理链条长短、信息化水平和整体管理水平的高低来选择有效的预算滚动方式，力求达到预算既精确、管理又高效的理想境界。最后，还要注意建立通畅、快速、可靠的信息交流网络，为动态、实时的监控、调整、修正、考评和编制预算提供准确及时的相关信息。

第七节　概率预算法

一、概率预算法的概念和特点

（一）概念

概率预算法是指借助概率论的原理，在编制预算时充分考虑业务量水平变动的可能性及其概率，根据各种业务量的可能值及其对应的概率计算出业务量的期望值，再根据业务量的期望值来确定预算数，并同时计算业务量期望值的标准差和标准差系数，借以评价这个预算的风险大小的一种预算编制方法。

比如，在编制某种产品的销售预算时，假设该产品预测的销售量有40 000件、50 000件、60 000件这三种比较可靠的可能值，它们对应的概率分别为0.2、0.5、0.3，根据这三种可能值及其对应的概率计算得销量的期望值为

$$40\,000 \times 0.2 + 50\,000 \times 0.5 + 60\,000 \times 0.3 = 51\,000(\text{件})$$

那么，就以51 000件作为销量的预算数来编制销售预算及其所对应的成本费用预算、利润预算、现金流量预算等，同时计算51 000件的标准差和标准差系数，借以评价销量为51 000件的这个预算的风险大小，这就是概率预算法。

（二）特点

概率预算法的特点就是根据各种业务量的可能值及其对应的概率计算出业务量的期望值，再根据业务量的期望值来确定预算数，并同时计算业务量期望值的标准差和标准差系数，借以评价这个预算的风险大小。这个特点需要建立在两个条件的基础之上：一是必须可靠地获得业务量的可能值；二是必须可靠地估计各种业务量可能值所对应的概率。这两个条件缺一不可。

二、概率预算法的优、缺点及适用范围

（一）优点

（1）考虑了业务量水平变动的多种可能性及其概率的大小，能满足业务量水平变动较大的情形对预算编制的要求。

（2）能根据业务量期望值的标准差和标准差系数的大小来衡量预算风险的大小，使预算管理者能够了解预算目标实现的可能性。

（3）与弹性预算法相比，概率预算法不是编制一组预算，而是编制一个预算，即编制业务量期望值的预算，因此，其预算编制环节的工作量要比弹性预算法少。

（二）缺点

（1）对业务量水平变动的可能性及其概率大小的估计比较困难，需要编制人员具有丰富的工作经验和很强的职业判断能力，否则这项工作就有可能带有较大程度的主观随意性，从而使预算的可信度受到怀疑。

（2）由于只根据业务量期望值来编制一个与该期望值相关的各个预算项目的预算，因而它不能反映各种业务量水平下相关预算项目的不同预算水平，不利于全面了解各个预算项目的各种可能的结果。

（3）由于还要计算业务量的期望值及其标准差和标准差系数，所以，采用概率预算法来编制预算，工作量比较大。

（三）适用范围

笼统地说，概率预算法适用于那些能够比较可靠地判断业务量水平变动的可能性及其概率的预算项目，但这些预算项目因单位的不同而不同。所谓“单位的不同”，既指单位的性质不同、业务不同，也指单位的管理技术和管理水平不同。首先，从单位的性质和业务来看，性质决定业务，不同性质的单位，其业务发生的特点和规律也不同，因此，能够比较可靠地判断业务量水平变动的可能性及其概率的预算项目也不同。其次，从单位的管理技术和管理水平来看，

管理技术先进、管理水平较高的单位,其对业务量水平变动的可能性及其概率的判断和估计一般比较可靠,因而比较适合采用概率预算法;相反,管理技术落后、管理水平较低的单位,其对业务量水平变动的可能性及其概率的判断和估计可能会存在很多障碍,无法达到可靠的程度,因而不太适合采用概率预算法。

三、概率预算法的基本原理

采用概率预算法编制预算时,如果业务量的变动与价格、成本的变动并无直接联系,即业务量的变动并不引起相关的价格和成本发生变动,则应根据业务量水平及其对应的概率计算业务量的期望值,并根据业务量的期望值来编制预算;如果业务量的变动与价格、成本的变动有密切的联系,即业务量的变动会引起相关的价格和成本发生变动,则应分别计算业务量、价格和成本的期望值,然后根据业务量、价格和成本的期望值来编制预算。具体的编制原理分以下两种情况来介绍。

(一) 业务量变动不引起相关的价格和成本发生变动

在这种情况下,预算编制按以下步骤进行:

(1) 确定业务量变动的水平和概率;

(2) 以概率为权数计算业务量的期望值;

(3) 根据业务量的期望值编制相关预算;

(4) 计算业务量期望值的标准差及标准差系数。

(二) 业务量变动引起相关的价格和成本也发生变动

在这种情况下,预算编制按以下步骤进行:

(1) 确定业务量及其相关的价格和成本变动的水平和概率;

(2) 以概率为权数计算业务量及其相关的价格和成本的期望值;

(3) 根据业务量及其相关的价格和成本的期望值编制相关预算;

(4) 计算业务量及其相关的价格和成本的期望值的标准差及标准差系数。

四、概率预算法的应用举例

(一) 业务量变动不引起相关的价格和成本发生变动

【例4-10】某公司采用概率预算法编制A产品的销售及利润预算,根据历史经验和当前市场预测,A产品单位售价与销量无直接关系,单位变动成本与销量也无直接关系。2016年销量变动的水平和概率见表4-11所列。试采用概率预算法编制该公司A产品2016年的销售及利润预算。

表4-11 某公司A产品2016年销量变动水平及概率表

销售情形	概率	销量/件	单位售价/元	单位变动成本/元	固定成本/元
乐观	0.3	15 000	10	6	20 000
正常	0.5	10 000			
悲观	0.2	7 000			

分析:

(1) 以概率为权数计算销量的期望值:

$$销量期望值 = 15\ 000 \times 0.3 + 10\ 000 \times 0.5 + 7\ 000 \times 0.2 = 10\ 900$$

(2) 根据销量的期望值来编制销售及利润预算(表4-12):

表4-12　某公司A产品2016年的销售及利润预算表

指标	全年预算数	指标	全年预算数
销量期望值/件	10 900	变动成本/元	65 400
单位售价/元	10	固定成本/元	20 000
销售收入/元	109 000		
单位变动成本/元	6	利润/元	23 600

(3) 计算销量期望值的标准差及标准差系数:

$$标准差 = \sqrt{(15\ 000 - 10\ 900)^2 \times 0.3 + (10\ 000 - 10\ 900)^2 \times 0.5 + (7\ 000 - 10\ 900)^2 \times 0.2}$$
$$= 2\ 914$$

$$标准差系数 = 2\ 914 \div 10\ 900 = 0.27$$

(二) 业务量变动引起相关的价格和成本也发生变动

【例4-11】某公司采用概率预算法编制A产品的销售及利润预算,根据历史经验和当前市场预测,A产品的单位售价及单位变动成本都与销量有直接的关系。2016年的销量、单位售价、单位变动成本的变动水平和概率见表4-13。试采用概率预算法编制该公司A产品2016年的销售及利润预算。

表4-13　某公司A产品2016年销量、价格、成本变动水平及概率表

销售情形	概率	销量/件	单位售价/元	单位变动成本/元	固定成本/元
乐观	0.3	15 000	12	5	20 000
正常	0.5	10 000	10	6	
悲观	0.2	7 000	8	7	

分析:

(1) 以概率为权数计算销量及其相关的价格和成本的期望值:

$$销量的期望值 = 15\ 000 \times 0.3 + 10\ 000 \times 0.5 + 7\ 000 \times 0.2 = 10\ 900$$
$$单价的期望值 = 12 \times 0.3 + 10 \times 0.5 + 8 \times 0.2 = 10.2$$
$$单位变动成本的期望值 = 5 \times 0.3 + 6 \times 0.5 + 7 \times 0.2 = 5.9$$

(2) 根据销量、单价、单位变动成本的期望值来编制销售及利润预算(表4-14):

表4-14　某公司A产品2016年的销售及利润预算表

指标	全年预算数	指标	全年预算数
销量期望值/件	10 900	变动成本/元	64 310
单价期望值/元	10.2	固定成本/元	20 000
销售收入/元	111 180		
单位变动成本期望值/元	5.9	利润/元	26 870

(3) 计算销量、单价、单位变动成本期望值的标准差及标准差系数：

$$销量标准差 = \sqrt{(15\,000-10\,900)^2 \times 0.3 + (10\,000-10\,900)^2 \times 0.5 + (7\,000-10\,900)^2 \times 0.2} = 2\,914$$

$$销量标准差系数 = 2\,914 \div 10\,900 = 0.27$$

$$单价标准差 = \sqrt{(12-10.2)^2 \times 0.3 + (10-10.2)^2 \times 0.5 + (8-10.2)^2 \times 0.2} = 1.4$$

$$单价标准差系数 = 1.4 \div 10.2 = 0.14$$

$$单位变动成本标准差 = \sqrt{(5-5.9)^2 \times 0.3 + (6-5.9)^2 \times 0.5 + (7-5.9)^2 \times 0.2} = 0.7$$

$$单位变动成本标准差系数 = 0.7 \div 5.9 = 0.12$$

五、采用概率预算法应注意的问题

概率预算法适用于那些能够比较可靠地判断业务量水平变动的可能性及其概率的预算项目，因此，采用概率预算法首先就要注意业务量可能值及其概率的可靠性，如果业务量可能值不可靠或者业务量可能值出现的概率不可靠，那么，根据业务量可能值及其概率计算出来的期望值也不可靠，据此而编制的预算也不可靠。其次，采用概率预算法要注意价格和成本是否会随着业务量的变动而变动，如果价格和成本随着业务量的变动而变动，还要注意这种变动的水平及其概率的可靠性，因为这种变动的水平及其概率如果不可靠，就会影响到期望值的可靠性，进而影响到预算的可靠性。再次，采用概率预算法要注意改进单位的管理技术、提高单位的管理水平，因为管理技术的改进和管理水平的提高将有助于单位准确地估计业务量的可能值及其出现的概率，从而有助于提高预算的质量。

六、概率预算法与弹性预算法的比较

概率预算法其实是一种修正的弹性预算法。弹性预算法虽然考虑了预算期内不同的业务量水平，能提供不同业务量水平下各个预算项目的预算数据，但却不能提供各种业务量水平出现的可能性大小以及与这些业务量水平相匹配的预算数据出现的可能性大小，因此，弹性预算法不能明确地告诉管理者究竟哪一种业务量水平下的预算会出现以及它的概率有多大。

而概率预算法则可以解决这个问题，它根据市场变化的规律或趋势对弹性预算法下各种不同的业务量水平都赋予其恰当的概率，计算出业务量水平的期望值及其标准差和标准差系数，然后根据该期望值编制出各个预算项目的预算数，这不仅告诉了管理者各种业务量水平出现的概率，而且还告诉了管理者各种业务量水平的期望值及其代表性的大小，同时还减少了弹性预算法下预算编制的工作量。所以说，概率预算法是一种修正的弹性预算法。

事实上，由于一个单位的财务预算所涉及的预算项目很多，不同的预算项目又有不同的业务发生特点和规律，因此，单位在实践中不能只孤立地采用上述各种方法中的某一种方法来编制每一个预算项目的预算，而要根据不同预算项目的业务发生特点和规律分别采用不同的编制方法，而且要随着时空环境的变化适时地调整和改善每一个预算项目的预算编制方法。

单位在编制预算的过程中，应根据自己的外部环境及本单位的预算管理水平进行预算编制方法的选择。对于市场价格及市场份额情况不很确定的单位（如处于初创期或成长期的企业），应尽量采用弹性预算法；而对于市场情况比较确定的单位，则采用固定预算法更为合适。另外，单位的预算管理水平也是选择预算编制方法需要考虑的一个重要因素，预算管理水平较高的单位可以选择较为先进复杂的一些预算编制方法,如滚动预算法和零基预算法;而预算管理水平较低的单位,则应采用一些简单易行的预算编制方法,如固定预算法和定基预算法等,以保证预算管理工作能够顺利进行。

【复习思考题】

1. 什么是固定预算法? 它有什么特点、优点和缺点? 它主要适用于哪些预算项目? 采用它要注意什么问题?

2. 什么是弹性预算法? 它有什么特点、优点和缺点? 它主要适用于哪些预算项目? 采用它要注意什么问题?

3. 什么是定基预算法? 它有什么特点、优点和缺点? 它主要适用于哪些预算项目? 采用它要注意什么问题?

4. 什么是零基预算法? 它有什么特点、优点和缺点? 它主要适用于哪些预算项目? 采用它要注意什么问题?

5. 什么是分期预算法? 它有什么特点、优点和缺点? 它主要适用于哪些预算项目? 采用它要注意什么问题?

6. 什么是滚动预算法? 它有什么特点、优点和缺点? 它主要适用于哪些预算项目? 采用它要注意什么问题?

7. 什么是概率预算法? 它有什么特点、优点和缺点? 它主要适用于哪些预算项目? 采用它要注意什么问题?

【课外作业题】

1. 甲公司预算年度某产品的销量预计在6 000 ~ 10 000件之间变动,销售单价为120元,单位变动成本为96元,固定成本总额为90 000元。试根据这些资料,以1 000件为销量的间隔单位,采用弹性预算法编制甲公司预算年度该产品的利润预算。

2. 乙公司预算年度的销量达到正常销量的100%时的销售收入为1 200 000元,变动成本为960 000元,固定成本为90 000元,销量的弹性范围为正常销量的80% ~ 120%。试根据这些资料,以10%为销量弹性的间隔,采用弹性预算法编制乙公司预算年度的利润预算。

3. 某公司打算采用零基预算法编制20××年的管理费用预算。行政部根据20××年的公司经营目标和管理任务,对预算期内将要发生的部分费用项目及其支出数额初步估计如下:员工培训费80 000元,专家顾问费55 000元,日常办公费25 000元,办公用房装修费5 000元,差旅费5 000元,合计170 000元。另外,假设该公司可以用于上述项目的资金来源仅有100 000元。请根据上述资料,采用零基预算法编制该公司20××年的管理费用预算。(注:日常办公费、办公用房装修费和差旅费属于不可避免的重点项目,员工培训费、专家顾问费属于不可避免的非重点项目。假定员工培训费的成本收益比为1:5,专家顾问费的成本收益比为1:28。)

4. 假设某公司通过市场调研,确定在预算期内某产品的单位售价会保持在62元/米的价位上固定不变,其他有关资料如下表所示,其中$a(p=c)$表示某指标取值为a的概率为c。如:

第一个单元格中的 3 850($p=0.2$)表示销量为 3 850 米时的概率为 0.2。试根据相关资料,采用概率预算法编制该公司的利润预算,并计算销量和单位变动成本期望值的标准差及标准差系数。

某公司销量、单位变动成本和固定成本信息表(单位:元)

销量/米	单位变动成本	固定成本
(1)	(2)	(3)
3 850($p=0.2$)	34($p=0.2$)	27 000
4 010($p=0.6$)	35($p=0.6$)	
4 260($p=0.2$)	36($p=0.2$)	

第五章　财务预算的编制过程

内容介绍

本章主要以目标销量为编制起点，采用固定预算法介绍企业财务预算的编制过程，包括经营活动预算的编制过程、投资活动预算的编制过程、筹资活动预算的编制过程、现金流量预算的编制过程、经营成果预算的编制过程和财务状况预算的编制过程。

学习目标

掌握经营活动预算中销售预算、生产预算、直接材料预算、应交税金及附加预算、直接人工预算、制造费用预算、产品成本预算、期末存货预算、销售费用预算、管理费用预算、财务费用预算等的编制原理和方法，掌握投筹资活动预算的编制原理和方法，掌握现金收支预算的编制原理和方法，掌握预计利润表的编制方法，掌握预计资产负债表的编制原理和方法。

第一节　经营活动预算的编制

经营活动预算又称业务预算，是指对一个单位在预算期内从事的各种经营活动所编制的预算，主要包括销售预算、生产预算、采购预算、应交税金及附加预算、直接人工预算、制造费用预算、产品成本预算、期末存货预算、销售费用预算、管理费用预算、财务费用预算等内容。

一、销售预算的编制

销售预算是以目标销售量为编制起点的编制流程下企业编制经营活动预算的起点。销售预算的内容主要包括销售量预算、销售单价预算、销售收入预算、销项增值税预算、含税销售收入预算、销售引起的现金流入预算和期末应收账款余额预算等。其中：

销售量和销售单价的预算数根据其预测数来确定。

销售收入的预算数根据销售量和销售单价的预算数来确定：

$$\text{某种产品销售收入预算数} = \text{该种产品销售量预算数} \times \text{该种产品销售单价预算数}$$

$$\text{销售收入总预算数} = \sum \text{各种产品销售收入预算数。}$$

销项增值税预算数根据销售收入预算数和适用税率来确定：

$$\text{销项增值税预算数} = \text{销售收入预算数} \times \text{适用税率}$$

$$\text{含税销售收入预算数} = \text{销售收入预算数} + \text{销项增值税预算数}$$

销售引起的现金流入包括本期含税现销收入和期初应收账款本期收回。

$$\text{含税现销收入} = \text{含税销售收入} \times \text{本期收现率}$$

$$\text{期初应收账款本期收回} = \sum(\text{以前各期含税销售收入} \times \text{以前各期含税销售收入在本期的收回率})$$

其中,收现率是指预算期含税销售现金收入占预算期含税销售收入的百分比;收回率是指预算期收回的以前期间预计含税销售收入占当期预计含税销售收入的百分比。

$$\text{预算期末应收账款余额的预算数} = \text{期初应收账款余额} + \text{本期含税销售收入预算数} - \text{本期含税现销收入} - \text{期初应收账款本期收回}$$

【例5-1】甲公司2015年12月31日资产负债表简表见表5-1。

表5-1 甲公司2015年12月31日资产负债表简表 单位:元

资 产	年初数	期末数	负债及所有者权益	年初数	期末数
流动资产:	(略)		流动负债	(略)	
货币资金		5 000	短期借款		40 000
交易性金筹资产		0	应付账款		15 000
应收账款		30 000	应付股利		0
存货		21 100	应付职工薪酬		4 000
流动资产合计		56 100	应交税费		0
固定资产:			流动负债合计		59 000
固定资产原值		245 000	长期负债		
减:累计折旧		15 000	长期借款		96 000
固定资产净值		230 000	应付债券		0
固定资产合计		230 000	长期负债合计		96 000
无形资产和其他长期资产:			负债合计		155 000
			所有者权益		
无形资产		1 500	实收资本		108 000
无形资产和其他长期资产合计		1 500	资本公积		5 000
			盈余公积		4 600
长期资产合计		231 500	未分配利润		15 000
			所有者权益合计		132 600
资产总计		287 600	负债及所有者权益合计		287 600

其他有关资料如下:

(1)甲公司生产和销售A、B两种产品。

(2)应收账款年末余额30 000元中,A产品为12 000元,B产品为18 000元,全部于预算期第一季度收回。

(3)存货年末余额21 100元中A产品成本5 400元,B产品成本3 900元,原材料成本11 800元。(详见表5-5、表5-8)

(4)短期借款年利率6%,2015年10月初借入,期限6个月。

(5)应付账款年末余额15 000元需预算期第一季度支付。

(6)长期借款年利率10%,每季末付息,其中20 000元于预算期第一季度到期,40 000元于预算期第二季度到期。

甲公司2016年两种产品的预计售价、预计销量和相关资料见表5-2所列。

表5-2 甲公司2016年A、B两种产品预计售价、预计销量和相关资料表

单位:元

季度		1	2	3	4	增值税率	收现率		
							首期	二期	三期
A产品	预计单价	80	80	80	85	17%	50%	30%	20%
	预计销售量/件	900	1 200	1 100	800				
B产品	预计单价	100	100	100	95				
	预计销售量/件	600	900	1 000	1 100				

说明:第四季度两种产品的单价都有所变动;每季度销售收入分三期收款,其中有50%可于当季度收到现金,30%于下季度收到现金,余下20%于再下一季度收讫。

试根据上述资料编制甲公司2016年A、B两种产品销售预算以及销售引起的现金流入预算。

分析:

(1)甲公司2016年A、B两种产品销售预算见表5-3所列。

表5-3 甲公司2016年A、B两种产品销售预算

金额单位:元

项目 \ 预算期间	第一季度	第二季度	第三季度	第四季度	全年合计
预计销售量/件					
A产品	900	1 200	1 100	800	4 000
B产品	600	900	1 000	1 100	3 600
预计销售单价					
A产品	80	80	80	85	
B产品	100	100	100	95	
预计销售收入					
A产品	72 000	96 000	88 000	68 000	324 000
B产品	60 000	90 000	100 000	104 500	354 500
合计	132 000	186 000	188 000	172 500	678 500
预计增值税销项税额	22 440	31 620	31 960	29 325	115 345
预计含税销售收入	154 440	217 620	219 960	201 825	793 845

(2)甲公司2016年A、B两种产品销售引起的现金流入预算见表5-4所列。

表5-4 甲公司2016年A、B两种产品销售引起的现金流入预算

金额单位:元

项目 \ 预算期间	第一季度	第二季度	第三季度	第四季度	全年合计
预计含税销售收入	154 440	217 620	219 960	201 825	793 845
期初应收账款	30 000				30 000
第一季度现金流入	77 220	46 332	30 888		154 440
第二季度现金流入		108 810	65 286	43 524	217 620
第三季度现金流入			109 980	65 988	175 968
第四季度现金流入				100 912.5	100 912.5
销售引起的现金流入	107 220	155 142	206 154	210 424.5	678 940.5
期末应收账款余额	77 220	139 698	153 504	144 904.5	144 904.5

表5-4中各有关项目的计算示例如下：

（1）第三季度因销售引起的现金流入：

$$219\ 960 \times 50\% + 217\ 620 \times 30\% + 154\ 440 \times 20\% = 206\ 154(\text{元})$$

（2）第三季度末应收账款余额：

$$217\ 620 \times (1 - 50\% - 30\%) + 219\ 960 \times (1 - 50\%) = 153\ 504(\text{元})$$

（3）年末应收账款余额：

$$219\ 960 \times (1 - 50\% - 30\%) + 201\ 825 \times (1 - 50\%) = 144\ 904.50(\text{元})$$

或

$$30\ 000 + 793\ 845 - 678\ 940.50 = 144\ 904.50(\text{元})$$

表5-4销售引起的现金流入预算，是顺势从销售预算中推算出现金回收数据，为日后现金收支预算的编制奠定了基础。

二、生产预算的编制

生产预算是反映企业预算期产品结构和生产规模的预算。生产预算以实物量单位反映预算期各种产品的生产量水平，为相关成本费用预算提供实物量数据。

生产预算是在销售预算的基础上，依据以销定产的原则，考虑各种产品的生产能力、期初和期末存货状况等情况，按产品品种分别编制。该预算主要包括预计销售量、预计期初、期末存货量和预计生产量等内容。

编制生产预算可按以下原理和步骤进行。

（一）预计预算期期末、期初存货量

为了满足生产经营的需要，维持均衡生产，降低进货成本，企业必须保持一定数量的合理存货。因此，预算期的生产量水平除考虑满足市场需求外，还应考虑预计期初存货和预计期末存货等因素。通常，预计年初存货量可根据基期资产负债表确定，各季初存货量等于上季末存货量；预计各季期末存货量应根据长期销售趋势确定，实务中通常按预计期末存货占下季度预计销售量的一定比例确定。

（二）确定预计生产量

确定预计生产量时，应注意保持生产量、销售量以及存货量之间合理的比例关系，以避免储备不足、产销脱节或超储积压。其计算公式如下：

生产量预算数 = 销售量预算数 + 期末产品合理库存量 - 期初产品库存量

【例5-2】承例5-1，甲公司2016年A、B两种产品有关资料见表5-5所列。

表5-5　甲公司2016年A、B两种产品有关资料表

金额单位：元；实物单位：件

产品品种	年初产成品存货量	年末产成品存货量	年初在产品存货量	年末在产品存货量	年初产品成本	
					单位成本	总成本
A产品	90	150	0	0	60	5 400
B产品	60	120	0	0	65	3 900

假设该公司季度末产成品合理库存量按下季度销售量的10%来确定。试根据例5-1的资料和上述资料编制甲公司2016年的生产预算。

分析：

甲公司2016年的生产预算见表5-6所列。

表5-6 甲公司2016年生产预算表 实物单位:件

品种	项目	第一季度	第二季度	第三季度	第四季度	全年合计
A产品	销售量预算数	900	1 200	1 100	800	4 000
	加:期末合理库存量	120	110	80	150	150
	减:期初库存量	90	120	110	80	90
	生产量预算数	930	1 190	1 070	870	4 060
B产品	销售量预算数	600	900	1 000	1 100	3 600
	加:期末合理库存量	90	100	110	120	120
	减:期初库存量	60	90	100	110	60
	生产量预算数	630	910	1 010	1 110	3 660

表中数据计算示例：

(1) 第一季度A产品期末合理库存量：

$$1\ 200 \times 10\% = 120(\text{件})$$

(2) 第一季度A产品生产量预算数：

$$900 + 120 - 90 = 930(\text{件})$$

(3) A产品年生产量预算数：

$$4\ 000 + 150 - 90 = 4\ 060(\text{件})$$

或

$$930 + 1\ 190 + 1\ 070 + 870 = 4\ 060(\text{件})$$

三、采购预算的编制

采购预算主要包括材料耗用量预算、材料采购量预算、材料采购成本预算、进项增值税预算、材料含税采购金额预算、因材料采购引起的现金流出预算和应付账款期末余额预算等。基本编制原理如下：

(一) 材料耗用量预算

$$\text{某产品材料耗用量} = \text{该产品生产量} \times \text{该产品材料消耗定额}$$

$$\text{材料耗用总量} = \sum \text{各种产品材料耗用量}$$

(二) 材料采购量预算

$$\text{材料采购量} = \sum(\text{各种产品材料耗用量} + \text{期末合理库存量} - \text{期初库存量})$$

(三) 材料采购成本预算

$$\text{材料采购成本} = \sum(\text{各种材料采购量预算数} \times \text{该种材料计划单位成本})$$

(四) 进项增值税预算

$$\text{进项增值税} = \text{材料不含税采购金额} \times \text{适用税率}$$

（五）材料含税采购金额预算

材料含税采购金额 = 材料不含税采购金额 + 进项增值税

（六）因采购引起的现金流出预算

因采购引起的现金流出 = 期初应付账款偿还支出 + 本期采购现金支出

其中:期初应付账款偿还支出 = $\sum$(以前各期赊购金额 × 本期偿还率)

本期采购现金支出 = 含税采购金额 × 付现率

（七）应付账款期末余额预算

应付账款期末余额 = 应付账款期初余额 + 本期含税采购金额 - 本期采购现金支出

【例5-3】承例5-2,2016年甲公司生产A、B两种产品需要的各种材料的消耗定额见表5-7所列,各种材料年初、年末存货量及有关资料见表5-8所列。

表5-7　甲公司2016年材料消耗定额和材料单价

金额单位:元;实物单位:千克

品种		项目	第一季度	第二季度	第三季度	第四季度
A产品	1#材料	消耗定额	5	5	5	5
		单价	4	4	4	4
	2#材料	消耗定额	3	3	3	2
		单价	5	5	5	5
B产品	2#材料	消耗定额	4	4	4	5
		单价	5	5	5	5
	3#材料	消耗定额	2	2	2	2
		单价	6	6	6	5
4#材料		单价				8

表5-8　甲公司2016年年初、年末材料存货及有关资料

金额单位:元;实物单位:千克

材料名称	年初存货量	年末存货量	年初材料成本	付现率		增值税率
				首期	二期	
1#材料	1 000	1 200	4 000	60%	40%	17%
2#材料	1 200	1 500	6 000			
3#材料	300	480	1 800			
4#材料	0	1 000	0			

说明:

甲公司生产A产品耗用1#材料和2#材料,生产B产品耗用2#材料和3#材料,4#材料则为下年度开发新产品C产品准备,于第四季度购买。第四季度两种产品消耗的2#材料定额有变化,而3#材料的价格也有所变动。同时,预计各种材料期末存货量占下期生产需要量的20%,每季度采购价款中,60%于当季支付,40%于下季付讫。

试根据例5-2的资料和上述资料编制甲公司2016年直接材料需要量预算、材料采购预

算和因材料采购引起的现金流出预算。

分析：

甲公司2016年直接材料需要量预算、材料采购预算和因材料采购引起的现金流出预算见表5－9～表5－11所列。

表5－9　甲公司2016年直接材料需用量预算　单位:千克

品种	项　目	第一季度	第二季度	第三季度	第四季度	全年合计
A产品	预计生产量/件	930	1 190	1 070	870	4 060
	材料消耗定额					
	1#材料	5	5	5	5	5
	2#材料	3	3	3	2	2.7857
	预计生产需要量					
	1#材料	4 650	5 950	5 350	4 350	20 300
	2#材料	2 790	3 570	3 210	1 740	11 310
B产品	预计生产量/件	630	910	1 010	1 110	3 660
	材料消耗定额					
	2#材料	4	4	4	5	4.3033
	3#材料	2	2	2	2	2
	预计生产需要量					
	2#材料	2 520	3 640	4 040	5 550	15 750
	3#材料	1 260	1 820	2 020	2 220	7 320

表5－9中有关项目的计算示例：

(1) 第一季度A产品：

$$1^{\#}\text{材料的生产需要量} = 930 \times 5 = 4\ 650(\text{千克})$$

$$2^{\#}\text{材料的生产需要量} = 930 \times 3 = 2\ 790(\text{千克})$$

(2) 生产A产品所需2#材料的全年合计生产需要量：

$$2\ 790 + 3\ 570 + 3\ 210 + 1\ 740 = 11\ 310(\text{千克})$$

2#材料年度平均消耗定额：

$$11\ 310 \div 4\ 060 = 2.7857(\text{千克})$$

表5－10　甲公司2016年直接材料采购预算

金额单位:元;实物单位:千克

材料	项　目	第一季度	第二季度	第三季度	第四季度	全年合计
1#材料	本期材料耗用量					
	A产品	4 650	5 950	5 350	4 350	20 300
	B产品	0	0	0	0	0
	合计	4 650	5 950	5 350	4 350	20 300
	加:期末库存量	1 190	1 070	870	1 200	1 200
	减:期初库存量	1 000	1 190	1 070	870	1 000
	本期材料采购量	4 840	5 830	5 150	4 680	20 500
	材料单价/(元/千克)	4	4	4	4	
	本期采购成本	19 360	23 320	20 600	18 720	82 000

（续）

材料	项目	第一季度	第二季度	第三季度	第四季度	全年合计
2#材料	本期材料耗用量					
	A 产品	2 790	3 570	3 210	1 740	11 310
	B 产品	2 520	3 640	4 040	5 550	15 750
	合计	5 310	7 210	7 250	7 290	27 060
	加:期末库存量	1 442	1 450	1 458	1 500	1 500
	减:期初库存量	1 200	1 442	1 450	1 458	1 200
	本期材料采购量	5 552	7 218	7 258	7 332	27 360
	材料单价/(元/千克)	5	5	5	5	
	本期采购成本	27 760	36 090	36 290	36 660	136 800
3#材料	本期材料耗用量					
	A 产品	0	0	0	0	0
	B 产品	1 260	1 820	2 020	2 220	7 320
	合计	1 260	1 820	2 020	2 220	7 320
	加:期末库存量	364	404	444	480	480
	减:期初库存量	300	364	404	444	300
	本期材料采购量	1 324	1 860	2 060	2 256	7 500
	材料单价/(元/千克)	6	6	6	5	
	本期采购成本	7 944	11 160	12 360	11 280	42 744
4#材料	本期材料采购量	0	0	0	1 000	1 000
	材料单价/(元/千克)				8	
	本期采购成本	0	0	0	8 000	8 000
本期材料采购成本合计		55 064	70 570	69 250	74 660	269 544
增值税进项税额		9 360. 88	11 996. 9	11 772. 5	12 692. 2	45 822. 48
本期材料含税采购金额		64 424. 88	82 566. 9	81 022. 5	87 352. 2	315 366. 48

表 5－10 中,有关指标计算示例:

(1) 第一季度 2#材料采购量 = 5 310 + 1 442 － 1 200 = 5 552(千克)

(2) 第一季度 2#材料采购成本 = 5 552 × 5 = 27 760(元)

(3) 第一季度材料采购成本合计 = 19 360 + 27 760 + 7 944 = 55 064(元)

(4) 第一季度增值税进项税额 = 55 064 × 17% = 9 360. 88(元)

(5) 第一季度材料含税采购金额 = 55 064 + 9 360. 88 = 64 424. 88(元)

(6) 3#材料年度平均单价 = 42 744 ÷ 7 500 = 5. 6992(元)

表 5－11 甲公司 2016 年因材料采购引起的现金流出预算 单位:元

项目	第一季度	第二季度	第三季度	第四季度	全年合计
含税采购金额	64 424. 88	82 566. 90	81 022. 50	87 352. 20	315 366. 48
期初应付账款	15 000				15 000
第一季度采购现金支出	38 654. 93	25 769. 95			64 424. 88
第二季度采购现金支出		49 540. 14	33 026. 76		82 566. 90

(续)

项　　目	第一季度	第二季度	第三季度	第四季度	全年合计
第三季度采购现金支出			48 613.50	32 409	81 022.50
第四季度采购现金支出				52 411.32	52 411.32
预计现金支出合计	53 654.93	75 310.09	81 640.26	84 820.32	295 425.60
期末应付账款余额	25 769.95	33 026.76	32 409	34 940.88	34 940.88

表5－11中有关指标计算示例：

(1) 第一季度现金支出＝15 000＋64 424.88×60%＝53 654.93(元)

(2) 第二季度现金支出＝64 424.88×40%＋82 566.9×60%＝75 310.09(元)

(3) 年末应付账款余额＝87 352.2×(1－60%)＝34 940.88(元)

或

年末应付账款余额＝87 352.2－52 411.32＝34 940.88(元)

或

年末应付账款余额＝15 000＋315 366.48－295 425.6＝34 940.88(元)

四、应交税金及附加预算

应交税金及附加预算是企业预算期内因生产经营活动而产生的增值税、销售税金及附加的预算，主要包括应交增值税、营业税、消费税、资源税、城市维护建设税和教育费附加。

应交税金及附加预算以销售预算、材料采购预算为基础编制，可根据以下原理和步骤进行：

应交税金及附加预算数 = 应交增值税预算数 + 销售税金及附加预算数

(一) 应交增值税预算

应交增值税预算数可以按以下两种方法估算。

1. 比率计算法

比率计算法是指通过事先确定的应交增值税估算率，即实际或估算的应交增值税额占不含税销售收入的比例估算应交增值税额的方法。该法下预计应交增值税额可按以下简化公式计算：

应交增值税预算数 = 销售收入预算数 × 应交增值税估算率

应交增值税估算率是指实际或估算的应交增值税额占不含税销售收入的比例，通常是企业的经验数据。

计算公式如下：

应交增值税估算率 = 上年应交增值税额实际或预算数 ÷ 上年销售收入实际或预算数

上年应交增值税额实际或预算数 = 上年应交增值税销项税额实际或预算数

－上年应交增值税进项税额实际或预算数

【例5－4】ABC公司2015年不含税销售收入总额为80万元，销售利润率为25%，增值税率为17%，材料成本占总成本的60%，生产所用材料都在当期采购。该公司2016年销售收入预算数为90万元。

试按 2015 年实际估算率测算 2016 年应交增值税额。

分析：

2015 年销项税额 = 80 × 17% = 13.6(万元)

2015 年总成本 = 80 × (1 - 25%) = 60(万元)

2015 年材料采购成本 = 60 × 60% = 36(万元)

2015 年进项税额 = 36 × 17% = 6.12(万元)

2015 年应交增值税额 = 13.6 - 6.12 = 7.48(万元)

2015 年应交增值税估算率 = 7.48 ÷ 80 = 9.35%

2016 年应交增值税额 = 90 × 9.35% = 8.415(万元)

【例 5-5】承例 5-1 和例 5-3，试按比率计算法计算甲公司 2016 年应交增值税预算数。

分析：甲公司 2016 年应交增值税预算见表 5-12 所列。

表 5-12　甲公司 2016 年应交增值税预算表　　单位：元

项　目	第一季度	第二季度	第三季度	第四季度	全年合计
预计销售收入	132 000	186 000	188 000	172 500	678 500
应交增值税估算率	10.2465%	10.2465%	10.2465%	10.2465%	10.2465%
应交增值税	13 525.38	19 058.50	19 263.42	17 675.22	69 522.52

表 5-12 中有关项目计算示例：

(1) 全年应交增值税预算数 = 115 345 - 45 822.48 = 69 522.52(元)

(2) 应交增值税估算率 = 69 522.52 ÷ 678 500 ≈ 10.2465%

(3) 第一季度应交增值税预算数 = 132 000 × 10.2465% = 13 525.38(元)

(注：销售收入和销项税的预算数见表 5-3，进项税预算数见表 5-10。)

2. 直接计算法

直接计算法即按增值税的实际计税方法，直接以预算期增值税销项税额预算数抵扣进项税额预算数的方法估算应交增值税预算数。

其计算公式为

应交增值税预算数 = 预计增值税销项税额 - 预计增值税进项税额

【例 5-6】承例 5-1 和例 5-3，试按直接计算法计算甲公司 2016 年应交增值税预算数。

分析：甲公司 2016 年应交增值税预算见表 5-13 所列。

表 5-13　甲公司 2016 年应交增值税预算表　　单位：元

项　目	第一季度	第二季度	第三季度	第四季度	全年合计
增值税销项税额	22 440	31 620	31 960	29 325	115 345
增值税进项税额	9 360.88	11 996.9	11 772.5	12 692.2	45 822.48
应交增值税	13 079.12	19 623.10	20 187.50	16 632.80	69 522.52
注：销项税的预算数见表 5-3，进项税预算数见表 5-10					

3. 比率计算法和直接计算法的比较

比率计算法在估算各季度应交增值税时，存在一定误差，与直接计算法在数量上存在一定程度的差异，但两种方法估算的全年应交增值税总额基本相等。

由于直接计算法需要分别计算销项税额和进项税额,计算比较麻烦。因此,只要预算期内应交增值税和销售收入基本保持一定的比例关系,就可利用比率计算法估算出预算期的应交增值税。

【例5-7】甲公司2016年预计应交增值税额两种估算方法对照分析见表5-14所列。

表5-14 应交增值税两种估算方法对照分析表 单位:元

项目	第一季度	第二季度	第三季度	第四季度	全年合计
直接法估计的应交税金	13 079.12	19 623.10	20 187.50	16 632.80	69 522.52
比率法估计的应交税金	13 525.38	19 058.50	19 263.42	17 675.22	69 522.52
误差	-446.26	564.60	924.08	-1 042.42	0

(二)应交销售税金及附加预算

企业预算期应交销售税金及附加预算包括营业税、消费税、资源税、城市维护建设税和教育费附加等的预算。其计算公式如下:

应交销售税金及附加预算数 = 应交营业税预算数 + 应交消费税预算数 + 应交资源税预算数 + 应交城市维护建设税预算数 + 应交教育费附加预算数

【例5-8】承例5-1和例5-3,假定甲公司2016年流通环节只缴纳增值税,其他附加税费率为10%,应交税金及附加都在当期用现金支付。

试按直接计算法计算甲公司2016年应交税金及附加预算数。

分析:甲公司2016年应交税金及附加预算见表5-15所列。

表5-15 甲公司2016年应交税金及附加预算 单位:元

项目	第一季度	第二季度	第三季度	第四季度	全年合计
增值税销项税额	22 440	31 620	31 960	29 325	115 345
增值税进项税额	9 360.88	11 996.90	11 772.50	12 692.20	45 822.48
应交增值税	13 079.12	19 623.10	20 187.50	16 632.80	69 522.52
销售税金及附加	1 307.91	1 962.31	2 018.75	1 663.28	6 952.25
应交税金及附加	14 387.03	21 585.41	22 206.25	18 296.08	76 474.77
现金支出合计	14 387.03	21 586.41	22 206.25	18 296.08	76 474.77

表5-15中有关指标计算示例:

(1)第一季度销售税金及附加 = 13 079.12 × 10% = 1 307.91(元)

(2)第一季度应交税金及附加 = 13 079.12 + 1 307.91 = 14 387.03(元)

五、直接人工预算

直接人工预算是企业预算期内直接人工成本的预算,主要反映预算期直接人工工时消耗水平和人工成本水平。直接人工成本包括直接工资和按直接工资的一定比例计算的其他直接费用。直接人工预算是在生产预算的基础上,依据企业预算期标准工资率、标准单位直接人工小时、其他直接费用计提标准等资料编制。实务中,由于各期直接人工成本中的直接工资一般均由现金开支,而以福利费为主的其他直接费用则不一定在提取的当期用现金开支,因此通常不单独编制现金支出预算,但应对其他直接费用进行适当的调整,以反映预算期福利费的开支情况,为编制现金流量预算提供依据。

该预算主要包括预算期直接人工总工时、直接人工工资、其他直接费用、直接人工成本、直接人工成本现金支出等内容,可根据以下原理和步骤进行。

(一)确定预算期每种产品直接人工总工时预算数

根据生产预算提供的生产量预算数和企业预先制定的工时定额计算。计算公式如下:

$$\text{某产品直接人工总工时预算数} = \text{预算数生产量} \times \text{单位产品工时定额}$$

单位产品工时定额由企业技术分析确定,通常与特定产品的生产流程有关,不同产品可能有不同的工时定额。

(二)确定每种产品直接人工工资预算数

根据产品直接人工总工时和单位工时直接工资计算。计算公式如下:

$$\begin{aligned}&\text{某产品直接人工工资预算数}\\&= \text{某产品直接人工总工时} \times \text{单位工时直接工资(预计小时工资率)}\end{aligned}$$

单位工时直接工资即标准小时工资率,使企业根据预算期直接工资预算总额和直接人工预算总工时确定。各种产品的单位工时直接工资相同。

(三)确定每种产品其他直接费用(福利费)[①]预算数

其他直接费用预算数按直接人工工资预算数的一定比例计算,按我国现行会计和税法规定,应付福利费的税前抵扣率为14%。计算公式如下:

$$\text{某产品其他直接费用预算数} = \text{某产品直接人工工资预算数} \times \text{其他直接费用计提标准}$$

(四)某产品直接人工成本预算数

直接人工成本包括直接工资和按直接工资的一定比例计算的其他直接费用(福利费)。计算公式如下:

$$\text{某产品直接人工成本预算数} = \text{某产品直接人工工资预算数} + \text{某产品其他直接费用预算数}$$

(五)直接人工成本的现金支出预算数

预算期各季度(或月份)预计直接人工成本的现金支出包括预计直接人工工资和预计福利费形成的现金支出。计算公式如下:

$$\text{预计直接人工成本现金支出} = \sum(\text{某产品预计直接人工工资} + \text{预计福利费现金支出})$$

$$\text{预计福利费现金支出} = \sum(\text{某产品预计其他直接费用} \times \text{预计福利费支用率})$$

预计福利费支用率是企业预算期内支用的福利费占提取的福利费的百分比,由企业根据经验估计。

【例5-9】承例5-2,甲公司2016年单位工时工资率和工时定额资料见表5-16所列。该公司其他直接费用(福利费)按工资总额14%计算,预计其他直接费用当期支用率为80%。

① 福利费作为应付职工薪酬的一项重要组成部分,我国现行会计规定是在每个会计期间据实列支,不用预提。但从预算的角度来看,我们认为仍然有必要事先考虑这部分支出预算。

表5-16 甲公司2016年单位工时工资率和工时定额资料

项目		第一季度	第二季度	第三季度	第四季度
单位工时工资率/(元/小时)		5	5	5	6
单位产品工时定额/小时	A产品	3	3	3	2.5
	B产品	4	4	4	3.5

试根据例5-2的资料和上述资料编制甲公司2016年直接人工预算。

分析:甲公司2016年直接人工预算见表5-17所列。

表5-17 甲公司2016年直接人工预算 单位:元

品种	项目	第一季度	第二季度	第三季度	第四季度	全年合计
A产品	预计生产量/件	930	1 190	1 070	870	4 060
	单位产品工时定额	3	3	3	2.5	2.892 9
	直接人工总工时/小时	2 790	3 570	3 210	2 175	11 745
	单位工时工资率	5	5	5	6	5.185 2
	预计直接人工工资	13 950	17 850	16 050	13 050	60 900
	其他直接费用	1 953	2 499	2 247	1 827	8 526
	直接人工成本合计	15 903	20 349	18 297	14 877	69 426
	单位工时直接人工成本	5.7	5.7	5.7	6.84	5.9111
B产品	预计生产量/件	630	910	1 010	1 110	3 660
	单位产品工时定额	4	4	4	3.5	3.8484
	直接人工总工时/小时	2 520	3 640	4 040	3 885	14 085
	单位工时工资率	5	5	5	6	5.2758
	预计直接人工工资	12 600	18 200	20 200	23 310	74 310
	其他直接费用	1 764	2 548	2 828	3 263.40	10 403.40
	直接人工成本合计	14 364	20 748	23 028	26 573.40	84 713.40
	单位工时直接人工成本	5.70	5.70	5.70	6.84	6.0144
合计	直接工资总额	26 550	36 050	36 250	36 360	135 210
	其他直接费用	3 717	5 047	5 075	5 090.40	18 929.40
	直接人工成本合计	30 267	41 097	41 325	41 450.40	154 139.40
其他直接费用现金支出		2 973.60	4 037.60	4 060	4 072.320	15 143.52
直接人工成本现金支出合计		29 523.60	40 087.60	40 310	40 432.32	150 353.52

表5-17中有关指标计算示例:

(1) 第一季度A产品直接人工总工时 =930×3 =2 790(小时)

(2) 第一季度A产品直接人工工资 =2 790×5 =13 950(元)

(3) 第一季度A产品其他直接费用 =13 950×14% =1 953(元)

(4) 第一季度A产品直接人工成本合计 =13 950 +1 953 =15 903(元)

(5) 第一季度其他直接费用现金支出 =3 717×80% =2 973.60(元)

(6) 第一季度直接人工成本现金支出合计 =26 550 +2 973.60 =29 523.60(元)

(7) A产品直接人工总工时 =2 790 +3 570 +3 210 +2 175 =11 745(小时)

(8) A 产品年平均单位产品工时定额 = 11 745 ÷ 4 060 ≈ 2. 8929(小时)

(9) A 产品年平均单位工时工资率 = 60 900 ÷ 11 745 ≈ 5. 1852(元)

(10) A 产品单位工时直接人工成本 = 69 426 ÷ 11 745 ≈ 5. 9111(元)

六、制造费用预算

制造费用预算是在生产预算的基础上，根据基年制造费用的预算执行情况，结合预算期对制造费用所提出的降低要求来编制。

制造费用预算可按全部成本法或者变动成本法来编制。

按变动成本法编制制造费用预算时，需将制造费用分为变动性制造费用和固定性制造费用，并分别编制变动性制造费用和固定性制造费用的预算。变动性制造费用计入产品成本，固定性制造费用则直接列入利润表作为预算期产品销售收入的扣减项目。

按完全成本法编制制造费用预算则也要划分变动性制造费用和固定性制造费用，但这时，产品成本是包括直接材料、直接人工、变动性制造费用和固定性制造费用在内的完全成本 。

制造费用预算也要编制现金支出预算。

变动性制造费用一般均由现金开支；固定性制造费用则主要是非付现成本(如固定资产折旧、长期资产摊销等)，当然也包括一些付现成本。因此，编制制造费用预算时应注意区分哪些是付现成本，哪些是非付现成本，以便正确编制现金支出预算。

制造费用预算可根据以下原理和步骤进行。

(一) 确定变动性制造费用的预算数

某季度(月份) 某产品变动性制造费用预算数

= 该季度(月份) 该产品预计分配标准 × 变动性制造费用预算分配率

变动性制造费用预算分配率 = 变动性制造费用预算总额 ÷ 分配标准预算总额

常用分配标准有生产量和直接人工工时，在多品种的情况下，一般采用直接人工工时进行分配。直接人工工时可通过企业制定的标准成本资料取得。

(二) 确定固定性制造费用的预算数

固定性制造费用通常与产量无关，可在基年预算执行结果的基础上，逐项考虑预算期可能发生的变动，按预算期实际需要来确定。具体有两种做法：

(1) 逐项确定预算期全年固定性制造费用总额，预算期每季度(月份)固定性制造费用按全年平均数计算；

(2) 按实际需要逐项确定每季度(月份)固定性制造费用，然后再确定预算期全年固定性制造费用总额。

(三) 确定制造费用现金支出预算数

预算期制造费用现金支出包括变动性制造费用现金支出和固定性制造费用现金支出两部分。制造费用现金支出预算数可单独编制，也可不单独编制，而在制造费用预算表下方编制附表加以反映。

制造费用现金支出预算数 = 变动性制造费现金支出预算数 + 固定性制造费用现金支出预算数

固定性制造费用现金支出预算数 = 全年固定性制造费用预算数 - 非付现成本

【例 5 - 10】承例 5 - 9，甲公司采用变动成本法编制预算，变动性制造费用按各种产品直接人工工时比例分配。2016 年固定性制造费用预算和变动性制造费用预算以及现金支出预算见表5-18所列。

表5-18 2016年甲公司制造费用及现金支出预算 单位:元

变动性制造费用		固定性制造费用	
1. 间接材料	15 000	1. 管理人员工资	9 000
2. 间接人工	9 500	2. 折旧费	15 000
3. 维修费	4 500	3. 办公费	4 200
4. 水电费	6 000	4. 保险费	3 600
5. 其他	3 745	5. 租赁费	3 200
		6. 其他	1 000
变动制造费用预算总额	38 745	固定制造费用预算总额	36 000
直接人工总工时/小时	25 830	减:折旧费	15 000
预算分配率/元/小时	1.50	现金支出合计	21 000

项目	第一季度	第二季度	第三季度	第四季度	全年合计
变动制造费用分配率	1.5	1.5	1.5	1.5	1.5
直接人工总工时					
A产品/小时	2 790	3 570	3 210	2 175	11 745
B产品/小时	2 520	3 640	4 040	3 885	14 085
小计	5 310	7 210	7 250	6 060	25 830
变动制造费用					
A产品	4 185	5 355	4 815	3 262.5	17 617.5
B产品	3 780	5 460	6 060	5 827.5	21 127.5
小计	7 965	10 815	10 875	9 090	38 745
固定制造费用	9 000	9 000	9 000	9 000	36 000
制造费用总额	16 965	19 815	19 875	18 090	74 745
变动性制造费用现金支出	7 965	10 815	10 875	9 090	38 745
固定性制造费用现金支出	5 250	5 250	5 250	5 250	21 000
现金支出合计	13 215	16 065	16 125	14 340	59 745

表5-18中,租赁费3 200元为设备租金,折旧费为非付现成本。

有关指标计算示例:

(1) 变动性制造费用预算分配率=38 745÷25 830=1.5(元/工时)

(2) 各季度固定性制造费用=36 000÷4=9 000(元)

(3) 每季度固定性制造费用现金支出=(36 000-15 000)÷4=5 250(元)

七、产品成本预算

产品成本预算是反映企业预算期每种产品的生产成本、销售成本的预算,主要是为编制预计资产负债表和预计利润表提供依据，它以销售预算、生产预算、直接材料预算、直接人工预算、制造费用预算为基础，按产品品种编制。

不同的成本计算方法和存货计价方法对预算的编制会产生不同的影响。

在采用完全成本法的情况下，产品成本是包括直接材料、直接人工、变动性制造费用和固定性制造费用在内的完全成本。而在采用变动成本法的情况下，产品成本只包括直接材料、直接人工和变动性制造费用，固定性制造费用全部作期间费用处理。

存货计价方法主要包括先进先出法、加权平均法、移动平均法等。

以下将以变动成本法和存货计价的先进先出法为例，介绍产品成本预算编制的原理和步骤：

（一）编制某产品单位生产成本预算数

某产品单位生产成本预算数 = 单位产品直接材料预算数 + 单位产品直接人工预算数 + 单位产品变动性制造费用预算数

其中

单位产品直接材料预算数 = $\sum$ 单位产品材料耗用量 × 该材料单位采购成本

单位产品直接人工预算数 = 单位产品工时定额 × 该产品单位工时直接人工成本

单位产品变动性制造费用 = 单位产品工时定额 × 该产品单位变动性制造费用预算分配率

（二）编制某产品生产成本总额预算数

某产品生产成本总额预算数 = 该产品直接材料预算数 + 该产品直接人工预算数 + 该产品变动性制造费用预算数

其中

该产品直接材料预算数 = 该产品产量预算数 × 该产品单位直接材料预算数

该产品直接人工预算数 = 该产品产量预算数 × 该产品单位直接人工预算数

该产品变动性制造费用预算数 = 该产品产量预算数 × 该产品单位变动性制造费用预算数

（三）编制某产品完工生产成本预算数

某产品完工生产成本预算数 = 产品生产成本总额预算数 + 该产品在产品期初成本预算数 − 该产品在产品期末成本预算数

为简化预算编制过程，可假设在产品期初、期末成本均为零。或者当在产品数量变动不大时，也可把在产品期初、期末成本设定为一个常数。

（四）编制某产品销售成本预算数

某产品销售成本预算数 = 该产品完工生产成本预算数 + 期初产成品成本预算数 − 期末产成品成本预算数

某产品单位销售成本预算数 = 该产品销售成本预算数 ÷ 销售量预算数

其中

期初产成品成本预算数 = 期初产成品库存数量 × 该产成品期初单位成本预算数

期末产成品成本预算数 = 期末产成品库存数量 × 该产成品期末单位生产成本

【例 5－11】承例 5－3、例 5－9 和例 5－10，甲公司存货按先进先出法计价，试根据前述资料按变动成本法编制甲公司 2016 年 A、B 两种产品单位成本、总成本和销售成本预算。

分析：

（1）依据前述相关资料编制甲公司 2016 年 A 产品成本预算见表 5－19 所列。

表5－19　甲公司2016年A产品成本预算

单位:元

计划产量:4 060件

成本项目	单位成本	总成本
直接材料		
1#材料	20	81 200
2#材料	13.9286	56 550
小计	33.9286	137 750
直接人工	17.10	69 426
变动性制造费用	4.3393	17 617.50
生产成本预算数	55.3679	224 793.50
加:在产品和自制半成品期初余额	0	0
减:在产品和自制半成品期末余额	0	0
完工产品生产成本预算数	55.3679	224 793.50
加:产成品期初余额	60	5 400
减:产成品期末余额	55.3679	8 305.18
产品销售成本预算数	55.4721	221 888.32

表5－19中有关指标计算示例:

由表5－8计算可知,1#材料预算年度年初材料单价＝4 000÷1 000＝4(元/千克),与预算年度全年预计采购单价(见表5－7)相同;2#材料预算年度年初材料单价＝6 000÷1 200＝5(元/千克),与预算年度全年预计采购单价相同。

因此:

① 1#材料总成本＝20 300×4＝81 200(元),1#材料单位成本＝81 200÷4 060＝20(元/件)

② 2#材料总成本＝11 310×5＝56 550(元),2#材料单位成本＝56 550÷4 060＝13.9286(元/件)

③ 直接人工总成本＝69 426(见表5－17),直接人工单位成本＝69 426÷4 060＝17.10(元/件)

④ 变动性制造费用总成本＝17 617.50(见表5－18),变动性制造费用单位成本＝17 617.50÷4 060＝4.3393(元/件)

(2) 依据前述相关资料编制甲公司2016年B产品成本预算,见表5－20所列。

表5－20　甲公司2016年B产品成本预算

单位:元

计划产量:3 660件

成本项目	单位成本	总成本
直接材料		
2#材料	21.5164	78 750
3#材料	11.5148	42 144
小计	33.0311	120 894
直接人工	23.1457	84 713.40
变动性制造费用	5.7725	21 127.50

（续）

成本项目	单位成本	总成本
生产成本预算数	61.9494	226 734.90
加:在产品和自制半成品期初余额	0	0
减:在产品和自制半成品期末余额	0	0
完工产品生产成本预算数	61.9494	226 734.90
加:产成品期初余额	65	3 900
减:产成品期末余额	61.949 4	7 433.93
产品销售成本预算数	62.0003	223 200.97

表5－20中有关指标计算示例：

① 2#材料总成本＝15 750×5＝78 750(元),2#材料单位成本＝78 750÷3 660＝21.5164(元/件)

② 由表5－8计算可知,3#材料预算年度年初材料单价＝1 800÷300＝6(元/千克),与预算年度全年预计采购单价(见表5－7)不完全相同。因此在先进先出法下,有

3# 材料总成本 ＝1 800(年初存货成本)＋(1 324＋1 860＋2 060)×6
＋(2 256－480)×5＝42 144(元)

3#材料单位成本＝42 144÷3 660＝11.5148(元/件)

八、期末存货预算

期末存货预算是反映企业预算期末的在产品、产成品和原材料成本水平的预算。存货预算的编制应以产品成本预算为基础,按存货的具体项目分别编制,通常包括在产品、产成品、原材料三种形式。期末存货预算可按以下原理和步骤进行。

(一) 测算各项存货的期末余额

(1) 在产品期末存货成本。为了简化预算过程,一般可假定期末在产品存货为零。

(2) 产成品期末存货成本。期末产成品存货成本等于产品成本预算中各种产品的产成品期末余额之和,在存货计价采用先进先出法时,期末产成品存货成本计算公式如下：

产成品期末余额预算数 ＝ ∑ 各种产成品期末库存量 × 该产品单位生产成本

(3) 原材料期末存货成本。期末原材料存货成本为各种材料期末余额之和。期末原材料存货成本计算公式如下：

原材料期末余额预算数 ＝ ∑(各种原材料期初余额预算数＋本期该种材料采购成本预算数
－本期生产耗用预算数)

(二) 汇总各项存货的期末余额

各项存货的期末余额计算公式如下：

预算期末存货余额预算数 ＝在产品期末余额预算数＋产成品期末余额预算数
＋原材料期末余额预算数

【例5-12】承例5-2、例5-3和例5-11,甲公司存货按先进先出法计价,试根据前述资料编制甲公司2016年年末存货预算。

分析:甲公司2016年年末存货预算见表5-21所列。

表5-21 甲公司2016年年末存货预算

金额单位:元;实物单位:件

项目	单位成本		期末存货量		期末存货成本
在产品存货					
A产品	0		0		0
B产品	0		0		0
小计					0
产成品存货					
A产品					8 305.18
B产品	55.3679		150		7 433.93
小计	61.9494		120		15 739.11
材料存货	年初材料成本	预算年度材料采购成本	预算期耗用材料成本		期末存货成本
			A产品	B产品	
1#材料	4 000	82 000	81 200	0	4 800
2#材料	6 000	136 800	56 550	78 750.00	7 500
3#材料	1 800	42 744	0	42 144.00	2 400
4#材料	0	8 000	0	0	8 000
小计	11 800	269 544	137 750	120 894.00	22 700
期末存货合计					38 439.11

九、销售费用预算

销售费用预算是反映企业预算期内组织产品销售所发生的各项费用的预算。

编制销售费用预算应将销售费用划分为变动性销售费用和固定性销售费用两部分。变动性销售费用预算应按各季度(或月份)的销售量预算数和变动性销售费用的分配标准来编制。固定性销售费用预算可采用定基预算法或零基预算法按季度(或月份)逐项编制。

销售费用预算还应编制相应的现金支出预算。

销售费用预算可根据以下原理和步骤进行。

(一)编制变动性销售费用预算

变动性销售费用预算的编制应在分项编制变动性销售费用并确定各项费用的分配标准的基础上,确定各产品单位变动费用的分配标准,然后再确定各产品应分摊的变动性销售费用。

各产品应分摊的变动性销售费用的计算公式如下:

某产品应分摊的变动性销售费用=该产品销售量预算数×该产品单位变动费用分配标准

（二）预测固定性销售费用预算总额

固定性销售费用预算总额等于各项费用之和。预算期各季度固定性销售费用预算总额有以下两种计算方法：

（1）根据全年固定性销售费用预算总额在年内各季度平均分摊。

（2）根据预计发生的情况分季度确定。因为固定性销售费用中的一些待摊或预提费用，如广告费、销售保险费等跨期分摊的项目，其费用开支的时间和受益的时间不一致，通常是一次性支出而分期负担，必须逐项按预计支出的时间和金额分季度反映，而不能平均分摊。

（三）测算预计销售费用的现金支出额

一般而言，变动性销售费用现金支出额与费用预算总额相等，而固定性销售费用现金支出则应在预算总额的基础上扣除其中的非付现成本（如销售机构的折旧费）确定。

【例5－13】甲公司全年固定性销售费用预算总额在年内各季度平均分摊，2016年销售费用预算相关资料见表5－22上半部分所示。试编制甲公司2016年销售费用预算。

分析：

表5－22 甲公司2016年销售费用及其现金支出预算 单位：元

变动性销售费用			固定性销售费用	
项目	单位产品分配标准		项目	全年费用总额
	A产品	B产品		
销售佣金	2	2.5	管理人员工资	4 000
运杂费	0.5	1.8	专设销售机构办公费	11 500
其他	0.5	0.7	折旧费	500
			宣传广告费	6 000
			保险费	2 000
			其他	1 000
			固定性销售费用合计	25 000
合计	3	5	现金支出合计	24 500

项目	第一季度	第二季度	第三季度	第四季度	全年合计
预计销售量					
A产品	900	1 200	1 100	800	4 000
B产品	600	900	1 000	1 100	3 600
单位产品费用标准					
A产品	3	3	3	3	3
B产品	5	5	5	5	5
变动性销售费用					
A产品	2 700	3 600	3 300	2 400	12 000
B产品	3 000	4 500	5 000	5 500	18 000
小　计	5 700	8 100	8 300	7 900	30 000
固定性销售费用	6 250	6 250	6 250	6 250	25 000
预计销售费用合计	11 950	14 350	14 550	14 150	55 000
预计现金支出合计	11 825	14 225	14 425	14 025	54 500

表5－22中有关指标计算示例：

(1) 固定性销售费用现金支出＝25 000－500＝24 500(元)

(2) A产品第一季度变动性销售费用＝900×3＝2 700(元)

(3) 各季度固定性销售费用＝25 000÷4＝6 250(元)

(4) 第一季度现金支出＝11 950－500÷4＝11 825(元)

十、管理费用预算

管理费用预算是企业预算期为组织和管理企业生产经营活动场所预计发生的各项费用的预算。

管理费用预算编制可将管理费用划分为变动性费用和固定性费用两部分 。

编制管理费用预算可直接按项目反映全部管理费用的全年预计水平。

管理费用预算还应编制相应的现金支出预算。

编制管理费用现金支出预算时要剔除非付现费用部分，如固定资产折旧费、无形资产摊销额、开办费摊销额等。

某季度预计管理费用现金支出 ＝(预算年度管理费用预算总额 － 预计该年度折旧费 － 预计该年度摊销额) ÷ 4

【例5－14】甲公司为了简化预算编制工作，直接按项目反映管理费用的全年预计水平。该公司2016年管理费用及其现金支出预算见表5－23所列。

表5－23　甲公司2016年管理费用及其现金支出预算　　单位：元

费用项目	金额
1. 公司经费	4 200
2. 工会经费	1 600
3. 办公费	2 100
4. 董事会费	1 200
5. 折旧费	1 500
6. 无形资产摊销	500
7. 职工培训费	1 250
8. 其他	750
管理费用合计	13 100
现金支出合计	11 100

项目	第一季度	第二季度	第三季度	第四季度	全年合计
管理费用合计	3 275	3 275	3 275	3 275	13 100
现金支出合计	2 775	2 775	2 775	2 775	11 100

表5－23中有关指标计算示例：

(1) 现金支出合计＝13 100－1 500－500＝11 100(元)

(2) 各季度管理费用＝13 100÷4＝3 275(元)

(3) 各季度现金支出＝11 100÷4＝2 775(元)

十一、财务费用预算

财务费用预算是反映企业预算期内因筹措使用资金而发生的财务费用的预算。

【例5-15】承例5-1,根据借款计划,甲公司将于预算年度2016年第三、第四季度分别向银行借款(短期)30 000元和50 000元,年利率6%,每季末付息。试根据例5-1的资料及上述资料编制甲公司2016年财务费用及其现金支出预算。

分析:甲公司2016年财务费用及现金支出预算见表5-24所列。

表5-24　甲公司2016年财务费用及现金支出预算　　单位:元

项　目	第一季度	第二季度	第三季度	第四季度	全年合计
短期借款利息	600	0	450	1 200	2 250
长期借款利息	2 400	1 900	900	900	6 100
公司债券利息				10 000	10 000
合计	3 000	1 900	1 350	12 100	18 350
减:资本化利息				10 000	10 000
预计财务费用	3 000	1 900	1 350	2 100	8 350

表5-24有关指标计算示例:

(1) 第一季度短期借款利息=40 000×6%÷4=600(元)

(2) 第三季度短期借款利息=30 000×6%÷4=450(元)

(3) 第四季度短期借款利息=(50 000+30 000)×6%÷4=1 200(元)

(4) 第一季度长期借款利息=96 000×10%÷4=2 400(元)

(5) 第二季度长期借款利息=(96 000-20 000)×10%÷4=1 900(元)

(6) 第三、第四季度长期借款利息=(96 000-20 000-40 000)×10%÷4=900(元)

(7) 公司债券年利息=100 000×10%=10 000(元)(详见例5-16)

第二节　投资活动预算的编制

投资活动预算又称特种决策预算,是指对企业在预算期内从事的各种投资活动所编制的预算,它包括短期投资(交易性金融资产)预算和长期投资预算。

投资活动预算应根据预算期内的投资计划编制。投资活动预算应该在划分短期投资预算和长期投资预算的基础上,按照对内投资预算和对外投资预算、股权投资预算和债权投资预算来编制。

一、交易性金融资产预算的编制

交易性金融资产是指能够随时变现并且持有时间不准备超过1年(含1年)的投资,包括股票、债券、基金等。交易性金融资产一般都属于对外的投资,通过用现金购买股票、债券、基金等来实现投资的目的。交易性金融资产一般都引起现金流量的变动,需要纳入现金流量预算的范畴。

交易性金融资产预算应该根据投资计划按照投资类别或项目来编制,并同时编制投资所引起的现金流量预算。

交易性金融资产预算的编制可按表5-25提供的参考思路来进行。

表5-25 某公司20××年交易性金融资产预算表 单位:元

项目	第一季度	第二季度	第三季度	第四季度	全年合计
股票投资增加 股票投资减少 其中:现金流出 现金流入 现金净流量					
债券投资增加 债券投资减少 其中:现金流出 现金流入 现金净流量					
基金投资增加 基金投资减少 其中:现金流出 现金流入 现金净流量					
投资增加合计 投资减少合计 其中:现金流出合计 现金流入合计 现金净流量合计					

(二)长期投资预算的编制

会计上的长期投资是指除短期投资以外的投资,包括持有时间准备超过1年(不含1年)的各种股权性质的投资、不能变现或不准备随时变现的债券、其他债权投资和其他长期投资。从这个定义上看,会计上的长期投资实际上只是指对外长期投资,并没有包括对内长期投资。财务管理中的长期投资所包括的范围要比会计的宽,它除了包括对外长期投资外,还包括对内长期投资,比如,企业购买或新建、扩建、改建固定资产的投资就属于对内长期投资,购买无形资产的投资也属于对内长期投资等。

长期投资预算应该根据投资计划区分对内投资和对外投资,按照投资类别或项目来编制,并同时编制投资所引起的现金流量预算。

长期投资预算的编制可按表 5－26 提供的参考思路来进行。

表 5－26　某公司 20××年长期投资预算表

单位:元

项　目		第一季度	第二季度	第三季度	第四季度	全年合计
对外投资	股票投资增加 股票投资减少 其中:现金流出 现金流入 现金净流量					
	债券投资增加 债券投资减少 其中:现金流出 现金流入 现金净流量					
	基金投资增加 基金投资减少 其中:现金流出 现金流入 现金净流量					
对内投资	固定资产投资增加 营运资金垫支增加 固定资产投资减少 其中:现金流出 现金流入 现金净流量					
	无形资产投资增加 无形资产投资减少 其中:现金流出 现金流入 现金净流量					
投资合计	投资增加合计 投资减少合计 其中:现金流出合计 现金流入合计 现金净流量合计					

如果将上述交易性金筹资产预算和长期投资预算合编在一个预算编制表里,则可根据表 5－27 的格式来编制。

表5-27　某公司20××年投资预算表　　单位:元

项目			第一季度	第二季度	第三季度	第四季度	全年合计
短期投资		股票投资增加 股票投资减少 其中:现金流出 现金流入 现金净流量					
		债券投资增加 债券投资减少 其中:现金流出 现金流入 现金净流量					
		基金投资增加 基金投资减少 其中:现金流出 现金流入 现金净流量					
		短期投资增加合计 短期投资减少合计 其中:现金流出合计 现金流入合计 现金净流量合计					
长期投资	对外投资	股票投资增加 股票投资减少 其中:现金流出 现金流入 现金净流量					
		债券投资增加 债券投资减少 其中:现金流出 现金流入 现金净流量					
		基金投资增加 基金投资减少 其中:现金流出 现金流入 现金净流量					

（续）

<table>
<tr><th colspan="3">项　　目</th><th>第一季度</th><th>第二季度</th><th>第三季度</th><th>第四季度</th><th>全年合计</th></tr>
<tr><td rowspan="3">长期投资</td><td rowspan="2">对内投资</td><td>固定资产投资增加
营运资金垫支增加
固定资产投资减少
其中:现金流出
　　现金流入
　　现金净流量</td><td></td><td></td><td></td><td></td><td></td></tr>
<tr><td>无形资产投资增加
无形资产投资减少
其中:现金流出
　　现金流入
　　现金净流量</td><td></td><td></td><td></td><td></td><td></td></tr>
<tr><td colspan="2">长期投资增加合计
长期投资减少合计
其中:现金流出合计
　　现金流入合计
　　现金净流量合计</td><td></td><td></td><td></td><td></td><td></td></tr>
<tr><td>总计</td><td colspan="2">投资增加合计
投资减少合计
其中:现金流出总计
　　现金流入总计
　　现金净流量总计</td><td></td><td></td><td></td><td></td><td></td></tr>
</table>

第三节　筹资活动预算的编制

筹资活动预算是企业在预算期为筹集生产经营活动所需资金而进行的筹资活动的预算。它包括股权筹资预算和负债筹资预算、短期筹资预算和长期筹资预算、内部筹资预算和外部筹资预算等。企业向银行借款、发行债券等筹资活动的预算，主要依据预算期投资活动预算、发行债券批文、期初借款余额及利率等资料编制，反映预算期内向银行借款、发行债券筹措的负债资金、各项发行费用以及归还原有借款、债券本息；企业经批准在预算期内发行股票、配股、增发新股等筹资活动的预算，应依据股票发行计划、配股计划和增发股票计划等资料单独编制，反映预算期内发行股票、配股、增发新股所筹措的权益资金和各项发行费用。

企业编制筹资活动的预算，应根据预算期初现金余额、预算期内经营活动和投资活动所产生的现金流量以及预算期内为支付前期筹资本息或利润而发生的现金净流量来确定筹资金额的预算数，即

筹资金额预算数 = 投资活动产生的现金净流出量 + 预算期内为支付的前期筹资本息
　　　　　　　　− 预算期内支付的筹资利润 + 预算期末现金合理余额

$$-\text{预算期初现金余额}-\text{经营活动产生的现金净流入量}$$

筹资活动的现金净流量应根据筹资金额预算数扣除预算期应偿还的负债本息、股利和其他筹资费用等现金流出量加以调整,即

$$\begin{aligned}\text{筹资活动现金净流量}=&\text{预算期初现金余额}+\text{经营活动产生的现金净流入量}\\&-\text{投资活动产生的现金净流出量}-\text{预算期内支付前期筹资本息}\\&-\text{预算期内支付的筹资利润}\end{aligned}$$

筹资活动预算应按股权筹资、负债筹资和筹资活动现金流量三个项目来编制。

【例5-16】为了配合新产品C的研制和开发,甲公司决定2016年投资一条新生产线,该生产线预计固定资产原始投资额为125 000元,年内安装调试并交付使用,与固定资产投资有关的各项费用资料见表5-28所列。另需在第四季度垫支流动资金8 000元(4#材料1 000千克,预计单价8元)。

为了筹集项目投资所需资金,公司决定于2016年初发行面值100 000元、票面利率为10%、每年年末付息的5年期公司债券;于第二季度按面值发行90 000元的普通股。

甲公司2016年C产品生产线投资及筹资活动预算见表5-28所列。

表5-28 甲公司2016年固定资产投资及筹资活动预算 单位:元

项目 \ 预算期间	第一季度	第二季度	第三季度	第四季度	全年合计
固定资产投资					
1. 勘察设计费	1 800	3 200			5 000
2. 土建工程	2 000	6 000			8 000
3. 设备购置			50 000	50 000	100 000
4. 安装工程			3 000	5 000	8 000
5. 其他			1 500	2 500	4 000
合计	3 800	9 200	54 500	57 500	125 000
流动资金投资					
1. 4#材料				8 000	8 000
2. 其他					
合计				8 000	8 000
原始投资总额	3 800	9 200	54 500	65 500	133 000
投资资金筹措					
1. 增发普通股		90 000			90 000
2. 发行公司债券	100 000				100 000
合计	100 000	90 000	0	0	190 000

根据表5-28,4#材料采购8 000元,应纳入日常业务预算体系,在直接材料采购预算予以反映;预算年度应付公司债券利息为10 000元(100 000×10%),应作为资本化利息计入固定资产原值,则固定资产原值为135 000元(125 000+10 000)。

第四节　现金流量预算的编制

现金流量预算简称现金预算或现金收支预算，它是以日常经营活动预算和投筹资活动预算为基础编制的反映现金收支情况的预算。现金预算是企业预算体系的中心预算，它综合反映了企业预算期现金流转的情况，通过现金预算，可确定企业预算期所需资金的总额，有效地控制现金的使用，并根据现金的需求预先安排筹资的时间和数额，为企业及时有效地筹资和投资提供时间和数量依据，是企业财务管理人员重要的资金控制工具。

现金预算的编制常采用现金收支法。现金收支法也称直接法，是指直接以预算期发生的现金流入量扣除现金流出量确定预算期现金余缺，并据此制定预算期资金融通计划调整现金期末余额的方法。

采用现金收支法编制预算时，一个完整的现金流量预算通常应反映以下内容。

一、预计现金收入

预算期现金收入主要指经营业务活动产生的现金流入，包括预算期期初现金余额和预算期计划经营现金收入，如计划收回的应收账款、应收票据的兑现和贴现，现销收入等，即

可供使用的现金 = 期初现金余额 + 预算期经营现金收入

二、预计现金支出

预算期现金支出主要指经营业务活动产生的现金流出，包括偿还应付账款、采购直接材料、支付直接人工、制造费用、经营费用、管理费用及财务费用等，同时，还包括缴纳税金、分配股利等支出，以及投资活动如购买设备产生的资本性现金支出。

三、预计现金余缺

预算期现金余缺即现金的溢余或短缺，是现金收入与现金支出的差额。当收支差额超过企业现金库存限额时，称为现金溢余。收支差额小于库存现金限额时，称为现金短缺。

四、资金的融通计划

资金的融通即现金的筹措和运用。为满足预算期生产经营活动对现金的需求和降低现金持有成本，企业应保持现金最佳余额即库存限额，预算期发生现金余缺，应通过资金融通计划来调整期末现金余额。企业在现金短缺时，可通过抛售有价证券或向银行借款等方式筹措所需资金；企业在现金富余时，可安排偿还借款本息，仍有结余，则可用于短期有价证券投资。

【例5－17】承例5－1至例5－3、例5－5至例5－16，甲公司预计2016年每季度预先支付所得税7 000元，第二季度和第四季度各预先支付股利10 000元，公司现金最低库存限额为5 000元，现金有余缺时可与有价证券以1 000元整数倍进行互相转化。试根据前述资料编制甲公司2016年现金收支预算。

分析：甲公司2016年现金收支预算见表5－29所列。

表5-29 甲公司2016年现金收支预算 单位:元

项目 \ 预算期间	第一季度	第二季度	第三季度	第四季度	全年合计
1. 期初现金余额	5 000	5 039.44	5 033.34	5 855.83	5 000
2. 经营现金收入	107 220	155 142	206 154	210 424.5	678 940.5
3. 可供使用的现金	112 220	160 181.44	211 187.34	216 280.33	683 940.5
4. 经营现金支出					
直接材料	53 654.93	75 310.09	81 640.26	84 820.32	295 425.60
直接人工	29 523.60	40 087.60	40 310	40 432.32	150 353.52
制造费用	13 215	16 065	16 125	14 340	59 745
销售费用	11 825	14 225	14 425	14 025	54 500
管理费用	2 775	2 775	2 775	2 775	11 100
增值税、销售税及附加	14 387.03	21 585.41	22 206.25	18 296.08	76 474.77
预交所得税					
预付股利	7 000	7 000	7 000	7 000	28 000
5. 资本现金支出		10 000		10 000	20 000
购置固定资产					
6. 现金支出合计	3 800	9 200	54 500	57 500	125 000
7. 现金余缺	136 180.56	196 248.1	238 981.51	249 188.72	820 598.89
8. 现金的筹措及运用	-23 960.56	-36 066.66	-27 794.17	-32 908.39	-136 658.39
加:短期借款					
发行普通股			30 000	50 000	80 000
发行公司债券		90 000			90 000
减:支付短期借款利息	100 000				100 000
支付长期借款利息	600	0	450	1 200	2 250
支付公司债券利息	2 400	1 900	900	900	6 100
归还短期借款本金				10 000	1 000
归还长期贷款本金	40 000				40 000
购买有价证券	20 000	40 000			60 000
	8 000	7 000	-5 000	-1 000	9 000
9. 期末现金余额	5 039.44	5 033.34	5 855.83	5 991.61	5 991.61

表5-29中,有关指标计算示例:

(1)甲公司每季末现金余额不能低于5 000元,年初现金余额见表5-1。

(2)第一季度可供使用的现金=5 000+107 220=112 220(元)

(3)全年可供使用的现金=5 000+678 940.50=683 940.50(元)

(4)第一季度现金余缺=112 220-136180.56=-23 960.56(元)

第五节 经营成果预算的编制

经营成果预算又称预计利润表,是一种以货币形式综合反映预算期内企业经营活动成果(利润总额、净利润)水平的财务预算,它具有和实际利润表相同的内容和结构,但反映的是企业预算期的预计利润,一般依据预算期的投资活动预算、筹资活动预算、经营活动预算、现金流量预算等有关资料分析编制。

通过编制预计利润表,可了解企业预期的盈利水平,并发现预计利润与目标利润的差异,及时根据实际需要调整相关预算或目标利润,使预算数和目标利润一致,保证企业目标利润的实现。

【例 5-18】承例 5-1 至例 5-3、例 5-5 至例 5-17,甲公司法定盈余公积金的提取比例为 10%,任意盈余公积金的提取比例为 5%,股利支付率为 30%,甲公司适用所得税率为 25%。

试根据前述资料按变动成本法编制甲公司 2016 年预计利润表。

分析:

表 5-30 中有关项目预计金额填列示例:

(1) 变动销售成本:221 888.32 + 223 200.97 = 445 089.29(元)

(2) 向投资者分配股利:85 506.34 × 30% = 25 651.90(元)

表 5-30 甲公司 2016 年预计利润表 单位:元

项目	预计金额	项目	预计金额
销售收入	678 500	减:所得税(25%)	28 502.11
减:变动销售成本	445 089.29	净利润	85 506.34
销售税金及附加	6 952.25		
贡献毛益(生产阶段)	226 458.46	年初未分配利润	15 000
减:变动销售费用	30 000	加:预算年度净利润	85 506.34
贡献毛益(销售阶段)	196 458.46	减:提取法定盈余公积	8 550.63
减:固定性制造费用	36 000	提取任意盈余公积	4 275.32
固定性销售费用	25 000		
管理费用	13 100	可供投资者分配利润	87 680.39
财务费用	8 350	减:向投资者分配股利	25 651.90
利润总额	114 008.46	年末未分配利润	62 028.49

第六节 财务状况预算的编制

企业是通过编制预计资产负债表综合反映其预算期期末的财务状况的。通过预计资产负债表可以反映预算期财务状况的稳定性和流动性。通过预计资产负债表,分析预算期相关的财务比率,可及时修改相关预算,以改善预算期的财务状况。预计资产负债表的内容和格式与资产负债表相同,但它是以预算数反映预算期末的财务状况。它以预算期期初(即本期期末)实际的资产负债表的数据为基础,根据预算期的经营活动预算、投资活动预算、筹资活动预算、现金流量预算等有关资料分析编制。

【例 5-19】试根据例 5-1 至例 5-3、例 5-5 至例 5-18 的相关资料编制甲公司 2016 年 12 月 31 日的预计资产负债表。

分析:甲公司 2016 年 12 月 31 日预计资产负债见表 5-31 所列。

表5-31 甲公司2016年12月31日预计资产负债 单位:元

资产	年初数	期末数	负债	年初数	年末数
流动资产:			流动负债		
货币资金	5 000	5 991.61	短期借款	40 000	80 000
交易性金筹资产	0	9 000	应付账款	15 000	34 940.88
应收账款	30 000	144 904.50	应付股利	0	5 651.90
存货	21 100	38 439.11	应付职工薪酬	4 000	7 785.88
流动资产合计	56 000	198 335.22	应交税费	0	502.11
固定资产:			流动负债合计	59 000	128 880.78
固定资产原值	245 000	380 000	长期负债		
减:累计折旧	15 000	32 000	长期借款	96 000	36 000
固定资产净值	230 000	348 000	应付债券	0	100 000
固定资产合计	230 000	348 000	长期负债合计	96 000	136 000
无形资产和其他长期资产:			负债合计	155 000	264 880.78
			所有者权益		
无形资产	1 500	1 000	实收资本	108 000	198 000
无形资产和其他			资本公积	5 000	5 000
长期资产合计	1 500	1 000	盈余公积	4 600	17 425.95
长期资产合计	231 500	349 000	未分配利润	15 000	62 028.49
			所有者权益合计	132 600	282 454.44
资产总计	287 600	547 335.22	负债及所有者权益合计	287 600	547 335.22

表5-31中有关项目年末数填列示例:

(1) 货币资金:表5-29(现金收支预算表)中期末现金余额

(2) 交易性金筹资产:表5-29(现金收支预算表)中期末有价证券余额

(3) 年末固定资产原值:245 000+135 000(例5-16)=380 000(元)

(4) 年末累计折旧:15 000+15 000+1 500+500=32 000(元)

(5) 年末无形资产:1 500-500=1 000(元)

(6) 应付股利:25 651.90-20 000=5 651.90(元)

(7) 应付职工薪酬(福利费):4 000+18 929.4×20%=7 785.88(元)

(8) 应交税费(所得税):28 502.11-28 000=502.11(元)

(9) 实收资本:108 000+90 000=198 000(元)

(10) 盈余公积:4 600+8 550.63+ 4 275.32=17 425.95(元)

(11) 未分配利润:表5-30(预计利润表)中“年末未分配利润”数

【复习思考题】

1. 编制经营活动各项预算(销售预算、生产预算、直接材料预算、应交税金及附加预算、直接人工预算、制造费用预算、产品成本预算、期末存货预算、销售费用预算、管理费用预算、财务费用预算等)的基本原理是什么?

2. 选择不同的存货计价方法,通常会对哪些预算的编制会有影响?

3. 编制现金收支预算的方法和原理是什么?

4. 预计利润表一般依据哪些资料来进行分析编制?

5. 编制预计资产负债表的基本原理是什么?

【课外作业题】

1. 某公司20××年1月份至3月份甲产品的销量分别预测为1 000件、1 500件、1 800件,销售单价均为50元。该公司销售货款的收回按以下办法处理:当月收款60%,次月收款30%,第三月收款10%。假定20××年1月初应收账款余额为22 000元(均可在1月份收回)。要求:编制该公司20××年1月份至3月份各月的销售预算以及因销售而引起的现金流入预算。

2. 某公司20××年4月份至7月份乙产品的销售量预测如下:

月份	4	5	6	7
预计销售量	50 000件	60 000件	80 000件	70 000件

按照该公司以往的经验,每月的月末存货量约为下一个月预计销售量的15%。若该公司3月份的期末库存量为7500件。要求:根据上述资料,编制该公司20××年4月份至6月份各月的生产预算。

3. 某公司20××年丙产品的产量预算为:第一季度124件,第二季度166件,第三季度218件,第四季度204件。该产品只需要一种材料,每件产品的材料消耗定额为10千克,材料的消耗单价为10元。每季度末的库存材料量为下一季度生产需用量的25%,上年末的材料库存量为248千克,本年第一季度生产需用材料量为1 680千克。20××年每季度购料款的支付时间为:当季度付60%,其余40%在下季度付清。上年末的应付购料款为8 900元。丙产品单位工时工资率为4元/工时,工时定额为5工时/件,当季工资在当季用现金支付。要求:根据上述资料,编制该公司20××年丙产品分季度的直接材料预算、直接人工预算和因采购、支付工资而引起的现金流出预算。(计算结果保留整数)

4. 某公司20××年5月份至12月份各月的销售收入预测情况如下:

4月	70 000元	9月	240 000元
5月	90 000元	10月	120 000元
6月	80 000元	11月	120 000元
7月	120 000元	12月	80 000元
8月	180 000元		

该公司销售收入中当月收款5%,次月收款80%,第三个月收款15%。发生的人工成本与原材料成本一般均在发生后的次月支付现金,各月发生的人工成本与原材料成本估

计如下:

5月	30 000元	9月	102 000元
6月	30 000元	10月	78 000元
7月	42 000元	11月	54 000元
8月	294 000元	12月	30 000元

该公司每月发生一般管理费用9 000元,长期租赁租金3 000元,杂项费用900元,预交所得税为40 000元。6月1日现金余额为45 000元。要求:根据以上资料采用现金收支法编制该公司20××年6月份至12月份各月的现金预算。

第六章　财务预算的执行与调整

内容介绍

本章主要介绍财务预算的执行与调整，包括财务预算执行的范围、主体、客体、程序和保障因素以及财务预算调整的动因、原则、程序与基本形式。

学习目标

了解财务预算执行的范围、主体和客体，熟悉财务预算执行的程序和保障因素，掌握财务预算调整的动因、原则和调整程序。

财务预算的编制在预算管理过程中仅仅只是万里长征的第一步，编制各种各样的预算，得出各种各样的数据与表格并不是最终的目的，真正能够按照所编制的预算开展企业的各项生产经营活动，并在生产经营活动过程中发现问题、解决问题，才是企业实施财务预算管理的意图所在。一些企业的财务预算不能成为生产经营活动过程中的“硬约束”，有人把它的原因全都归结为预算的准确性差，认为预算赶不上生产经营环境的变化，因而无法根据预算来控制生产经营活动。但是实践经验告诉我们，除了预算方法和环境因素的影响之外，预算执行和调整的随意性也是造成所谓“预算准确性差”的重要原因。有的企业对财务预算的执行很不严肃，预算是一套，真正执行起来却是另外一套，预算成为了一种摆设，随意性很大。当实际的执行结果与预算发生偏差时，为了掩盖执行过程中的随意性，就把偏差的原因全都归结为预算准确性差，反过来又随意地调整预算。因此，企业在财务预算管理的过程中，必须高度重视财务预算的执行和调整，避免出现预算执行和调整的随意性。

第一节　财务预算的执行

财务预算的执行是指预算下达给各级责任部门，各级责任部门以预算为目标，根据预算来组织、安排和控制全部生产经营活动的过程。企业在完成预算的编制之后，就进入到预算执行阶段。财务预算的执行是预算目标实现与否的关键，是财务预算管理过程的核心环节。

一、财务预算执行的范围

财务预算管理是一种全方位渗透、全员工参与、全过程监控和全量化实施的管理，因此财务预算执行的范围可以从以下几个方面去理解：

（1）企业的全部机构或单位。由于财务预算管理具有全方位渗透的特点，预算管理会涉及企业内部的全部机构或单位，因此从这个角度来看，财务预算执行的范围应该包括企业全部的机构或单位。

(2) 企业的全体员工。由于财务预算管理具有全员工参与的特点,预算会涉及企业的每一名员工,人人头上有预算,因此从这个角度来看,财务预算执行的范围应该包括企业的全体员工。

(3) 企业的所有业务或活动。现代预算管理是财务预算管理,会涉及企业所有的业务或活动,企业全部的业务或活动都属于预算管理的范畴,因此从这个角度来看,财务预算执行的范围应该包括企业的所有业务或活动。

以上三个方面统称企业的所有责任中心(包括投资中心、利润中心和成本中心)、责任人员和责任事项。

二、财务预算执行的主体和客体

财务预算执行的主体是指由谁来执行各项预算,一般来讲包括所有的责任中心和责任人员两个层次。责任中心是以企业的组织结构为基础,本着高效、经济、权责分明的原则建立的,它是组织内部具有一定权限、并能承担相应经济责任的内部单位。企业的整体预算一经分解下达,就由所有的责任中心来执行。而每个责任中心的预算任务,最终要依靠该责任中心的所有责任人员来共同完成。

财务预算执行的客体是企业全部的责任事项,亦即财务预算所涉及的所有营业活动、投资活动和筹资活动以及因这些活动而形成的财务状况、经营成果和现金流量。

三、财务预算执行的程序

财务预算执行的程序通常包括预算目标的分解、预算任务的下达、预算执行的动员和预算方案的实施。

(一) 预算目标的分解

年度预算经过审查批准后,为了在实际的生产经营活动中执行得便捷顺利,通常需要进行分解。预算目标的分解至少包括以下两个方面:

(1) 时间的分解。企业需要把年度预算目标分解到更具体的时间段,比如,分解为季度、月份乃至旬等,有条件的企业甚至可以分解到更细致的时间段。

(2) 内容的分解。企业应将企业的年度总预算按照所涉及的内容不同,分解到各个不同的责任中心和责任人员。

预算目标经过分解,这样企业才能在日常的生产经营中随时将实际执行情况与预算标准进行比较,分析差异,从而解决问题。

(二) 预算任务的下达

企业年度预算编成,经审查、分解后,为让预算执行的顺利,要针对不同的责任中心和部门传达各自需要的预算。通常关于企业整体完整的总预算仅限于发送给企业高级管理人员以及经高级管理人员授权的其他人员。分送给部门主管及中层管理人员的预算则不需要是完整的,但要保证跟他们的权利和职责有关的总预算的部分和该部分的分解预算都能够传送到位。分送政策应将企业年度计划与预算分成若干部分,分送给相关的各级管理人员,例如,一位销货地区的主管,不必分送完整的企业预算,但应给予职责有关的部分,如销货预算、费用预算及销货地区的广告预算等。一般来说,企业应将各预算连续编号,并保留分送对象的编号记录。

(三) 预算执行的动员

只有企业中的员工充分了解预算编制的依据、原理,明确自己在预算执行中的任务,才能够保证预算执行的成功。而预算编制的时候虽然遵循全员参与的原则,但实际上主要的关键步骤都是由管理人员和主要技术人员完成的,企业中的一般员工对于预算的理解并不一定完全正确,甚至还可能出现抵触情绪。因此,对于预算的动员与讲解是非常重要的。预算下达到各个责任中心、职能部门之后,应该以各部门、小团队为单位,召开一连串的预算动员说明会,专门讲解企业总体预算以及本部门、本团队的任务,使每个员工都明白自己的任务,知道自己在预算执行过程应该怎样做。

(四)预算方案的实施

企业财务预算一经批复下达,各预算执行单位就必须认真组织实施,将财务预算指标从横向和纵向落实到内部各部门、各单位、各环节和各岗位,形成全方位的财务预算执行责任体系。在企业的生产经营活动中,各个责任部门、责任团队都应当对照自己的预算目标来组织生产与经营,以保证企业预算工作能顺利进行。

四、财务预算执行的保障因素

财务预算规划与编制,必定投入相当庞大的人力与时间,但毕竟属于书面作业,如不能付诸于实施,仍属徒劳无功,必将前功尽弃。因此,企业预算编制好后,在执行过程中必须要有相应的预算保障体系,以使企业自上而下都能按照统一的行为规则开展财务预算活动。财务预算执行的保障因素主要包括健全的会计制度、严格的管理制度、分明的赏罚机制和良好的文化氛围等。

(一)健全的会计制度

预算管理机制的运行,需要企业具有良好的会计基础与健全的会计财务制度,特别是高层管理者必须了解企业财务管理和会计知识,这是预算管理机制良好运行的基础。预算执行过程中需要对实际发生情况有详细准确的原始记录及核算,需要分析实际情况与预算的差异来形成准确的预算报告,同时也要根据预算严格审查、控制费用的支出,而这些工作都是由会计来完成的。由此可见,健全的会计制度是使预算管理机制能够有效运行的一个重要保障因素。

(二)严格的管理制度

预算管理机制的运行需要进一步完善生产管理制度,企业应根据目标利润、生产需求、资源能力等,制订生产计划,确定生产方式,进行生产调度和生产检查。严格的生产管理制度使企业生产安全、有序、高效,为预算管理机制的运行提供了可靠的保障。

预算管理是一种全面管理,而不局限于财务管理方面,如果为了降低产品成本而导致质量下降,就会给企业带来负面影响。只有在严格的质量标准控制下,才能进行正常的预算管理。预算管理机制只有建立在严格的质量管理制度的基础上,才能健康而有效地运行。

(三)分明的赏罚机制

企业在财务预算管理工作中,应确立以人为本的管理观念,建立有效的赏罚机制,以全面提高预算工作的效率和效果。制定科学合理的赏罚机制是确保企业预算管理系统长期有效运行的重要条件。明确的赏罚机制,可以让预算执行者在预算执行之前就明确其业绩与奖励之间的密切关系,使个体目标与企业预算整体目标紧密结合,从而自觉的调整约束自己的行为,努力工作,提高工作效率,全面完成企业预算指标。

赏罚机制主要包括业绩考评制度和奖惩激励制度。在企业预算管理过程中,如果激励制度不完善,考评后没有配套的奖惩措施,缺乏应有的激励机制,就可能会使考评和奖惩措施落实错位,造成激励不足或不合理,使考评工作流于形式,预算指标丧失约束作用,甚至会使整个预算工作失去应有的功效。

(四)良好的文化氛围

企业文化是在企业的生产、组织运行中由于部门和员工之间的沟通协作在潜移默化之间逐渐形成的一种普遍的行为规则和信条。良好的企业文化可以发挥巨大的感染力、凝聚力和向心力,使全体员工都能围绕实现企业的远景目标而努力。良好的企业文化氛围一个最明显的优势就是可以调动全员参与。在企业文化的影响下,全体员工都能够主动参与预算的编制与控制,为更好地实施预算管理献计献策。此外,在某种程度上,良好的企业文化也可以减少管理当局和企业员工之间的矛盾和互不理睬所带来的负面影响,从而有利于做出改善企业预算管理的决策。

五、财务预算执行过程中的注意事项

在财务预算执行的过程中,应当注意以下事项。

(一)注意刚性与柔性的结合

说到预算管理,人们通常的第一反应就是认为预算是企业行为的"硬约束",即预算是一种刚性管理。的确,预算制度具有很强的约束力,是一种行为规则。预算制度制定出来后,便不允许外界随意调整,而且必须严格执行。这是因为预算目标能否顺利实现,已不单纯只是一个企业经营管理绩效优劣的问题,而是直接关系到企业前途命运与生死存亡的重大战略事宜。企业如果经常性地不能实现既定的预算目标,破产、消亡将是不可避免的,所以财务预算对企业内部各责任单位存在着"刚性"的约束力。

但是,企业是不是有了好的预算,并严格预算的刚性控制,就可以按部就班、高枕无忧呢?当然不是。企业所处的外部环境是易变的和复杂的,这些不断变化的环境会影响预算执行的效果。为了使预算管理真正发挥其作用,在外部环境瞬息多变的今天,企业在实行预算刚性管理的前提下,也必须要有能快速响应环境变化的柔性管理,二者要刚柔相济,相辅相成,只有这样方能增强企业预算管理系统对环境变化的快速响应能力,提高企业预算管理的效果,从而实现企业的经营目标。

(二)注意沟通与协调的默契

企业在执行财务预算的过程中,总是会遇到各种各样的问题,而很多问题是由于沟通与协调不畅造成的。因为预算管理人员对生产、工程技术不甚了解,而其他专业技术人员往往又不懂经济、财务方面的知识,所以如果不经常沟通,就有可能积压很多的问题和矛盾,从而导致企业的预算目标不能顺利实现。一般来说,至少每隔一段时间,预算管理部门要和各责任中心的负责人进行一次面对面的沟通与协调。

在沟通的过程中,预算管理人员除了应该通报所有的情况以外,还应该认真听取各责任中心对预算管理的意见和要求。一般来说,预算管理部门会更多地强调如何控制预算和优化利用企业现有的各项经济资源,而各责任中心会更多地强调预算管理应如何为企业运营服务,如何尽量满足各部门对资源的需求。有时候,这可能会导致一些冲突,而这种冲突必须通过沟通来解决。这种冲突肯定是可以解决的,因为大家有一个共同的目的:企业整体利益的最优化。只要我们总是围绕着这个目的来进行沟通,就可以取得比较好的效果。

（三）注意责任与权利的对等

在财务预算的执行过程中,为了充分发挥企业内部各级责任主体的主观能动性,必须根据各责任主体的具体活动内容,明确规定其应承担的经济责任,使企业上下形成一个从上到下人人有责的多层责任网络。

然而经济责任的承担还需要有相应的权、利相支撑,企业应该根据各级预算责任主体的生产经营活动的范围和特点,给予他们相应明确的权和利。责任不明,必然导致结果的混乱:人人争功劳,各个推责任;权力不明,必然导致管理的不力:人人争权夺利,各个拈轻怕重。有什么样的权力就应该承担什么样的责任;有什么样的责任就应该赋予其什么样的权力。有责无权、责大权小,责任都无法落实;有权无责、权大责小,又会滥用职权,这两方面都是应该避免的。只有将权、责、利有机地结合起来,预算责任主体才能真正具有"生命力"。

（四）注意指令与反馈的比较

在财务预算的执行过程中,我们必须注意指令与反馈的比较。预算反馈是预算管理过程中的重要一环,预算的规划和控制职能都离不开反馈,预算监控发挥作用的前提也是要有完善的反馈体系作后盾。所以企业应当建立财务预算反馈制度,要求各预算执行单位定期或不定期地向上级报告财务预算的执行情况。如果不对责任预算的执行情况进行反馈的话,那么各责任中心很少会自己去关心预算的实际执行情况。预算反馈是预算执行情况的自下而上的层层汇集和向上报告过程。得到这些反馈信息,预算管理部门要注意寻找反馈信息与原先预算指令的比较,进行差异分析。

第二节　财务预算的调整

企业正式下达执行的财务预算,一般不予调整。但是在预算执行过程中,环境的变化是永恒的。由于主、客观条件的发展变化,要保证预算的科学性、严肃性与可操作性,对预算进行适当的调整是必要的。

一、财务预算调整的动因

财务预算调整可以分为主动调整和被动调整两类。主动调整的动因是环境的变化使企业主动地调整其经营目标,继而调整其预算目标。被动调整的动因是企业可靠地预见到预算执行的实际结果将会与预算数发生重大偏差,这种偏差可能是因环境发生了重大变化而造成的,也可能是因预算技术问题导致预算严重失准而造成的。

如果发现某项预算编制的基础已经发生了变化,仍然坚持按照原预算去执行,显然不符合预算作为管理控制系统的初衷。只有适时调整预算,企业才能在预算管理中进行风险规避,在预算管理中不丢失市场机会。

二、财务预算调整的原则

财务预算管理是监督生产经营部门和控制生产经营过程的科学管理方法,必须保证在执行过程中的严肃性和权威性。我们允许调整预算,并不意味着能随意调整。预算调整必须加以严格的限制,要维持预算的严肃性,只有在满足一定条件下才能做预算调整。预算的调整同预算的制定一样,是预算管理的一个重要、严肃的环节,必须经过严格、规范的审批程序,不能随意调整。由于预算调整属于非正常的事项,而且牵扯面广,对其他相关部门也会产生影响,并可能引起一系列的变化,所以需要从严把握。

财务预算调整必须按照预算管理制度中规定的调整原则进行调整。一般应遵循如下原则。

(一)合理性原则

财务预算调整首先应当遵循合理性原则。申请调整预算的部门必须要有合理的调整理由,在书面调整申请中要说明为什么要调整预算以及调整后的预算方案为什么比原来的方案更合理等。

(二)审慎性原则

财务预算调整应当遵循审慎性原则。财务预算管理部门应该严格界定预算调整的范围,只有出现不可控的因素变化或因预算技术问题导致预算严重失准时才允许调整预算。如国家相关政策发生重大变化、市场需求或价格的重大变化、设备维修的需求变化或其他经预算管理委员会同意的原因出现时才允许调整预算。

(三)重要性原则

财务预算调整应当遵循重要性原则。在预算的调整过程中,预算调整的重点应当放在财务预算执行过程中出现的重要的、非正常的、不符合常规的关键性差异方面。

(四)权限性原则

财务预算调整应当遵循权限性原则。对于确需调整的预算项目,应由相应的责任单位提出申请,依照预算调整程序经具有相应权限的预算管理部门审批后,才能予以调整。对于重大的调整必须经预算管理委员会集体讨论通过后才能进行。

(五)程序化原则

财务预算调整应当遵循程序化原则。财务预算是企业预算期间生产经营的标准,保证其稳定性能够使企业的业务目标连续一致,并且有利于员工的理解和执行。预算的调整同预算的制定一样,是预算管理的一个重要、严肃的环节,因此,预算调整必须经过严格规范的审批程序,不能随意更改。

三、财务预算调整的程序

财务预算调整的程序一般包括预算调整的申请、预算调整的审议、预算调整的批准和预算调整的执行。

财务预算调整的程序如图6-1所示。

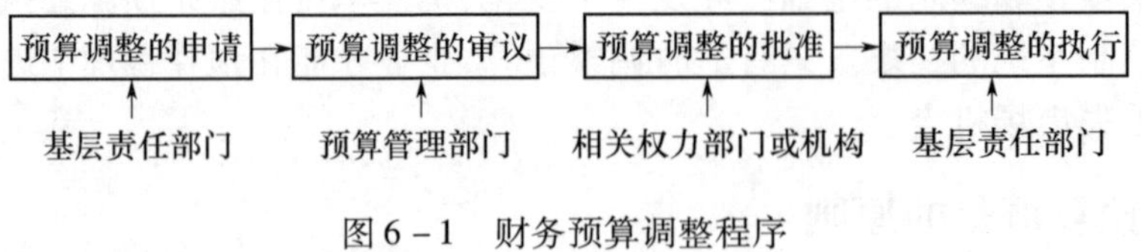

图6-1 财务预算调整程序

(一)预算调整的申请

基层责任部门认为如果需要调整预算,首先要提出书面的调整申请。在申请调整预算之前,申请部门应当明确,该预算的调整是可以从本责任中心内部调整预算来解决,还是要增加本部门的总预算或希望可以从其他责任中心调剂解决。因此,申请预算调整的部门首先应该查询本责任中心当前的预算使用情况,根据剩余预算的情况和下一阶段的工作安排,决定尚未执行的项目中哪些可以取消或延迟到下年度执行,这样就可以知道有多少预算可以调剂出来。然后再和预算管理部门联系,看采取什么样的方式可以解决预算调整的问题。

企业调整财务预算,应当由预算执行单位逐级向企业预算管理委员会提出书面报告,阐述财务预算执行的具体情况、客观因素变化情况及其对财务预算执行造成的影响程度,提出财务预算的调整幅度。如果需要修改预算,首先应由预算执行人或编制人提出调整申请。调整申请应说明调整的理由(内、外环境发生了怎样的变化,按照原预算遇到怎样不可克服的困难或损失等)、调整的初步方案(具体的调整点、调整方法)、调整前后的预算指标对比以及调整后预算的负责人、执行人等情况。

(二)预算调整的审议

企业财务预算管理部门应当对预算执行单位的财务预算调整报告进行审核分析,集中编制企业年度财务预算调整方案,提交经理办公会或财务预算管理委员会以至企业董事会审议批准,然后下达执行。调整申请必须经由财务预算管理委员会审议,并提出审议意见。

(三)预算调整的批准

预算调整批准的最高权力机构是企业预算管理委员会。预算管理委员会根据预算调整事项性质的不同,可以授权相应的部门或机构批准预算调整事项,并下发预算单位执行。

(四)预算调整的执行

预算调整得到相应权力部门的批准后,由批准部门下发给基层申请部门。申请部门则可以按照批准后的新预算方案执行。

四、财务预算调整的基本形式

在实务中,财务预算调整的基本形式主要有自动滚动调整、即时调整、期中调整、授权调整、追加调整等。

(一)自动滚动调整

自动滚动调整是指当预算假设或预算条件发生变化时,自动按照最新的预算假设或预算条件对预算指标做出调整,并且当满足预算总目标调整条件时,自动生成新的预算总目标,如此不断滚动直到预算期结束为止。采用这种调整形式对企业要求较高,一般要求企业具有较完善的预算管理信息系统。因此,这种调整形式只适合于管理软件自动化程度较高的企业。自动滚动调整也有不足之处,主要是对预算调整程度的判断不易把握。预算前提,无论是外部经济条件还是内部管理条件,有许多因素是无法量化的,所以如何确定自动滚动的调整参数,往往与企业对预算指标的细分程度有关。

(二)即时调整

即时调整是指在预算执行过程中当预算前提发生变化时,对原来编制的各项预算进行审核,并即时根据新的前提进行预算更新的一种方式。即时调整与自动调整在形式和程序上有一定的差别。即时调整强调的是对预算前提进行即时审核,而自动滚动调整则是预算程序的实时反映。即时调整这种形式的实用意义比较大,许多商业企业、制造业企业相对比较实用。

(三) 期中调整

期中调整是指在预算期间过半后,将预算前提和预算指标与年中预算实际执行结果进行比较,然后根据比较得出的预算偏差来考虑进行年度预算调整的一种形式。这种形式由于只在期中进行一次预算调整,因而预算调整也是粗放式的,通常只适用于规模较小、经营环境比较稳定的企业。

(四) 授权调整

授权调整是指预算制定人员在制定预算时授权预算执行人或其他与预算有密切关系的人员,当预算前提发生了一定变化时,可以根据实际情况对预算指标做出修订,以保证企业预算总目标的完成。

(五) 追加调整

追加调整,其形式类似于行政事业单位预算方法,即将平时实际上已经调整的预算先实施挂账,到期末在进行决算前一次性对原来挂账的预算调整进行逐一审查确认。这种形式适用于规模较小或对市场适应要求不高的企业。

【复习思考题】

1. 财务预算执行的范围包括哪些?财务预算执行的主体和客体是谁?
2. 在财务预算执行的过程中,应当注意哪些事项?
3. 一般什么情况下才允许调整财务预算?
4. 财务预算调整应遵循哪些原则?
5. 财务预算调整一般应遵循什么程序?

【案例分析题】

S集团公司财务预算管理案例

S公司目前拥有两个控股子公司、三个全资子公司和十几个分支机构。近年来,S公司逐步建立和完善了一套切合本企业实际的以财务管理为中心的企业经济运行新机制,把企业财务预算控制制度作为贯彻落实以财务管理为中心的基本制度。在内容上,财务预算体系具体包括8个预算:投资预算、销售预算、产量预算、采购预算、成本预算、各项费用预算、现金预算和总预算。S公司财务预算的编制按时间分为年度预算编制和月度预算编制。

年度、月度财务预算下达后,就成为企业生产经营经济运行所遵循的基本准则,在执行过程中要做到:① 有效控制。权限由总经理掌握,月度各项预算的实际发生数与预算数之间的差额比例控制在5% 之内…… ② 信息及时反馈。建立信息反馈系统,对各公司、部门执行预算的情况进行跟踪监控,不断调整执行偏差,确保预算目标的实现。

在销售环节,财务部门通过计算机统一开票的方式实施监控,对每个客户建立应收账款业务结算卡,应收账款超过一定限额,则停止开票,避免坏账。同时,财务部门依据每天的销售和回款情况,编制销售日报和收款日报,及时向有关部门和领导反馈收入预算的执行情况,确保销售预算目标的实现。在物资采购环节,财务部门严格审核每笔业务有无计划处签发的“采购计划通知单”、有无审计处审签并盖章的经济合同和“价格审核通知单”、有无财务预算、专用发票是否规范等。财务部门对每个供应商建立应付账款业务结算卡，根据欠款及供应商的信誉等情况来调节付款节奏，争取最优惠的付款方式。

财务预算实现了财务部门对整个生产经营活动的动态监控，加强了财务部门与其他部门之间的联系，尤其是财务部门与购销业务部门的沟通。财务预算控制制度的正常运行必须建立在规范的分析和考核的基础上，财务部门根据某个时期（月度、年度）企业静态的会计资料的反映和各部门会计派驻员掌握的动态经济信息，全面、系统分析各部门预算项目的完成情况和存在的问题，并提出纠偏的建议和措施，报经总经理批准后协同职能部门按程序对各部门的预算执行情况进行全面考核，经被考核部门、责任人确认后奖惩兑现。

案例分析要求 S公司的财务预算是如何执行与调整的？你有没有更好的执行方案？

第七章 财务预算的监督与控制

内容介绍

本章主要介绍财务预算的监督与控制，包括财务预算监督与控制的主体、客体、前提、原则、程序、方法和模式等。

学习目标

了解财务预算监控的主体、客体、前提和原则，熟悉财务预算监控的程序、方法和模式，掌握财务预算各项内容监控的具体方法。

财务预算管理是一个系统的过程，对预算的编制、执行、调整、监控、考评以及奖惩等各个环节都应给予重视，忽略其中任何一个环节都将影响财务预算作用的发挥。财务预算监督与控制是指通过对预算管理的各个环节、各项内容实施事前、事中和事后全过程的监控。财务预算的事前监控主要是通过编制财务预算来控制企业的业务范围及其规模，合理安排企业的人力、物力、财力等经济资源，使这些经济资源能够充分发挥其作用。财务预算的事中监控主要是按照预算确定的各项目标，对预算目标实现过程的各个方面进行有效的监控，保证预算目标的实现。而财务预算的事后监控主要是将预算的实际执行结果与预算目标进行比较，分析差异产生的原因，进行业绩考核、评价与奖惩，同时也为下一个预算期的财务预算编制提供依据。

第一节 财务预算监控概述

一、财务预算监控的主体

财务预算监控的主体是指财务预算监控的组织者和实施者，具体地说是指实施财务预算监控的相关部门和人员。实施财务预算监控的相关部门有企业的高层管理部门、中层管理部门和基层管理部门。实施财务预算监控的相关人员有企业的高层管理人员、中层管理人员和基层管理人员。

财务预算监控主体的职责主要有：

(1) 检查各责任单位预算执行情况，对于不符合预算要求的开支，一律不得随意开支；

(2) 对责任单位因环境变化或其他原因导致所提出的预算调整方案进行审核，并报上级监控主体或企业预算管理委员会批准；

(3) 收集有关已执行预算责任单位的运行情况，为下一个预算期间编制预算提供依据。

二、财务预算监控的客体

财务预算监控的客体是指财务预算监控的对象，即预算监控主体去监控谁。我们可以从以下几个方面来理解。

（一）从预算管理的内容来看——全方位监控

财务预算的内容主要包括经营活动预算、投资活动预算、筹资活动预算、现金流量预算、财务状况预算和经营成果预算六个部分。其中，经营活动预算、投资活动预算和筹资活动预算是对财务活动的过程所做的数量说明，现金流量预算、财务状况预算和经营成果预算是对财务活动的结果所做的数量说明。从预算管理的内容来看，财务预算监控客体应当包括预算所有的内容，即经营活动预算监控、投资活动预算监控、筹资活动预算监控、现金流量预算监控、财务状况预算监控和经营成果预算监控。

（二）从预算管理的环节来看——全过程监控

财务预算管理包括财务预算的编制、财务预算的执行、财务预算的调整、财务预算的监控、财务预算的考评和财务预算的奖惩等若干个管理环节。从预算管理的环节来看，预算监控客体应包括对所有预算管理环节的监控，从预算的编制、执行、调整到预算的考评和奖惩，各个环节都需要实施监控。

（三）从预算管理的部门来看——全部门监控

财务预算管理会涉及企业内部所有的部门，因此从预算管理的部门来看，预算监控客体应当包括企业的所有责任中心及职能部门，凡是实施预算的责任中心和职能部门都是预算监控的对象。

（四）从预算管理的人员来看——全员工监控

现代预算管理具有全员工参与的特点，对于企业预算目标的完成，企业所有的员工人人有责。因此在财务预算执行的过程中，自然要对企业所有的员工都要实施监控。

三、财务预算监控的前提

有效的财务预算监督与控制，需要在相关的前提条件保障下方能实现。尽管这些前提条件远非监控组织所能左右，但这些方面的欠缺会明显削弱监控组织有效实施监控的能力，前提条件不足可能带来监控的无效。所以完善监控前提条件是必要的，应从以下几方面把握。

（一）完善的现代企业制度和法人治理结构

只有具备完善的现代企业制度和法人治理结构，才能具体明确企业内部的权力机构（股东大会）、董事会（决策机构）、经理层（执行机构）和监督机构（监事会）的权责关系和运行机制。企业预算是这种关系和机制的纽带，但也不能低估财务预算管理对完善现代企业制度和法人治理结构的作用，它们是相得益彰的。

（二）规范的企业管理基础工作

基础工作薄弱、组织机构臃肿、业务流程混乱是推进财务预算管理的最大障碍。认真做好各项基础数据的记录与核实工作，确保基础数据的真实准确。对客观因素需剔除的重要事项及基础数据的确认调整，要本着反映真实绩效和公开、透明的原则进行。

（三）明确的部门、岗位职责

要实施预算监控，必须要有明确的部门和岗位职责。详细的岗位职责包括人员岗位的合理安排，明确的工作目标，明确的工作职责等。

（四）积极向上的企业文化

预算管理作为企业的一种内部控制手段，需要有企业文化的支撑才能取得理想效果。企业应注意培植企业文化,在此基础之上推行预算管理等新的内部控制思想时,才会减少阻力,收到事半功倍的效果,为企业各项战略意图的实现做好文化方面的准备。

(五)严格而又灵活的经济业务处理程序

预算监控机构应具有一套完整和灵活的程序。预算监控机构需要具有一系列权力,其中包括有责任或有能力协助迅速、有序地处置有问题的部门或业务。

四、财务预算监控的原则

预算监控组织和人员在预算的监督与控制过程中,要求遵循下列原则。

(一)定期监控原则

在有效的预算监控程序中,预算管理者应该对监督预算数据的时间做出具体的规定。由于各个企业所处的行业不一样,所以各个企业规定的监控时间周期也不同。通常情况下,大多数企业是以"月"作为对预算进行监控的时间单位。在一般情况下,以月作为周期进行监控时,预算管理人员可以从原始凭证或企业的其他记录中了解经营收入、费用发生的情况,然后在预算表中填写"实际"数据,并将其与预算数进行比较,得出差异。对于在许可范围内的差异要立即自行处理,对于超出许可差异范围的差异,必须立即向上级预算管理部门报告。

(二)及时监控原则

建立预算监控程序,对企业生产经营活动中发生的各项收入、费用和现金流量的情况要进行及时监控。要做到及时,就必须保证所有的业务资料都应该便于查找并且可以随时查找到。在诸多时候,这些数据应该直接来自于销货发票等凭证。在现金流量情况较差的情况下,管理人员应该及时、定时查看现金记录。对于管理人员来讲,能否及时、准确地收集汇总这些信息,是衡量预算监控程序是否要予以改进的重要尺度。

(三)例外监控原则

例外监控原则,是指仅在重要的和意外的事件发生的时候,才报告上级预算管理者予以关注。重要的和意外的事件有两层含义:一是对实现企业总预算、责任中心预算或对社会效益有实质性影响的事件,这类事件不论数额大小,都应作为重要事件;二是指发生的数额较大的事件。管理人员也许已经掌握了所负责部门的全部内容,甚至对其他预算以及总预算的部分或全部内容都有所了解,但这并不意味着要事无巨细地过问日常工作的各个环节。不同的企业对重要性有着不同的理解,要让企业内每一个员工都清楚地理解"重要性事件"的判别标准,如当差异超过10%时即作为重要性事件,以免出现判断失误给企业带来损失。

(四)灵活监控原则

在对财务预算进行监控的过程中,并不是出现的所有差异都能够找到有效的解决办法,对于那些无法处理的差异,企业不要一味地坚持要找到解决办法。因为这样做没有任何意义,反而有可能给企业带来严重的损失。对于这些解决不了的差异,企业只能予以认同,并及时重新修改涉及的所有预算,要有灵活性。

(五)内外结合监控原则

每一个预算责任单位既要接受其上级监控主体的监控,又要对其下级预算责任单位行使监控职责,亦即既要实行外部监控,又要实行内部监控。只有把外部监控和内部监控有机地结合起来,监控才能达到良好的效果。如果只强调外部监控而忽视内部监控,监控就很难到位;

如果只强调内部监控而忽视外部监控,监控就有可能会流于形式,监而不控,甚至不监不控。只有两者的有机结合,监控才能有效地实施。

五、财务预算监控的程序

财务预算监控的程序通常包括如下几个方面。

(一) 确定监控目标

做任何一件事情总是应该先确定目标,预算监控也是如此。确定监控目标是进行预算监控要做的第一件事情,只有明确了目标,才知道在接下来的监控过程中应该达到什么效果。

(二) 落实监控责任

监控目标确定后,要将监控责任落实到位。各个层面的监控主体各自要负责监控哪些客体,要予以一一明确。

(三) 制定监控措施

各个层面的监控主体要制定具体的监控措施,明白在实施预算的过程中应如何进行监控。比如对不同的监控对象各自采用什么样的方法监控,用什么手段实施监控等。

(四) 跟踪监控过程

在监控的过程中,监控主体要跟踪预算的执行过程,以便及时了解监控的信息,做到动态监控。

(五) 反馈监控信息

每隔一段时间,各个层面的监控主体要将预算执行过程中的监控情况向上级进行反馈。遇有重要的例外事件发生时,要随时进行反馈。

(六) 评价监控效果

一个预算期间结束,各上级监控主体要评价下级监控主体的监控效果,监控是否达到了事先确定的监控目标。

六、财务预算监控的方法

在进行财务预算监控时,通常可采用如下一些但不仅限于这些方法。

(一) 建立责任中心

各公司、部门应建立健全预算责任中心,将各类预算责任指标落实到具体的单位和每一个人。根据各类预算的特点,预算项目的责任应做如下划分:销售预算、销售费用预算由市场部门负责执行、落实,并对执行结果负有直接责任;现金预算,财务费用预算由财务部门负责落实执行,并对执行结果负有直接责任;管理费用预算,由总裁、总经理、办公室、各层级的部门负责落实执行,并对执行结果负有直接责任;采购预算、资金周转、付款率、采购价格、期末库存预算,由物流部门(采购部门)落实执行,并对执行结果负有直接责任。

(二) 签订责任书

签订责任书就是要将各类预算以契约的形式落实到各部门和个人。董事长与总裁签订企业(如集团、公司)的总体预算;总裁与其直接下级预算部门的负责人签订各部门的预算责任合同书;各基本预算部门的负责人应与有关管理人员签订责任合同书。预算责任合同包括主要的预算指标、完成要求、奖惩措施,合同附件应包括经批准的预算文件、完成预算的具体措施。

(三) 建立工作台账

各企业总公司及下设各部门均要建立预算执行统计台账,要有专人负责统计,及时登记,每日总结,并主动与财务对账,做到日清日结。要求按预算的具体项目详细纪录预算数量、金额、实际发生数、差异数、累计预算数、累计实际发生数、累计差异、差异说明等。

(四) 建立跟踪监控制度

预算执行过程中,各预算责任中心应组织专门人员进行及时检查、追踪预算的执行情况,形成预算差异分析报告,制定跟踪分析及差异报告制度。

(五) 建立正常报告和例外报告制度

企业应当建立财务预算报告制度,要求各预算执行单位定期向上级报告财务预算的执行情况。同时,为了加强管理,预算管理部门也要定期编制各种各样的报告,协助各责任中心和高层管理者了解当前的预算执行情况,为各级责任中心控制预算开支提出建议。如果不对责任预算的执行情况进行定期报告的话,那么各责任中心很少会自己去关心预算的实际执行情况(虽然信息化的发展可以使责任中心通过信息系统随时查询自己预算的执行情况),而定期的预算执行报告可以提醒各责任中心哪些预算项目可能要超支,有哪些预算执行的问题要关注等。责任预算的执行报告是对预算使用情况的一种反映,也是预算控制责任落实到各责任中心所需要的一种辅助手段,这种报告要让各责任中心认可,而且各责任中心还要对异常情况进行调查和解释。此外,在预算执行过程中,如果有例外的事件发生,要随时报告。

(六) 召开监控例会

各责任预算中心应定期召开晨会、周例会、旬例会和月度例会等,对预算执行情况进行分析,随时掌握预算执行情况,对预算执行加以监控。

(七) 建立网络监控系统

对预算管理进行监控,应当发挥计算机在预算监控过程中的作用。财务预算监控的最高形式是计算机系统监控,如企业资源计划(Enterprise Resource Planning, ERP)系统等,目前有一些企业正在开发或应用这样的管理软件。ERP是一种面向供应链的管理,可对供应链上所有的环节进行有效的管理,包括订单、采购、库存、预算、生产制造、质量监控、运输、服务等。随着网络技术的发展,ERP技术使得企业可以设置一个预算系统,整个企业集团及所属分公司可以通过网络进入预算管理系统,使预算管理更有效率。

在预算监控过程中使用计算机,可以大大减少预算的工作量,为进一步细化预算、强化监控提供了现代化的手段。而且,使用计算机进行监控,也可以避免一些人为因素对预算执行的影响,增强预算管理应有的刚性和约束能力。如苏州新苏纶纺织有限公司就利用企业预算管理模式与管理软件相结合实现了预算管理的解决方案。对于大型集团公司来讲,利用计算机进行预算监控,可以随时了解各个子(分)公司的业务情况,真正做到集中于咫尺之内,而监控于天涯之外。利用计算机还可以实现财务预算的实时监控。当财务人员录入反映各种经济业务的凭证或单据时,如果涉及与预算管理科目有关的业务,则计算机系统会提示需要录入相应的部门,如果部门的实际发生额大于预算数额,则计算机将弹出窗口警告不允许处理。据此企业可实现对企业财务预算的实时监控。

财务预算管理是一种行之有效的企业综合管理方法,当它与计算机相结合时,能更有效地运用和推行,并以更优的成本效益比实现对企业各部门的预算管理和对企业整个业务流程的监控。

第二节 财务预算监控模式

财务预算监控从监控的力度来看,有紧控制和松控制两种模式;从监控的形式来看,有外部监控和内部监控两种模式。

一、紧控制和松控制

财务预算监控从监控的力度来看,有紧控制和松控制两种模式。

(一)紧控制(tight budgetary control)

紧控制,即严格根据预算管理各个环节的工作完成程度来考评相关责任人的业绩,其基本理念是为员工确定具体的预算管理目标,使他们工作得更有效率。紧控制奉行的思想是有压力才有动力,各层次管理人员要求下级工作人员必须完成预算,这样才能保证企业总体生产经营的顺利进行。遵循紧控制原理的时候,业务部门经理的实际业绩与预算应该相符,预算标准就是对他们一个有力的约束。在一段时间之后,比如一个月、一个季度,将实际业绩与预算进行比较,确定并分析差异,如果没有达到预算标准,应考虑调整措施。这样紧控制下,管理者的业绩主要是根据在预算期达到预算目标的能力来评判的。

紧控制模式源于成本管理的标准成本法,以控制“偏差”为基础,通过严格的监控,努力消除或减少预算管理结果与预算管理目标的偏差,是标准成本控制思想从成本领域向其他作业领域的延伸。

紧控制模式的特点有:

(1)关注预算管理各个具体细节;

(2)不允许偏离预算管理目标;

(3)高层管理者重视与预算管理责任部门的沟通交流。

紧控制模式的优点:一是能增强管理者的节约和效率意识,防止浪费和低效;二是能促使管理者不断寻找新的方法来保证预算管理目标的实现。

目前,我国实行预算管理的企业大多数是采用紧控制模式。如邯钢的预算管理体系中,每个月都会进行实际业绩与预算标准的比较与分析,对没有完成预算目标的部门和人员实行奖金否决,这就是典型的紧控制模式。

(二)松控制(loose budgetary control)

松控制是近年来国外企业逐渐兴起的一种预算控制模式,其典型代表就是在欧洲一些大公司实施的“超越预算”(beyond budgeting)模式。所谓“超越预算”,确切地说应该是超越预算紧控制。

松控制模式的特点有:

(1)控制标准较为灵活;

(2)给下级人员足够的权力空间;

(3)预算主要用做联络和计划的工具;

(4)每年照样编制、复查、调整和批准预算;

(5)每月或每季度仍会对预算差异进行分析;

(6) 预算并非是对执行者的约束和评价标准;

(7) 预算可以随时因环境变化而修改。

预算松控制源于人本主义的管理思想,其主要控制对象由紧控制中的内部组织单位和个人转向组织外部的环境变量。与紧控制中以是否达到预算目标作为考核业绩的标准不同,在松控制模式下,即便预计的目标没有达到也并不一定意味着经营业绩不佳。

(三) 紧控制与松控制的选择

一个企业要想成功推行紧控制预算模式,至少应具备外部、内部两方面的条件。企业外部条件包括:

(1) 企业所处产业环境要相对稳定。财务预算的编制方法(如定基预算法)大多是建立在稳定的假设基础上的,如果稳定假设不存在,大部分预算方法将不再适用,不适用的方法将产生不适用的预算数据,这些数据将会误导企业管理者做出错误的决策。

(2) 企业要有较大的规模。任何一种管理都是需要付出成本的。规模较大的企业才有能力承担因推行预算而增加的成本,规模较大的企业才有必须通过预算管理来控制费用的需求。

企业内部条件包括:

(1) 良好的企业治理机制,这是预算管理能够发挥作用的保障。

(2) 业务发展比较平稳,这是预算数据得以适用的前提。

(3) 企业领导充分重视,这是预算管理能否开始和推行的前提。

(4) 财务经理素质较高,这是一切预算管理工作的人才基础。

不具备上述条件的企业不宜盲目推行紧控制预算模式,但是这并不等于这些企业不需要财务预算管理的思想。他们同样需要简单的预算,不需要严谨、规范的长篇累牍的预算文件,一张纸、一行字、一番交流,能表达预算的思想就行,这就是预算松控制模式,预算照编不误,但它不是对员工的约束和评价标准,而把它看成是管理过程中沟通和计划的工具。

二、外部监控和内部监控

财务预算监控从监控的形式来看,有外部监控和内部监控两种模式。

(一) 外部监控

外部监控是指预算执行过程中上级对下级的监控。外部监控的措施一般有:

(1) 规章和条例,即对组织行为期望要求和员工的工作状态的表述。一般情况下,每个预算管理系统都会有相应的书面规章和条例制度。

(2) 产出监控,即将监控集中在业务结果,使员工慎重考虑应该如何完成任务。产出监控主要是通过财务监控来实现的,如通过监控收入取得和成本发生来保证最终的财务成果。

(二) 内部监控

内部监控是指各个预算责任单位和责任人的自我监控。内部监控的特点在于:

(1) 责任单位和责任人员参与预算的编制。

(2) 通过分解预算目标来明确各个责任单位和责任人员的目标和责任。

(3) 对各个责任单位和责任人员适当授权。

(4) 建立完善的激励制度,使责、权、利三者紧密结合。

(5) 自我监控的积极性一般较高。

第三节　财务预算管理内容的监控

财务预算管理的内容监控包括经营活动预算监控、投资活动预算监控、筹资活动预算监控、现金流量预算监控、财务状况预算监控和经营成果预算监控六个部分。

一、经营活动预算监控

经营活动预算又称营业活动预算，它所包括的销售预算、存货预算、生产预算和各种成本费用预算都是经营活动预算监督和控制的内容。

（一）销售预算监控

对销售预算的监控，主要是对销售收入的监控，而销售收入是由销售数量和销售价格两个因素决定的，因此对销售预算的监控，主要是监控销售数量和销售价格在预算期间的变化。

可以采用的方法主要有：

（1）分区域进行监控。在实际工作中，销售部门可以将企业的总销售收入按照区域分类的方式进行监控。即将企业产品的销售地区划分为若干个区域，每个区域由专人（如区域销售经理）负责。销售部门首先要准确及时地确定各个区域的收入数额，并予以记录，来自各区域的收入额都必须定期填写到预算表中去。与此同时，要在差异栏中填写“实际”数据和预算数据的差异数额。其次，要分析收入发生的时间。收入发生的时间是造成销售收入差异的主要因素之一，要注意将其与收入数量造成的差异分开。收入发生的时间点对企业产生的影响有可能是这样的情况，比如销售收入和利润水平都符合预算要求，但现金流量却出现了巨大的负面差异，而这种差异有可能是客户延迟付款等因素造成的。明确这种因收入时间造成的差异，对预算管理工作的顺利进行很重要。最后，针对差异要采取相应的措施，并将结果及时反馈给预算管理部门，作为预算管理部门下达下一阶段销售预算指标的依据。

（2）销售部门应当建立一个销售预算计划完成时间表。这样销售部门就可以随时检验预算的完成情况，做到心中有数，使各项工作井然有序。

（3）结合一定的预算评价程序，对每一个阶段的预算完成情况进行及时评价。关于预算的评价程序与方法，我们将在后面的章节中予以介绍。

（二）存货预算监控

在销售预算中经常还涉及企业期初、期末存货数量，因此为了做好销售预算监控也必须注重对存货的监控。我们这里所说的存货是指产成品存货。

由于外界各种环境的变化，企业产品销售量的变动会比较频繁。为了保持生产的稳定，对存货预算应当实施必要的控制，使存货的数量处在最低安全存量和最高安全存量之间，即必须满足下列要求：

（1）存货经常保持在最低安全存量以上；

（2）存货经常保持在最高安全存量以下，此最高安全存量是由销货预测及标准存货周转率决定的；

（3）稳定生产并符合管理控制上的要求。

（三）生产预算监控

生产预算监控主要是对产量预算、材料预算、人工预算和制造费用预算的监控。

产品的产量预算会受到销售预算和存货预算的影响,通常情况下,产量预算监控的指导思想包括以下几点:

(1) 对每项或者每类产品决定其标准存货周转率;

(2) 利用产品的标准存货周转率和销售预测值来决定存货数量的增减;

(3) 预算期间内的生产量等于销售预算加减存货的增减数量。

总之,生产量预算的监控必须符合管理控制政策,使生产稳定,将存货数量保持在最低安全量和最高安全量之间。

(四) 直接材料预算监控

有效的材料存货控制必须做到:能满足生产所需的材料,保证不会因为材料短缺导致停工;能够预期材料的价格,以最少的储存成本来储存材料,并保证材料不灭失;定期报告材料状况,使过期、过剩、陈旧的材料降低到最低程度。

直接材料预算的监控有两个基本的目的:一是关于材料库存的,通过预算监控,使材料采购人员在最适当的时候进行材料采购,以适当的价格获得生产所需的合格材料;二是通过材料预算监控,使材料的消耗符合事先的预算标准,避免浪费和不必要的损失。

1. 对材料库存的监控

为使材料采购人员能在最适当的时候采购材料,我们可以采用经济订货量模型规划它。所谓经济订货量,是指使储备材料存货的总成本最小的每次材料订购量。

经济订货量计算公式为

$$\text{经济订货量} = \sqrt{\frac{2 \times \text{年需求量} \times \text{每次订货的变动成本}}{\text{存货储存单位变动成本}}}$$

通常材料存货监控的方法有:

(1) ABC 计划法:将每项材料依其重要性分为 A、B、C 三类,A 类表示高价材料,应当由有经验的人员实施严密控制;C 类表示低价材料,实施简单的盘点控制即可;而 B 类介于 A 类与 C 类之间。

(2) 周期检查法:对于每类材料,分别制订一个检查周期。价值高或缺货时足以影响企业正常生产的材料,应制定较短的检查周期,而对于价值低、不重要的材料,通常可制定较长的检查周期。

(3) 最低最高法:对每类材料,均制订最低存量与最高存量,其控制幅度即介于这二者之间。

2. 对材料消耗的监控

材料消耗监控应该使生产过程中的材料消耗不超过预算标准,尽量减少不必要的浪费,提高材料利用率。监控材料消耗的方法一般有以下几种:

(1) 限额控制法。限额控制,是按照材料消耗定额或规定限额领发生产经营所需材料的一种管理制度,是材料消耗的重要控制形式。主要内容有:对原料、主要材料、燃料等有消耗定额的材料,按消耗定额和一定时期的计划产量或工程量领发料。对领发次数较多的材料,一般使用限额领料单在限额范围内领用;对领发次数不多的材料,可将限额表和领料单结合使用;所有超过限额的材料领用,必须说明原因,经有关人员审批后,另行填制领料单领用。实行限额领料制度,可以有效地控制材料的领发,及时反映材料领用限额的执行情况,有利于节约使用材料,以尽可能少的消耗,完成尽可能多的工作任务,提高工作效率,从而提高企业的经济效益。

限额领料单可以采用如下格式(表 7－1)：

表 7－1　限额领料单

领料部门：　　　　第____号

用　　途：　　　　发料仓库：

<table>
<tr><td rowspan="2">材料
编号</td><td rowspan="2">材料名
称规格</td><td rowspan="2">计量
单位</td><td rowspan="2">计划
产量</td><td rowspan="2">单位消
耗定额</td><td rowspan="2">领用
限额</td><td colspan="3">实　发</td></tr>
<tr><td>数量</td><td>单价</td><td>金额</td></tr>
<tr><td></td><td></td><td></td><td></td><td></td><td></td><td></td><td></td><td></td></tr>
<tr><td rowspan="2">日期</td><td colspan="3">领　用</td><td colspan="3">退　料</td><td colspan="2" rowspan="2">限额结余数量</td></tr>
<tr><td>数量</td><td>领料人</td><td>发料人</td><td>数量</td><td>退料人</td><td>收料人</td></tr>
<tr><td></td><td></td><td></td><td></td><td></td><td></td><td></td><td colspan="2"></td></tr>
<tr><td></td><td></td><td></td><td></td><td></td><td></td><td></td><td colspan="2"></td></tr>
<tr><td></td><td></td><td></td><td></td><td></td><td></td><td></td><td colspan="2"></td></tr>
</table>

生产计划部门：　　　　供销部门：　　　　仓库：

(2) 配比领料法。配比领料是指供应部门根据生产计划和所用各种原材料的配方比例，计算各种材料的配方用量，与生产计划部门共同签发材料配比领料单，据以领发原材料。这种方法适用于生产的产品同时需要耗用若干种原材料，而且各种原材料之间有固定的配方比例的情况。

在使用这些监控方法时，要严格执行标准，如果有超标用料的情况出现，需要分析原因，并经有决策权的管理者批准。此外，还应该注意材料的品种和规格是否符合工艺技术要求，防止大材小用和优材劣用。

(五) 直接人工预算监控

从最终的财务结果来看，人工费用的总额才是与企业的利润直接相关的，而人工费用总额取决于两个方面：一是小时人工标准；二是员工人数。同时在一定的工时标准基础上，员工的工作效率也会影响到人工费用总额。对人工预算的监控要从以下两个方面来着手：

(1) 通过控制小时人工标准和员工人数来控制人工费用总额。企业要结合国家、行业的相关规定和企业的实际情况制定出适合本企业的人工支付标准，控制员工工资、奖金等。此外还要控制员工人数，遵守定员标准，增减员工要通过一定的程序来进行。

(2) 要监督劳动生产率情况。监督劳动生产率主要是控制生产工人的出勤率、工时利用率，目的在于通过提高劳动生产率来提高产品数量，从而降低单位产品成本的工资费用。但是，也不能一味盲目追求增加产量而忽视了产品的质量。

(六) 制造费用预算监控

对于制造费用的监控要区分可控费用和不可控费用两部分。制造费用中的可控部分与材料和人工预算控制都有关联，制造费用中的材料和人工控制方法可以参照前面介绍的直接材料预算监控和直接人工预算监控。制造费用中不可控的部分，比如分摊的折旧和管理费用等，则只能由负责计算分摊这些费用的部门实施监控，调控费用总额和分配给相应受益部门的份额，接受这些间接费用的部门不需要承担控制责任。

(七) 成本预算监控

成本预算是对直接材料、直接人工、制造费用预算的总结概括，因此成本预算监控是站在一个更高的角度对产品成本总的概括,而不是分项目的详细控制。在以销定产、从目标利润倒推成本的情况下,成本预算控制就是直接材料、直接人工、制造费用预算的控制。

(八)销售费用和管理费用预算监控

对于各类费用的监督与控制,我们可以借鉴西方企业财务会计工作中的"付款凭单制"做法。所谓"付款凭单制",就是在各类资金支付之前,必须先取得一种授权付款的凭单,然后才能将结算票据拿到出纳人员处办理付款。这种方法是一种有效的内部控制方法。对于企业预算管理过程中的费用控制来说,"付款凭单制"能发挥其独到的作用。当一项需要企业支付货币资金的经济业务发生时,业务经办部门必须填制"业务事项审批单",一式四联,一联作为存根,其余三联交由业务管理部门审批后转预算监控部门审批。预算监控部门审批后在事项审批单上加盖"费用审核专用章",并留存一联,其余两联中的一联由业务部门保存,待结算时使用,另一联由业务部门交合同管理部门,作为合同签字盖章的依据。业务经办部门在办理完业务之后,取得相关的结算单证,与预算监控部门加盖"费用审核专用章"的"业务事项审批单"一起,交到财务部门办理付款结算手续。通过实行付款凭单制度,使用业务事项审批单,有利于企业对费用实施有效的监督与控制。

1. 销售费用预算监控

对于销售费用而言,通常可以分为固定销售费用和变动销售费用两部分。固定销售费用是指费用与销售量没有直接关系的费用,不因销售量的多少而变化,如广告宣传费、销售部门管理人员的工资等。对于固定销售费用的控制也可以采取总额控制法,如限定预算期间用于广告支出的费用总额。变动销售费用是指费用随销售量的变化而变化的费用,如包装费、运输费等。对于变动销售费用的控制,一般是在不影响销售的前提下控制其单位消耗,如采取先进的包装技术降低包装物的消耗来减少单位产品的包装费。

2. 管理费用预算监控

管理费用预算由许多项目组成,对于不同项目的费用,应当采用不同的控制方法,"付款凭单制"能有效控制企业的各项管理费用支出。但就费用水平而言,应采用费用预算总额控制的方法。比如,对于可能发生的坏账,事先应该按照应收账款的一定比例和账龄长短来核定预算年度的坏账准备,如果实际发生的坏账超过了预算数额,则在核销的时候应该由有权控制的部门批准,并查找发生坏账的原因,写出书面报告。

在费用预算决策中,不应期望能有百分之百的精确度,否则有关人员在拟订预算时会预留一些缓冲数量,而在期末时花费较实际所需更多的费用,以掩饰其预留缓冲余地的行为。因此,最好的方法是指出何种差异是可被接受的,当然差异也会随企业活动与管理层次而变化。明确指出可接受的差异范围后,还应告诉有关员工,只要费用未超出可接受的差异范围,就不会对他们进行惩罚。

二、投资活动预算监控

投资活动预算是根据企业投资项目编制反映投资决策目标及其资源配置的一种预算。投资活动支出一般是指适应企业长远生产经营的需要,不能从当年营业收入得到补偿的支出。这种支出往往是决定企业未来经营好坏,能否在市场竞争中立于不败之地,并获得高额利润的关键。因此,各个投资项目的资本支出,必须编制预算,并在实施过程中,对各项支出加以监督和控制。

对于投资活动预算，在控制时并非仅仅是压缩支出，而必须依赖确实的经营规划，将支出限制在合适的基础上即可。同时应当根据实际情况的变化，随时调整支出项目，使资产的维护、重置以及取得能顺利进行。一旦发生无法预计和解决的问题，需要及时停止资本支出项目以最大限度地减少损失。

对于投资活动支出项目预算的监控，一般分为以下几个阶段来进行。

（一）正式授权进行特定投资项目计划

对于主要的投资支出计划，需要企业预算管理委员会的批准，批准的形式可以是正式或非正式的通知，视具体情况而定。对于重要性递减的投资项目支出计划，由相应级别的预算管理部门批准即可。

（二）对投资项目的支出进行监控

一旦某个支出项目经过了批准进入实施阶段，应当设立专门档案记录该项目发生的各项成本费用，并根据责任范围编制项目工作进步计划表。每个投资支出项目的进展情况报告，每隔一定的时间都应报告给相应的管理部门，重要的投资项目则需要将报告呈送企业预算管理委员会审核。

在项目进展情况报告当中应当有如下一些内容：

（1）收入项目。如果投资项目投入后在建设期间是可以产生收益的，则应在进展情况报告中列明收入的数额、收入取得的来源、时间等。

（2）成本费用项目。成本费用项目中应当列明到报告期为止累计支出的金额、以后还需要支付的金额、预算中未使用的金额、已经超出预算或低于预算的数额。

（3）项目进度情况。项目进展情况报告中需要说明项目的开工时间、预计的进度表、现在完工进度与预计进度表的比较、项目最终完成还需要的时间、完工百分比（成本、时间）。

（三）投资项目完工后的记录归档

项目完成后，关于该项目的档案资料也应该记录完毕。实际情况、预算情况以及两者的对比、分析、项目验收和试运行情况都应一一包括在内，这些档案资料经过相应的管理机构核准后可以归档。

经过以上三个阶段，对投资活动预算的控制已经基本完成，但如果是重大的投资项目，还需要跟踪观察，进行定期研究，确定该项目是否产生当初分析时所预期的结果。这样的考察非常重要，因为可以对原先分析的适当性进行检验，还可以为将来的经营决策提供有价值的参考资料。

三、筹资活动预算监控

筹资活动预算是企业在预算期为筹集生产经营活动以及投资活动所需资金而进行筹资活动的预算。筹资预算工作的目的就在于事前规划，其目标在于不因预算提前安排而形成资本闲置浪费，或者因预算安排滞后而影响企业正常经营活动。企业的筹资一般分为两类：权益性筹资和负债性筹资。筹资活动预算主要解决以下几个问题：一是资金筹集渠道；二是资金筹集方式；三是资金需要量；四是资金筹集的时间安排。企业通常可以从银行以及非银行的金融机构、证券市场等渠道取得筹资，经常采取的筹资方式有向金融机构借款、发行债券、发行股票等。

企业对筹资活动预算的监控主要从以下几个方面来进行：

(1) 监督企业的筹资责任部门按时采取一定的筹资方式从筹资对象那里取得企业发展所需要的资金。这里要强调的是一定要按照筹资预算表上所列的时间来足额取得所需资金,因为若提前取得资金则可能要背负过多的利息负担,同时造成资金闲置与低效,而延迟取得资金势必又会影响企业的正常生产经营活动或投资活动。

(2) 监控部门必须要高度重视对筹资风险的控制,提醒筹资责任部门尽可能选择风险较小的筹资方式。在企业筹资过程中,选择不同的筹资渠道和筹资方式,企业所面临的风险是不一样的。为了尽可能减少企业的筹资风险,通常可以采取各种筹资方式的一定组合,即制定一个相对能规避风险的筹资组合策略。

(3) 注意监控筹资前后企业资本结构的变化,不能因为筹资活动丧失企业的控制权。企业在筹措资金时,经常会发生企业控制权的部分丧失,这不仅直接影响到企业生产经营的自主性与独立性,而且还会引起企业利润的分流,使得企业原有股东的利益遭受一定的损失,甚至可能会影响企业的长远发展。因此,在筹资活动预算执行的过程中必须对企业的资本结构进行监控。

四、现金流量预算监控

现金流量预算,简称现金预算或现金收支预算,通常包括现金收入、现金支出、现金余缺以及现金筹措和应用等四个组成部分。现金是企业正常运转的“血液”,现金流量状况如何,不仅直接关系到企业的获利能力,而且对企业财务风险的大小具有决定性的影响。一些对生产经营不利的情况可能会对现金流动产生好的影响,而一些有利于生产经营的情况却可能会使现金流动出现问题。比如,销售量增加的同时,应收账款大量增加,如果收现工作做得不好,现金流动就会不顺畅,难以收回足够的现金增加生产投入来支持扩大的销售量。因此,在预算的执行过程中,必须对现金流量进行有效的监控,以保证企业能正常生产经营。

企业实际的现金收支与预算收支是存在一定差异的,不可能预算现金收支100%的准确。发生差异的原因可能有现金影响因素的变化、突然及意想不到的情况影响经营以及现金控制的缺乏等。企业管理当局为了缩小差异,可以采取加强应收账款的催收力度、减少付现费用、延迟资本支出、推迟待付的款项、在不影响生产经营的基础上减少存货数量等方法来避免出现现金短缺的状况。

现金预算监控的目的之一就是及时了解企业的现金流量,避免出现现金不足或大量多余。良好的现金控制对于企业来讲是非常重要的。通常情况下,可以从以下几个方面来对现金预算进行监控:

(1) 从时间脉络来监控现金流量的变化。现金预算通常是分季度编制的,同时,对于企业来说无论何时陷入财务危机都是危险的,所以需要在一个时间段内遵循时间脉络来考察现金流动的变化。

(2) 从空间脉络来监控现金流量的变化。现金的流入和流出分别有多个来源渠道,并非所有活动产生的现金收支都是一样的,通过监控,找出现金流动顺畅和迟钝的部门或项目,有利于企业布置生产经营任务,最大限度地发挥潜能,并在多余与不足之间实现有序合理的调配。

(3) 对现金及未来可能的现金状况做出适当和连续的评价。这个程序涉及定期评估和截止报告期止所发生的实际现金流动情况及对下一期间可能发生的现金流量的再预测。

(4) 保存逐日(或更长间隔期间)的现金状况资料。为减少利息费用,确保现金充足,有条件的企业可以对现有现金状况每天进行评估,这个方法特别适用于现金需要波动幅度大、分支机构分散且有庞大现金流量的企业。实际经济生活中,有很多企业都编制现金收支日报表(表 7-2)来控制现金流量。

表 7-2 现金收支日报表 ____年____月____日

<table>
<tr><td colspan="3">现金库存金额类别明细</td><td>前日余额</td><td>本日收入额</td><td>本日支出额</td><td>本日余额</td></tr>
<tr><td>金额</td><td>数量</td><td>金额</td><td></td><td></td><td></td><td></td></tr>
<tr><td>100 元</td><td></td><td></td><td></td><td></td><td></td><td></td></tr>
<tr><td>50 元</td><td></td><td></td><td></td><td></td><td></td><td></td></tr>
<tr><td>20 元</td><td></td><td></td><td colspan="2" rowspan="2">相关传票数量</td><td rowspan="2">现金收入 张</td><td rowspan="2">现金支出 张</td></tr>
<tr><td>10 元</td><td></td><td></td></tr>
<tr><td>5 元</td><td></td><td></td><td rowspan="5">点钞明细</td><td>来 源</td><td>事 由</td><td>金 额</td></tr>
<tr><td>2 元</td><td></td><td></td><td></td><td></td><td></td></tr>
<tr><td>1 元</td><td></td><td></td><td></td><td></td><td></td></tr>
<tr><td>5 角</td><td></td><td></td><td></td><td></td><td></td></tr>
<tr><td>1 角</td><td></td><td></td><td></td><td></td><td></td></tr>
<tr><td></td><td></td><td></td><td rowspan="4">备注</td><td colspan="3" rowspan="4"></td></tr>
<tr><td>计</td><td></td><td></td></tr>
<tr><td>假钞</td><td></td><td></td></tr>
<tr><td>合计</td><td></td><td></td></tr>
</table>

总经理: 经理: 科长: 复核: 制表:

现金的多余或不足,特别是不足给企业带来的潜在影响是难以估计的,因此,在现金预算的监控过程中,当发现现金出现多余或不足的时候,企业应当迅速采取相应的措施来解决这个问题。企业在现金短缺时,可通过抛售有价证券或向银行进行短期借款等方式筹措所需资金。企业在现金多余时,也应当进行处理,这是因为企业将大量不用的现金存在银行,所获得的利息收入往往小于利用这些现金进行短期投资的收益。在这种情况下,企业可安排用现金偿还借款本息,或用于投资短期有价证券等。

五、经营成果预算和财务状况预算监控

企业财务预算从内容来看主要有经营活动预算、投资活动预算、筹资活动预算、现金流量预算、财务状况预算以及经营成果预算,通过对经营活动预算、投资活动预算、筹资活动预算和现金流量预算实施监控,企业的财务状况预算和经营成果预算同时也可以得到较好的保证。

(一) 经营成果预算监控

企业经营成果预算是通过编制预计利润表来体现的,而构成预计利润表的收支项目主要来自两个方面:一是营业活动的收支,这是主要方面;二是企业财务活动的收支。编制预计利润表的时候,有关营业活动的收支数据可以直接取自各项营业活动预算,有关企业财务活动收支的数据一部分来自营业活动预算,另外一部分来自投资活动预算和筹资活动预算。所以,只要我们对经营活动预算、投资活动预算以及筹资活动预算进行了有力的监控,让这些预算都能

得到很好执行的话,那么企业的经营成果预算自然就有了保证。

(二)财务状况预算监控

企业的财务状况预算是通过编制预计资产负债表来综合反映的。预计资产负债表的内容和格式与资产负债表相同,只不过它是以预算数来反映预算期末的财务状况。企业在编制预计资产负债表的时候,是以预算期期初实际的资产负债表的数据为基础,根据预算期的投资活动预算、筹资活动预算、经营活动预算、现金流量预算以及预计利润表等有关资料来分析编制的,因此如果这些预算都得到了较好的执行的话,那么预计资产负债表也就有了保证。

第四节 财务预算管理环节的监控

对财务预算各个环节实施有效的监控,建立完善的监控系统,可以帮助企业加强预算管理,使预算真正发挥应有的监控作用。企业预算监控系统从预算管理的环节来看,主要包括预算编制监控、预算执行监控、预算调整监控、预算考评监控、预算奖惩监控和预算反馈监控等几个部分。

一、预算编制监控

预算编制是一个前馈监控过程,预算编制质量的高低直接影响到预算当期企业的经济效益。对于预算的编制过程,企业预算管理部门要进行适当的监督与监控。

首先,最基本的一点是要保证编制过程中不出现任何数据处理上的差错。因为预算资料或者说预算初稿是由各相关部门分别提供的,这样上级预算管理部门在接受这些资料时要进行认真的复核,以保证数据资料的准确性。

其次,最重要的是要对“预算松弛”的问题进行监控。所谓预算松弛,是指在预算编制过程中,预算执行者为了完成预算,倾向于制定较为宽松的预算标准,使完成某项任务所预算的资源数量大于实际所需要的资源数量,或使预算的产出量小于可能的产出量。预算松弛主要表现为预算执行者低估收入、高估成本、低估产销量甚至销售价格、夸大完成预算的困难、低估利润等;或为了争取新的投资项目,在项目申报时压低支出预算,当项目被批准后,又不断扩大投资规模或捎带其他项目的“钓鱼”行径。当采用自下而上或上下结合的预算编制程序时最容易出现这种情况。所以在预算编制的过程中,预算监控部门应有意识地留心这种状况,慎重地确定下级参与预算编制的程度和方式,对下级报上来的预算要进行认真论证,尽量减少或消除这种现象。

二、预算执行监控

预算执行在预算监控系统中处于核心环节。预算执行过程中的监控是一种动态监控,其重点放在对发生的行动效果及其形成过程的经常监督上。预算执行过程中的监控主要是做好以下几个方面的工作:权限划分、资金监控和预算仲裁等。

权限划分是在预算执行过程中,为保证预算内的投筹资、资产购置、费用开支、经营业务管理的有效性,对预算额度的使用许可设置必要的审批权限,规定各个级别的预算管理部门所具有的审批权限。

资金运动是企业的“血液循环”系统,“血液循环”是否顺畅,无疑是关系到企业生死存亡的问题，所以对资金的监控不容忽视。在成功施行资金监控的企业实务中，设立内部结算中心是一种很好的方法。内部结算中心也叫内部银行，它作为办理内部各成员现金收付和往来结算业务的专门机构，是一个独立运行的职能机构。内部结算中心是完善企业内部经济责任制，强化财务管理的一种管理形式，它主要通过结算管理和信贷管理两个方面来做好企业资金的调剂工作，并及时把企业高层的经营意图贯彻于财务部门、企划部门、业务管理部门以及各单位、子公司、分厂之间，为企业的正常运转提供资金保障。内部结算中心实施资金监控时，可以采用内部货币、内部支票，资金监控卡亦不失为一种较好的具体手段和方法。

仲裁也是预算管理的必要手段之一，是实现预算调控职能的必要保障。如果企业内部各预算单位之间发生利益冲突，导致企业生产经营业务无法正常进行，就需要进行仲裁。首先应由各预算单位领导之间自身进行协调，协调无效时，由预算委员会仲裁。预算仲裁制度主要包括内部仲裁机构的设置和内部仲裁原则两个方面内容。预算委员会做出仲裁决议后，由预算工作组下达“预算仲裁决议书”给相关预算责任单位。仲裁决议一经形成，各预算责任单位必须无条件执行，这是内部仲裁具有的权威性和严肃性决定的。

三、预算调整监控

在预算执行过程中，由于主、客观条件的发展变化，要保证预算的科学性、严肃性与可操作性，对预算进行适当的调整是必要的。当实际的变化超出预计很多时就需要调整企业预算。因为如果发现某项预算编制的基础已经发生了变化，仍然坚持按照原预算去执行，显然不符合预算作为管理监控系统的初衷。但是允许调整预算，并不意味着能随意调整。许多企业在实施预算管理的实际工作中，经常出现“下面天天打报告，上面天天调预算”，预算跟着报告跑的情况。这样不但预算发挥不了作用，还浪费了人力、物力和财力，失去了预算管理的权威性。

预算的调整同预算的制定一样，是预算管理的一个重要、严肃的环节，必须经过严格、规范的审批程序，否则不能随意调整。由于预算调整属于非正常的事项，而且牵扯面广，对其他相关部门也会产生影响，并可能引起一系列的变化，所以需要建立一定的程序来监控它。首先，应该严格界定预算调整的范围，只有出现不可控的因素变化时才允许调整。其次，应该规范预算调整的权限与流程。只有对调整的范围、权限与流程进行严格规范，才能在出现难以预料的新情况时，使预算调整有序进行，不至于失控。

四、预算考评监控

预算考评是对企业内部各级责任中心和责任部门预算执行结果的考核和评价。在预算管理循环中，预算考评处于承上启下的关键环节，在预算监控中发挥着重要作用。如果没有以预算为基础的考评，预算就会流于形式，从而失去监控力。关于预算考评的程序、方法等在下一章中作详细介绍。

在预算考评的过程中，必须对考评的全过程进行监控，以保证考评结果对每个责任中心、每个责任人都是合理的、公平的和公正的。首先，要看考评是否遵循了相应的原则，如可控性原则、风险收益对等原则、公平公开原则等。其次，要看预算指标体系的设计是否科学、合理，只有合理的指标体系才能合理评价经营业绩，才有助于有效配置资源，提高经济效益。再者，要看在考核定量指标时是否适当地结合了定性指标，考核绝对指标时是否结合了相对指标等。总之，预算管理的监控部门要对企业预算的考评进行全方位的监督与监控，只有这样，考评的结果才能为大家所接受,才有助于企业预算管理工作的顺利开展。

五、预算奖惩监控

“基于预算的考评和激励”是近年来国外企业预算管理实践中总结出来的。有效的奖惩制度是企业财务预算系统长期顺利运行的重要保证。考评和奖惩是相连的,考评之后必须有相应的奖惩激励制度与之衔接,才能够实现建立评价和激励制度的目标,引导员工自觉约束自己的行为。

对于奖惩的监控,主要是监督各项奖励与惩罚措施是否都落到了实处,是否都在规定的时间里予以兑现。如该奖励给各责任中心、责任人的奖励物资、表彰等是否完成,没有完成预算工作应受到惩罚的相关部门以及人员是否得到了相应的惩罚等。因为如果只有考评,而奖惩措施不到位的话,势必会影响企业内部各单位、各个员工的工作积极性,从而导致他们在以后的工作中消极地对待预算的执行。

六、预算反馈监控

预算信息反馈是预算执行过程中预算监控职能实现的前提和基础。预算监控系统要发挥应有的作用,必须依赖于灵活的预算信息反馈机制。企业对预算反馈的监控包括预算反馈监控制度和预算反馈报告两部分。

为保证企业预算目标的顺利实现,在预算执行过程中各级预算责任单位应定期召开预算例会,如每周或每月等,对照预算指标及时总结预算执行情况、分析差异产生的原因、提出改进的措施。预算例会召开之后,应当形成预算反馈报告上报给上级预算管理部门。

下面是某公司的预算例会制度:

公司主要有每周的生产调度会、月度的经济运行分析会、月度的资金调度会。

每周的生产调度会:每周一下午召开,由各部门负责人参加,主要总结上一周的生产经营情况,报告本周产、供、销数量、质量或金额的预算执行情况及其影响,差异及其原因、对策,会上对有关问题予以协调解决,并布置下周工作。

月度的经济运行分析会:每月10日前召开,由预算管理委员会人员参加,主要总结上月的生产经营情况,通报各部门的预算执行情况及其影响,差异及其原因,对各部门的执行差异进行考核,并布置下月工作。

月度的资金调度会:每月5日前召开,由各部门负责人参加,由A公司总会计师主持,以资金综合平衡为内容,以现金流量预算为标准,对全月公司现金收支进行分析研究,从收支两条线开展分析对比,找出资金流不畅的业务症结,找出实际现金收支与现金流量预算间的差异,及时采取措施,完成预算目标。

预算反馈报告分为基本报告和特别报告。基本报告是按照报告频度安排、定期编报的、以预算责任单位的正常经营状况和结果为对象的预算反馈报告。一般来说,预算反馈基本报告应当列示责任预算、实际完成数及其差异。同时对于差异较大的项目还应该进行差异分析,并写出文字说明。特别报告是指非定期编报的、针对预算责任单位在预算执行过程中的特别事项所做的反馈报告。特别报告的内容因事项而不尽相同,但通常应当报告事项的原因、结果、影响、责任人以及最后的处理意见等。特别报告可以是书面的报告,也可以是口头报告,但在实务中最好是编制书面报告。编制预算反馈报告,应当遵循真实、及时、系统和灵活的原则。

预算执行反馈报告可采用表7－3所示的格式。

表7－3 A股份公司费用预算执行反馈季(年)报

部门　　　　　　　　　　　　　　年　（季）　　　　金额单位

费用项目	本季(年)预算	本季(年)实际	差异额	预算完成率	备注
工资					
福利费					
办公费					
差旅费					
业务招待费					
其他					
合计					

【复习思考题】

1. 财务预算监控的主体和客体是谁？财务预算监控要遵循哪些原则？
2. 财务预算监控的方法有哪些？
3. 财务预算监控从监控的力度来看,有哪两种模式？从监控的形式来看,有哪两种模式？
4. 如何对各项经营活动预算进行监控？
5. 如何对投筹资活动预算实施监控？

【案例分析题】

山东华乐实业集团公司的预算控制

山东华乐实业集团公司是一家以棉纺织业为主的集团股份制企业,曾荣获“全国首批500家管理创新示范企业”。山东华乐实业集团公司组建企业集团以后,推行了“以利润目标为导向的企业预算管理”。

预算将华乐集团的各种管理活动用数字表示出来,为控制提供了标准。在华乐集团,预算一经确定就成为公司的“宪法”,具有“法律效力”,公司从董事长到普通员工都要严格遵照执行。公司始终坚持“先算后花,先算后干”的原则,在整个预算年度,没有预算的费用就不能花,没有预算的项目绝不允许发生,一些可行项目没有预算或突破预算,必须由执行部门先进行分析,按程序提出预算申请,经过批准,增加预算后才能执行。在预算控制过程中,华乐集团坚持利润最优化原则,对生产经营的各个环节严格进行刚性约束,最大限度地挖潜增效。

一、对销售环节的控制

公司将销售收入、销售成本、销售税金和销售费用视为影响销售利润的主要因素,同时认为销售成本与税金属于不可控因素,将控制的重点锁定为销售收入与销售费用。以持续增加销售收入为目标,公司成立市场研究部负责市场调查,对所售产品的市场需求量进行预测和分析,不断扩大和拓展销售渠道。公司严格履行销货合同,视信誉为生命,通过灵活运用货款结算方式满足市场需求。销售费用包括变动费用和固定费用,对变动费用,如包装费、检验费、运输费,公司主要控制单耗,尽量压缩单位产品变动销售费用的支出。对固定费用,如广告费、展览费、专设销售机构的经常性费用,公司主要控制总额,依据预算指标严格进行约束,不允许突破。

二、对物资采购环节的控制

华乐集团采购的物资有1万多种,年采购额上亿元。为提高物资采购的效率,确保所购物资的质量,公司在对采购物资的库存量、采购价格以及货源单位的管理过程中实行计算机网络化管理。对于库存量设定上、下限,低于下限计算机系统自动报警,提示及时采购;高于上限,计算机系统对超出部分拒绝输入,不得入库,由采购部门自己负责。对于采购的价格及货源单位,公司实行比价采购,制定采购限价,坚持定点定价采购。所有采购物资的价格必须在保证质量的前提下,在限价的下限内浮动,不允许超出限价。对采购人员严格实行采购经济责任制,对购入质量过硬、价格低于限价产品的业务员按每季度采购资金节约额的20%物资限价采购管理使公司采购成本始终处于动态优化过程中,采购费用平均每年下降7%左右,节约资金数百万元。

三、对生产环节的控制

对生产环节控制的重点是产品成本和质量。公司根据产品成本的构成,建立了相应的标准成本体系,生产部门在保证产品质量的前提下,以不突破标准成本为原则,通过采用限额领料制、配比领料制、盘存控制等方式严格控制材料消耗量。生产成本低于标准成本公司及时进行奖励,高于标准成本则进行相应地处罚。公司通过岗位培训不断优化员工素质,在提高劳动生产率的同时注重提高产品产量,降低废品率。对生产一线员工严格实行计件责任制,将单位产品生产成本、质量落实到车间、班组的每一个人,由车间、班组负责人对产品废品率、物料消耗、生产进度、产品质量、单耗等进行即时考核,考核结果与员工收入直接挂钩。

四、对管理环节的控制

公司采用费用预算总额控制法,严格控制管理环节中职能部门的费用支出,费用预算余额允许跨月转入,但不允许跨年度转入。主要采取了四项控制措施:一是预算不可突破。费用项目的预算编制完成以后即保存在计算机管理系统,实际发生费用如果超出预算,计算机会自动拒付。二是实行预算审批制。职能部门的费用支出都要经过主要责任人审核签字,以预算额为界,承担预算控制的经济责任,超出预算部分由经办人自己支付。三是预算项目专项控制,禁止费用项目混淆、挪用。费用项目发生后,报账时必须经预算部审核,杜绝费用项目的混淆、挪用。四是预算审计。每月的预算执行以后,公司审计部门对执行情况进行审计,发现问题及时做出处理。

五、对资产投资环节的控制

公司在资本预算项目的执行过程中严格进行刚性控制,避免由于企业内部管理问题造成资产的流失。对固定资产业务实行职务分离控制,资产的需要由使用部门提出,采购部门、基建部门无权提出采购或承建的要求。资产申购的审批人与申购部门分离,资本预算的复核审批人独立于编制人。对技术质量要求较高、费用支出较大的设备购货合同,规定由不同专业技术人员，如采购人员、生产人员、财务人员、会计师组成评估小组进行审查，审查通过后方能实施对固定资产的入账、折旧，公司严格按照有关财务制度执行，以保证固定资产使用年限及残值估计的合理、准确。为提高设备利用率，减少资金占用，对一些利用率较低的设备和闲置设备，公司及时进行清理和处置。

案例分析要求 讨论山东华乐实业集团公司财务预算控制的特点、优点和可以进一步改进的地方。

第八章　财务预算的考核与评价

内容介绍

本章主要介绍财务预算的考核与评价，包括财务预算考评的主体、客体、目标、原则，考评的程序、方法，考评指标、目标导向以及财务预算差异分析等。

学习目标

了解财务预算考评的主体和客体，熟悉财务预算考评的目标和原则，理解财务预算考评的程序和方法，掌握财务预算考评的指标和目标导向，能进行财务预算差异分析。

企业财务预算提供了在一定期间要求达到的经营目标，是对企业计划的数量化的表现，为预算业绩的考评提供了标准，是企业业绩评价的重要依据。财务预算的考评是对企业及其内部各级责任单位和个人预算执行情况的考核与评价，是对预算执行效果的认可过程。如果没有财务预算的考核与评价，预算同样会流于形式，失去控制力，预算管理则变得毫无意义。

第一节　财务预算考评的主体和客体

一、财务预算考评的概念

财务预算考评，是指为了达到预算管理目标，运用专门的考评指标，采用特定的考评方法，对预算管理过程中的各个责任部门和责任人完成预算责任事项、实现预算管理目标的情况进行考核与评价。

一个完整的财务预算考评系统应该包含以下几个构成要素：考评主体、考评客体、考评目标、考评指标、考评方法和相关的奖惩制度。考评主体是指各级考评机构；考评客体即考评的对象，包括责任部门、责任人员和责任事项；考评目标是要保证企业预算管理目标的实现；考评指标则要根据考评客体的预算管理目标和考评的具体要求来设计；考评标准是企业财务预算管理总体目标和具体目标；考评方法包括指标、标准、表格、记录、对比分析、单项打分和综合评分等；奖惩制度要赏罚分明、严厉、有度。

财务预算考评既要考评管理过程中的各个环节 ，也要考评管理过程中的各个责任部门和责任人员。

二、财务预算考评主体

财务预算考评主体是预算考评的组织者和实施者。预算的考评主体和监控主体一样，是一个多层次的考评主体，它可以分为两个层次：

第一个层次的考评主体是预算管理委员会所属预算考评小组，成员主要由财务、审计、计划和人力资源等相关部门的专业人员构成。对于企业预算的执行情况，预算管理委员会所属预算考评小组作为最高级别的考评主体行使其考评职责。

第二层次的考评主体是企业内部的各级部门，这是按照逐级负责制原则，由上级对下级的预算执行情况进行逐级考核与评价，其考评对象是下级各责任部门和相关责任人员。

在财务预算考评体系中，处于中间层面的各个部门既是上级考评主体的考评对象，又是下级部门的考评主体。

三、财务预算考评客体

考评客体，即考评的对象。在财务预算考评时，考评的对象是企业内各级预算责任单位、相关责任人员和所有责任事项。

各级预算责任单位是指企业管理组织结构中的各个层次，如纵向组织结构中的分厂、车间、工段、班组等，横向组织结构中的供应、生产、销售等职能部门和计划、财务、人事等管理部门。当然，预算责任单位未必一定服从企业管理组织结构的要求，如按可控性划分责任单位、按成本动因划分作业单位等。作为考评客体的下级责任单位，应根据预算管理的要求设置。

四、财务预算考评时间

预算考评时间以月度、季度、年度为周期，其流程可以设计为：月度考评在规定的考评日进行，月度考评的结果累计在季度考评后实施奖惩；季度考评在季度结束的次月进行，通常是将本季度各月的考评结果累计考评并实施奖惩；年度考评一般是在次年年初进行，通常是将本年度各季的考评结果累计后进行全面综合的考评并兑现奖惩。

第二节　财务预算考评的目标和原则

一、财务预算考评目标

考评目标是解决为什么要进行考评的问题，目标代表着一个组织努力追求的一种预期的效果。财务预算考评的目标是评价的立足点和目的地，是要通过考评来检验预算执行情况，也为进一步的奖惩提供依据。

对财务预算进行考评，其具体目标可以归纳为如下几条：

(1) 控制。预算考评使被考评对象可以明确今后改进工作的方向，有利于推动企业预算总目标的实现。

(2) 激励。预算考评具有较强的激励作用，通过预算考评，使被考评对象看到自己的差距，明确今后工作改进的目标，将业绩与奖惩制度挂钩，势必增强预算执行者的成就感与组织归属感，从而调动其积极性、主动性和创造性。

(3) 沟通。规范化的预算考评，可以使上级正确了解下属员工的能力和对企业的贡献，改变凭印象用人的不好习惯，使人事劳动管理科学化。

财务预算考评的目标并不是纯粹为了对责任单位或个人的业绩进行评价，它更深层的目的是为了有效地推动责任单位和个人的行为表现，引导企业全体员工从个人开始，共同朝着企业的整体预算目标迈进。在实际经济生活中,我们经常可以看到以下这些做法:把考评作为发放奖金的工具,为发放奖金而进行考评,没有事后的差异分析,也没有改进措施的落实,不能发挥改进工作的作用;平时没有日常预算管理,当出现某种需要的时候才临时制定标准考评,结果是考评标准一次性有效,有考无核,不能起到激励作用;企业领导者主宰考评,没有十分明确的考评标准,容易加深上下级矛盾,影响人际关系,不利于上下级之间的沟通。上面这些做法比较常见,但却是不可取的。

二、财务预算考评的十大原则

进行财务预算考评需遵循一定的原则,以保证考评的可信度。一般应当遵循以下十项基本原则。

(一)目标原则

实施财务预算管理,其根本目的是要实现企业的既定目标。在目标确定之前,企业管理者已经进行了科学的预测,因此,在预算考评时如果没有特殊原因,未能完成预算目标就说明预算执行者未能有效地执行预算,这是实施财务预算管理考评的第一原则。

(二)可控性原则

财务预算的考评既是预算执行结果的责任归属过程,又是企业内部各预算执行主体间利益分配的过程。预算考评的基本要求是客观、公正、合理,因此各责任主体以其责权范围为限,仅对其可以控制的预算差异负责。也就是说,对各责任层次考核与评价的内容应该是各层次责任主体所能控制的业务或因素,只有可控因素带来的预算差异才应该由相应的预算主体负责,利益分配也应当以此为前提。但是应该注意一点的是,要避免因为强调可控而导致的责任中心推诿责任,可控应该是相对的,而不应绝对的理解,只要责任主体对某因素具有重大的影响或作用力,或者说没有比其更具有控制力的责任主体,则该因素应该是该责任主体的可控因素。

(三)适时考评原则

财务预算的考核与评价要讲究时效性,当期的预算执行结果要在预算期一结束就立即进行考评,而不能等过了很久再来考评,这样就失去了考评应有的作用。只有对预算的执行结果及时考评,并适时地依据奖惩制度兑现,这样才有助于预算管理工作的改进,确保预算目标的顺利完成。

(四)风险收益对等原则

在财务预算的考评中,要遵循风险收益对等原则,即在对各预算责任主体进行考评时,要注意使相关责任主体的风险与收益相匹配、权责对等。预算责任的分担及其利益的分配,实际上是现代代理理论的问题。代理理论的核心问题就是研究解决委托人与代理人之间的风险与收益问题。为了实现“分担风险”与“分享收益”的公平性,风险收益对等原则就是一个必须遵循的预算考评原则。

由于外部环境因素通常是预算责任主体所不能控制的,我们在前面提到,预算考评要讲究可控性,那么因这些不可控的因素导致的预算差异该由谁负责?在委托代理关系中,通常有以下三种模式:

(1)委托人承担全部的风险,对代理人实行固定报酬制,对代理人而言,其风险最小,但是其期望收益也会最小;

(2)委托人与代理人实行完全的分担,代理人没有固定的报酬,对代理人而言,其面临的风险较大，但是其期望收益也可能最大；

（3）代理人承担部分风险，即对代理人实行部分固定报酬制，对于代理人而言，其风险和收益介于上面两种模式之间。

这三种模式各有利弊，在预算考评中的具体运用是：如果在企业预算编制与落实的过程中，采用的是第一种模式，则不可控因素所带来的预算差异应由委托人负责；反之亦然。一般而言，在较高层次的代理关系中，应倾向于由代理人承担较大的经营风险，以增强代理人的责任心；而在较低层次的代理关系中，应倾向于由代理人承担较小的经营风险，如此才更便于实现权、责、利的对等关系。

（五）分级考评原则

分级考评原则要求预算考评应与预算目标的确定及其分解相适应，针对每一层次责任主体所拥有的权力和承担的责任进行业绩考核评价，这是实现权、责、利相结合的基本要求。财务预算的考评是根据企业预算管理的组织结构或预算目标的分解层次进行的，预算执行者是预算考评的对象，每一级责任单位负责对其所属的下级责任单位进行预算考评，而本级责任单位预算的考评则由所属上级部门来负责。

（六）公平、公开原则

财务预算的考评必须公平。所谓公平，就是相同的投入要获得相同的回报。一个人工作满意程度取决于个人报酬投入比与他人的平衡程度，如果他觉得自己的报酬投入比比其他人低，就会觉得不公平，并由此产生不满情绪，消极工作。从实践上看，公平的考评发挥着积极的作用，不公平的考评起着消极的作用，且会挫伤员工工作的积极性，引起不信任。

财务预算考评还必须公开。考评的标准必须是公开的。标准是指导人们工作的规范，而不是制裁员工的秘密武器，考评标准公开是考评公平的前提，公开标准便于员工监督。考评公开，包括制定标准的过程对被考评者公开，考评标准要在执行之前公布，考评的结果要在有关的范围内公布。

（七）例外考评原则

在企业的预算管理中，可能会出现一些不可控的例外事件，如市场的变化、产业环境的变化、相关政策的改变、重大自然灾害和意外损失等，我们必须关注这些例外事件，考评时应作为特殊情况处理。企业受到这些因素的影响后，就应及时按程序调整预算，考评也应该按调整后的预算指标进行例外考评。

（八）可行原则

可行原则是指考核标准是可以操作的，包括：考核者对于考核方法能正确应用；考核者能保证考核的公正性；考核指标是可以量化的；考核信息是可以获得的等内容。总体把握指标的数量和权重，指标不宜太多，并要按照科学的方法确定各指标的权重，为对指标进行科学统一的记分测量打好基础。指标体系应是能有效反映内审部门关键业绩驱动因素的衡量参数，而不是对所有操作过程的反映，考核不能面面俱到。

（九）总体优化原则

预算管理客观上要求通过调动各责任预算主体的积极性、主动性来实现预算目标，但责任预算主体是具有一定权力并承担相应责任的利益关系人，他们自然而然地以自身利益为最大目标。一般而言，双方的利益目标具有一致性，在局部利益最大的同时实现整体利益的最大。然而局部利益和整体利益分别代表了两个层次的利益，因此他们不可避免地存在矛盾，有可能为实现局部利益最大而损害整体利益最大。比如销售中心只重销售而不重资金的回收,生产中心只重产出数量而不重成本的节约和质量的提高等。为此,预算的考评要支持企业的总目标,实现总体最优化。在制定考核标准时,就应该防止以局部利益损害全局利益。个人或部门目标的实现,应有助于企业总体目标的实现而不是相反。

(十) 申诉原则

被考评者如果认为考评结果有失偏颇,未能正确地反映其在预算期间的工作绩效,有权按事先规定的程序向上级进行申诉,并获得上级考评部门相应的解释。如果这样仍不能解决问题,被考评者可向企业预算管理委员会提出要求复审其考评结果。

三、财务预算考评的前提条件

有效的财务预算考核与评价要求一系列前提条件,这些前提条件并不一定是考评部门所能左右的,但这些条件的欠缺却会削弱考评部门有效进行考核与评价的能力。因此,企业应保证建立或完善以下考核与评价的前提条件:

(1) 完善的现代企业制度和清晰的法人治理结构。只有这样才能具体明确企业内部的权力机构(股东大会)、董事会(决策机构)、经理层(执行机构)和监督机构(监事会)的权责关系和运行机制。为企业各项战略意图的实现做好体制、机制方面的准备。

(2) 培育企业文化。预算管理作为企业的一种内部控制手段,需要有企业文化的支撑才能取得理想效果。企业应注意培植企业文化,在此基础之上推行预算管理等新的内部控制思想时,才会减少阻力,收到事半功倍的效果,为企业各项战略意图的实现做好文化方面的准备。

(3) 规范、严密的财务管理(包括企业管理基础)工作和体系。基础工作薄弱、组织机构臃肿、业务流程混乱是推进财务预算管理的最大障碍。认真做好各项基础数据的记录与核实工作,确保基础数据的真实准确。对客观因素需剔除的重要事项及基础数据的确认调整,要本着反映真实绩效和公开、透明的原则进行。

(4) 详细的岗位职责描述及对职工的合理培训;工作量化;人员岗位的合理安排;明确工作目标;明确工作职责。

第三节 财务预算考评的程序和方法

一、财务预算考评的程序

财务预算考评的主要程序如下。

(一) 建立健全考评组织机构

财务预算考评组织机构是预算管理委员会所属预算考评小组,成员一般由财务、审计、计划和人力资源等相关部门的专业人员构成。主要职责:一是检查、核实预算制定和各业务部门预算执行、调整情况;二是收集、评价有关已执行预算的业务部门的经济运行情况,为下一年制定预算提出建议或意见,以促进预算的持续改进;三是对财务预算方案进行评价,为企业实施奖惩提供依据。

(二) 制订考评实施办法

财务预算考评组织机构要负责制订详细的考评实施办法,以便在预算期间结束后对各预算责任单位、责任人员进行考核。

（三）收集考评所需的各种信息资料

在一个预算期间结束后，各预算考评主体首先要收集考评相关的各种资料。预算考评所需资料包括内部资料和外部资料两个方面。内部资料主要是有关预算目标及其执行情况的资料，用以确定预算差异；外部资料包括影响预算执行结果的有关外部因素的变动信息和相应外部市场的可比信息，用以进行差异原因分析。对预算的考核与评价，必须建立在充分、准确的资料基础之上。

（四）比较实际与预算的差异，区分不利差异和有利差异

对于实际情况与预算之间的差异，根据其性质，可以分为两类：有利差异和不利差异。有利差异是指实际情况要好于预算的情况，如实际销售收入大于预算收入，某项支出的实际额小于预算支出额等；不利差异则与有利差异相反，是指实际情况要劣于预算，如实际销售收入没有达到预算的标准，成本费用超过预算标准等，这些差异显然对企业的利润产生不利的影响。

对预算进行考核与评价的最终目的是希望消除那些真正不利的差异，确保企业的财务预算目标能顺利实现。在收集到相关资料，进行整理、计算之后，预算考评主体要逐项比较，列出各种差异，确定差异额，并分清是有利差异还是不利差异。

（五）分析差异形成的原因，明确相关经济责任

这一步主要是对各项差异进行分析，查找差异产生的原因，并就如何消除不利差异，提出整改措施和办法。差异形成的原因，不外乎内部工作效率和外部因素变化两个方面。在进行差异分析的过程中，要注意那些表面上看来是有利差异、实际上为隐性不利差异的现象。这是因为在预算考评中，有利差异不一定“有利”：一方面，它可能意味着预算编制质量不高，或者缺乏预算调整，从而降低了预算的计划和控制职能；另一方面，也可能意味着“预算松弛”的现象可能比较严重。

（六）撰写考评报告，发布考评结果

经过预算考评，预算管理委员会所属预算考评小组需就考评情况和结果撰写考评报告，报告应肯定成绩，指出问题，找出原因，并为企业实行奖惩提供依据。报告内容主要包括以下方面：一是预算执行、调整、监控、分析考评指标与考评情况说明；二是预算考评评语，内容包括预算执行业绩、实际表现、优缺点、努力方向等。同时，预算考评完毕后，预算管理委员会应及时对预算考评结果进行整理、归档和发布。

二、财务预算考评的方法

进行财务预算考评，可利用的方法是多样的，主要包括：

(1) 指标法：运用经济、财务、技术等指标对预算进行考评。

(2) 趋势法：由于更加重视企业的持续经营能力，所以将趋势的考评作为预算考评的重要内容，如销售趋势、成本变化趋势、市场占有趋势、利润变化趋势等。通过过去几年的数据，判断未来的发展趋势，以考评企业或部门的预算情况及结果。

(3) 情境模拟法：是一种模拟工作考评方法，它要求员工在评价小组成员面前完成类似于实际工作中可能遇到的活动，评价小组根据完成情况对被考评部门及人员进行预算考评。

(4) 强制比例法：根据正态分布原理，优秀部门及人员和不合格部门及人员比例应基本相同，大部分部门及人员应属于工作表现一般的情形。在考评标准中可强制规定优秀部门及人员数量和不合格部门及人员数量。比如,优秀者与不合格者比例均占20%,普通员工占60%。

(5) 评语法:由考评人撰写一段评语来对被考评人进行评价。评语内容包括工作业绩、实际表现、优缺点、努力方向等。

(6) 重要事件法:"重要事件"是指被考评部门的突出优秀表现和不良表现,平时有书面记录,综合整理分析书面记录,最终形成考评结果。

(7) 小组评价法:由两名以上熟悉部门工作的经理组成评价小组进行预算考评。优点是操作简单省力;缺点是主观性强,易使评价标准模糊。拟在"小组评价"前向员工公布考评内容、依据与标准,结束后要向员工讲明评价结果。使用小组评价法时,最好和部门员工个人评价结合进行。

(8) 相对比较法:是对不同部门、具有相同预算指标或预算任务的部门(员工)进行考核的一种方法。它是对预算部门(员工)进行两两比较,任何两个部门(员工)都要进行一次比较,较好的部门(员工)记"1"、较差部门(员工)记"0",所有部门(员工)相互比较完毕后,将每个部门(员工)得分相加,总分越大,预算考评成绩越好。

(9) 序列比较法:对相同预算指标或任务的部门(员工)进行考核的一种方法。将相同预算指标或任务的所有部门(员工)在同一考评模块中进行比较,根据其预算工作状况排列顺序,较好的排名在前,较差的排名于后。

(10) 目标考评法:根据被考评部门完成工作目标的情况来进行考核。在工作起步之前,考评小组与被考评部门应对需要完成的工作内容、时间期限、考评标准达成一致;限期结束时,考评小组根据被考评部门工作状况及原先议定的考评标准来进行考评。此法适用于推行目标管理的项目或部门。

(11) 等级评估法:把被考评岗位的工作内容划分为相互独立的几个模块,在每个模块中用明确的语言描述完成该模块工作需要达到的标准,按"优、良、合格、不合格"对被考评部门(员工)实际工作表现进行评估。

(12) 综合法:将各类预算考评方法进行综合运用,以提高考评结果的客观性和可信度。

上述方法,企业可以根据实际需要选择应用,通常为几类方法的综合使用。

三、财务预算考评的作用

在企业预算管理体系中,预算的考评既起着检查、督促各级责任单位和个人积极落实预算任务,及时提供预算执行情况相关信息以便纠正实际与预算的偏差的作用,又为企业有效激励和约束相关部门和人员提供了依据,还有助于企业管理当局了解企业生产经营情况。预算考评以预算目标为考核标准,以预算完成状况的考察为考评核心,通过预算实际执行情况与预算目标的比较,确定差异并找出产生差异的原因,进而据以评价各级责任单位和个人的工作业绩,配以适当的激励与约束制度,以充分调动各级责任单位和个人的工作积极性,提高企业的经济效益。

具体来说,预算考评的作用主要有以下几个方面。

(一) 预算考评能确保企业预算目标的实现

预算目标一经确定并细化分解到各责任单位和相关个人以后,就成为企业一切工作的核心,在企业内部具有"法律效力",对企业各级责任单位和相应个人具有较强的约束作用。在预算执行过程中,管理者对预算执行情况与预算的差异适时进行确认,及时纠正执行中的偏差，可以为企业预算目标的顺利实现提供可靠的保障。如果没有预算考评，各级责任单位可能会将预算目标并不放在心上，从而影响到企业预算总目标的实现。

（二）预算考评有利于预算指标的优化

通过预算考评，可以反映整个企业的经营业绩，也可以检验现行各项预算指标是否合理和可行，从而为下期预算指标的确定起到一定的指导作用，为管理者优化预算指标提供资料和依据。

（三）预算考评增强了企业员工的成就感

考评本身具有较强的激励作用，通过预算考评肯定了相关员工的工作业绩，并将他们的工作业绩与奖惩制度挂钩，势必会增强员工的成就感，从而进一步激发员工的工作积极性。

（四）预算考评是对预算执行者业绩评价的重要依据

预算目标的层层分解与落实，使企业每位员工都有他们自己相应的预算目标，拿执行者的实际业绩与他们自己的预算目标相比较，评价执行者的业绩，确定责任归属，是比较公正、合理和客观的。

第四节　财务预算考评的指标和目标导向

一、财务预算考评的指标

（一）考评指标的类型

在进行预算考评指标选取时，应坚持数据资料可采集、指标间相互修正、定量与定性相结合的原则。根据预算考评范围可以将考评指标分为以下 7 类：

（1）预算编制类指标，如预算编制依据是否合理；

（2）预算执行行为类指标，如执行态度是否积极；

（3）预算调整类指标，如预算调整理由是否充分；

（4）预算监控类指标，如执行与监控是否分离；

（5）预算执行结果类指标，如是否完成预算目标；

（6）预算执行分析类指标，如差异原因是什么；

（7）持续改进类指标，如持续改进措施是否有效。

具体见表 8－1 所列。

表 8－1　财务预算考评指标

考评指标类型	考评指标	考评标准
1. 预算编制类指标	预算编制依据	是否科学、可行
	预算目标	是否合理
	预算编制数据	是否准确、可靠
	编制、申报预算	是否及时
2. 预算执行行为类指标	预算执行态度	是否严肃、主动、合作、团队、敬业
	执行人员培训	是否进行，并达到培训目的
	预算执行手续	是否规范
	预算执行时间	是否及时
	执行过程	是否有完整的记录与文件证明

(续)

考评指标类型	考评指标	考评标准
3. 预算执行结果类指标	财务业绩指标	是否完整、有效
	非财务业绩指标(经济、技术指标)	是否可行、有效
4. 预算调整类指标(包括例外事项引起的调整)	预算调整程序	是否按程序
	预算调整理由	是否充分、必要
	预算调整方案	是否合理、可行并备案
	预算调整结果	是否达到预期效果、目标
5. 预算执行分析类指标	差异分析时间	是否及时
	差异分析质量	是否真实、准确
	差异处理意见	是否客观、有针对性
6. 预算监控类指标	执行与监控权	是否分离
	监控过程	是否有完整的记录与文件证明
	监控时间	是否及时
	监控结果	是否有效
7. 持续改进类指标	持续改进程序	预算部门是否有适当的程序确保预算管理工作的持续改进
	持续改进情况	等级:优、良、中、差

需要说明的是“预算执行结果类指标”,它主要包括两类指标:财务业绩指标与非财务业绩指标。财务业绩指标主要有销售考核指标、资金周转率等;非财务指标主要有服务质量、客户满意度、经营发展战略、发展创新能力、市场份额等。

财务预算管理委员会对各责任预算主体设定考核指标时,要按企业财务预算目标指标体系以及企业内部各级职能部门、生产经营部门的性质和权责,根据指标完成的可控性原则,确定与各责任主体相对应的考评指标。一般可分为以下两个方面考评:

(1) 对财务预算管理系统进行的考核与评价。这是对各公司经营业绩的综合考评,要根据各项预算指标的完成情况进行考评,考评指标应包括销售收入、销售毛利率、回款率、库存周转率、费用完成率、利润率、付款率等。各公司应根据内部各部门的预算内容选择恰当的考核指标。

(2) 对预算执行者进行考评。要划分不同的层次,从总裁到总经理、部门经理以及每一个员工都要进行预算考核。指标的设定要根据预算的内容而定。对预算执行情况考评时,由预算管理委员会及各业务归口管理部门负责对预算执行情况进行考核,考核的内容包括预算完成情况、预算编制准确性与及时性等指标。

(二) 成本中心的考评指标

成本中心只发生各项成本费用,所以对成本中心的考评主要关注责任成本。

1. 责任成本

责任成本是指成本支出按部门、车间、班组、个人等责任者归类,由责任者负责和进行核算的可控成本。责任成本对责任者来说,应是可控成本。责任成本应该具备以下四个条件:

（1）可预计性。也就是说，责任中心有办法知道它的发生以及发生什么样的成本。

（2）可计量性。责任中心有办法计量这一耗费的大小。

（3）可控制性。在责任中心责任考评的工作中，一个十分重要的考评原则是要讲究可控性，对于成本中心，只能以其可控的成本作为考核与评价的主要依据。

（4）可考核性。责任中心可以对耗费的执行过程及其结果进行评价与考核。

责任成本与产品成本不同。产品成本以产品为对象进行费用分类，凡是与某种产品有关的费用支出，都应计入该产品成本。责任成本以责任者为对象，不论某种费用发生在哪里，发生在何时，用于何种产品，谁负责的就算在谁的账上。责任成本认定可控、不可控，是按已确定的经济责任分管的范围来确定成本责任归属。可控解决归属问题，使其形成一个成本分管体系，做到责任分工具体化、数量化，并可加以考核。

2. 成本中心考评指标设计

成本中心预算业绩的考核与评价，主要是通过一定期间实际发生的成本同责任预算所确定的预计数进行对比来实现的。在实际操作中，可以采用目标成本变动额和目标成本变动率这两个指标来考评成本中心预算业绩。

（1）目标成本变动额：

$$\text{目标成本变动额} = \text{实际成本} - \text{预算成本}$$

（2）目标成本变动率：

$$\text{目标成本变动率} = \frac{\text{目标成本变动额}}{\text{预算成本}} \times 100\%$$

在对成本中心进行考核与评价时，应该注意，如果预算产量与实际产量不一致时，应首先按照弹性预算的方法调整预算指标，然后再进行考评。不过，值得强调的是，如果成本中心的产品没有达到预算规定的数量，则会对其他单位产生不利的影响。因此，成本中心必须按照预算规定的计划产量来生产，这个要求通常是硬性的，很少有伸缩余地。完不成上述要求，成本中心要受到批评甚至惩罚。过低的产量，当然是没有完成预算任务，这一点我们很容易理解。而过高的产量，提前产出造成积压，超产以后销售不出去，同样也会给企业带来损失，也应当视为未按预算计划进行生产。

3. 成本中心考评举例

【例8-1】华风医药科技有限公司是一家生产医药产品的企业，该公司第三车间生产一种消毒产品——康之素消毒液。20××年康之素消毒液预算产量为6 000件，产品成本预算资料见表8-2所列。

表8-2　康之素成本预算表

项目	标准单价	标准用量	标准成本
直接材料	10元/千克	6千克/件	60元
直接人工	10元/小时	4小时/件	40元
合计			100元

20××年实际生产量为7 000件，实际的成本资料见表8-3所列。

表8-3 康之素实际成本表

项目	实际单价	实际用量	实际成本
直接材料	10元/千克	5.6千克/件	56元
直接人工	10元/小时	3.9小时/件	39元
合计			95元

从上表可知,华风医药科技有限公司第三车间康之素消毒液的预算总成本应为600 000元(100元/件×6 000件),实际总成本为665 000元(95元/件×7 000件),超支了65 000元。

因预算产量与实际产量不一致,首先按照弹性预算的方法调整预算指标:

$$调整后的预算成本 = 100 \times 7\,000 = 700\,000(元)$$

接下来计算目标成本变动额和目标成本变动率这两个指标:

$$目标成本变动(降低)额 = 700\,000 - 665\,000 = 35\,000(元)$$

$$目标成本变动(降低)率 = \frac{35\,000}{700\,000} \times 100\% = 5\%$$

从以上两个指标的计算过程可以看出,三车间的责任成本是完成得比较好的,实际成本较预算成本降低了35 000元,降低率为5%,预算完成得较好。

(三)利润中心的考评指标

利润中心预算业绩的考核与评价,主要是通过比较一定期间实现的实际利润与预算利润,并进而对差异形成的原因和和责任进行具体剖析,借以对利润中心在经营上的得失和有关人员的功过做出全面而正确的评价。

对利润中心预算业绩的考评有以下两种方法:

1. 利润中心只计算可控成本,不分担其不可控的共同成本

这种方法用到的计算公式如下:

$$利润中心贡献毛益总额 = 销售收入总额 - 可控成本总额$$

按照这种方式计算出来的盈利,实际上是贡献毛益总额。整个企业各利润中心的“贡献毛益总额”之和,减去未分配的共同成本,经过调整后的数额才是企业的税前利润总额。采用这种成本计算方法的利润中心,实质上是贡献毛益中心。这种方法一般适用于人为利润中心。

2. 利润中心不仅要计算其可控成本,还要计算其不可控成本

在具体计算时,采用变动成本法计算,利润中心需要先计算出贡献毛益总额,再减去相应的期间费用,才是税前净利润。

这种方法用到的计算公式如下:

$$\begin{matrix}利润中心责任人\\贡献毛益总额\end{matrix} = \begin{matrix}销售收\\入总额\end{matrix} - \begin{matrix}可控(变动)\\成本总额\end{matrix} - \begin{matrix}该责任人可控\\的固定成本\end{matrix}$$

$$\begin{matrix}利润中心贡\\献毛益总额\end{matrix} = \begin{matrix}利润中心责任人\\贡献毛益总额\end{matrix} - \begin{matrix}利润中心责任人不可控但高层\\管理部门可控的固定成本\end{matrix}$$

企业的营业利润(税前利润)等于各利润中心的贡献毛益总额之和减去企业不可分摊的其他期间费用。这种方法一般适用于自然利润中心。

利润中心责任人贡献毛益总额主要用于评价利润中心负责人的预算业绩,因而必须就中

心负责人的可控成本进行考核、评价。为此,必须在各利润中心固定成本基础上,进一步区分为负责人可控成本和不可控成本。这是因为有些成本尽管是利润中心的固定成本,但是中心负责人却不能控制,如保险费等。利润中心责任人贡献毛益总额反映的是中心负责人对其控制的资源有效利用的程度。

对于利润中心的预算业绩考核,除了贡献毛益之外,还应当考虑其他一些指标。因为任何一个单独的业绩衡量指标都不能反映出某个组织单位的所有经济效果,贡献毛益(利润)指标也是如此。因此,尽管贡献毛益指标具有综合性,其计算具有强制性和较好的规范化程度,但有时候仍然需要一些非货币的衡量方法作为补充,包括生产率、市场地位、职工态度、产品质量、社会责任等。

(四)投资中心的考评指标

对于投资中心预算业绩的考核与评价,通常可以采用以下两个指标来进行:

1. 投资利润率

$$\text{投资利润率}=\frac{\text{营业利润}}{\text{经营资产(投资额)}}$$

公式中的营业利润是指扣减利息费用和所得税之前的利润。这是因为投资利润率所要反映的是投资中心如何有效利用其资产,以获得利润。而利息和所得税与资产的使用无关,故需要将这两者排除在外。

投资利润率是全面考评投资中心各项经营活动的综合性质量指标。它既能揭示投资中心的利润水平,又能反映资产的使用效果。利用投资利润率指标不仅能使不同经营规模的责任中心的业绩具有可比性,而且为企业合理调整资金布局和进行新的投资提供了决策依据。但其不足之处在于:以投资利润率作为考评指标,可能会使管理者将目标定位于努力使自己部门的投资利润率最大化,而不顾企业整体效益,引发职能失调行为。如部门的决策者在当期投资利润率为15%的情况下,会放弃投资利润率为12%的项目,因为如果选择12%的利润率的项目会使部门总体的投资利润率降低。但是在企业集团的资本成本为10%的情况下,就企业集团而言,投资于12%的项目也许是可以接受的,因为它能从整体上提高企业集团的投资利润率。

2. 剩余收益

为了解决用单纯的投资利润率进行考评可能出现的目标不一致的问题,现实中很多企业还使用另外一个指标——剩余收益。

$$\text{剩余收益}=\text{营业利润}-\text{经营资产}\times\text{预算的最低报酬率}$$

剩余收益是一个绝对数指标,其主要优点是可以使业绩考评与企业的目标协调一致,引导投资中心负责人采纳高于企业资本成本的决策。采用剩余收益指标还有一个好处,就是允许使用不同的风险调整资本成本。当然,其缺点在于因为它是一个绝对数指标,不便于不同部门之间的比较,规模大的部门容易获得较大的剩余收益,而它们的投资利润率并不一定很高。因此,许多企业在使用这一方法时,事先建立与每个部门资产结构相适应的剩余收益预算,然后通过实际与预算的对比来评价部门的业绩。

二、财务预算考评的目标导向

从预算考评的目标导向功能来看,最常见的表现形式有两种:一种是强调实际经营业绩越高越好的“业绩导向型”考评;另一种是强调预算与实际情况之间误差越小越好的“真实导向型”考评。

(一)“业绩导向型”预算考评

“业绩导向型”预算考评制度,是指预算考评指标以及奖惩幅度的设计均以预算实际完成情况为主。业绩导向型预算考评制度通过将预算目标的实现程度作为预算考评和奖惩的关键内容,激励预算执行者努力追求最高的业绩。

以业绩为导向的预算考评制度存在一定的缺陷,主要表现在以下两个方面:

(1) 容易导致短期行为。如果企业预算考评以业绩为目标导向时,预算执行者可能会为了短期利益,而损害企业的长远利益。例如,预算期末某责任部门有一台机器设备正好需要维修,可是维修的成本较高,需要支付一大笔的维修费用,如果在当期维修这台机器,该部门当期的业绩将会显著下降,因此该部门经理为了实现更好的当期业绩而获得更多的奖励,可能会将此台设备维修推迟至下个预算期进行。这种决策行为的结果是推迟必要的设备维修,一方面加大了未来生产过程中引生产发安全事故的可能性;另一方面也会使将来的维修成本可能变得更高。

(2) 容易导致预算松弛。采用业绩导向型预算考评制度时,由于预算目标的完成情况与工资、奖金等切身利益密切关联,这无疑会加剧预算目标制定过程中上下级之间的讨价还价。特别是在现代参与式预算中,预算执行者通常会通过瞒报或虚报,以获得较为松弛的预算目标,从而使自己将来能获得更多的利益。

(二)“真实导向型”预算考评

“真实导向型”预算考评,是指预算考评指标以及奖惩制度设计均以预算的准确性为主,强调预算实际执行结果与预算目标之间的误差越小越好,实际执行结果与预算目标之间越吻合越好。最常见的做法是:设计业绩指标的合理正、负区域,实际结果偏离该区域越远,预算考评结果越差。在这种考评导向下,预算业绩的好坏已经让位于“真实准确”,即使出现较大的有利差异考评时结果仍然很差。显然,这种目标导向的意义在于:预算作为配置经济资源、规划未来的重要工具,预算越接近真实,那么按预算进行资源配置的效率就越高,资源效益同时也能得到更有效地发挥;而且预算越准确,对实际执行的现实指导意义也就越强。

以真实为导向的预算考评制度也存在一定的缺陷,主要表现在以下两个方面:

(1) 容易导致不道德行为。预算执行者不道德行为最常见的表现形式之一,就是通过操纵预算执行结果,实现各时期实际情况与预算指标的表面一致性,即在不改变该部门真实业绩的前提下,通过对业务递延或加速的处理,实现实际执行结果与预算指标的表面吻合,而非实质吻合。这种行为表面上虽然没有导致企业整体的经营业绩差异,但是对特定时期的企业成本而言,一方面它没有反映真实情况,可能使企业制定不当的标准,从而造成资源配置的错误;另一方面,为抵制这种行为,企业必将增加监控成本。

(2) 容易妨碍绩效的持续改善。知识经济时代,企业之间的竞争日趋激烈,谁要想在竞争中获胜,企业组织的持续改进能力变得越来越重要。企业只关注业绩的准确性而忽视对环境的快速反应,不但不利于激励预算执行者最大限度地挖掘潜力,努力追求更高的业绩目标,反而可能抑制了企业业绩的持续改善。

(三)“业绩导向型”与“真实导向型”的矛盾及其协调

1. “业绩导向型”与“真实导向型”的矛盾

对于企业来讲,“业绩”与“真实”这两者往往不可兼得。“业绩导向型”考评能够促使预算的执行者追求更高的业绩,但是却可能加剧预算管理过程中的讨价还价和预算松弛等消极行为,从而削弱财务预算对现实的指导和规划作用。“真实导向型”预算考评能够增强预算的准确性和真实性,使预算更好地发挥规划和现实指导功能,但却可能妨碍预算执行者努力追求更高、更好的业绩。这样,以业绩为导向还是以真实为导向,成为预算考评制度设计中一个两难的选择。

业绩导向和真实导向分别代表着财务预算管理的两个重要的职能。业绩是预算管理的目标,因此它理所当然是预算考评的核心,只有这样预算的控制职能才能立足根本;真实是预算规划和控制职能实现的前提,只有真实规划结果作为控制的依据才有价值。可是作为目标导向,真实和业绩似乎又是一对矛盾,追求真实会妨碍业绩的提升,追求业绩又往往诱发失真。

2. “业绩导向型”与“真实导向型”矛盾的协调

我们可以从以下几个方面来协调这二者的矛盾:

(1) 完善预算考评与奖惩的关联性。消除或尽量减少预算松弛现象,可以从有效激励方案的设计入手。企业可以建立一种以真实导向为主的薪酬方案,通过“各报预算,加权平均;少报受罚,多报不奖;超额有奖,欠收有罚”等做法,引入奖励和惩罚性薪酬机制,引导预算责任人在注重业绩的同时自觉追求真实准确。通过类似的薪酬方案,可以极大地削弱预算责任人隐瞒或低报业绩能力的动机,有助于促进真实预算信息的披露,激励预算责任人选择自身对未来真实预期的业绩标准或目标。在此基础上,它也对努力追求业绩最大具有一定的激励作用。建立科学、严谨的预算考评制度,并将其与薪酬挂钩,通过让预算执行者“心动”以引发其与企业利益相一致的“行动”的方式,是解决业绩导向与真实导向矛盾的有效措施。

(2) 完善预算考评指标设计。传统的预算考评指标体系往往以财务指标为主,企业可考虑在预算考评指标体系中加入预算准确率、审计报告等级等修正性的指标。预算准确率,是指反映业绩能力的指标实际指标值与预算目标值的差异率,该指标一方面鼓励各级预算责任单位认真做好预算编制工作,提高预算数据准确性;另一方面,鼓励预算责任人根据自身实际情况,在上级下达的预算目标之上,提出更切合实际的预算目标,提高预算编制数据对监控的指导作用。审计报告等级,是指由内部审计或外部审计对预算责任人的预算执行结果进行审计,对其内控状况或者年度会计报告发表审计报告的质量等级。该项指标的考核旨在借助审计报告结论来反映和强化预算执行结果的准确性。这些修正性指标的加入,无疑将促使预算责任人在重视业绩指标的同时,关注预算编制和预算执行结果的真实准确性。

(3) 完善企业预算文化。有研究表明,预算紧控制可能会导致一系列问题,如工作紧张程度的加强,与上级关系恶化,同事关系恶化以及大量财务数据操纵等。在竞争日益加剧的今天,拥有高度的创新能力和应变能力才是维持企业竞争力的关键。因此,淡化预算的控制和考评功能,转而强化其预测、计划和沟通功能的预算松控制文化越来越多地引起了理论与实务界的关注。在预算松控制环境中,预算不再被定义为是对责任人进行约束和评价的重要标准,相反,它是组织内部上下左右间进行有效沟通和计划的重要工具。预算目标确定和预算编制的主要目的在于准确预测、把握未来并制定相应的应对方略,其重点乃是规划未来各种特定假设前提下的具体行动方案和资源支持;预算反馈的主要作用则在于完善过程以及检验并修正战略和计划,其重点将围绕预算执行中的关键性问题进行持续性交流。在松控制环境中,预算成为促进组织学习、交流并提升对未来市场掌控能力的多元“数据库”。越是市场竞争激烈、经营环境多变、组织灵活性强的企业,预算的规划指导意义越强。至于预算考评,其主要作用是分析和改进工作,放弃与薪酬的直接挂钩。

在预算松控制文化中,传导着一种“以人为本”的管理理念,即“我所聘用的是最优秀的员工,我相信他们能主动地完成自己的工作”。在相对宽松、充满信任的文化氛围里,预算成为一种“按照正常逻辑,具有最大可能性”的结果。如此一来,业绩和真实两种导向无疑将从根本上得以兼顾。

三、财务预算考评应注意的问题

在对企业财务预算考评的过程中,考评主体应当注意以下一些问题。

(一)财务指标与非财务指标的融合

前面介绍对责任中心的预算考评中,采用的都是财务指标。因为它具有能与业绩直接挂钩、数据较为容易获得、比较规范等优点,所以财务指标在预算考评中占据了主导地位。但是,随着企业经营环境的日益复杂多变,财务指标的局限性也越来越明显。如注重过去已实现的业绩而忽视未来的发展能力;易导致长短期利益的失衡,可能误导经营代理人的行为;更倾向于内部化,而可能忽视了其市场的竞争地位及其变化等。所以在预算考评的时候,我们应注意适当采用一些非财务指标,注重财务指标和非财务指标的融合。在采用非财务指标时应注意:非财务指标根据企业经营目标和经营方针要求选取,凡是能够定量的应该尽量定量化,如发货差错率、投诉率、顾客满意率等;对于确实无法量化的可以采用定性考评,但分挡定性标准必须明确。常用的非财务指标包括市场占有率、产品废品率、返修率、顾客满意度、创新能力、安全性等。显然,非财务指标更加注重对未来的预期评价,具有前瞻性,注重于收益的稳定与长期增长,这些都是财务指标难以做到的。在财务预算考评中,必须将财务指标与非财务指标结合使用,形成一个包含战略、技术,包含企业各个部门、包含整个生产经营流程的综合考评体系,提高预算考评的公平性和合理性。

(二)正确区分对集体和对个人的考评

考评时应当正确区分个人绩效与集体绩效。对个人考评时,不管所在部门或基层单位的业绩如何,个人出色地完成了自己的工作就应该予以奖励。但是,现代企业运行的相互依赖性很强,作业链的相互联结,作业的集体从事,使得很多工作都要依靠别人的支持,甚至分不清个人责任,尤其是预算责任落实主要是针对集体而非个人,所以预算考评越来越重视对集体的考评。

(三)区分不同层级进行考评

对于企业高层管理者,主要强调做正确的事,如企业战略目标的实施、管理状况等。对于企业中层管理者,主要强调把事做正确,如工作目标的完成等。对于企业的业务人员,主要强调正确地做事,如计划完成、责任履行等。考评中关注过程中的规范性、主动性、责任性等关键行为。

第五节　财务预算差异分析

进行差异分析一般是在预算执行完成后,主要是对实际完成的情况与预算的标准进行对比,并确定差异,分析差异产生的原因,总结经验教训,提出改进措施与办法等。预算差异分析既可以总结预算执行情况,评价预算期间预算工作的好坏,又可以为企业的奖惩提供数据依据。

一、财务预算差异分析方法

财务预算差异分析所用到的方法不外乎两大类:一类是定量分析法;另一类是定性分析法。定量分析法是通过数据的对比、换算等,来查找预算差异原因的方法。定性分析法主要是通过直接观察、实地调查、与相关人员座谈等形式达到收集相关资料、了解实际情况、查找原因的目的。在实际操作中,使用最广泛的是定量分析法,下面介绍几种预算差异定量分析的具体方法。

(一)对比分析法

对比分析法是一种最基本的预算差异分析法,通过各个指标的数据对比,从而确定差异,主要的作用是揭示客观上存在的差距。在财务预算的差异分析中,一般是通过实际数据与预算标准的对比来揭示实际与预算之间的数量关系和差异,分析预算执行过程中存在的问题,为进一步分析原因指明方向。对比分析法主要是指标数据绝对额的比较,如金额的比较、数量的比较等。应用对比分析法要注意对比指标在计算口径、计算基础和时间单位等方面的是否一致,要不然则不具有可比较性。

(二)比率分析法

比率分析法是一种通过计算和对比经济指标来进行数量分析,确定经济活动变动程度的方法。它是一种相对数值的比较,比较前先要把对比的数值变成相对数,然后再来进行对比分析。采用比率分析法时,应当注意以下几点:第一,对比项目的相关性;第二,对比口径的一致性;第三,衡量标准的科学性。

通常采用的比率分析法有相关指标比率分析、构成比率指标分析和动态比率分析。相关指标比率分析是将两个性质不同但又相关的数据对比求出比率,然后再以实际数与预算数进行对比分析,以便从经济活动的客观联系中更深入地认识企业的生产经营情况,如净资产利润率指标等。构成比率,又称结构比率,是指某项指标的各组成部分数值占总体数值的百分比,反映部分与总体的关系。如将构成产品成本的各个成本项目与产品总成本相比,计算其占总成本的权重,确定成本的构成比率,然后将实际构成比率与预算构成比率对比,通过观察成本组成结构的变化,找出超标成本和节约成本,并查找原因。动态比率分析是将不同时期的同类指标的数值进行对比求出比率,进行动态比较,据以分析该项指标的增减变动幅度,从而发现企业在实际经营生产中的问题。

(三)因素分析法

因素分析法是依据分析指标与其影响因素的关系,从数量上确定各因素对分析指标影响方向和影响程度的一种方法。在财务预算的执行过程中,造成实际业绩与预算标准之间差异的因素很多,有的是主要因素,有的是次要因素,为了对各种因素的影响程度进行度量,就需要用到因素分析法。

因素分析法根据计算方法和程序的不同,主要有以下几种:

(1)连环替代法。这种方法是将分析指标分解为各个可以计量的因素,并根据各个因素之间的依存关系,顺次用各因素的比较值(实际值)替代基准值(预算值),据以测定各因素对分析指标的影响。在计算中,先以预算数作为计算基础,然后按照公式中所列因素的同一顺序,依次以实际值替代预算值,测定各因素对相关预算指标的影响。

(2)差额分析法。这种方法是连环替代法的一种简化形式,是利用各个因素的比较值与基准值之间的差额,来计算各因素对分析指标的影响。比如,生产成本中折旧费用增加的原因分析,可以分解为计提折旧的固定资产数量增加和单台固定资产计提折旧额增加两部分,考察两部分对总折旧差额的影响。

(3) 指标分解法。这种方法要求将一个综合的指标分解为几个具体的指标,以便分析和查找差异产生的原因。比如杜邦财务分析体系将权益净利率分解为销售净利率、资产周转率和权益乘数等三个指标的乘积,将企业总的经营情况向下追溯,以针对不同指标的影响采取不同措施。

二、财务预算差异分析步骤

对于财务预算差异分析,不同的行业、不同的企业可能会有不同的分析步骤,没有一个固定的通用程序。但是一般而言,都会包括以下一些主要步骤。

(一) 收集相关信息、资料

财务预算差异分析体系中数据繁多,所以预算差异分析也是一个系统性的复杂工作。在明确分析目的的基础上,首先要收集相关的信息、资料。信息的收集是一个长期而连续的过程,在预算管理中,整个企业就是一个信息库,进行预算差异分析所需要的信息并不一定是信息库中所有的内容,而是有所取舍选择的,一般来说,只需要预算编制的结果,以及与这些结果对应的实际数据。收集信息的工作是需要全员参与的,当然最后的整理汇总需要专业人员来进行。

(二) 数据对比,确定差异

在预算执行过程中,需要对预算完成情况随时记录,并定期编制预算控制报告,将这些报告中企业业务实际完成情况与预算目标进行对比,就可以发现对应的项目、数据之间的差异。

(三) 分析差异产生的原因

确定预算差异并不是最终的目的,最终是要找出预算执行过程中存在的问题,以便采取合理适当的措施来改进这些问题,促进企业健康发展。财务预算在执行过程中存在差异是不可以避免的,而且可能会产生各种各样的差异。面对大量差异,不可能对所有的差异都进行细致分析,而应该有针对性的进行取舍,应该着重考察原因不明确的差异和重大差异。

在评估调查差异发生的原因时,应当考虑到:

(1) 差异可能是微不足道的。对于这样的差异不需要花费过多的时间和人力来考察。

(2) 差异可能由于报道上的错误所致。财务会计部门所提供的预算目标及实际资料,应予检查记录上有无错误。比如,因一笔会计分录误记到某部门,便可能导致该部门发生不利差异,而造成另一部门的有利差异。

(3) 差异可能由于某项特定的经营决策所致。为了提高效率或者为了应付某些特定紧急事故,管理当局下达决策而导致差异产生。例如,管理当局为了应对另一企业挖角之挑战,给员工加薪等。此类差异需要予以辨识,因为一旦认清,便不需要进一步调查,当该项决策做成之时,即已经确定差异必然发生。

(4) 许多差异可能是由于不可控制的因素导致的,而这些因素又可以加以辨识。

(5) 真正的原因未能弄清楚的差异,应予以格外关注,且应予以审慎调查。

(四) 提出改进措施

差异确定并分析出原因之后,就要分别采取相应的措施,解决发现的问题,杜绝再次发生的可能,使企业生产经营顺利进行。

影响企业财务预算的内部因素则与具体的预算密切相关。能确定责任部门和责任人的差异,应按照责、权、利等原则给予相应的奖惩。不能确定责任归属的差异,应由相关部门或人员按照一定的受益比例划分责任,作为奖惩的依据。

影响企业预算的外部因素是各种各样的。对于外部因素,应区分对企业有利影响和不利影响,以便制定适应外部因素变化的措施。外部因素包括宏观环境、突发事件和行业形势等。

(1) 宏观环境的应对。企业处在社会大环境中,在生产经营时就必须考虑到政府政策、当局的相关法律、通货膨胀、教育水平、社会习俗等,从中寻找机会。虽然宏观环境对于企业来说是不可控因素,但在一段时期内宏观环境通常都是稳定的,相对平稳的。所以,通过密切关注国家的相关政策,关注新技术的研发倾向,宏观环境的导向性变化还是有迹可循的,在制定财务预算时就应当充分预测预算期间宏观环境的变化。在预算差异分析时,如果发现有些预算是因为宏观环境的变化引起的,则需要根据变化后的宏观环境调整执行中的预算或下期预算,而该差异不应当作为奖惩的依据。

(2) 突发事件的应对。突发事件是非常规的,不可以预计的,而它们对企业的生产经营也会产生重大的影响。突发事件既包括自然环境的变化,也包括社会环境的变化。突发事件在企业制定预算时是无法预计的,也属于不可控因素。当然,虽然企业无法事先预计突发事件,但在预算管理中还是应当事先做好一定的应付准备,比如建立应急基金等。

(3) 行业形势的应对。行业形势指的是企业所处行业的发展情况、行业竞争激烈程度等。企业所面对的行业环境在企业选择进入这个行业时就已经基本确定,只要企业没有退出该行业,则其面临的行业形势都是在原来的基础上不断变化发展的。企业作为这个行业的一份子,是没有办法决定或改变行业形势的。所以行业形势对于企业来说也是一个不可控因素,需要企业给予更多的持续关注。在预算差异分析时,如果发现有些预算是因为行业形势的变化引起的,则需要根据变化后的行业形势调整执行中的预算或下期预算,而该差异通常也不应作为奖惩的依据。

(五) 提交差异分析报告

预算差异分析完成后,各责任单位要形成预算差异分析报告,于每月固定日期之前将上月预算差异分析报告交企业预算管理部门,由预算管理部门形成总预算差异分析报告,以便对整个预算的执行过程进行动态控制提供资料依据。预算差异分析报告一般应有以下内容:本期预算额、本期实际发生额、本期差异额、累计预算额、累计实际发生额、累计差异额;对差异额进行的分析;产生不利差异的原因、责任归属、改进措施以及形成有利差异的原因和今后进行巩固、推广的建议等。

差异分析完成之后,还需要调整相关单位的经营活动和后续期间的预算。提出改进措施后,相关责任单位就需要调整自己的经营活动。也就是说,由内部可控因素引起的不利预算差异,应由对应的责任部门调整其经营活动,消除差异产生的原因,并尽可能在后续月度内消化已形成的预算差异。相应地,预算控制部门对上述责任部门的经营活动要加强预算监督与控制力度。同时,结合相关责任单位为消除不利差异所做的调整,由预算部门对初始编定的后续各期预算进行调整,以保证在完成年度预算的目标下,月度预算能够及时反映经营活动的变化,也便于实施控制与考核。

三、销售预算差异分析

(一) 销售预算差异分析过程

销售预算差异的分析可以从销售收入着手,进而观察销售量和销售价格,查明影响各差异的原因。

$$销售收入 = 销售量 \times 销售价格$$

$$销售量 = 当期产量 + 期初存货 - 期末存货$$

实际的销售收入会与预算的目标之间产生差异,由以上的销售收入计算公式我们可以知道,可能的原因有两个因素,即销售量和销售价格的变化。因此,销售收入预算差异的分析可以分解为销售价格差异和销售数量差异,可以用以下公式表示:

$$\begin{aligned}
销售收入差异 &= 实际销售收入 - 预算销售收入 \\
&= 实际销售量 \times 实际销售价格 - 预算销售量 \times 预算销售价格 \\
&= 实际销售量 \times 实际销售价格 - 实际销售量 \times 预算销售价格 \\
&\quad + 实际销售量 \times 预算销售价格 - 预算销售量 \times 预算销售价格 \\
&= 实际销售量 \times (实际销售价格 - 预算销售价格) \\
&\quad + (实际销售量 - 预算销售量) \times 预算销售价格 \\
&= 销售价格差异 + 销售数量差异
\end{aligned}$$

从以上公式可以知道,销售价格差异是由于实际销售价格偏离预算销售价格而造成的销售收入预算差异;销售数量差异是由于实际销售量偏离预算销售量而造成的销售收入预算差异。通过将销售收入差异分解之后,可以将销售收入完成情况进一步深化,找到影响销售收入预算执行情况的具体原因,并为寻找深层次原因提供突破点。

除了分析销售收入预算差异外,也要考虑销售量预算差异。销售量预算差异分析可以说是对销售收入预算差异分析的一个补充,通过对产品生产和库存的了解,可以进一步说明生产量、期初和期末存货数量对销售量的影响。对于销售量预算差异分析不能简单地认为正差异就是有利的,特别是生产和库存的差异,如果超过了企业正常的生产和库存能力,不但不会对企业的经营有利,还会造成额外的负担。所以,对销售量差异需要根据企业所处的特定行业、企业的自身生产经营条件、所处的经营周期,以及不断变化的各种条件进行综合的考虑。

(二) 提出改进措施

影响企业销售的内部因素主要是生产经营状况和销售组织工作的情况,包括产品生产、销售价格与货款结算方式、销售渠道和方式、营销和售后服务等方面的影响。为了挖掘企业内部的潜力,扩大销售规模,提高盈利能力,应当重点分析企业内部因素,针对内部因素的影响提出改进措施。影响企业销售的内部因素主要可以分为三类:企业生产经营状况、产品销售结构和产品销售方式。

(1) 企业生产经营状况。在一般情况下,企业应当做到产销平衡,但在某些企业或某段特定时期内,由于季节性生产或销售等原因,本期产品的生产量和销售量可能并不一致,产销之间产生差距,做不到绝对平衡。因此,要结合企业的具体生产经营状况,分析库存产品的变动情况。

(2) 产品销售结构。现今企业生产和销售的产品一般不会只有一种,而是多种产品同时在市场上销售，而各种产品在市场上销售状况也不会完全一样。产品品种是否适应市场需要，对产品销售具有重要的影响。由于各种品种的产品的销售量和销售价格不同，必然会引起产品销售收入发生变化。因此，必须经常调查市场的产品需求情况，进行产品销售结构变化分析，以便了解各种产品销售的变化情况。在考察了企业对市场需求的满足程度后，企业可以根据市场需求不断调整产品结构，保证生产的产品畅销。

(3) 产品销售方式。企业产品的销售方式有多种，如自营自销、委托销售等，不同的销售方式涉及的货款回收时间、企业销售费用投入、折扣标准等因素都可能不同，所以不同的销售方式对企业的预算完成会产生影响。合理运用多种营销方式，有利于企业扩大产品销售。因此，在分析企业销售预算差异时，需要分析不同销售方式对企业销售预算的影响，以判断和寻找适合企业的销售方式。然后，企业才可以在持续经营中不断调整，以实现企业的财务预算目标。

四、成本费用预算差异分析

成本预算差异是实际成本与预算成本之间的差距。确定成本预算差异之后，就需要对这些差异进行深入细致的分析，以便找到对这些差异产生影响的各个因素，为企业不断改进生产技术、提高劳动生产率、降低成本水平提供数据基础。成本预算差异分析的内容按照项目可以分为直接材料差异分析、直接人工差异分析和制造费用差异分析。

(一) 直接材料差异分析

1. 直接材料预算差异分析过程

直接材料在产品成本中所占的比例一般都是比较大的，在保证产品质量的情况下，高效地利用直接材料，减少浪费，是不断降低产品成本的主要途径。直接材料成本差异是指直接材料的实际成本与直接材料预算成本的差额，用公式表示为

$$
\begin{aligned}
\text{直接材料成本差异} &= \text{直接材料实际成本} - \text{直接材料预算成本} \\
&= \text{实际价格} \times \text{实际单位耗用量} \times \text{实际产量} \\
&\quad - \text{预算价格} \times \text{预算单位耗用量} \times \text{预算产量}
\end{aligned}
$$

从以上公式可以看出，直接材料成本差异可以由三个方面来导致：一是价格差异，即材料的实际采购价格偏离预算价格造成的；二是用量差异，即材料的实际单位耗用量偏离预算单位耗用量导致的；三是产量差异，即实际产量偏离预算产量造成的。

2. 采取的相应措施

对于直接材料价格差异主要应当由企业的材料采购部门负责。为了应对价格差异，需要采购部门密切关注材料市场的行情，与主要材料供应商建立长期的伙伴合作关系，对内制定合理的材料采购、运输和仓储政策。决定材料价格的因素是多方面的，很多引起材料价格变动的因素是采购部门不能控制的。这些原因造成的材料采购价格差异如果能够分清，就应该相应从企业的材料采购价格差异中剔除或分配到相关的部门，而不能作为采购部门的奖惩依据。

直接材料用量差异一般由生产部门负责，通常他们是可以控制材料用量的多少的，比如，是否合理用料，是否遵守操作规程，生产工人技术的熟练程度和对工作的责任感，生产用的机器设备是否完好，有无贪污盗窃现象等。针对不同原因造成的节约或超支，需要视具体情况对相应的责任人加以奖惩以实现激励与约束。

(二) 直接人工差异分析

1. 直接人工预算差异分析过程

员工的劳动构成产品成本的重要组成部分。如何有效调动员工生产积极性,合理控制人力资本支出,是值得企业思考的问题。通过直接人工成本差异分析,将工资率、产品产量和生产时间等因素联系起来,可以为企业考察人工成本的合理性提供依据。直接人工成本差异是指直接人工的实际成本与预算成本之间的差额,用公式表示为

直接人工成本差异 = 直接人工实际成本 - 直接人工预算成本
= 实际工资率 × 实际单位工时 × 实际产量
- 预算工资率 × 预算单位工时 × 预算产量

这一差异根据形成的原因不同,可以分为工资率差异、单位工时差异和产量差异三部分。

2. 采取的相应措施

一般说来,企业一段较长的时间内的工资率是稳定的,频繁的波动不利于企业其他相关经营目标的确定,也不利于平衡员工的心态。当然,出于各种原因和目的,工资率的变化也是不可以避免的,比如,某种专业技术工人供不应求,必须以提高工资率来保证企业的人员需求;又如,企业为了调动员工的生产积极性,合理地提高工资率等。直接人工工资率的差异一般应该由劳动人事部门来负责,比如,工资制度的变化、生产工人升级或降级使用等。工资率差异也可能是生产部门的责任,比如,生产部门新设备的使用需要较高等级的员工才能操作,相应需要提高工资率。

对于工时差异,基本上应该由生产部门负责,比如,生产工人的技术熟练程度和责任感,生产流程安排是否合理、加工设备的完好程度等。但也有一部分工时差异是由其他部门造成的,如材料质量不好而影响生产效率,这样形成的差异就应该由仓储部门或材料采购部门负责。确定了责任人之后,相应的奖惩是必要的,同时还需要采取措施使类似的情况不再发生。

(三) 制造费用差异分析

1. 制造费用差异分析过程

企业在产品的生产过程中,除了直接耗用材料和人工成本外,还会发生许多间接用于产品生产的制造费用,比如,车间厂房的折旧、车间辅助人员的工资等。

制造费用差异 = 实际制造费用 - 预算制造费用
= 实际制造费用分配率 × 实际单位工时 × 实际产量
- 预算制造费用分配率 × 预算单位工时 × 预算产量

这一差异也可以分为制造费用分配率差异、工时差异和产量差异三部分。

2. 采取的相应措施

制造费用项目中归集了若干组成部分,包括生产设备的维修保养费用、生产车间固定资产折旧费、车间管理人员工资等。制造费用分配率也是一个复杂的综合体,受到多种因素的影响。在具体工作中,需要结合各项制造费用的发生额、变动情况、预算完成情况等多方面因素进行调查分析,找出影响制造费用分配率的主要原因并采取相应措施,将差异落实到相应的责任单位和个人。制造费用工时差异主要反映的是生产中的工时效率问题,基本上应该由生产部门负责,比如,车间工作人员的工作效率、设备检修一次后的使用时间等。

五、利润预算差异分析

利润是企业在一定期间生产经营活动的最终成果,是衡量企业经营管理水平的综合指标,也是企业实现其理财目标和扩大再生产的重要保证。利润预算差异分析通常可以根据利润计算表中的顺序来进行。

(一)利润预算差异分析过程

我们先来看企业利润的计算过程:

净利润 = 利润总额 - 所得税

利润总额 = 营业利润 + 营业外收入 - 营业外支出

营业利润 = 营业收入 - 营业成本 - 营业税金及附加 - 销售费用 - 管理费用 - 财务费用

利润预算差异的分析过程通常是根据以上利润计算过程来进行的,主要是比较实际数额与预算数额,确定差异额,从净利润向下层层分解,这样企业的预算管理体系就成了一个有机整体。

(二)采取的相应措施

利润预算差异额确定后,需要进一步研究这些差异发生的原因,并提出相应的改进措施。净利润、利润总额、营业利润这几个项目是通过其他项目,通过一定的公式计算得到的,所以分析其差异时,需要考虑到我们上面提到的计算公式。分析这些利润项目时,可以按照上述几个公式将利润项目的差异明确到每一个非利润项目,然后按照每个项目的相关制度和规定采取适当措施。当然,虽然利润项目差异通过这种方式落实到具体部门和个人,将企业各级各部门都联系在一起,但是利润中心的负责人和企业的管理层仍然要对利润预算的完成承担责任,以惩罚和激励企业的各级管理人员。

【复习思考题】

1. 财务预算考评的主体和客体是谁?财务预算考评应遵循哪些原则?
2. 财务预算考评的程序是什么?财务预算考评可利用的方法有哪些?
3. 如何协调“业绩导向型”与“真实导向型”考评目标导向之间的矛盾?
4. 根据预算考评范围可以将预算考评指标分为哪几类?对成本中心、利润中心和投资中心常用考评指标有哪些?
5. 如何对销售预算、成本费用预算和利润预算进行预算差异分析?

【案例分析题】

P 公司:以人为本的预算文化

传统的预算考评逐渐暴露出讨价还价、预算松弛等诸多弊端,于是,实务界不断地尝试着进行各种改进与完善。P 公司的预算文化是掌控未来型而非传统的考核控制型。它倡导采用松控制模式,即预算管理的核心是预测未来、把握方向,弱化预算的控制功能和考评效用。预算考评的主要意义在于分析发现问题,从而改进工作;但不直接与业绩评价和薪酬挂钩,以削弱大家对此的“斤斤计较”。激励约束机制作用主要借助于以职业经理人为核心的“人本管理”文化来实现。

P公司的预算文化由以下三方面支撑。

首先,预算技能乃职业经理人之必备。在P公司的企业文化中,所谓职业经理人,除了专业水准和职业精神、职业道德外,其最大的特点就是“自我约束”和“自我激励”的能力。所有的经理都必须在沟通技能、预算技能与人员管理技能三个方面成为专家,否则将接受培训或者淘汰。所谓预算技能,主要是指对未来的准确预测和掌控能力,在每月的月度分析会上得以公开展现。正是这种培养、训练人力资源的方式和良好的职业经理人制度,造就了高水平的管理人员,为预算管理的有效实施奠定了良好基础。

其次,IIP项目支持全员参与预算。P公司认为,不但要对每一个员工的工作目标,更要对员工的发展方向进行明确的界定与有效的沟通。P公司提倡,在这个目标确定的过程中,员工才是主动角色,而经理则应该从旁引导。P公司启动了一个名为IIP(Invest In People 人力投资)的项目:每年要和员工完成两次高质量的交谈,一方面对员工的业务表现进行评估,另一方面还要帮助员工认识自己的潜力,告诉其特长在哪里,应该达到怎样的水平,以及某一岗位所需要的技能和应接受的培训。通过这种理念和沟通方式,保证了预算目标在最基层的有力执行。

第三,严管过程的执行理念。松控制模式与严格的执行理念并不矛盾,松控制不要求下级严格受制于预算,但是强调“具体问题具体分析”的执行理念。在P公司,并非有了预算就可以开支,涉及到具体问题和行动之时,必须遵守相关的程序和政策,进行可行性分析,重新判断必要性和可行性。这一方面强化了经理人的职业素养和管理能力,同时能更好地应对瞬息万变的市场环境,增强竞争优势。可见,严格过程的执行理念蕴含着随机应变的柔性管理思想,而非一味强调预算的刚性约束。

案例分析要求 讨论P公司预算考评方式与传统的考评方式相比有什么不同?有哪些优点和缺点?

第九章　财务预算的奖励与惩罚

内容介绍

本章主要介绍财务预算的奖励和惩罚，包括激励的基本理论、对个人的奖励和惩罚以及对责任中心的奖励和惩罚。

学习目标

了解激励的基本理论，熟悉财务预算奖惩的范围和主体，了解对高级管理人员、普通员工和各类责任中心奖惩的方法。

第一节　财务预算奖惩概述

奖惩就是企业通过设计适当的奖酬形式和工作环境，以一定的行为规范和惩罚性措施，借助信息沟通，来激发、引导、保持和归化组织成员的行为，以有效地实现组织及其成员个人目标的系统活动。一个有效的奖励手段必然是符合人的心理和行为活动的客观规律的；反之，不符合人类心理活动客观规律模式的奖励措施就不会达到调动人的积极性的目的。有效的奖励和惩罚制度是企业财务预算系统长期顺利运行的重要保证。考评和奖惩是相连的，考评之后必须有相应的奖惩制度与之衔接，才能够实现建立评价和奖励制度的目标，引导员工自觉惩罚自己的行为，激励他们努力工作。

一、激励的基本理论

激励理论始终伴随着管理学的发展而发展，综观种种激励理论，可以将它们归为三大类：内容型激励理论、过程型激励理论和行为改造型激励理论。

（一）内容型激励理论

内容型激励理论，主要研究激发动机的因素，注重对激励的原因与起激励作用的因素的具体内容进行研究，具有一定的静态性。由于这类理论所研究的内容都围绕需要这一核心要素，故又把它称为需要理论。这类理论主要有马斯洛需求层次论、赫茨伯格的双因素理论、奥德弗的《E·R·G理论》和麦克利兰的成就需要理论等。

1. 马斯洛需求层次论

1943年，美国著名的心理学家马斯洛（Abraham H. Maslow）在其《人类动机理论》一书中提出了“需要层系”的重要概念，他从人的内在本能和需求属性及其发展过程中进行探索，为研究奖励理论奠定了坚实的基础。

马斯洛认为，人的需求按照其重要性和发生的先后顺序，可以依次排列为生理需求、安全需求、社交需求、尊重需求和自我实现需求等五个层次，如图9-1所示。

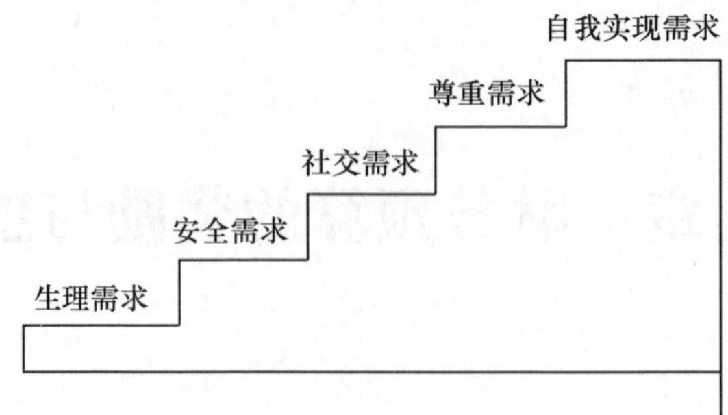

图9-1　马斯洛需求层次

生理需求,包括维持生活所必需的各种物质需要,是个人生存的基本需求,如吃、穿、住及休息等身体的需要。这类需求的级别最低,只有这些基本需求得到满足之后,才会出现另外的、更高级的需求。安全需求,主要针对身体安全和经济安全,以保障身心免受伤害,如不受盗窃和威胁,预防危险事故,职业有保障,有社会保险和退休基金等。社交需求,这是第三层次的需求,包括情感、交往、归属、被接纳等需要。人们在获得了生理和安全的需要之后,便希望能够与人友善相处,在融洽的人际气氛中工作和生活。人们渴望友爱,渴望成为某一组织或团体的一员,需要友谊和群体的归属感,人际交往需要彼此同情互助和赞许。尊重需求,即寻求自信、自立、成就、知识、地位、受人赏识,受人认同和受人尊敬的需要。人们的尊重需求也体现为自尊的要求,一个人一旦不能够自尊,或长期不被人尊重,便会导致自卑,严重影响工作积极性。自我实现需求是最高层次的需求,是指通过自己的努力,实现自己对生活的期望,从而对生活和工作真正感到很有意义。

当人的某一层次需求得到最低程度满足后,他就会追求高一层次需求的满足。如此逐级上升,成为推动人继续努力的内在动力。

2. 赫茨伯格的双因素理论

双因素理论是美国的行为科学家弗雷德里克·赫茨伯格(F. Herzberg)提出来的,又称奖励——保健因素理论。赫茨伯格认为满足人的需求有两类因素:奖励因素和保健因素。他通过对美国匹兹堡地区11个工商业机构的200多名会计师和工程师的工作满意感实证研究中发现:工作成就、社会认可、工作性质、工作责任和职业发展等因素与积极、正面的情感联系在一起,由于这些因素都与工作内容有关,因而称为“奖励因素”。赫茨伯格在调查中还发现,除了奖励因素之外,还有一类因素,如企业的政策与管理、与上级的关系、薪酬及工作条件等,与工作的情景有关,往往引起人们的不满意和负面情绪,赫茨伯格称之为“保健因素”。赫茨伯格的双因素理论同马斯洛的需求层次论有相似之处。他提出的保健因素相当于马斯洛提出的生理需求、安全需求、感情需求等较低级的需要;奖励因素则相当于尊重需求、自我实现需求等较高级的需要。当然,他们的具体分析和解释是不同的。

3. 奥德弗的《E·R·G理论》

美国耶鲁大学的奥德弗(Clayton Alderfer)对马斯洛的需要层次理论进行了修改和完善,修改后的马斯洛理论成为E·R·G理论。奥德弗将人的需要分为生存(Existence)需要、关系(Relationship)需要和成长(Growth)需要三大类,并总结出“受挫—倒退”的奖励发展模式。生存需要指的是人全部的生理需要和物质需要,如衣、食、住、行等各个方面。关系需要指在工作环境中对人与人之间的相互关系和交往的需要。成长需要是人要求得到提高和发展的内在欲望。

E·R·G 理论是以下面三个观点为基础的:

(1) 某个层次的需要得到的满足越少,则这种需要就愈为人们所渴求。

(2) 较低层次需要满足得越充分,对较高层次的需要往往就会越强烈。

(3) 较高层次的需要满足得越少,则对较低层次需要的渴求也就越多。

一般认为,E·R·G 理论很好地补充了马斯洛的需求层次的不足,且更符合实际。有人认为,它提供了更为实用的奖励方法。

4. 麦克利兰的成就需要理论

美国心理学家大卫·麦克利兰(David McClelland)对马斯洛“自我实现”有无充分根据表示出怀疑,他认为:人的需要都不是生理性的,而是社会性的,很难从单个人的角度归纳共同的、与生俱来的心理需要。时代不同,社会不同,文化背景不同,人的需要当然不同。麦克利兰用投影法来测定人们成就奖励的强度,即向被测试者出示非结构性的刺激来引起人们各种不同类型的反应。

麦克利兰经过 20 年的研究认为,成就需要具有挑战性,引发人的快感,增加奋斗精神,对行为起主要影响作用。成就需要理论的主要内容为:人们在生理需要得到满足以后,还有三种基本的奖励需要,即对权力的需要、对归属的需要和对成就的需要。权力需要的本质是渴望控制其环境中的各种资源,具有较高权力欲的人,对施加影响和控制表现出很大的兴趣;归属需要即建立友好的、亲密的人际关系的欲望,具有这方面需要的人,通常从友爱、情谊、人际之间的社会交往中得到欢乐和满足,并总是设法避免因被某个组织或社会团体拒之门外而带来的痛苦;有成就需要的人对胜利和成功有强烈的要求,同样也担心失败,他们乐意、甚至热衷于接受挑战,往往为自己树立有一定难度而又不是高不可攀的目标。

(二)过程型激励理论

过程型激励理论注重研究从行为动机的产生到行为的发生、发展、变化这一过程中的人的心理活动规律,阐明如何通过心理激励使人的行为积极性维持在一个较高的水平上。这类理论主要有期望理论、公平理论和目标设置理论等。

1. 期望理论

期望理论最早是由美国心理学家佛隆在 1964 年出版的《工作与激发》一书中首先提出来的。它是通过考察人们的努力行为与其所获得的最终奖酬之间的因果关系,来说明奖励过程并以选择合适的行为达到最终的奖酬目标的理论。这种理论认为,当人们又需要,又有达到目标的可能时,其积极性才会最高。用公式表示如下:

$$\text{奖励水平的高低} = \text{效价} \times \text{期望值}$$

由于各种人对某一目标的效价和期望值不尽相同,因此效价和期望值之间就可能有各种不同的组合形式,并由此产生不同的奖励力量。一般来说,目标效价和期望值都很高时,才会有较高的奖励力量;只要效价和期望值中有一项不高,则目标的奖励力量就不大。

2. 公平理论

公平理论是由美国心理学家亚当斯 1967 年提出来的。该理论的基本要点是:人的工作积极性不仅与个人实际报酬多少有关,而且与人们对报酬的分配是否感到公平更为密切。亚当斯认为,奖励中的一个重要因素是个人对报酬结构是否觉得公平。人们会将自己所投入工作的技能、时间及精力(投入),与所获得金钱及精神上的报酬(产出)相比较,得到一个比率,再将此比率与其他人或自己过去之比率进行比较,如果比率相等,人们会感到很满意并保持现状,如果比率不相等,人们则会产生认知失调的现象,此时人们便会有很强的动机来减少或降低这种不公平的认知。因此,从某种意义上来讲,动机的激发过程实际上是人与人进行比较,做出公平与否的判断,并据以指导行为的过程。

3. 目标设置理论

美国管理学家休斯和心理学教授洛克于20世纪60年代提出"目标设置理论",他们指出外来的刺激(奖励、沟通、监督的压力等)都是通过目标来影响动机的,并且目标越明确,目标难度越大,取得的成绩就越大。目标设置理论还指出,如果员工对组织的发展目标不甚了解,对自己的职责不清,没有明确的工作目标,必将大大降低目标对员工的奖励力量。这里的目标设置应具有SMART原则,即目标的具体性(Specific),目标的可测量性(Measurable),目标的可实现性(Achievable),目标的可行性(Realistic),和目标的时效性(Time)。

(三)行为改造型激励理论

行为改造型激励理论是从分析外部环境入手,着重研究如何转化和改造人的消极行为以及如何巩固和发展人的积极行为,这类理论主要有强化理论和挫折理论。

1. 强化理论

强化理论是美国的心理学家和行为科学家斯金纳提出的一种理论。强化理论也称之为刺激理论或诱导条件理论,它所体现的是一种工作绩效与奖励之间的客观联系,得到奖励的行为倾向于重复,得不到奖励的行为不予重复。同时,反馈可以同样扮演强化的角色,虽然反馈可能既非奖赏也非惩罚,但反馈本身就是一种奖励,它在塑造人的行为上起着重要作用。

根据强化的性质和目的可以把强化分为正强化和负强化。在管理上,正强化是奖励那些组织上需要的行为,从而加强这种行为;负强化是惩罚那些与组织不相容的行为,从而削弱这种行为。正强化的方法包括奖金、对成绩的认可、表扬、改善工作环境和人际关系、提升、安排担任挑战性的工作、给予学习和成长的机会等。负强化的方法包括批评、处分、降级等,有时不给予奖励或少给奖励也是一种负强化。

2. 挫折理论

挫折是指人类个体在从事有目的的活动过程中,指向目标的行为受到障碍或干扰,致使其动机不能实现,需要无法满足时所产生的紧张状态和情绪反应。挫折理论主要揭示人的动机行为受阻而未能满足需要时的心理状态,并由此而导致的行为表现,力求采取措施将消极性行为转化为积极性、建设性行为。

挫折对人的影响具有两面性:一方面,挫折可增加个体的心理承受能力,使人猛醒,汲取教训,改变目标或策略,从逆境中重新奋起;另一方面,挫折也可使人们处于不良的心理状态中,出现负向情绪反应,并采取消极的防卫方式来对付挫折情境,从而导致不安全的行为反应。

二、财务预算管理与奖惩

在企业实施财务预算管理的同时,制定一套科学合理的奖励制度是确保企业财务预算管理系统长期有效运行的一个重要条件。明确的奖励制度,可以让企业各级预算执行者在预算执行之前就明确其业绩与奖励之间的密切关系,使个体目标与企业预算的整体目标紧密地结合在一起,达到目标上的一致性,从而使得人们自觉地调整、惩罚自己的行为,奖励他们努力地工作，提高工作效率，全面完成企业的预算目标。

奖励是企业实现预算目标的有效手段，我们应重视奖励的作用。实践证明，通过奖励可以把有才能的、企业所需要的人才吸引过来，并长期为该企业工作。如美国IBM公司就使用很多有效奖励新招：它给职工提供养老金、集体人寿保险和优厚的医疗待遇；给工人们办了每年只交3美元会费就能享受带家属到乡村疗养待遇的乡村俱乐部；减免那些愿意重返学校学习知识和技能职工的学费等。这也是为什么IBM公司能从起初一个默默无闻的小厂发展成现在拥有雄厚资金实力的跨国集团公司。这是奖励促使全体职工为了实现企业目标的创造结果。另外，通过奖励可以使已经就职的职工最充分地发挥其技术和才能，变消极为积极，从而保持工作的有效性和高效率。

三、财务预算奖惩的范围

在很大程度上，奖励和惩罚是相互依存的一个统一体，即奖励带有惩罚的性质，惩罚中有奖励。我们认为，惩罚本身就是一种负奖励，因此，在本章讨论奖励的问题中，已经包含了对惩罚的讨论。

财务预算管理中的奖励与惩罚的范围很广：

(1)既包括对集体的奖励与惩罚，如各个责任中心、各个部门等，也包括对个人的奖励与惩罚，如企业高级管理人员、普通的员工等。在预算奖励体系中，对各类责任中心和普通员工来说，奖励与惩罚的主体是企业的预算管理委员会和各级预算管理部门，而对高级经理人来说，奖励与惩罚的主体则是企业的所有者。

(2)既包括对预算管理过程(环节)的奖励与惩罚，也包括对预算管理结果(成效)的奖励与惩罚。在预算奖励体系中，既需要对预算管理的各个环节，如编制、执行、调整、监控、考评等进行奖励与惩罚，也需要对预算最终执行的效果进行奖励与惩罚。

第二节　对个人的奖励与惩罚

在实施财务预算管理的企业中，奖励与惩罚的对象包括两个方面：一是对个人的奖励与惩罚，即针对各种岗位人员，分别给予不同的奖励与惩罚，这里的个人既包括高级管理人员，也包括普通员工；二是对集体的奖励与惩罚，即对各个责任中心的奖励与惩罚。两者的共同之处在于对于期初所设定的预算目标，在期末考评中到底实现到什么程度，并与奖惩挂钩，两者均能起到奖勤罚懒的作用。本节先讨论对个人的奖励与惩罚问题。

一、对高级管理人员的奖惩

针对企业高级管理人员的需求层次和种类，以及当前我国的实际情况，在企业推行财务预算管理中，对高级管理人员的奖励方式主要以物质奖励方式为主，如年薪制、股票期权、职位消费等。

(一)年薪制

关于高级管理人员的薪酬问题，现在理论界和实务界讨论较多的是年薪制。我国从20世纪90年代试用年薪制以来，尽管取得了一定效果，但在实践中也暴露了一些缺点。

年薪制是以年度为单位确定企业经营者收益报酬的奖励性报酬制度，是一种国际上较为通用的支付企业高级管理人员薪金的方式。我国的年薪制试点是从1992年在上海开始的。同年,经国务院同意,还颁发了《企业经营者年薪制试行办法》,并在全国100家国有企业进行试点。1998年1月,原劳动部曾宣布在全国暂停实施年薪制。这期间,国有企业仅有不到两成试行了年薪制。

2003年11月25日,国务院国资委正式下文《中央企业负责人经营业绩考核暂行办法》,从2004年1月1日起对中央直属国企经营者实施年薪制奖励考核。年薪制包括基薪和绩效年薪两大部分。从理论上讲,基薪主要依据企业经济效益水平(薪酬调查)和企业经营规模及支付能力而确定,绩效年薪则依据经营者的经营业绩来确定。

年薪制将企业经理人的经济利益同普通员工利益分离开来,直接与企业经营业绩挂钩,以实现对经理人的奖励。在十多年的试点工作中,年薪制在激发企业代理人的积极性、促进企业发展方面起到了巨大的推动作用。

(1)年薪制符合大多数经理人的期望。中国企业家调查系统曾对全国近3600家企业(其中近三成为国有企业)经理人进行调查,统计数据表明:对于“对企业经理人最起作用的奖励因素”,75.8%的受访国企经理人选择“与业绩挂钩的高收入”,排第一,居然高出第二位“较高的社会地位”45个百分点,更高出股票期权57个百分点。关于“收入形式”,包括非国有企业在内的受访经理人中,满足于“月薪+奖金”的仅有12%,期望“期权”的有17%,期望“股息+红利”的有近两成,而期望“年薪”的,则超过了一半。通过这次调查,可以发现大多数的企业经理人还是期望与自己业绩挂钩的年薪制的。

(2)年薪制较好地体现了经理人的人力资源价值。在市场经济条件下,职业经理人作为一种稀缺的社会资源,其人力资源的价值与企业普通员工有着较大的区别。经理人要对企业的兴衰付出更为复杂的劳动,承担更大的风险,其所获得的报酬应与其劳动价值一致。然而,受传统计划经济工资制度的影响,我国企业经理人的收入普遍偏低。影响我国企业经理人积极性发挥的主要原因就是奖励不足,经理人的劳动价值得不到合理体现已成为企业发展的重要障碍。而年薪制实现了经理人与普通员工收入的分离,将其直接与企业经济效益联系起来,赋予经理人企业剩余索取权,科学地体现了市场经济下经理人人力资本在企业经济增长与财富创造中的主导作用。

目前我国年薪制试行中也出现了各种各样的问题,暴露了一些缺点:

(1)年薪报酬结构单一,缺乏长期的奖励作用。年薪制将一个预算期(年度)作为考核期,有可能导致经理人更多关注本预算期的经营业绩而忽视影响企业长期发展的因素,甚至可能导致为了眼前利益而牺牲长远利益。

(2)薪酬结构两极分化。在试点工作中存在着一个普遍的倾向,即在薪酬结构中,基薪比重过大,有的占到了一半以上,使年薪制变成了“铁工资”,失去了风险奖励的作用。在个别地区还存在着盲目强调奖励作用、风险收入比例过高的现象,这使经理人的基本生活缺乏应有的保障,感觉风险压力太大,从而对年薪制缺乏信心。经理人自身存在一定的畏难情绪,这也是造成年薪制推广步履维艰的一个重要原因。

(二)股票期权

股票期权(executive stock options),是由企业所有者向经营者(高级管理人员)提供奖励的一种报酬制度,企业根据股票期权计划的规定,给予高级管理人员在某一规定的期限内(通常为5年至10年),按约定的价格(认股价或行权价)购买本企业一定数量股票(一般在10万元以上)的权利。这种权利高级管理人员不能转让,但所购股票可以在市场上出售。这样,高级管理人员就可以获得当日股票市场价格和行权价格之间的差价收入。如果在该奖励规定的期限到期之前高级管理人员就离开企业或者不能达到约定的业绩指标,那么这些奖励股份将被收回。这样就可以把企业高级管理人员的个人利益与企业的经营业绩联系在一起,起到对高级管理人员奖励的作用,以提高高级管理人员的努力经营程度,延长其为企业服务的年限,从而推动企业的发展。

股票期权制度被形象地比喻为“金手铐”,它始于20世纪70年代,是西方近三十年来兴起的一种用来奖励经理人员的薪酬制度。股票期权奖励制度的优点表现在:

(1) 股票期权具有奖励与惩罚并重的功能。一方面,股票期权使那些优秀的经理人员能更具战略眼光地为企业长远发展考虑。这是因为,在委托人赋予代理人一部分股票期权后,实际上是将企业的部分所有权或剩余索取权让渡给了代理人。这样,委托人与代理人两者的收益都同企业长远兴衰呈绝对正相关关系,这有利于激发代理人的内在奋斗精神,追求企业长远发展。

另一方面,股票期权也存在较强的惩罚作用。因为高层经理人员在接受企业的股票期权时,实际上也承担了一定的风险,因为在等待兑现所持有的股票期权期间,这部分薪酬很可能因为种种原因而得不到实际的兑现。这种方式无疑“抓紧”了经理人,对经理人起到了很强的惩罚作用,限制他们的短期行为。正因为如此,经理股票期权已在许多国家,尤其是西方发达国家的大型公司中得到普遍实施。

(2) 股票期权有利于企业降低人力资源成本,吸引和留住优秀人才。以股票期权作为薪酬主要部分的企业,不需要为经理人员立刻支付巨额的工资与奖金,这样企业在执行过程中没有现金流出,这不仅可以得到税收延后的好处,还可减轻企业现金压力,从而降低了企业的人力资源成本,对企业生产经营极为有利。

同时,股票期权可以使企业和经理人获得更多的好处,经理人拥有公司的股票,可以分享公司的成长收益,这样也有利于企业吸引优秀的经理人到企业来工作。实施股票期权后,经理人与企业的所有者成为同路人,同舟必然共济,经理人在拥有成为百万富翁可能的同时,也带上了企业的“金手铐”,盲目的流动少了,就能更好地全心全意为企业服务。

(3) 股票期权使委托人与代理人的目标达到最大程度的一致。委托人的目标是企业价值最大化或财富最大化,但代理人的目标却不一定是企业价值最大化,其背离委托人目标的主要表现为“道德风险”与“逆风选择”。防止代理人背离的方法,无外乎监督和奖励。由于在委托人与代理人之间存在诸多信息不对称,委托人要全面监督代理人的行为,这是不可能的,而奖励的方式则简单、易行、有效。企业通过授予代理人一定数量的股票期权,让代理人拥有在未来某个时期分享企业利润的权利,这样就把代理人的利益和委托人的利益捆在了一起,使代理人个人效用最大化的目标与委托人财富最大化的目标相一致。

同时,股票期权奖励制度也存在着一定的负面效应:

(1) 股票期权制度可能诱使代理人伪造经营业绩。很多企业的经理人手中掌握着数额巨大的股票期权,他们由于成功而拿到的报酬跟股票价格的高低直接相关。如果单纯依靠努力扩大销量、削减成本等正常经营手段来慢慢提高股价显然太慢,于是代理人为了获得巨额的期权收益,可能制造虚假财务信息,其目的就是为了获得巨额的股票期权收益。

(2) 股票期权制度会扩大企业经理人员和普通员工之间的收入差距,激化企业内部矛盾。

由于企业一般只对高级经理人员进行股票期权奖励,因而股票期权可能扩大高级经理人员与普通员工的收入差距,这样会打击一般员工的积极性,激化企业内部矛盾,影响企业的稳定。

(3)股票期权制度可能助长企业经理人的投机心理。股票期权是根据企业业绩指标来认定经理人的获利机会的,而不管业绩来自于经理人的努力,还是来自于股票市场,或者是来自企业的整体发展。对于上市公司来说,这可能会产生不公平的结果,因为影响企业股价的因素除了经理人的努力程度以外,还包括经济环境的变化、宏观经济政策、行业的发展状况以及整个股市的走势等因素。因此,经理人的收益与他本身的努力程度不成比例,这在很大程度上会助长代理人的投机心理,这无疑也削弱了股票期权的奖励功能。

被称作高级经理人员"金手铐"的股票期权制度,在我国的推广中却并不顺畅。这是因为目前在我国股票期权的股票来源不好解决、资本市场发育不完善、公司治理结构不完善、相关税收法规不明确等因素造成的。但是,我们认为股票期权制度的确是一种很好地奖励企业高级经理人员的方式。

(三)职位消费

职位消费是指经理人员在企业里因占据特定的职位,凭借企业制度规定和职权支配能力,自身享有并由企业负担的种种公开或隐密的消费特权和额外福利。如经理人的办公费(办公室豪华专修、高档办公用品、电话费等)、交通费(高档专用汽车、油耗等)、招待费(公款宴请、公关、联谊等)、培训费(学习、参观、考察等)、信息费(为获得各种信息如参加订货会、信息发布会等所耗费用等)以及公费度假和经理人以公干名义进行的其他消费。

职位消费奖励对于企业的经理人能起到一定的奖励作用。对于企业经营者而言,职位消费至少有三方面的作用:

(1)职位消费是社会地位的象征。职位消费可以满足经营者的自尊心,显示他们的社会地位,奖励他们的成就感。

(2)职位消费对于经营者而言是一种变相、隐性的收入,是一种特殊的岗位津贴。

(3)有些职位消费可以享受全部或部分免税,这对提高企业经营者的生活福利水平具有重要的意义。在我国,职位消费对企业经营者的奖励作用较大。

职务消费的特点是:一部分是纯粹为企业业务或经理人的工作所需要的,另一部分则难以界定究竟是为公还是为经理人个人需要的。职务消费的标准往往是经理人表明自己身份的一种象征,并且它也给经理人实际带来许多直接的物质收益,因此它对经营者具有重要的奖励作用,是整个经营者薪酬体系中不可缺少的部分。

在预算管理中,企业通过规定一些优厚的职位消费制度,可以起到奖励经理人员的目的,促使他们努力工作。由于职位消费对正常报酬机制具有较强的替代作用,即当经理人正常收入水平较低、不足以实现自身人力资本价值的时候,就可能利用控制权去谋求合法报酬之外的收入以实现对自身人力资本的补偿。在这种情况下,正常的报酬奖励机制明显弱化,最终可能导致对体制的破坏。因此,对于经理人的职位消费,也必须进行合理规范并严格控制,进行有效的惩罚,以防职位消费失控,危害到企业的利益。

在实施预算管理的企业,对高级管理人员的奖励,除了上述提到的年薪制、股票期权制度和职位消费这几种物质奖励方法之外,还有其他非物质奖励的方法,企业也可以配合使用。

较常用的非物质奖励方法有:

（1）名誉奖励。名誉奖励主要是对企业的高层经理人员进行评优、评先进、评选劳模等评奖活动。

（2）个人声誉。在管理学看来，经理人追求良好的声誉，是其自尊和自我实现的需要。良好的职业声誉会增加经理人在市场上讨价还价的能力，从而对经理人具有奖励作用。

（3）事业成就。任何人都有成就需要，经理人乐于在一种有挑战意味的工作中寻求成功，这也是自我实现的需要。为经理人设置具有挑战性的工作目标，并将这一目标的实现与较高的报酬相对应，对企业经理人具有较大的奖励作用。

对于经理人的奖励，通常不是采用某一种单一的奖励方式，可以同时使用两种或更多的奖励方式，相互配合使用，以达到真正奖励经理人的目的，让他们为完成企业的预算目标而努力工作。

二、对普通员工的奖惩

企业是由人组成的，“企”字少了人，就成了“止”字了，企业就停止了。怎样激活员工？这是预算管理过程中所必须关注的一个重要问题。在漫长的历史长河中，人们不断总结前人的实践经验，形成了多种多样的奖励方法。

下面介绍一些企业最常用的奖励员工的方法。

（一）物质奖励

物质奖励是一种最古老、最常用的奖励方法。物质奖励是以货币和实物形式进行的对员工良好行为的一种奖励方式，或者是对不良行为的惩罚方式。目前，在企业里比较通行的物质奖励方式有各种奖金、物质奖品，以及休假、旅游等福利待遇；惩罚方式有扣发奖金、工资、罚款等。

物质奖励之所以行之有效，在于物质利益是人们最基本的利益，是满足人们生活所需的。在社会中生活，每个人都离不开一定的物质需求，这不仅是维持生存的基本条件，而且是个人在各方面获得发展的重要前提。物质利益是人们从事一切社会活动的物质动因。物质奖励就是通过满足或者限制员工的物质利益的需求，来激发员工的积极性和工作热情。员工为了获得或者避免失去物质利益，就会自觉用财务预算标准来惩罚自己，积极努力地工作，从而实现预算目标。

物质奖励应注意以下两个方面的问题：

（1）物质奖励应与预算制度紧密结合起来。预算管理规章制度是企业预算目标实现的保障，因此物质奖励效应的实现也要靠预算制度来保障。企业通过建立预算管理规章制度，创造一种良好的氛围，使企业员工都能以最佳的工作效率为实现企业的预算目标多做贡献。如物质奖励与惩罚的标准在预算开始执行前就应制定好，并公诸于众且形成制度稳定下来，这样员工在工作中时时都可以以奖惩标准来衡量自己的工作，知道自己该如何工作才能获得物质奖励。这样就可以达到奖励员工的目的，刺激他们努力工作。

（2）物质奖励必须公平、公正。古人云：“赏不当功，则不如不赏；罚不当罪，则不如不罚。”当一个人做出了成绩并取得报酬以后，他不仅关心自己所得报酬的决定量，而是更关心自己所得报酬的相对量。在企业里也一样，员工对他们所得的报酬是否满意不是只看其绝对值，而且要进行互相比较或历史比较，看相对值的。通过比较，员工会判断自己是否受到了公正的对待，从而影响自己的情绪和工作态度。为了做到公正奖励，必须对所有职工一视同仁，按统一标准奖罚,对事不对人,否则将会产生负面效应。此外,在奖惩过程中必须反对平均主义,平均分配奖励等于无奖励。取得同等成绩的员工一定要获得同等层次的奖励;同理,犯同等错误的员工也应受到同等层次的处罚。

(二)精神奖励

物质奖励会存在一定的缺陷,美国管理学家皮特曾指出它有时候会造成同事之间彼此封锁消息,影响企业各项工作的正常进行。而精神奖励则是从另外一个层面来调动员工的积极性,其奖励是深层次的,所持续的时间也会较长。

精神奖励的方法主要有:

1. 荣誉奖励

从人的动机看,人人都具有自我肯定、争取荣誉的需要。对于一些工作表现比较突出,在预算执行过程中具有代表性的先进人物,给予必要的荣誉奖励,是一种很好的精神奖励方法。荣誉是众人或组织对个体崇高评价,是满足人们自尊需要,激发人们奋力进取的重要手段。荣誉奖励成本低廉,但效果很好。常见的方式如会议表彰、发给荣誉证书、光荣榜、在企业内外媒体上的宣传报导、家访慰问、游览观光、疗养、外出培训进修、推荐获取社会荣誉、评选星级标兵、对先进事迹进行表扬、对不良行为进行批评等,从而达到弘扬正气、抵制歪风的目的,形成奋发向上、你追我赶的良好气氛。

如天津东方海陆公司在生产经营过程中就注意充分发挥表彰的奖励作用,让优秀员工备受尊重。东方海陆公司在开展评选表彰优秀员工活动的过程中,每月评选表彰一次优秀员工,被评选出的优秀员工,公司一方面在宣传橱窗中公开表彰,同时还邀请受表彰的优秀职工参加当月的总经理办公会,接受总经理的颁奖,直接参与公司的经营决策的讨论。本年内受表彰次数最多的优秀员工中将成为年度优秀职工,公司予以重奖。这种做法强调坚持日常对职工的考核,因此使表彰活动发挥了长效的奖励作用。

美国IBM公司有一个“百分之百俱乐部”,当公司员工完成他的年度任务,他就被批准为“百分之百俱乐部”成员,他和他的家人被邀请参加隆重的集会。结果,公司的雇员都将获得“百分之百俱乐部”会员资格作为第一目标,以获取那份光荣。这一奖励措施有效地利用了员工的荣誉需求,取得了良好的奖励效果。

2. 目标奖励

所谓目标奖励,就是确定适当的目标,诱发人的动机和行为,达到调动人的积极性的目的。目标是组织对个体的一种心理引力,它作为一种诱引,具有引发、导向和奖励的作用。一个人只有不断启发对高目标的追求,才能启发其奋发向上的内在动力。企业预算目标是企业凝聚力的核心,它体现了员工工作的意义,能够在理想和信念的层次上奖励全体员工为预算目标的实现努力工作。

在目标奖励的过程中,要正确处理大目标与小目标、个体目标与组织目标的关系。在目标考核和评价上,要按照德、能、勤、绩标准对人才进行全面综合考察,定性、定量、定级,做到“刚性”规范,奖罚分明。

3. 参与奖励

现代人力资源管理的实践经验和研究表明,现代的员工都有参与管理的要求和愿望,创造和提供一切机会让员工参与企业管理是调动他们积极性的有效方法。由于企业预算管理涉及企业生产经营活动的方方面面,而这些方面各个环节的工作是由企业不同部门和个人分担的,他们是最熟悉实际情况的。企业要让全体员工都直接或间接地参与预算管理过程,积极地为预算管理献计献策,这样的预算管理才是最有效的。

企业需要引导员工积极参与预算编制,让他们自主地控制预算的执行情况,当预算执行出现不利偏差时,及时、积极主动地采取有效措施予以纠正,自觉自愿地完成责任预算中确定的目标。这样做一方面可以刺激和满足员工的受人尊敬和自我实现等高层次的需要,容易使员工产生成就感;另一方面,又有效地激发了员工参与预算管理的积极性和主动性,有利于完成企业预算,实现预算目标。

(三)情感奖励

情感奖励是以个人与个人或组织与个人之间的感情联系作为手段的一种奖励方式,它主要是通过调节人的情绪系统,实现奖励的目的。情感是影响人们行为最直接的因素之一,任何人都有渴求各种情绪的需求。按照心理学上的解释,人的情感可分为利它主义情感、好胜情感、享乐主义情感等类型,这就要求管理者多关心下属的生活,动真情、办实事,在满足员工物质需要的同时,要关心员工的精神生活和心理健康。

情绪具有一种动机激发功能,因为在心境良好的状态下人的工作思路开阔、思维敏捷、解决问题迅速。因此,加强企业内部管理者与员工之间以及员工相互之间的沟通与协调,是情感奖励的有效方式。

(四)调迁奖励

调迁奖励有岗位调动、区域调动和培训进修等。调迁奖励通过调动员工去重要岗位、重要区域担负重要工作或者去完成重要任务,使员工有一种被信任感和尊重感,从而调动他们的积极性,产生一种正强化奖励作用。同时企业还可以将不胜任工作的员工从重要部门、重要岗位调离,免去所担任的重要职务,使其看到自己的差距和不足,从而产生一种惩罚作用。通过调迁奖励,在企业里引入了竞争和奖励机制,可以形成“优秀员工有成就感,平庸员工有压力感,不称职员工有危机感”的良性循环。

(五)示范奖励

人的情感受行动的支配,而人的奖励又将反过来支配人的行动。我们所说的示范奖励就是以目标对象富有情感的行为情感来奖励他人,从而达到调动人的积极性的目的。我们常讲榜样的力量是无穷的,就是这种典型人物的行为。为什么说榜样的力量是无穷的呢?因为人是有盲点的动物。目短于自视,故人短于自知。人们对自己的认识和评价需要依赖“镜子”,人们衡量、判断自身的“长短”时需要“尺子”。示范奖励能够激发人们的情感,引发人们的“内省”与共鸣,从而起到强烈的示范作用,就像一面旗帜,引导人门的行动。

(六)危机奖励

企业在调动员工工作积极性方面,也可以使用危机奖励的方法。危机奖励就是利用“危机”这个信息,提醒员工要居安思危,处进思退,它的实质内涵是刺激人的安全需要。例如,海尔集团当年当着全厂员工的面,砸碎了一批有质量问题的电冰箱,以此来自我教育、自我奖励——质量就是企业的命脉,是饭碗,不认真工作,可能每个人都得丢掉这个饭碗,让大家都有危机感。

(七)环境奖励

企业良好的制度环境也可以起到奖励员工的作用。这些政策可以保证企业员工的公平性,而公平是员工的一种重要需要。如果员工认为他在平等、公平的环境中工作,就会减少由于不公而产生的怨气,从而提高工作效率。此外,企业的客观环境,如办公环境、办公设备、环境卫生等也可以影响员工的工作情绪。在一个舒心的环境里工作,员工的工作效率都会高一些。企业应学会创造良好的政策环境和客观环境来奖励员工。

无论什么样的企业要发展都离不开人的创造力和积极性,因此企业一定要重视对员工的奖励。企业要根据实际情况,综合运用多种奖励机制,改变思维模式,真正建立起适应自己企业特色和员工需求的奖励制度,使企业能顺利完成预算目标,在激烈的市场竞争中立于不败之地。

第三节　对责任中心的奖励与惩罚

对于完成责任预算的责任中心应给予奖励,完不成的则应予以处罚。对于责任中心这类集体的奖励,主要是采用物质奖励和精神奖励两种方法,物质奖励如奖金、罚金,精神奖励如组织评优、授予荣誉集体称号等。通常企业可以采用百分制综合奖惩的办法,即将责任中心的各责任预算执行结果换算成分值(其中主要责任预算的分值应相对高一些),并制定加减分的计算办法,然后综合计算责任中心的总得分,再根据奖金与分值确定责任中心的奖金总额。也可采用直接奖惩的办法,即规定各项责任预算应得的奖金额,并制定超额完成或未完成责任预算加奖或扣奖的计算办法,然后根据责任中心的各项责任预算执行结果分别计算应得或应扣奖金数额,并汇总确定责任中心的奖金总额。

对于成本中心的奖励与惩罚主要针对其预算期间内成本预算完成的情况以及其他节约情况进行定额和按比例的奖惩。

对于完成责任预算的利润中心可以采用百分制综合奖惩的办法,给予适当的奖励与惩罚。事先规定各项责任利润完成后应得的奖金总额,并制定超额或未完成预算利润的奖金发放及扣奖金的计算方法,然后根据各个利润中心的预算完成情况计算应得的奖金。

对于投资中心,因为它本身就相当于一个企业,应当在对其预算考评工作的基础上,比照企业整体的奖励方式进行相应的奖惩,以调动整个投资中心员工的积极性,保证责任预算目标的顺利完成。

【复习思考题】

1. 为什么说制定一套科学合理的奖惩制度是确保企业财务预算管理系统长期有效运行的一个重要条件?
2. 财务预算管理奖励与惩罚的范围包括哪些?
3. 在财务预算管理中,对高级管理人员的奖惩可采用哪些方法?
4. 在财务预算管理中,对普通员工的奖惩可采用哪些方法?
5. 在财务预算管理中,如何对责任中心实施奖惩?

【案例分析题】

A电脑公司的绩效管理与考核

2013年,A电脑公司的第一套全面考核体系正式实施,至今已经发展到第三版了。第一套体系的贡献在于建立起绩效考核的观念;2014年第二套考核体系则提高了绩效指标与工作的相关性，进一步提高了考核的有效性；2015 年，在公司规模扩大与业务细分的情况下，单一的绩效评估已不能满足公司的发展需要，绩效管理作为连接企业战略和成果的一个重要环节，随着公司的发展，第三套版本开始建立起来。

A 电脑公司的绩效管理目的明确，首先是客观评价员工工作绩效，帮助员工提升自身工作水平，从而提升公司整体绩效。其次加强员工与管理人员就工作职责、工作期望、工作表现和未来发展方面持续的双向沟通。最后，给员工与其贡献相应的激励。在这个体系中，公司全体成员都扮演着重要的角色：高层管理者是倡导者和核心；人力资源部是体系架构者、宣传者与维护者；部门经理是设计者和执行者；员工则是参与者与反馈者。

在这个体系中，工作表现考核表列出了公司的核心价值观的五个指标，即严格认真、主动高效、客户意识、团队协作、学习总结。

绩效计划考核表列出了季度主要工作项目、考核标准、权重及资源支持承诺。每个季度之初，员工依据本岗的《岗位说明书》、部门的工作目标，按照 smart 的原则制定本季度个人的绩效计划。例如，销售人员、产品经理主要通过销售收入、客户的评价、库存、毛利等因素来评价，研发人员主要通过项目的时效性及创造性来评价。绩效计划将作为本季度的工作指导和考核依据。考核由员工自评及员工上级评价分别进行，通过面谈交流并达成一致。这张绩效计划考核表实际就是一张目标设定和评估表，它体现的是监督职能。

季度末以部门为单位将员工的考核结果进行排序，按照一定的比例分布归入 7 个等级。绩效评估结果直接影响员工的绩效工资。为了加强激励作用，不同性质的岗位，绩效工资比例大小不同，而且加大了不同的等级的业绩表现奖惩间的力度。绩效管理体系随着公司的发展也需要不断更新，让管理者掌握绩效管理的理论并主动参与到绩效体系的设计中，能够从不同的业务角度和管理高度对绩效管理体系提出具有建设性的改进建议以保证企业目标的顺利达成。

案例分析要求　结合当前国内外先进企业对管理者与员工的有效激励机制，讨论 A 电脑公司的绩效管理与考核方式的优点和可以进一步改进的地方。

第十章　财务预算的管理体制

内容介绍

本章主要介绍企业组织结构及其再造、企业管理流程及其再造、财务预算管理责权利配置、财务预算管理团队合作的基本原理和方法。

学习目标

了解常见的企业组织结构类型、了解企业组织结构再造要考虑的问题和基于财务预算管理的企业组织结构再造要考虑的问题以及常见的财务预算管理机构设置模式，了解企业管理流程再造要考虑的问题和基于财务预算管理的企业管理流程再造要考虑的问题，了解案例企业的主要管理流程，掌握财务预算管理责权利配置的原则，了解财务预算管理决策机构和执行机构的责权划分，了解团队的概念和特征，懂得如何在财务预算管理中建立团队合作精神。

财务预算管理体制是指一个单位在财务预算管理的过程中对组织结构设置、责、权、利划分、人员配备与分工合作等问题进行通盘考虑和安排之后所形成的基本管理格局。它涉及单位的组织结构及其再造、管理流程及其再造、责、权、利的配置和团队的分工与合作等问题，是财务预算管理过程中的一个重大战略问题。一种好的财务预算管理体制应该是机构精简、流程科学、责权利明确、分工合理、合作和谐、运行高效的体制，它是财务预算管理能够顺利实施的重要组织保障。单位在确定实施财务预算管理的时候，必须首先考虑财务预算管理体制的构建问题。为了满足财务预算管理的需要，单位通常需要对原来的组织结构设置、责权利划分、人员配备与分工合作等问题进行重新的考虑和安排，从而形成一种新的、能够适应财务预算管理需要的财务预算管理体制。本章以企业为例阐述财务预算管理体制的一些基本问题。

第一节　企业组织结构及其再造

一、企业组织结构

企业组织结构是指企业内各构成要素以及它们之间的相互关系，它描述组织的框架体系。企业组织结构主要涉及企业内部的部门或单位构成、基本的岗位设置、责权关系、业务流程、管理流程以及企业内部协调与控制机制。企业组织结构是完成企业各项工作、实现企业经营和发展目标的基础和平台，优化的组织结构有助于提高企业各项工作的完成效率，有助于企业经营和发展目标的实现。企业组织结构的选择需要考虑专业化分工的基础、专业化分工的程度、专业化分工之间的关联性和结合协调方式等问题。

最常见的企业组织结构类型有直线型结构、职能型结构、直线职能型结构、事业部型结构、矩阵型结构等。

（一）直线型结构

直线型结构是指由管理者（通常就是投资人）直接管理作业人员，没有或只有很少的几个人协助管理者管理作业人员的结构。直线型结构只适合于初创阶段规模极小的企业，产品品种很少，市场也很小。直线型组织结构如图 10－1 所示。

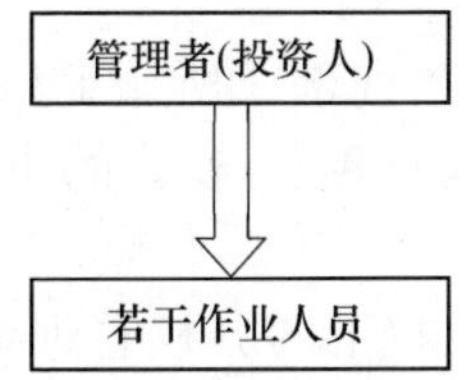

图 10－1　直线型结构示意图

（二）职能型结构

职能型结构是企业最常见的组织结构形态，是一种以职能为导向的组织结构形式，其本质是将企业的全部任务分解成分任务，并交与相应部门完成。在这种结构中，管理者聘请若干个各有特长的职能人员充当他的助手，分管企业的各项职能。职能型结构一般适合于产品品种较多、市场较广的中小型企业。职能型组织结构如图 10－2 所示。

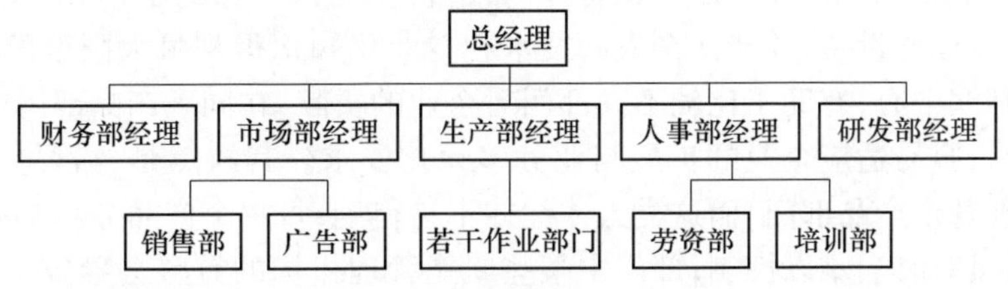

图 10－2　职能型结构示意图

职能型结构的主要优点是：适应了大生产分工合作的要求，提高了专业化的管理水平，同时减低了设备和职能人员的重复性，减轻了高层管理者的责任压力，使其能专心致力于最主要的决策工作。缺点是：各职能部门往往会片面追求本部门的利益，部门之间缺乏交流合作，且矛盾冲突会增多，这又会增加最高主管协调、统领全局的难度，加大完成任务的压力。另外，由于受各职能部门狭窄的专业知识的限制，职能型结构难以培养出“多面手”式的管理通才。

（三）直线职能型结构

在直线职能型结构的企业中，管理者既聘请若干个各有特长的职能人员充当他的助手，分管企业有关职能，自己又直接管理企业的主要作业部门。直线职能型结构一般适合于产品品种较多、市场也较广的中小型企业。直线职能型结构如图 10－3 所示。

（四）事业部型结构

事业部型结构也称分部型结构，它是指组织面对不确定的环境，按照产品、类别、市场用户、地域以及流程等不同的业务单位分别成立若干个事业部，从产品的设计，原料采购，成本核

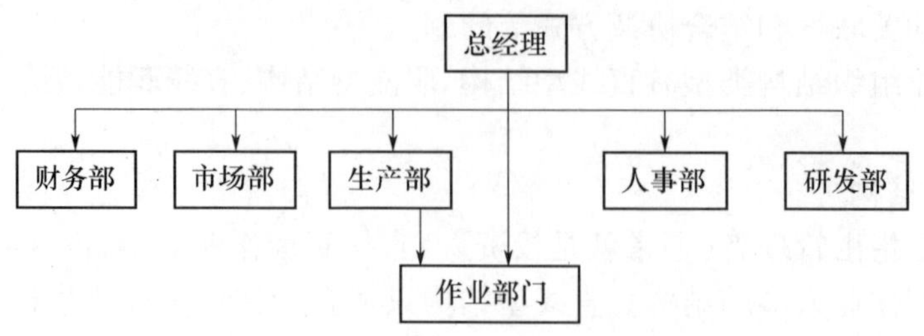

图 10－3　直线职能型结构示意图

算,产品制造,一直到产品销售,均由事业部及所属工厂负责,分权管理的一种分权式结构类型。事业部型结构必须具备三个基本的要素:独立的市场、独立的利益、独立的自主权,执行"集中政策,分散经营"的管理原则。

事业部型结构是一种高度(层)集权下的分权管理体制。它适用于规模庞大、品种繁多、技术复杂的大型企业,是国外较大的联合公司所采用的一种组织形式,近几年我国一些大型企业集团或公司也引进了这种组织结构形式。在事业部型结构的企业里,企业总部只保留人事决策、预算控制和监督大权,并通过利润等指标对事业部进行控制。也有的事业部只负责指挥和组织生产,不负责采购和销售,实行生产和供销分立,但这种事业部正在被产品事业部所取代。还有的事业部则按区域来划分。

1. 产品事业部

产品部门化主要是以企业所生产的产品为基础,将生产某一产品有关的活动,完全置于同一产品部门内,再在产品部门内细分职能部门,进行生产该产品的工作。产品部门化的优点是:有利于采用专业化设备,并能使个人的技术和专业化知识得到最大限度的发挥;每一个产品部都是一个利润中心,有助于比较不同部门对企业的贡献;在同一产品部门内有关的职能活动协调比较容易;容易适应企业的扩展与业务多元化要求。其缺点是:需要更多的"多面手"式的人才去管理各个产品部门,而这类人才往往不易得到;每一个产品分部都有一定的独立权力,高层管理人员有时会难以控制;部门中某些职能管理机构的重整会导致管理费用的增加,同时也增加了总部对"多面手"级人才的监督成本。

图 10－4 是产品事业部型结构示意图。

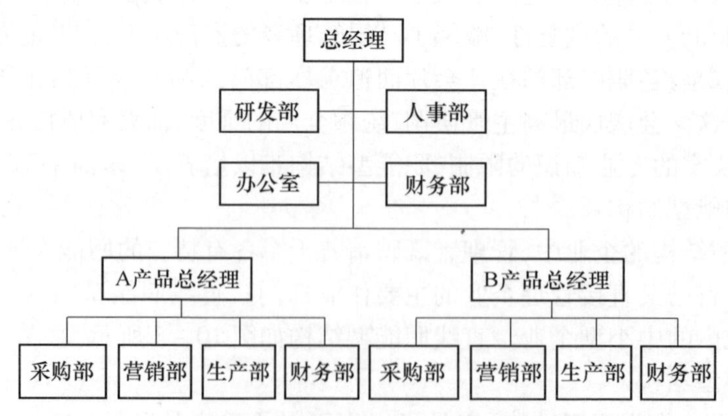

图 10－4　产品事业部型结构示意图

2. 区域事业部

对于在地理上分散的企业来说，按地域划分部门是一种比较普遍的方法。其原则是把某个地域内的业务工作集中起来，委派一位经理来主管其事。随着经济活动范围的日趋广阔，企业特别是大型企业越来越需要跨越地域的限制去开拓外部的市场。而不同的文化环境，造就出不同的劳动价值观，企业根据地域的不同划设管理部门，为的是更好地针对各地的特殊环境条件组织业务活动的开展。

区域事业部的主要优点是：可以把责权下放到地方，鼓励地方参与决策和经营；地区管理者还可以直接面对本地市场的需求灵活决策；通过在当地招聘职能部门人员，既可以缓解当地的就业压力，争取宽松的经营环境，又可以充分利用当地有效的资源进行市场开拓，同时减少了许多外派成本和许多不确定性风险。其主要缺点是：企业所需的能够赴各个区域的地区主管比较稀缺，且比较难控制；各地区可能会因存在职能机构设置重叠而导致管理成本过高的问题。

图 10－5 是区域事业部型结构示意图。

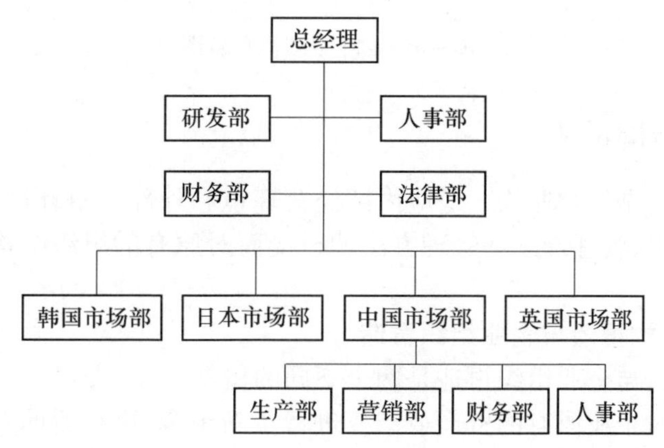

图 10－5　区域事业部型结构示意图

（五）矩阵型结构

矩阵型结构是由纵横两套管理系统组成的矩形组织结构，一套是纵向的职能管理系统，另一套是为完成某项任务而组成的横向项目系统，横向和纵向的职权具有平衡对等性。矩阵型结构打破了统一指挥的传统原则，它有多重指挥线。当组织面临较高的环境不确定，组织目标需要同时反映技术和技术双重需求时，矩阵型结构应该是一种理想的组织形式。

矩阵型结构的优点是：十分机动、灵活，可随项目的开发与结束进行组织或解散；由于这种结构是根据项目组织的，任务清楚，目的明确，各方面有专长的人都是有备而来，因此在新的工作小组里，能沟通、融合，能把自己的工作同整体工作联系在一起，为攻克难关、解决问题而献计献策，促进了项目的实现；加强了不同部门之间的配合和信息交流，可以有效地克服各部门之间互相脱节的弱点。

矩阵型结构的缺点是：项目负责人的责任大于权力，因为参加项目的人员都来自不同部门，隶属关系仍在原单位，只是为“会战”而来，所以项目负责人对他们管理困难，没有足够的激励与约束手段，这种人员上的双重管理是矩阵结构的先天缺陷；由于项目组成人员来自各个职能部门，当任务完成以后，仍要回原单位，因而容易产生临时观念，对工作有一定影响。

矩阵结构适用于一些重大攻关项目。企业可用来完成涉及面广的、临时性的、复杂的重大工程项目或管理改革任务。特别适用于以开发与实验为主的单位,例如科学研究,尤其是应用型研究单位等。

图10-6是矩阵型结构示意图。

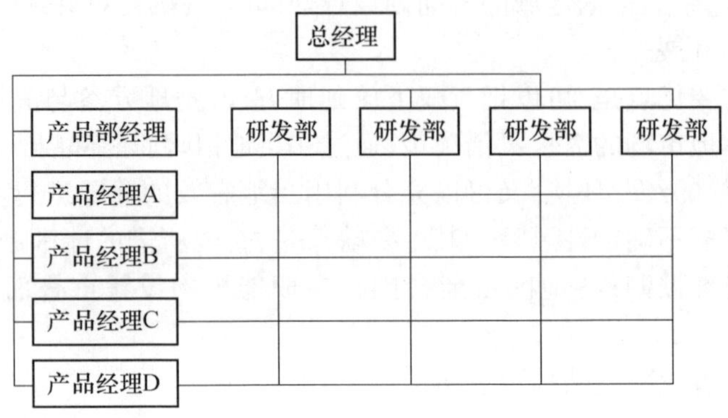

图10-6 矩阵型结构示意图

二、企业组织结构再造

企业组织结构再造是指企业为了适应内部经营环境和外部竞争环境的变化,或者为了适应最高管理者管理思想、管理理念和管理方法的改变而对原有的组织结构进行重大的调整或改造。

(一)企业组织结构再造与企业组织再造

企业组织结构再造与企业组织再造是两个不同的概念。

企业组织再造是对企业原有的资产或产权进行重新组合,重组后的企业组织要么形成一个更大规模的企业组织,要么裂变成两个或两个以上的企业组织。因此,企业组织再造又称为企业重组或企业资产重组、产权重组等。

企业组织结构再造只是对企业原有的组织结构进行重大的调整或改造,它不涉及资产或产权的重组,因而属于企业内部的管理重组。

企业组织结构再造可以单独进行,这时它不涉及企业组织再造;也可以与企业组织再造同时进行,在进行企业组织再造时同时进行企业组织结构再造。当一个企业进行资产或产权重组时,其原有的组织结构通常都需要做重大调整或改造,即通常要进行组织结构再造。

企业组织结构再造是企业根据其内部经营环境和外部竞争环境的变化对原有的职能部门和下属单位或者它们的管理幅度和管理职权进行撤销、合并、分拆和新设,重新设置企业的职能部门和下属单位,或者重新划分这些职能部门和下属单位的管理幅度和管理职权,使之适应新的经营和竞争环境的需要。

企业组织结构再造和企业组织再造都是一种偶发事件。一个企业不能经常进行组织结构再造和组织再造。

(二)基于财务预算管理的企业组织结构再造

基于财务预算管理的企业组织结构再造就是为了推行财务预算管理、满足财务预算管理的需要、保障财务预算管理的顺利实施、最大限度地发挥财务预算管理的作用而对企业原有的职能部门和下属单位或者它们的管理幅度和管理职权进行撤销、合并、分拆和新设,重新设置企业的职能部门和下属单位,或者重新划分这些职能部门和下属单位的管理幅度和管理职权。

基于财务预算管理的企业组织结构再造需要考虑以下问题:

(1) 要不要设置专门的财务预算管理机构? 关于这个问题,在目前实施了财务预算管理的企业中,存在两种模式:一是不设置专门的财务预算管理机构;二是设置专门的财务预算管理机构。

① 不设置专门的财务预算管理机构的企业,由董事会或经理层行使财务预算管理的最终管理权,财务部门和其他相关部门共同行使财务预算管理的日常管理权。

② 设置专门的财务预算管理机构的企业,由预算管理委员会行使财务预算管理的最终管理权,财务预算管理职能部门行使财务预算管理的日常管理权,其他相关部门配合财务预算管理职能部门做好财务预算管理的日常管理工作。

设置专门的财务预算管理机构的企业,其预算管理委员会的设立又有两种模式:一是预算管理委员会属于董事会领导下的非常设机构;二是预算管理委员会属于总经理领导下的非常设机构。不管哪一种模式,预算管理委员会都属于一种非常设机构,这是各个企业的共性。

设置专门的财务预算管理机构的企业,其财务预算管理职能部门又有两种模式:一是财务预算管理职能部门与财务部门合一;二是财务预算管理职能部门与财务部门分离。

财务预算管理职能部门与财务部门分离的方式主要是在财务部门之外单独设立专门的财务预算管理职能部门,如设立预算管理办公室、预算处、预算部、预算科等。

(2) 原有的职能部门和下属单位,其管理幅度和管理职权是否符合统一领导、归口分级管理的原则? 是否存在多头领导、机构重叠、职权交叉的情况? 如果不符合统一领导、归口分级管理的原则,或者存在多头领导、机构重叠、职权交叉的情况,就应该考虑对之进行组织结构再造。

(3) 原有的职能部门和下属单位,是否存在管理幅度过宽、管理链条过长、授权级次过多的情况? 如果存在,也应考虑对之进行组织结构再造。

(4) 原有的职能部门和下属单位,其组织结构安排是否达到机构精简、分工明确、职责清楚的要求? 是否存在机构臃肿、分工不明、职责不清的情况? 如果达不到机构精简、分工明确、职责清楚的要求,或者存在机构臃肿、分工不明、职责不清的情况,也应考虑对之进行组织结构再造。

(三) 财务预算管理机构常见模式

财务预算管理机构常见模式主要有以下几种:

(1) 不设置专门的财务预算管理机构,由董事会行使财务预算管理的最终管理权。其机构模式如图 10 - 7 所示。

(2) 不设置专门的财务预算管理机构,由经理层行使财务预算管理的最终管理权和监督权。其机构模式如图 10 - 8 所示。

(3) 设置专门的预算管理委员会,预算管理委员会属于董事会领导下的非常设机构。其机构模式如图 10 - 9 所示。

(4) 设置专门的预算管理委员会,预算管理委员会属于总经理领导下的非常设机构。其机构模式如图 10 - 10 所示。

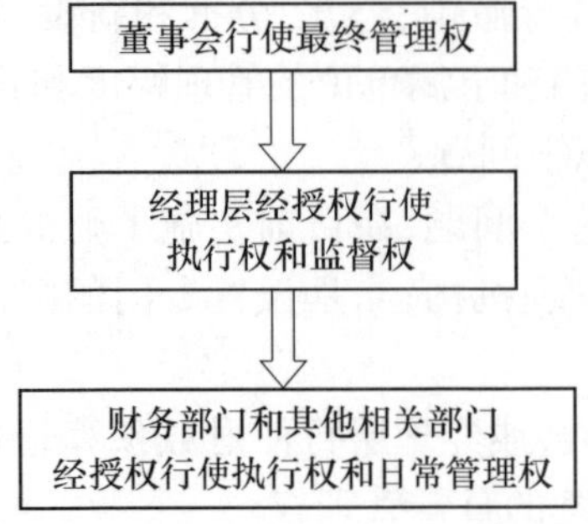

图10-7　财务预算管理机构模式图1

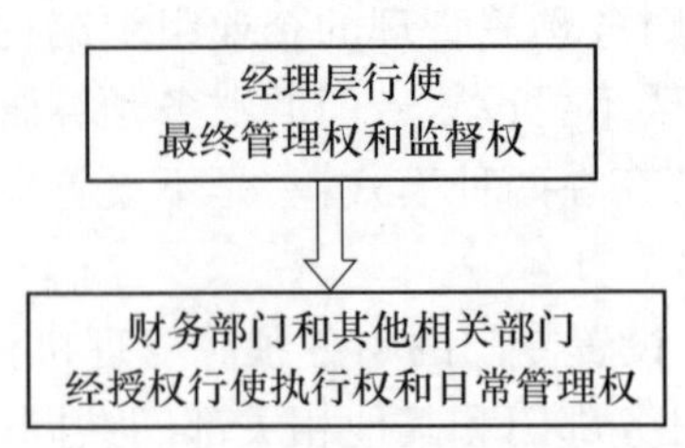

图10-8　财务预算管理机构模式图2

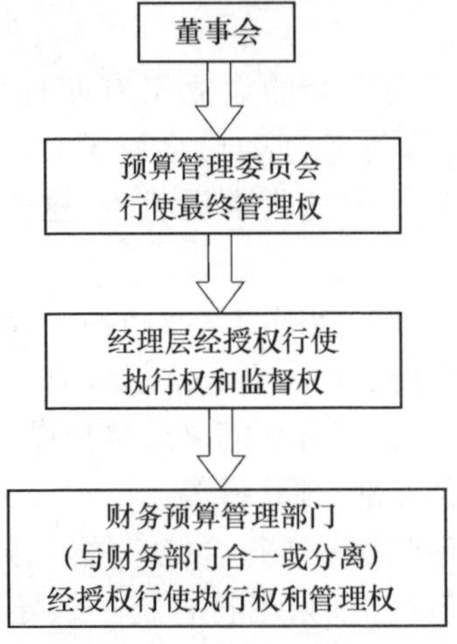

图10-9　财务预算管理机构模式图3

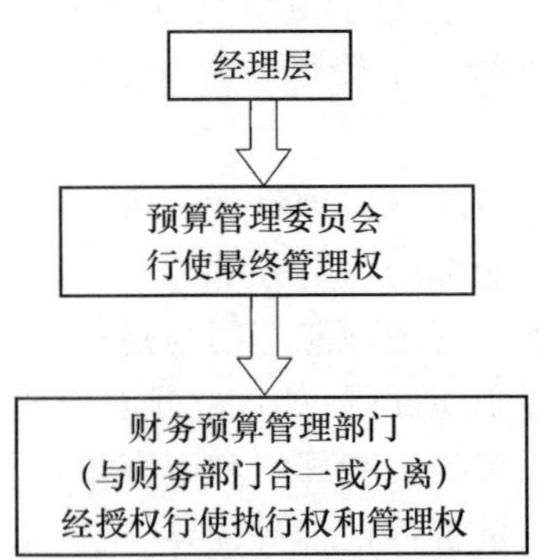

图10-10　财务预算管理机构模式图4

第二节　企业管理流程及其再造

一、企业管理流程内涵

企业管理流程是指企业为了加强管理控制和提高管理绩效而设定的各项管理活动的管理程序或工作步骤。

企业管理流程在企业管理活动中不可或缺。科学严密、运行高效的管理流程对加强企业管理控制、提高企业管理绩效有着十分重要的作用。

企业管理流程主要包括生产管理流程、采购管理流程、销售管理流程、投资管理流程、筹资管理流程、资产管理流程、负债管理流程、所有者权益管理流程、收入管理流程、成本费用管理流程、利润管理流程、会计核算流程、人力资源管理流程、质量管理流程等。

二、企业管理流程示例

(一)上海电气(集团)总公司投资项目决策流程

上海电气(集团)总公司是1995年5月由上海市机电局改制,1996年10月又与原电气集团合并重组而成的国有资产授权经营的国有独资公司。1999 年底，总资产 675.3 亿元，净资产 253.8 亿元；1999 年销售总额 427 亿元，实现利润 12.9 亿元，出口创汇 6.4 亿美元。该公司采取事业部制组织结构，董事会下设 4 个委员会（战略委员会、审计委员会、预算委员会、人事委员会），公司总部设 4 部 2 室 1 处（战略发展部、资产财务部、经济运行部、人力资源部、集团办公室、审计室、企业改革处）、5 个职能型中心（教育中心、技术中心、信息中心、质监中心、再就业中心）、4 个职能型公司（财务公司、商贸公司、恒联公司、资产经营公司）、9 个事业部（电站事业部、输配电事业部、机床机械事业部、通用机械事业部、重型机械事业部、工程动力机械事业部、机械基础件事业部、石化装备事业部、家用电器事业部）。其组织结构设计如图 10－11 所示。

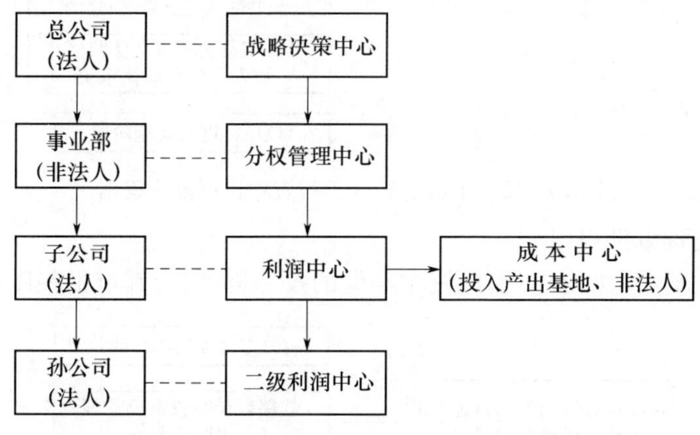

图 10－11　上海电气（集团）总公司组织结构简图

公司在投资项目决策的管理过程中，建立并实行了一套科学化、民主化、规范化的投资项目审批程序。该套程序将整个公司的投资项目按分权管理的原则分为三大类，每一类项目都分别设计了一个审批程序。以下分别介绍三类投资项目的审批程序。

1. A 类投资项目审批程序

A 类投资项目是指技术改造、设备更新、技术引进、购买专利、引进技术国产化和再开发、新产品研制、技术攻关、科研开发、基本建设等投资项目，其审批程序如图 10－12 所示。

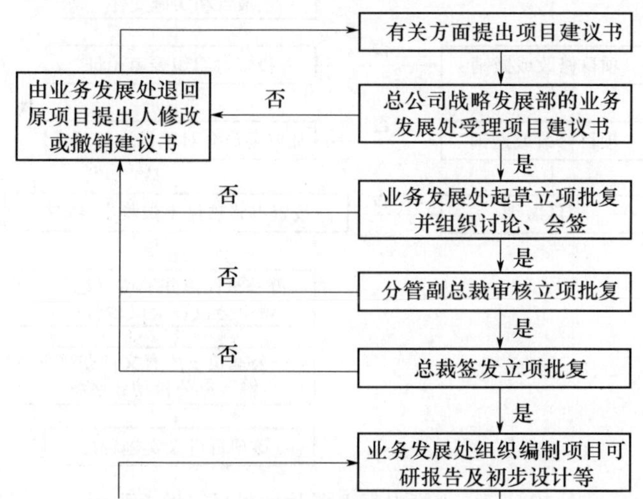

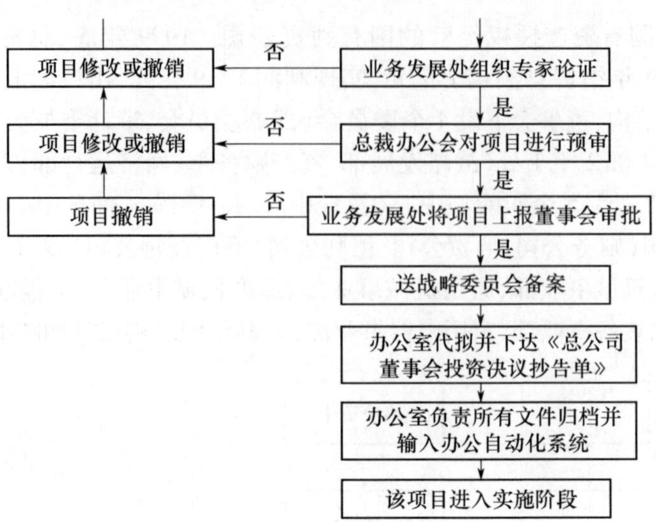

图10－12　上海电气A类投资项目审批流程图

2. B类项目投资审批程序

B类项目是指涉及重大资产运作、资本经营的投筹资项目,其审批程序如图10－13所示。

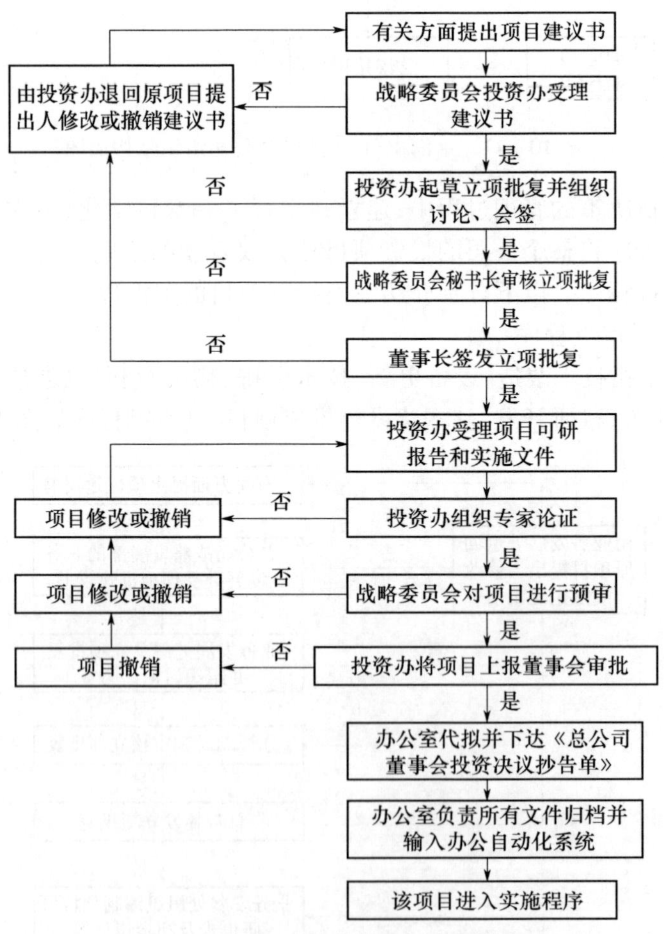

图10－13　上海电气B类投资项目审批流程图

3. C类投资项目审批程序

C类投资项目是指所有涉外的投资项目和其他投资项目，包括境内外合资合作、增资、并购、海外投资和智力引进、课题咨询等，其审批程序如图10－14所示。

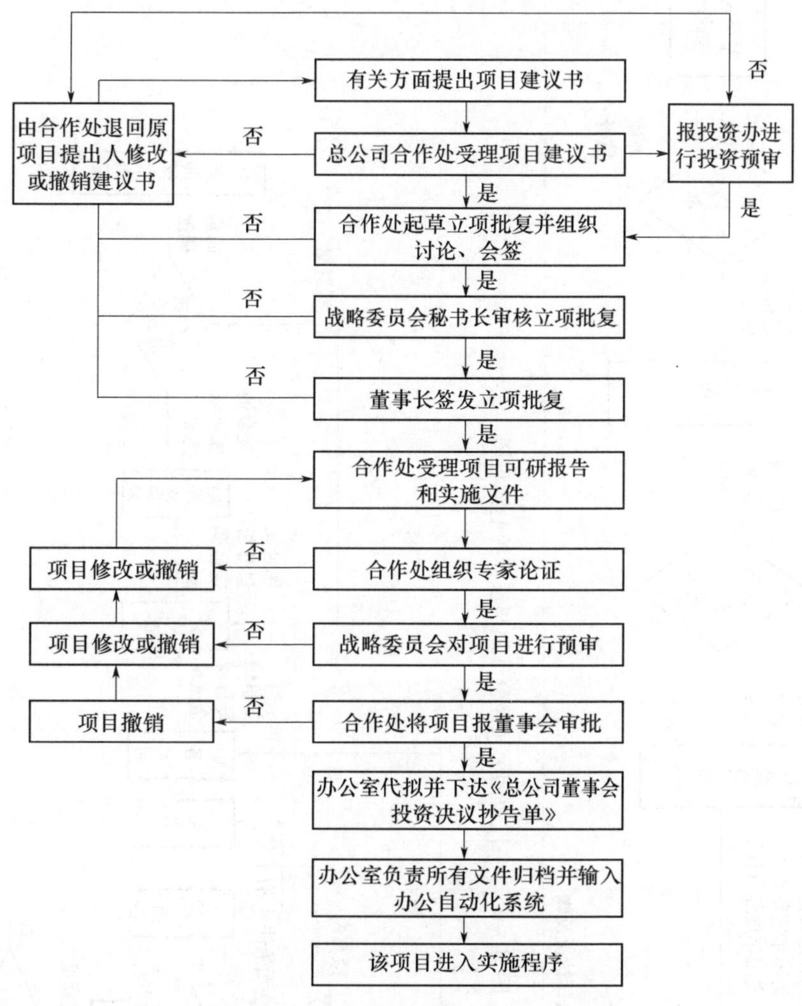

图10－14　上海电气C类投资项目审批流程图

（二）中国第一汽车集团公司计划财务与审计监督主要业务的管理流程

中国第一汽车集团公司是1953年兴建的国家重点企业，改革开发以来，由单一工厂体制发展成为特大型企业集团。公司现有10家直属专业厂，3家分公司，26家全资子公司，13家控股公司，26家参股公司，146家关联公司，职工15.6万人（含控股子公司），总资产335亿元，加上控股子公司，可支配资产总计为592亿元。2000年销售收入561亿元，利润27.7亿元。

一汽集团公司对计划财务和审计监督的主要业务控制点都分别设计了管理流程图，如图10－15～图10－31所示。

（1）经营计划与预算控制流程图，如图10－15所示。

（2）现金流量监控流程图，如图10－16所示。

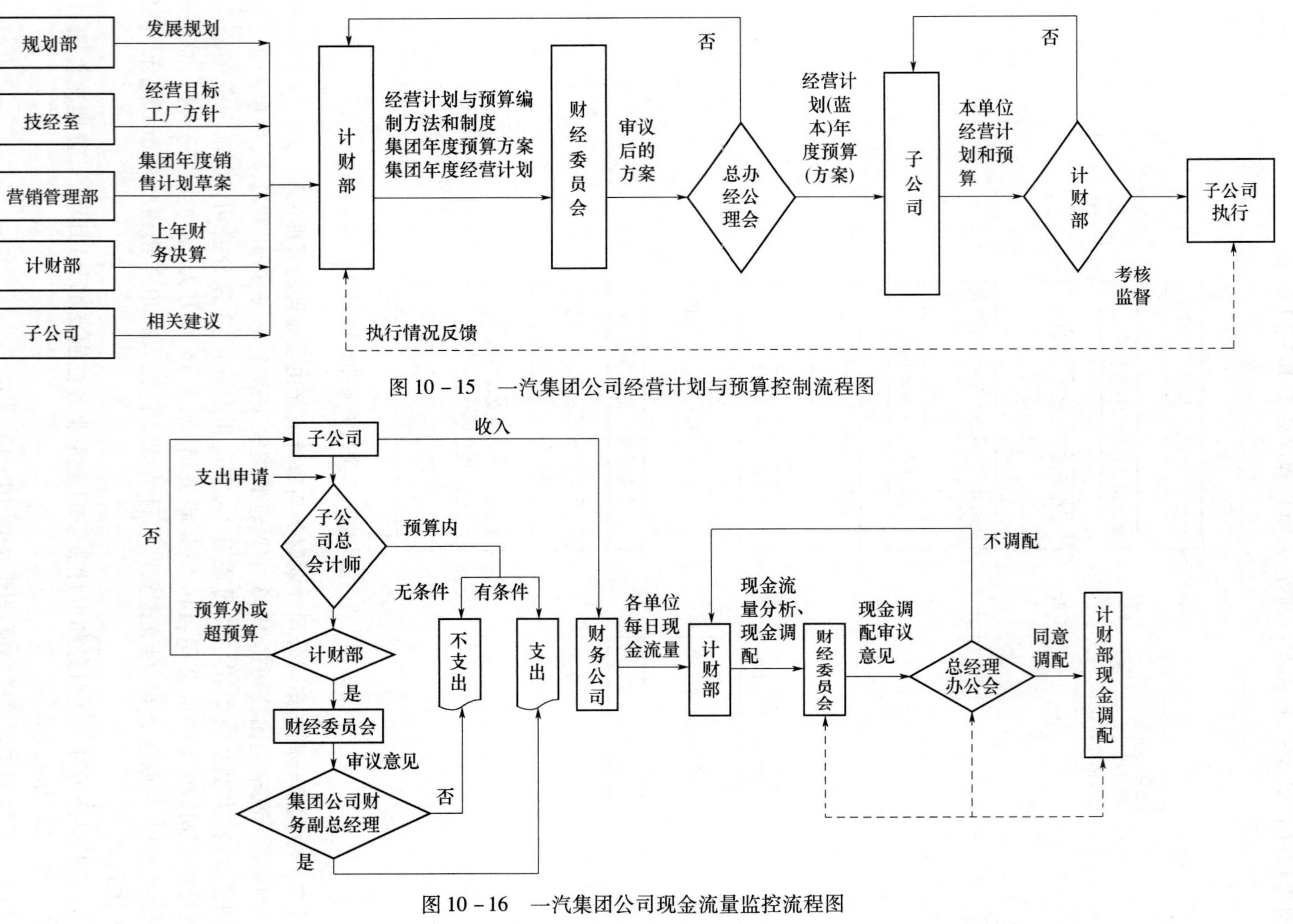

图 10－15　一汽集团公司经营计划与预算控制流程图

图 10－16　一汽集团公司现金流量监控流程图

（3）资产出售、转让、租赁、抵押和质押管理流程图，如图10–17所示。

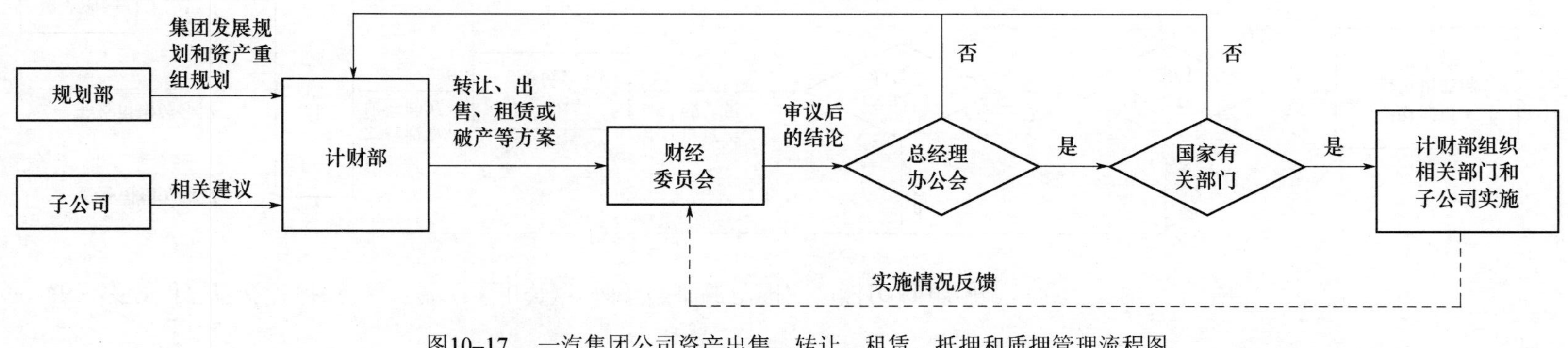

图10–17 一汽集团公司资产出售、转让、租赁、抵押和质押管理流程图

（4）企业并购管理流程图，如图10–18所示。

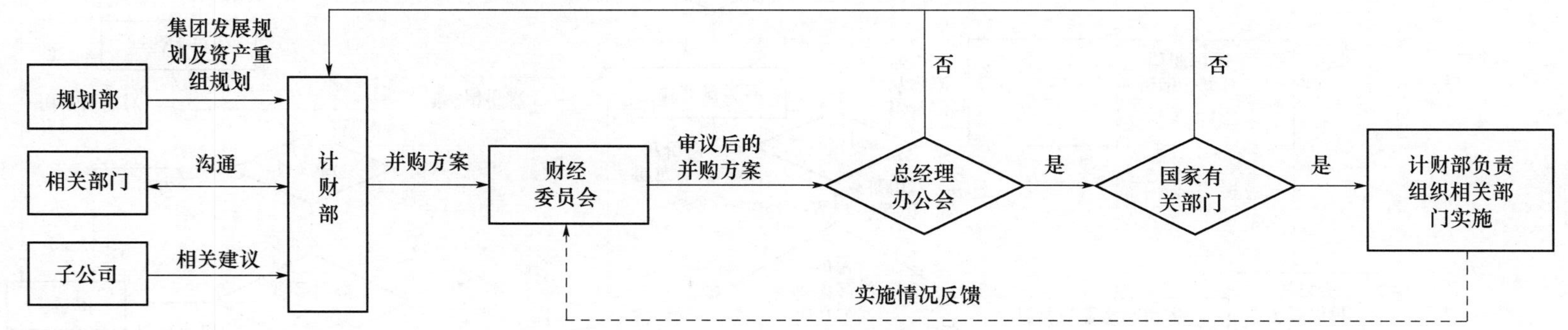

图10–18 一汽集团公司企业并购管理流程图

（5）子公司借款管理流程图，如图10–19所示。

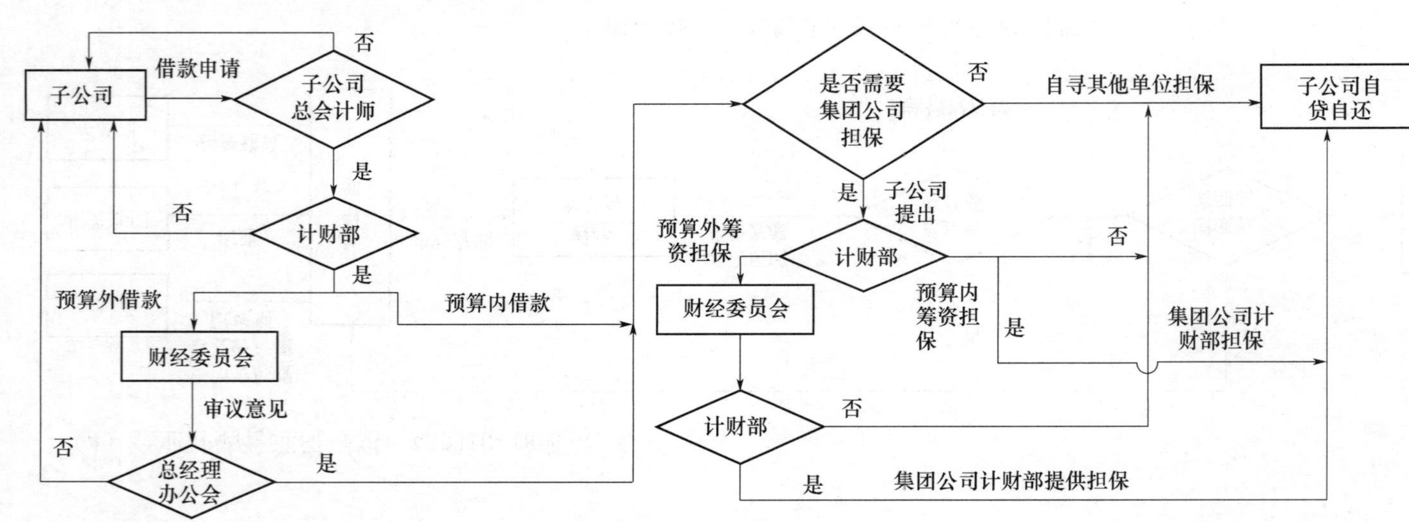

图10–19　一汽集团公司子公司借款管理流程图

（6）子公司发行股票(含买壳、借壳上市等)、债券管理流程图，如图10–20所示。

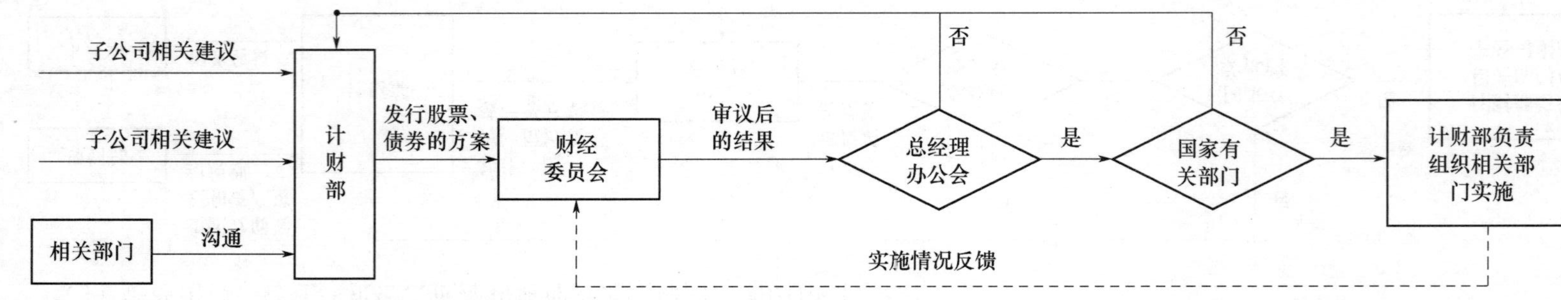

图10–20　一汽集团公司子公司发行股票(含买壳、借壳上市等)、债券管理流程图

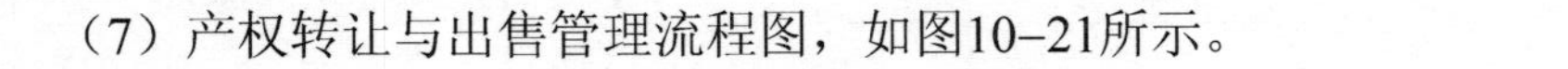
（7）产权转让与出售管理流程图，如图10–21所示。

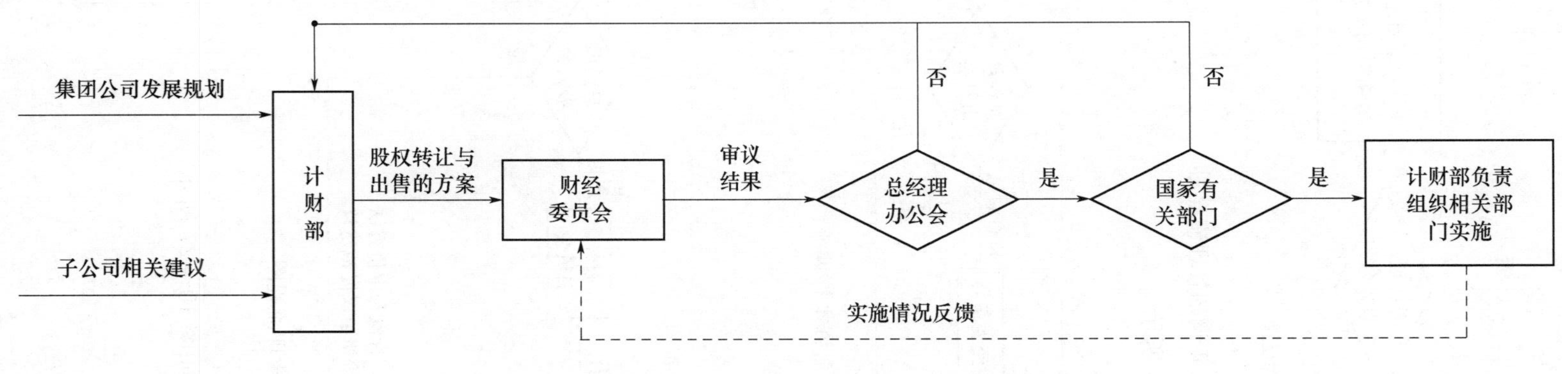

图10–21　一汽集团公司产权转让与出售管理流程图

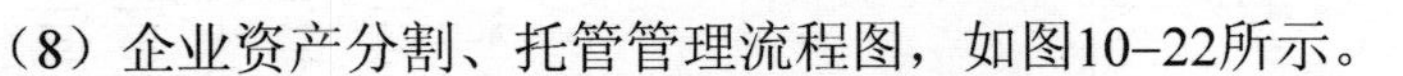
（8）企业资产分割、托管管理流程图，如图10–22所示。

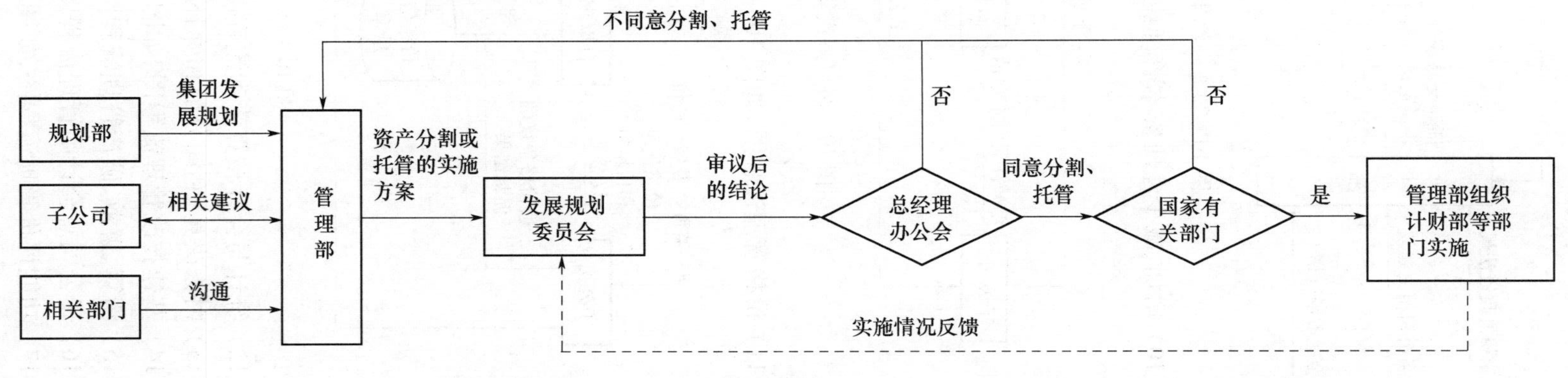

图10–22　一汽集团公司资产分割、托管管理流程图

(9) 证券交易和外汇调剂管理流程图,如图 10-23 所示。

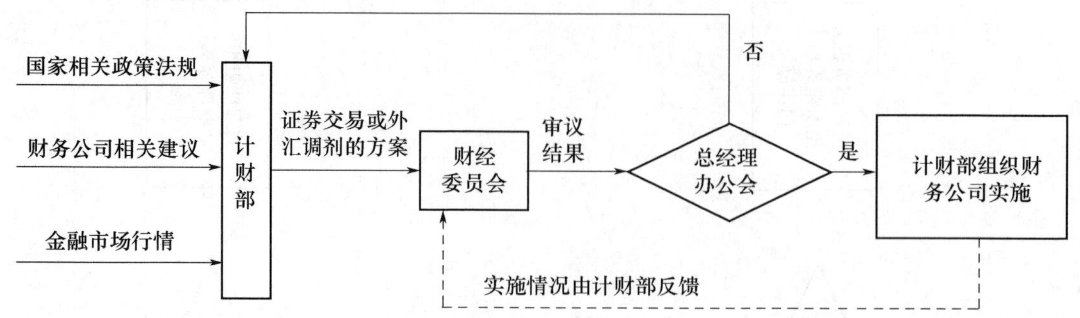

图 10-23 一汽集团公司证券交易和外汇调剂管理流程图

(10) 增加、减少注册资本管理流程图,如图 10-24 所示。

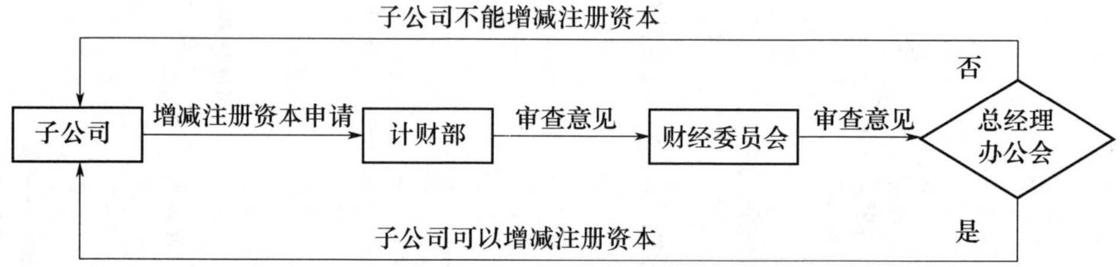

图 10-24 一汽集团公司增加、减少注册资本管理流程图

(11) 价格管理流程图,如图 10-25 所示。

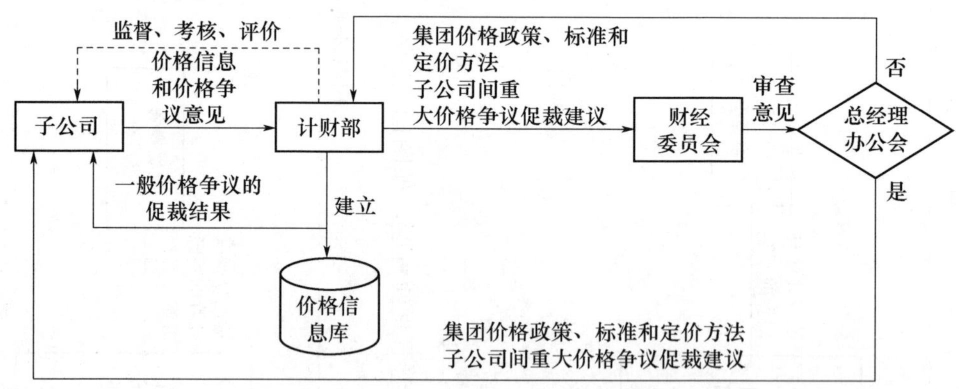

图 10-25 一汽集团公司价格管理流程图

(12) 统计与会计核算管理流程图,如图 10-26 所示。
(13) 财务决算、利润分配和弥补亏损管理流程图,如图 10-27 所示。
(14) 基建技改管理流程图,如图 10-28 所示。
(15) 清算、解散、破产管理流程图,如图 10-29 所示。
(16) 子公司总会计师管理流程图,如图 10-30 所示。
(17) 功能评价管理流程图,如图 10-31 所示。

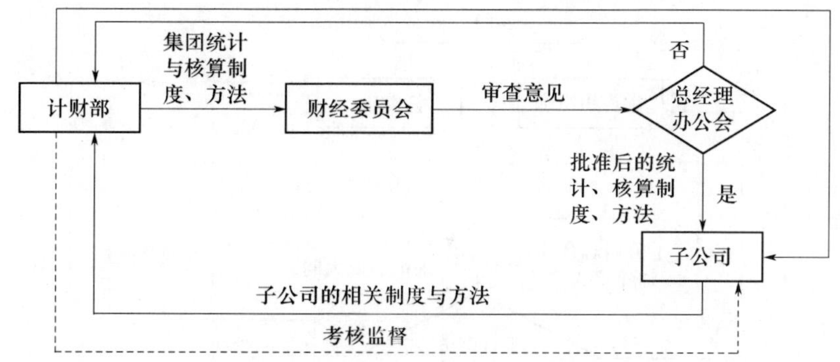

图 10-26 一汽集团公司统计与会计核算管理流程图

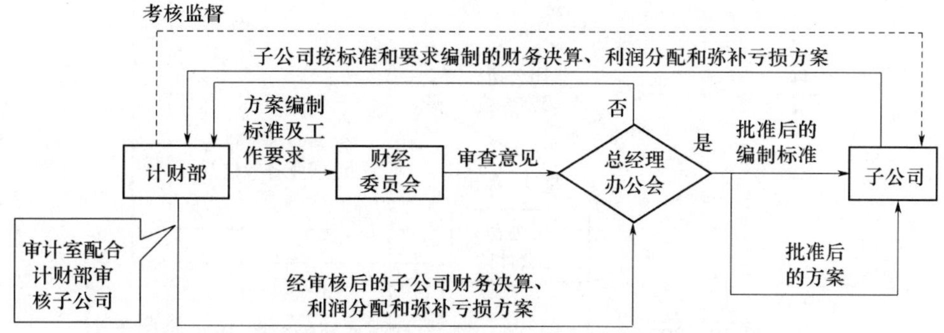

图 10-27 一汽集团公司财务决算、利润分配和弥补亏损管理流程图

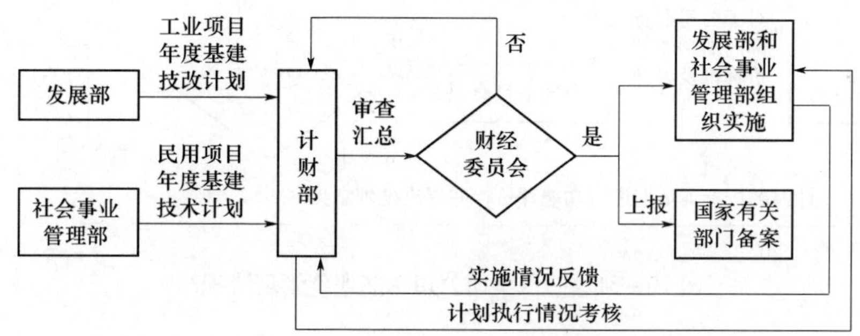

图 10-28 一汽集团公司基建技改管理流程图

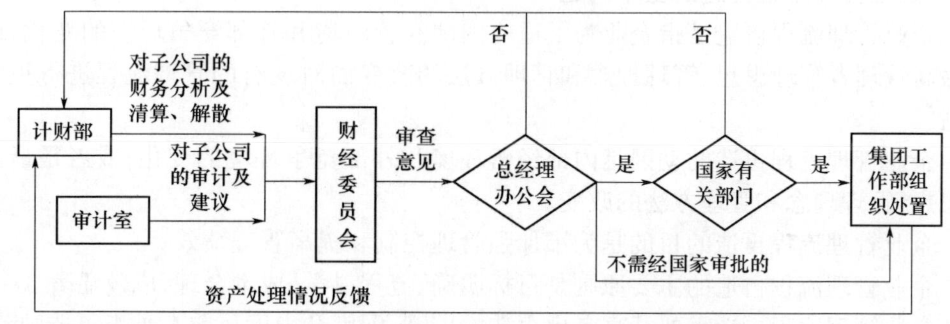

图 10-29 一汽集团公司清算、解散、破产管理流程图

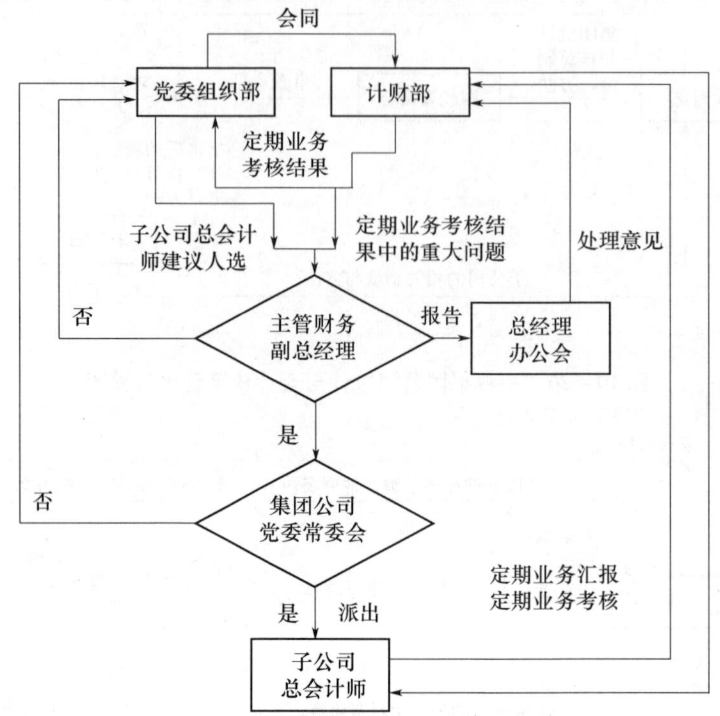

图 10－30　一汽集团公司子公司总会计师管理流程图

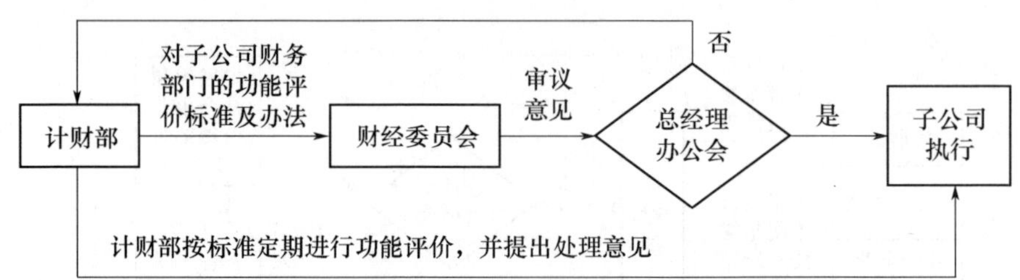

图 10－31　一汽集团公司功能评价管理流程图

三、企业管理流程再造

（一）企业管理流程再造的基本问题

（1）企业管理流程再造是指企业为了适应内部经营环境和外部竞争环境的变化,或者为了适应最高管理者管理思想、管理理念和管理方法的改变而对现有的管理流程进行重大的调整或改造。

（2）企业管理流程再造的动因是内部经营环境和外部竞争环境的变化,或者是最高管理者管理思想、管理理念和管理方法的改变。

（3）企业管理流程再造的目的是为了加强管理控制和提高管理绩效。

（4）企业管理流程再造的主要原则是目标明确、流程科学、成本合理、成效显著。

（5）企业管理流程再造需要认真考虑再造的广度、深度和力度。前者是指再造的范围,即哪些管理流程需要再造;中者是指再造的内容,即这些管理流程是彻底的重新设计还是在原有基础上的调整改进;后者是指再造的手段和方式,即再造是渐进式的还是速成式的。

(6) 企业管理流程再造的步骤是:环境评价—流程诊断—方案制定—方案实施—运行监测—成效评估。

(二) 基于财务预算管理的企业管理流程再造

(1) 基于财务预算管理的企业管理流程再造就是为了推行财务预算管理、满足财务预算管理的需要、保障财务预算管理的顺利实施、最大限度地发挥财务预算管理的作用而对企业原有的一些管理流程进行重新设计或调整改造。

(2) 基于财务预算管理的企业管理流程再造需要考虑财务预算管理全员工参与的特点,使每一个管理流程中的每一个管理环节的每一个员工(或团队)都有其明确的工作职责、工作权限、工作流程和沟通合作方式。

(3) 基于财务预算管理的企业管理流程再造需要考虑财务预算管理全方位渗透的特点,对企业生产经营活动中的各个管理流程都要进行动态实时的监测,发现问题及时调整改造或重新设计。

(4) 基于财务预算管理的企业管理流程再造需要考虑财务预算管理全过程监控的特点,科学构建财务预算编制、调整、执行、考评、奖惩等各个环节的监控流程。

(5) 基于财务预算管理的企业管理流程再造需要考虑财务预算管理全量化实施的特点,使每一个管理流程中的每一个管理环节的每一个员工(或团队)都能做到目标量化、权限量化、职责量化、利益量化。

第三节　财务预算管理中的责、权、利配置

一、财务预算管理中责、权、利配置的原则

(一) 责权明确

为了充分发挥企业内部各级预算责任单位和人员的主观能动性,必须根据各级预算责任单位和人员具体从事的工作内容,明确规定其应承担的经济责任,使企业上下形成一个从上到下人人有责的多层责任网络,同时根据其承担的经济责任赋予其相应的管理权力。责任不明,可能会导致人人争功劳、个个推责任;权力不明,可能会导致人人争权夺利、个个拈轻怕重。这就使财务预算管理失去了应有的作用。

(二) 责权相当

有什么样的责任就应该赋予其什么样的权力,有什么样的权力就应该承担什么样的责任。有责无权、责大权小,责任都无法落实;有权无责、权大责小,又会滥用职权。这两方面的不当现象都是要避免的。只有将责权有机地结合起来,才能使各级预算责任单位和人员各司其责、各行其权。

(三) 责任可控

各级预算责任单位和人员的经济责任能否得到很好的履行,其中的一个重要影响因素就是责任是否可控。可以控制,才能承担责任;不能控制,就不能对其负责。可控原则的运用将使责权范围更加明确,使责任考评不会流于形式。

(四)责、权、利匹配

各级预算责任单位和人员所承担的经济责任,不仅需要有相应的管理权力与之相匹配,而且需要有相应的经济利益与之相匹配。有责无权、责大权小,责任就无法落实;有责无利、责大利小,责任也很难落实。因此,在财务预算管理中,必须在明确责、权、利的基础上同时做到责、权、利相匹配。

二、预算管理决策机构的责、权、利配置

(一)董事会

董事会是企业预算管理的最高决策机构,在企业整个预算管理体系中处于核心领导地位,掌握着企业各项预算的最后批准权,同时对预算的日常执行情况与执行结果拥有监督、检查权。

(二)预算管理委员会

预算管理委员会的主要职责和权限是:制定预算政策(草案)和预算程序(草案);拟订预算总目标以及预算编制的基本要求;将各级部门提出的预算草案进行审查,并提交董事会审核批准;下达已获批准的预算并监督其执行;审批预算的调整或修订;协调预算编制、执行、监控、考评、奖惩过程中的有关矛盾;审批预算考评结果,制定预算奖罚制度;仲裁预算纠纷等等。

三、预算管理执行机构的责、权、利配置

预算执行机构是各级预算责任单位,亦即预算执行过程中的各级责任中心,包括成本中心、利润中心和投资中心。责任中心是一个责、权、利结合的实体,即每个责任中心都要对一定的预算指标承担完成的责任;同时,每个责任中心都有与其所承担责任的范围和大小相适应的权力,并有相应的业绩考核标准和利益分配标准。

各级责任中心责、权、利三者的关系是:各级责任中心承担的经济责任是实现企业总预算目标、提高企业经济效益的重要保证,是衡量各级责任中心工作成果的标准;赋予各级责任中心相应的管理权力,是保证各级责任中心能够顺利履行责任的前提条件;而根据各级责任中心的责任履行情况来分配给其一定的经济利益或对其进行一定的经济处罚,又是调动各级责任中心积极性、提高企业经济效益的动力。在责、权、利三者关系中,“责”是核心,“权”是完成责任的前提条件,“利”是激励与约束因素。明确各级责任中心的责、权、利关系,并非是各行其是或各守“山头”,而是使之能够更好地进行分工与合作。

各级责任中心的主要责任可以大致做如下划分。

(一)成本中心

成本中心是指只发生成本(费用)而不取得收入的责任中心,它是最低层次的预算责任单位。任何只发生成本、不形成收入的责任单位都可以确定为成本中心,比如各职能部门和各具体作业中心,如工段、班组、个人等。

根据可控性原则,在确定成本中心的责任时首先要区分可控成本和不可控成本。所谓可控成本是指某特定的责任中心能够预知其发生,且能控制和调节前期耗用量的成本。不具备此条件的则是不可控成本。

判断成本是否可控所依据的标准为:

(1)可以预计,即成本中心能够事先知道将要发生什么性质的成本以及在何时发生;

（2）可以计量，即成本中心能够对发生的成本进行计量；

（3）可以控制，即成本中心能够通过自身的行为控制和调节成本；

（4）可以落实责任，即成本中心能够将有关成本的控制责任分解落实，并进行考核评价。

成本可控与否是相对于特定的预算责任单位而言的，此责任单位的不可控成本可能是彼责任单位的可控成本；高层次责任单位的可控成本未必是低层次责任单位的可控成本，但低层次责任单位的可控成本必定是高层次责任单位的可控成本。对于不可控成本，既然责任单位无法对其控制，因而也就无法对其负责。所以，成本中心的责任应该只限于该中心的可控成本。

（二）利润中心

利润中心属于中层预算责任单位。能否成为利润中心的衡量标准是该责任单位有无收入及利润。凡是能够获取收入、形成利润的责任单位均可作为利润中心。利润中心可以分为两类：一类是以对外销售产品而取得实际收入的自然利润中心；另一类是以产品在企业内部流转而取得内部销售收入的人为利润中心。

自然利润中心是指可以直接对外销售产品并取得收入的利润中心。这种利润中心本身直接面向市场，具有产品销售权、价格制定权、材料采购权和生产决策权。它虽然是企业内的一个部门，但其功能同独立企业相近。最典型的形式就是公司内的事业部，每个事业部均有销售、生产、采购的机能，有很大的独立性，能独立地控制成本、取得收入。

人为利润中心是指只对内流转产品，视同产品销售而取得内部销售收入的利润中心。这种利润中心一般不直接对外销售产品，只对本企业内部各责任中心提供产品或劳务。

利润中心的成本与收入，对利润中心来说都必须是可控的，以可控收入减去可控成本才是利润中心的可控利润，即责任利润。利润中心只需要对责任利润负责，对其进行预算考核的重要指标也是责任利润。

（三）投资中心

投资中心是最高层次的预算责任单位，它是需要对其投资效果负责的责任中心，适用于对资产具有经营决策权和投资决策权的独立经营单位。投资中心既要对成本、收入、利润预算负责，而且必须对其投资报酬率或资产利润率预算负责，或者说它实质上是企业财务预算的执行人。正因为如此，只有具备经营决策权和投资决策权的独立经营单位才能成为投资中心。一个独立经营的常规企业，就是一个投资中心。投资中心的具体责任人应该是以厂长、总经理为代表的企业最高决策层，投资中心的预算目标就是企业的总预算目标。

在责、权、利三者中，利益（包括物质利益与精神利益）是激励与约束机制生成的关键，克服目标逆向选择问题是预算控制与利益协调的重点。解决的思路可以从这样几个方面来考虑：掌握预算控制的适当性，使预算具有一定的灵活性和弹性；构筑一个相互支持、相互连接的指标控制网络，每一项指标都应当以有助于预算工作效率的提高和整体预算目标的实现的方式体现在预算责任当中；对于那些与企业核心主导业务联系密切、分部之间不能独立形成经营核算单位的责任单位，就不宜硬性实行独立核算；在责、权、利对称关系的确立上，除了要遵循企业治理结构的基本特征外，应当强调目标与责任决定权力，而不是相反。

总之，预算管理的各级执行机构应该是一个严密的系统，从最高层次的责任单位到最低层的责任单位都全部纳入预算管理体系中，明确各级预算责任单位的责、权、利，各有分工但又相互配合，才能保证预算管理工作取得卓越的成效。

四、财务预算管理责权配置案例——某集团公司财务预算管理的责、权划分

某集团公司是一家以房地产业为龙头,集房地产、物业管理、旅游服务、娱乐健身、连锁超市、拍卖、网络安装等产业于一身的大型集团公司。其财务预算管理的组织机构如图 10-32 所示。

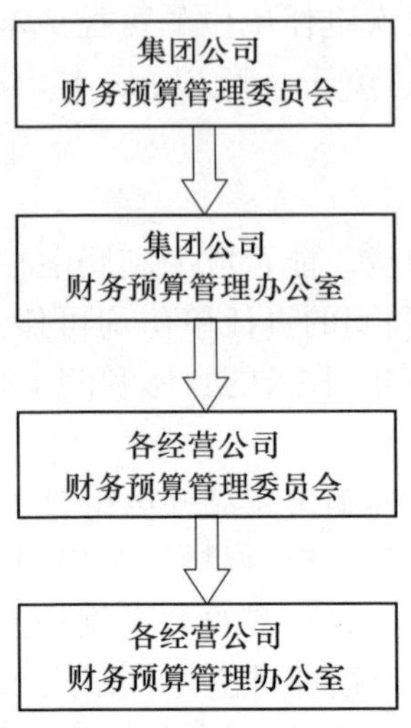

图 10-32　某集团公司财务预算管理组织机构图

(一) 集团公司财务预算管理委员会的组成

(1) 集团公司财务预算管理委员会是集团公司董事会领导下的一个非常设性机构,是集团公司财务预算管理的最高领导机构。

(2) 集团公司财务预算管理委员会设主任 1 人,由集团公司总经理兼任;设成员若干人,由集团公司财务总监、各分管副总经理和各经营公司总经理组成。

(二) 集团公司财务预算管理委员会的职责

(1) 制定集团公司财务预算管理制度及其附属的相关制度。

(2) 制定集团公司财务预算的总目标、总方针和总要求。

(3) 提出集团公司财务预算管理的改进方案。

(4) 协调集团公司财务预算管理过程中的有关矛盾。

(5) 审定集团公司总预算和各经营公司财务预算的草案、修正案和年终决算方案,并下达集团公司总预算和各经营公司财务预算的草案、修正案和年终决算方案的执行通知书。

(6) 审查集团公司总预算的年终决算奖惩方案。

(三) 集团公司财务预算管理办公室的组成

(1) 集团公司财务预算管理办公室是集团公司财务预算管理委员会下属的执行机构,负责集团公司财务预算的日常管理工作。

(2) 集团公司财务预算管理办公室设在集团公司财务中心。集团公司财务预算管理办公室设主任 1 人,由集团公司财务总监兼任;设成员若干人,由集团公司财务中心职员和集团公司各职能部门经理组成。

（四）集团公司财务预算管理办公室的职责

（1）转发集团公司财务预算管理委员会制定的集团公司财务预算管理制度及其附属的相关制度。

（2）转发集团公司财务预算管理委员会制定的集团公司财务预算总目标、总方针和总要求。

（3）组织集团公司财务预算编制前的人员培训，布置集团公司财务预算编制工作。

（4）组织编制集团公司总预算草案、修正案和年终决算方案。

（5）指导各经营公司编制财务预算预案、草案、修正案和年终决算方案。

（6）审查各经营公司财务预算预案、草案、修正案和年终决算方案。

（7）监督集团公司总预算草案、修正案和年终决算方案的执行，定期做出执行情况分析报告，并向集团公司财务预算管理委员会汇报。

（8）会同集团公司人力资源管理部门考核集团公司总预算的执行过程和结果，并编制集团公司总预算的年终决算奖惩方案。

（五）各经营公司财务预算管理委员会的组成

（1）各经营公司财务预算管理委员会分别是各经营公司董事会领导下的非常设性机构，是各经营公司财务预算管理的领导机构。

（2）各经营公司财务预算管理委员会分别设主任1人，分别由各经营公司总经理兼任；分别设成员若干人，分别由各经营公司副总经理、财务部门及其他职能部门负责人组成。

（六）各经营公司财务预算管理委员会的职责

（1）贯彻落实集团公司财务预算管理制度及其附属的相关制度，并制定本公司财务预算管理的实施办法。

（2）贯彻落实集团公司财务预算的总目标、总方针和总要求，并制定本公司财务预算的目标、方针和要求。

（3）审定本公司财务预算预案、草案、修正案和年终决算方案。

（4）协调本公司财务预算管理过程中的有关矛盾。

（5）根据集团公司财务预算管理委员会下达的本公司财务预算草案、修正案和年终决算方案的执行通知书，向本公司各职能部门传达执行通知。

（6）审查本公司财务预算的年终决算奖惩方案。

（七）各经营公司财务预算管理办公室的组成

（1）各经营公司财务预算管理办公室分别是各经营公司财务预算管理委员会下属的执行机构，分别负责各经营公司财务预算的日常管理工作。

（2）各经营公司财务预算管理办公室分别设在各经营公司的财务部门。各经营公司财务预算管理办公室分别设主任1人，分别由各经营公司分管财务的副总经理兼任；分别设成员若干人，分别由各经营公司财务部门职员和其他职能部门经理组成。

（八）各经营公司财务预算管理办公室的职责

（1）组织编制本公司财务预算预案、草案、修正案和年终决算方案。

（2）监督本公司财务预算草案、修正案和年终决算方案的执行，定期做出执行情况分析报告，并向本公司财务预算管理委员会和集团公司财务预算管理办公室汇报。

（3）会同本公司人力资源管理部门考核本公司财务预算的执行过程和结果，并编制本公司财务预算的年终决算奖惩方案。

(九) 特别说明的两个问题

(1) 由于集团公司和母公司在组织机构上实行两块牌子、一套人马,所以,集团公司和母公司的财务预算管理机构也相应实行两块牌子、一套人马,即集团公司财务预算管理委员会行使母公司财务预算管理委员会的职责,集团公司财务预算管理办公室行使母公司财务预算管理办公室的职责。

(2) 由于房地产有限公司的会计核算和财务管理工作目前暂由集团公司财务中心代管,所以,这家子公司的财务预算管理委员会组成人员中应包括集团公司财务中心经理,财务预算管理办公室组成人员中应包括集团公司财务中心职员、财务预算管理办公室暂时设在集团公司的财务中心。

(十) 财务预算管理中的责任中心设计

集团公司财务预算管理责任中心如图10-33所示。

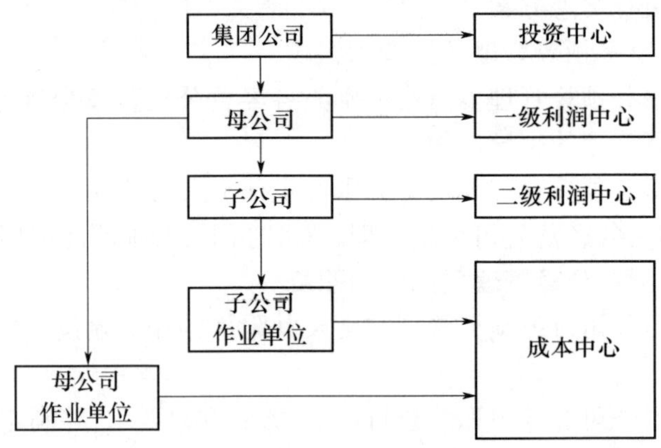

图10-33　某集团公司财务预算管理责任中心示意图

第四节　财务预算管理中的团队合作

一、团队的内涵

团队是由两个或两个以上的人组成的,通过人们彼此之间的相互影响、相互作用,在行为上有共同目标、共同规范的一种介于组织与个人之间的组织形态。其重要特征是团队内成员在心理上有一定联系,彼此之间发生相互影响。那些萍水相逢,偶然汇合在一起的一群人,虽然在时间、空间上有某些共同的特点,但他们之间在心理上没有什么相互影响、相互作用,因而称不上团队。

一个人不能构成团队,两个以上的个人的集合体也未必是团队。同在车站等车、码头候船的乘客以及在电影院里观看电影的观众、在超市排队买东西的顾客等,都称不上团队。

二、形成团队的基本要素

(一) 团队成员有着共同的目标

为完成共同目标,成员之间彼此合作,这是构成和维持团队的基本条件。事实上,也正是这些共同的目标,才确定了团队的性质。组织则不同,它是先有结构,后有任务、目标和发展方向。团队必须先有目标,后有团队。更重要的是,团队的目标赋予团队一种高于团队成员个人总和的认同感。这种认同感为解决个人利益和团队利益的冲突提供了重要的心理基础,使得一些威胁性的冲突有可能顺利地转变为建设性的冲突。也正因为有团队目标的存在,团队中的每个人都知道个人的坐标在哪里,团队的坐标在哪里。同时,也正因为有团队目标的存在,才使得团队成员在遇到紧急情况、面临失败风险等的时候能够统一思想、形成合力、全身心地投入到解决问题的事件中去。

(二)团队成员具有责任心

每一个团队中的每一个成员都要承担着各自在团队中的责任。世界上没有任何一个团队中的成员是不承担责任的,如果大家都不承担责任,实现共同的目标无疑是一种空谈。比较一下"老板让我们负责"和"我们自己负责"这两种心态之间的差异,它们是有重要区别的。前者缺乏一种主动的承诺和高度的责任心,后者却反映出了团队成员对团队的承诺以及团队对成员的信任。事实上,当团队成员为了一个共同目标走到一起来的时候,他们都不可避免地承担起对团队的责任。

(三)团队成员之间相互依赖

从行为心理上说,团队成员之间在行为心理上相互作用、相互影响,彼此意识到团队中的其他成员的存在,相互之间形成了一种默契和关心。不论何时,不论需要怎样的支持和协作,成员之间都能够互相给予,共同完成各项工作。

(四)团队成员具有团队意识

团队成员具有归属感,情感上有一种认同感,意识到"我是这个团队中的人"。每个人都发自内心地感受到有团队中其他人的陪伴是件乐事,因此,彼此之间都有一种团队意识和归属感。

三、团队的显著特征

(一)有清晰的目标

团队对于要达到的目标要有清楚的了解,并坚信这一目标包含着重大的意义和价值。而且这些目标的重要性还激励着团队成员把个人目标升华到团队目标中去。在有效的团队中,成员都清楚地知道自己应该做什么以及应该怎样做,愿意为实现团队的目标而努力工作。

(二)有一致的承诺

对成功团队的研究发现,团队成员对他们的群体具有认同感,他们把自己属于该群体的身份看做是自我认知的一个重要方面。因此,他们愿意为了团队的共同目标而做出一致的承诺,愿意为实现这个目标而调动和发挥自己最大的潜能。

(三)有良好的沟通

良好的沟通是团队的一个重要特征。团队成员通过畅通的渠道交换各种信息(包括语言信息和非语言信息),建立起良好的信息沟通和交流的网络和机制,将有助于管理者了解团队成员的思想、掌握团队成员的信息,消除误解、建立信任、增强信心。

(四)有相互的信任

成员间相互信任是团队的显著特征。只有信任他人的人才能换来他人对自己的信任,不信任他人必然导致他人对自己的不信任。所以,作为团队,要积极倡导文明健康的团队文化、努力营造坦诚善良的团队氛围,才能维持团队内成员之间的相互信任。

(五) 有相关的技能

团队成员具有实现共同目标所必备的技术和能力,而且团队成员之间要有能够良好合作的个性品质,彼此能够共同合作、出色地完成工作任务。有合作精神但是没有必备技术和能力的人,是很难成为团队成员的,即使在某种特定条件下成为了团队成员,最后也将会被团队所淘汰。

(六) 有高明的领导

高明的领导能够让团队成员跟随自己共同开创团队工作的新局面、共同实现团队的宏伟目标,因为他能为团队指明前进的方向和工作的思路,能够激发团队成员的自信心和工作潜力,能够鼓舞团队成员的斗志和上进心。高明的领导不仅仅是领导,而且还是工作和生活上的老师,因为他不仅组织领导着团队内的共同事业,而且还能够让团队成员学会如何工作、如何做人、如何生活。

四、财务预算管理需要团队协作精神

财务预算管理既然是一种制度整合,就不是靠某个部门独立去完成,它强调全员参与,就像乐队要演奏一首曲子,需要每位乐手的共同努力和协作。财务预算管理是一个全员参与的过程,所涉及的人员众多,不只是预算管理委员会、预算管理办公室和财务部门的事情,而是全体员工共同的事情。全体员工都应该自觉地参与到财务预算管理中去,多动脑筋,多提意见,集思广益,共同参与。

在预算管理过程中,企业的预算目标经过层层分解,最终落实到了各级责任单位。对于各级责任单位而言,要想完成本单位的预算目标,仅仅靠单打独斗或靠本单位负责人的努力是很难完成的,因为个人的力量毕竟是有限的。因此,各级责任单位必须充分依靠本单位的每一位员工,发挥团队协作精神,只有依靠大家的力量才可能圆满完成预算目标。对于整个企业而言,也要讲究团队协作。各级责任预算单位是具有一定权力并承担相应责任的利益关系人,自然而然地以自身利益为最大目标。一般情况下,企业与各级预算责任单位之间的利益目标具有一致性,在局部利益最大的同时实现整体利益的最大。然而局部利益和整体利益分别代表了两个层次的利益,因此它们之间不可避免地存在矛盾,有的责任单位有可能为实现局部利益最大而损害整体利益最大。比如,销售中心只重销售而不重资金的回收,生产中心只重产出数量而不重成本的节约和质量的提高等。因此,各级责任单位在完成自己单位预算的同时,必须着眼于企业的总预算目标,不能埋头苦干,只顾自己能完成目标而忽视了企业整体的目标,要顾及其他责任单位的工作。缺少了相互协作,单打独斗,画地为牢,很可能搞得企业没有生气,成为一盘散沙,只有发扬团队协作精神,整个企业的预算目标才能达到最优。

五、在财务预算管理中如何建立团队协作精神

团队的精神和力量是企业可持续发展的内在动力,但如果团队中的员工不能有效合作,经常出现协作不力、沟通不善的现象,那么将破坏员工间相互学习和共同工作的良好氛围,从而影响企业预算目标的实现。因此,建立团队协作精神在财务预算管理中显得尤为重要。而要建立团队协作精神,应该做好以下几方面的工作。

（一）建立共同愿景与目标

共同愿景是团队成员共同愿望的景象，是团队成员个人愿景的综合体现。个人愿景的产生是共同愿景得以建立的前提。共同愿景能使具有个性差异的团队成员凝聚在一起，朝着一个共同的目标迈进。目标是把人们凝聚在一起的重要基础，对目标认同才会形成坚强的团队，才能鼓舞成员团结奋进的斗志。在预算管理中，团队共同的目标应该说是很明确的，那就是完成本单位的预算目标。

（二）树立全局观念和整体意识

一个团队最终追求的是整体的合力、凝聚力和最佳的整体效益，所以必须树立以大局为重的全局观念，不斤斤计较个人利益和局部利益，自觉地为增强团队整体利益做出贡献。

（三）建立良好的沟通和协调机制

沟通主要是通过信息和思想上的交流达到认识的一致，协调是取得行动的一致，二者都是形成团队的重要条件。上下级之间，各部门之间，团队成员之间，认识和意见不一致是经常的事，彼此产生误会也时有所见，因而沟通工作对于培养团队精神来说是经常的、大量的。协调则包括工作关系的协调、利益关系的协调、人事关系的协调等诸多方面。企业领导要运用有效的管理方式，搞好各级责任单位之间的协调，把各方面关系理顺，提高工作效率，确保企业财务预算目标的完成。

（四）给予团队成员同等的机会

优秀的团队虽然能够给每一位成员分配不同的工作角色，但团队内部必须要有良好的同等机会提供给以下成员：具有技术专长的成员；善于解决冲突及处理人际关系的成员；具有解决问题和决策的能力的成员。同等机会不能仅局限于报酬、工作晋升这些方面，还应包括同等的培训机会、塑造个人形象的机会等诸多方面。

（五）建立健全团队内部的管理制度

完善的团队内部管理制度主要包括团队纪律、上级对下级的合理授权、成员的岗位职责划分和工作规范、成员业绩的考核评价、成员业绩的激励与约束等。如果过分地把团队协作不力归结于人的意识问题，会将团队置于“道德风险”之中，这种约束无疑非常脆弱，从而会将团队置于很高的“风险”之中。团队并不是“松散”“虚拟”的代名词，团队的目标、工作场所布置、员工的绩效考核、团队成员岗位职责的划分和工作规范等，都应该形成规范化的制度文本，不折不扣地得到落实。没有有效的制度和规范，就会出现无序和混乱，就不会产生井然有序、纪律严明、凝聚力很强的团队。

（六）不断增强领导者自身的影响力

领导者由于其地位和责任而被赋予一定的权力，但仅凭权力发号施令，以权压人，是形不成凝聚力的，更重要的是靠其威望、影响力，令人心服，才会形成一股魅力和吸引力。企业以及各级责任单位的领导都要增强自身的威望，这种威望一是取决于领导者的人格、品德和思想修养，二是取决于领导者的知识和才干，三是取决于领导者能否严于律己，四是取决于领导者能否公平、公正待人，与本团队成员同甘共苦，同舟共济等。

（七）努力打造学习型团队，鼓励团队成员不断学习

古语说得好“活到老，学到老”。在这个不断变化的时代，每时每刻都有新事物不断涌现出来，要想立于不败之地，学习是个不二法则。企业预算目标能否实现，企业能否成功，主要看其是否比竞争对手学习得更快。因此，应该在团队中形成良好的学习氛围，使团队中的成员在

学习中不断提高、完善自己,在更高层次上实现自我,这样团队本身也得到了不断的完善和超越,才有利于预算目标的顺利实现。

【复习思考题】

1. 什么是财务预算管理体制?

2. 什么是企业组织再造和企业组织结构再造?基于财务预算管理的企业组织结构再造应该考虑什么问题?

3. 常见的财务预算管理机构主要有哪几种模式?它们各有什么特点?

4. 什么是企业管理流程再造?基于财务预算管理的企业管理流程再造应该考虑什么问题?

5. 财务预算管理中应该如何配置各级预算责任单位的责、权、利?应该如何发挥团队合作精神?

【案例分析题】

建立有效的治理结构与管理体制——A集团的探索

一股独大与股权分散的矛盾是中国企业产权结构的一个突出问题,A集团在创业初期,股份由创业者一人持有,同时公司的经营决策也是由老板一人说了算,在管理上也主要依靠创业者的经验,即企业家个人的影响力……这种决策和管理模式是适应当时的中国市场和当时的企业发展阶段的。2011年5月,A集团燃气在香港创业板成功挂牌上市。2012年6月,A集团燃气成功转往香港主板市场上市,此时A集团初步实现了产权结构的调整与优化,但产权结构的单一化仍然是A集团产权结构所面临的问题。

在企业发展过程中,A集团的创业者也日益认识到,A集团原来以集权为主要特征的管理体制已显示出越来越大的局限性,A集团必须进一步放开高层民主以形成科学的决策体制,为此A集团在所制定的《A集团企业纲领》中提出了要"实现职权结构的优化,实行三权分立与制衡,并对集团和成员企业逐步分权"。

《A集团企业纲领》中明确提出:

1. 要对职业经理人进行股权激励。A集团的股权分配要体现企业与员工利益共享、风险共担的原则,员工与企业结成利益与命运共同体,增强归属感和主人翁意识。

2. 建立有效的信息管理系统,强化集团董事局的信息知情权。

(1) 建立统一、迅捷、畅通的信息网络,确保各类信息在集团各层级、各业务单元之间的高效流转与共享。

(2) 信息管理重在以信息流优化业务流程,提高各单位工作效率和集团整体运作效率;以信息集成支持重要决策集成,增强集团总部掌控能力和快速反应能力;以信息技术升级研发制造技术,加速新产品投放和老产品、服务的改进提高;以信息共享促进资源共享,实现资源开发利用的效用最大化;以信息渗透推动产业渗透,保障新业务的不断开发和成长。

3. 建立以战略目标为导向的关键绩效评价体系。

(1) 建立分层分类的关键绩效评价体系,高层领导采用述职报告制度,中基层员工采用季度绩效考评制度，操作层员工采用月度测评制度。

(2) 绩效目标的设立源于企业的战略目标和职位的责任，对高层领导的考核更强调结果指标，对中基层管理者的考核要关注行为过程，对操作层员工要强调量化指标。

(3) 绩效考核是绩效管理的一个环节，各级干部要重视绩效目标的设定和对下属的工作辅导。

(4) 绩效考核等级结果力求符合正态分布，考核结果与员工的分配和晋升挂钩。

案例分析要求 A 集团在所制定的《A 集团企业纲领》中提出要“实现职权结构的优化，实行三权分立与制衡，并对集团和成员企业逐步分权”。你认为这个变革对财务预算管理体制将会产生哪些重大影响？

第十一章　企业财务预算管理的应用

内容介绍

本章主要介绍财务预算管理在企业的应用情况，内容包括企业财务预算管理应用现状调查研究报告、企业财务预算管理的实施障碍与清除对策、铁路运输企业财务预算管理的应用、路桥施工企业财务预算管理的应用、电信企业财务预算管理的应用、烟草商业企业财务预算管理的应用、某集团公司财务预算管理制度及其实施细则。

学习目标

了解财务预算管理在企业的应用状况，了解企业财务预算管理遇到的主要障碍与解决对策，了解铁路运输企业财务预算管理的特点与要求，了解路桥施工企业财务预算管理的特点、要求与主要做法，了解电信企业财务预算管理的特点、要求与主要做法，了解烟草商业企业财务预算管理的特点、要求与主要做法，了解企业财务预算管理制度及其实施细则主要包含的内容。

第一节　企业财务预算管理应用现状调查研究报告
——基于广西企业的问卷调查研究

为了了解我国企业财务预算管理的应用现状，广西大学商学院财会系韦德洪教授的课题组曾在广西范围内进行了一次问卷调查。调查主要围绕能够反映企业财务预算管理现状的4类、共15个单项选择或多项选择的问题来进行：

(1) 企业对财务预算管理的了解和认识程度(2个问题)；

(2) 财务预算管理在企业中的普及和应用程度(10个问题)；

(3) 企业实行财务预算管理取得的显著成效(1个问题)；

(4) 企业实行财务预算管理遇到的难点问题(2个问题)。

这项问卷调查的结果反映出了我国企业财务预算管理的应用状况，对人们了解财务预算管理在企业中的应用情况还是具有非常重要的参考价值的。故此，本书特向读者介绍其调查研究的成果。

一、样本设计

为了使调查样本和调查结果具有广泛的代表性，课题组在样本的设计上考虑了样本企业的行业分布、规模分布、性质分布和类别分布。其中：行业分布主要考虑了制造业、商品流通业、交通运输业、建筑业、房地产业、服务业和其他行业；规模分布主要考虑了企业集团、大型企业和中小企业；性质分布主要考虑了国有独资企业、国有控股企业和民营企业；类别分布主要考虑了上市公司和非上市公司。全部样本数为200家企业。样本的选取采用主观判断和随机抽样相结合的方法,即由调查人员在1000多家企业名录中根据自己的主观判断,按照上述行业分布、规模分布、性质分布和类别分布的要求随机抽取样本企业。由于从企业名录上无法确切地判断所有企业的行业、规模、性质和类别,所以,对所选取的200家样本企业,课题组事前无法准确地统计出它们的行业分布、规模分布、性质分布和类别分布的数量,只能期待着问卷收回时再根据样本企业的回答来解决这个问题。

二、样本调查

为了确保问卷的收回率和调查结果的可靠性,课题组请广西财政厅会计管理处以该处的名义向样本企业寄发调查问卷,并指定由样本企业的总会计师或相当于总会计师职务的主管领导来填写调查问卷。截至规定的收回时间,课题组共收到样本企业寄回的有效答卷75份,收回率为37.50%。这75份有效答卷的行业分布、规模分布、性质分布和类别分布的数量见表11-1。

表11-1　样本企业(75家)分布表

样本分类＼样本分布		数量/家	比例/%	样本分类＼样本分布		数量/家	比例/%
按行业分类	制造业	37	34.26	按规模分类	中小企业	36	48.00
	商品流通业	16	14.81		合计	75	100.00
	交通运输业	12	11.11	按性质分类	国有独资企业	37	48.65
	建筑业	6	5.56		国有控股企业	34	45.95
	房地产业	8	7.41		民营企业	4	5.40
	服务业	14	12.96		合计	75	100.00
	其他	15	13.89	按类别分类	上市公司(5家)	5	6.67
	合计	108①	100.00		非上市公司(70家)	70	93.33
按规模分类	企业集团	20	26.67				
	大型企业	19	25.33		合计	75	100.00

① 按行业分类的样本企业合计数为108家,大于实际样本企业数75家,这是因为课题组在统计时把多元化经营的企业按其所从事的行业进行了重复计算。比如,一家既从事制造业、又从事商品流通业和建筑业经营的企业,课题组在统计时既把它计入制造业、又把它计入商品流通业和建筑业,亦即1家企业按3家企业来计算,因此出现了按行业分类的样本企业合计数大于实际样本企业数这个结果。下文对每一个问题的统计分析时,凡是涉及按行业分类来分析的,样本企业数均按这种口径来计算

三、调查结果分析

(一)关于企业对财务预算管理的了解和认识程度(2个问题)

1. 样本企业是否知道什么是财务预算管理(单项选择题)

这个问题课题组设计了“知道”和“不知道”两个选项,是单项选择题,目的是想调查样本企业对财务预算管理的了解程度。调查结果见表11-2。

表11-2 样本企业对财务预算管理的了解和认识程度(1)
——样本企业是否知道什么是财务预算管理

样本分类 \ 调查结果		样本企业数	回答“知道”的企业		回答“不知道”的企业	
			数量/家	比例/%	数量/家	比例/%
		A	B	C=B/A	D	E=D/A
总体分析		75	66	88.00	9	12.00
按行业分析	制造业	37	34	91.89	3	8.11
	商品流通业	16	14	87.50	2	12.50
	交通运输业	12	10	83.33	2	16.67
	建筑业	6	6	100.00	0	0
	房地产业	8	5	62.50	3	37.50
	服务业	14	11	78.57	3	21.43
	其他	15	12	80.00	3	20.00
	合计	108	92	85.19	16	14.81
按规模分析	企业集团	20	19	95.00	1	5.00
	大型企业	19	17	89.47	2	10.53
	中小企业	36	30	83.33	6	16.67
	合计	75	66	88.00	9	12.00
按性质分析	国有独资企业	37	34	91.67	3	8.33
	国有控股企业	34	28	82.35	6	17.65
	民营企业	4	4	100.00	0	0
	合计	75	66	88.00	9	12.00
按类别分析	上市公司	5	5	100.00	0	0
	非上市公司	70	61	87.14	14	12.86
	合计	75	66	88.00	9	12.00

表11-2的数据显示：

(1) 从总体上看,有88.00%的样本企业知道什么是财务预算管理,但仍有12.00%的样本企业不知道什么是财务预算管理。

(2) 从行业来看,知道什么是财务预算管理的企业,建筑业的比率最高(100.00%),其次是制造业(91.89%)、商品流通业(87.50%)、交通运输业(83.33%);房地产业的比率最低(62.50%),其次是服务业(78.57%)和其他行业(80.00%)。

(3) 从企业规模来看,知道什么是财务预算管理的企业,企业集团的比率最高(95.00%),其次是大型企业(89.47%),中小企业的比率最低(83.33%)。

(4) 从企业性质来看,知道什么是财务预算管理的企业,民营企业的比率最高(100.00%),其次是国有独资企业(91.67%),国有控股企业的比率最低(82.35%)。

(5) 从企业类别来看,知道什么是财务预算管理的企业,上市公司的比率为(100.00%),非上市公司的比率为(87.14%)。

2. 样本企业是否认为需要实行财务预算管理(单项选择题)

这个问题课题组设计了“需要”和“不需要”两个选项,是单项选择题,目的是想调查样本企业对财务预算管理的认识程度。调查结果见表11-3。

表11-3　样本企业对财务预算管理的了解和认识程度(2)
——样本企业认为是否需要实行财务预算管理

样本分类 \ 调查结果		样本企业数	回答“需要”的企业		回答“不需要”的企业	
			数量/家	比例/%	数量/家	比例/%
		A	B	C=B/A	D	E=D/A
总体分析		75	67	89.33	8	10.67
按行业分析	制造业	37	35	94.59	2	5.41
	商品流通业	16	13	81.25	3	18.75
	交通运输业	12	11	91.67	1	8.33
	建筑业	6	6	100.00	0	0
	房地产业	8	5	62.50	3	37.5
	服务业	14	12	85.71	2	14.29
	其他	15	12	80.00	3	20.00
	合计	108	94	87.04	14	12.96
按规模分析	企业集团	20	19	95.00	1	5.00
	大型企业	19	16	84.21	3	15.97
	中小企业	36	32	88.89	4	11.11
	合计	75	67	89.33	8	10.67
按性质分析	国有独资企业	37	34	91.89	3	8.11
	国有控股企业	34	29	85.29	5	14.71
	民营企业	4	4	100.00	0	0
	合计	75	67	89.33	8	10.67
按类别分析	上市公司	5	5	100.00	0	0
	非上市公司	70	62	88.57	8	11.43
	合计	75	67	89.33	8	10.67

表11-3的数据显示:

(1)从总体上看,有89.33%的样本企业认为需要实行财务预算管理,但仍有10.67%的样本企业认为不需要实行财务预算管理。

(2)从行业来看,认为需要实行财务预算管理的样本企业,建筑业的比率最高(100.00%),其次是制造业(94.59%)、交通运输业(91.67%)、服务业(85.71%);房地产业的比率最低(62.50%),其次是其他行业(80.00%)和商品流通业(81.25%)。

(3)从企业规模来看,认为需要实行财务预算管理的样本企业,企业集团的比率最高(95.00%),其次是中小企业(88.89%),大型企业的比率最低(84.21%)。

(4)从企业性质来看,认为需要实行财务预算管理的样本企业,民营企业的比率最高

(100.00%),其次是国有独资企业(91.89%),国有控股企业的比率最低(85.29%)。

(5)从企业类别来看,认为需要实行财务预算管理的样本企业,上市公司的比率为(100.00%),非上市公司的比率为(88.57%)。

(二)关于企业财务预算管理的普及和应用程度(10个问题)

1. 样本企业是否实行了财务预算管理(单项选择题)

这个问题课题组设计了"实行了"和"未实行"两个选项,是单项选择题,目的是想调查财务预算管理在样本企业中的普及程度。调查结果见表11-4。

表11-4 财务预算管理在样本企业中的普及和应用程度(1)
——样本企业是否实行了财务预算管理

样本分类 \ 调查结果		样本企业数	回答"实行了"的企业		回答"未实行"的企业	
			数量/家	比例/%	数量/家	比例/%
		A	B	C = B/A	D	E = D/A
总体分析		75	38	50.67	37	49.33
按行业分析	制造业	37	23	62.16	14	37.84
	商品流通业	16	8	50.00	8	50.00
	交通运输业	12	5	41.67	7	58.33
	建筑业	6	3	50.00	3	50.00
	房地产业	8	2	25.00	6	75.00
	服务业	14	6	42.86	8	57.14
	其他	15	9	60.00	6	40.00
	合计	108	56	51.85	52	48.15
按规模分析	企业集团	20	13	65.00	7	35.00
	大型企业	19	8	42.11	11	57.89
	中小企业	36	17	47.22	19	52.78
	合计	75	38	50.67	37	49.33
按性质分析	国有独资企业	37	20	54.05	17	45.95
	国有控股企业	34	16	47.06	18	52.84
	民营企业	4	2	50.00	2	50.00
	合计	75	38	50.67	37	49.33
按类别分析	上市公司	5	3	60.00	2	40.00
	非上市公司	70	35	50.00	35	50.00
	合计	75	38	50.67	37	49.33

表11-4的数据显示:

(1)从总体上看,只有50.67%的样本企业实行了财务预算管理,其他49.33%的样本企业尚未实行财务预算管理。财务预算管理的普及率较低,这与企业对财务预算管理的了解和认识程度很不相称。

(2)从行业来看,财务预算管理的普及率最高是制造业(达到62.16%),其次是其他行业

(60.00%)、交通运输业(50.00%)和服务业(50.00%);最低是房地产业(只有25%),其次是交通运输业(41.67%)和服务业(42.86%)。

(3) 从企业规模来看,财务预算管理的普及率最高是企业集团(达到65%),其次是中小企业(47.22%),最低是大型企业(42.11%)。

(4) 从企业性质来看,财务预算管理的普及率最高是国有独资企业(54.05%),其次是民营企业(50.00%),最低是国有控股企业(47.06%)。

(5) 从企业类别来看,财务预算管理的普及率上市公司(60.00%)高于非上市公司(50.00%)。

2. 样本企业如果还没有实行财务预算管理,那么,每年是否都编制现金流量预算(单项选择题)

这个问题主要是针对未实行财务预算管理的样本企业而设计的,目的是想了解未实行财务预算管理的样本企业是否编制现金流量预算。这个问题课题组设计了"编制"和"不编制"两个选项,是单项选择题。在样本统计时,课题组只针对未实行财务预算管理的37家样本企业进行统计。调查结果见表11-5。

表11-5　财务预算管理在样本企业的普及和应用程度(2)
——未实行财务预算管理的样本企业是否编制现金流量预算

样本分类 \ 调查结果		样本企业数	回答"编制"的企业		回答"不编制"的企业	
			数量/家	比例/%	数量/家	比例/%
		A	B	C = B/A	D	E = D/A
总体分析		37	34	91.89	3	8.11
按行业分析	制造业	14	14	100.00	0	0
	商品流通业	8	8	100.00	0	0
	交通运输业	7	7	100.00	0	0
	建筑业	3	3	100.00	0	0
	房地产业	6	4	66.67	2	33.33
	服务业	8	6	75.00	2	25.00
	其他	6	5	83.33	1	16.67
	合计	52	47	90.38	5	9.62
按规模分析	企业集团	7	7	100.00	0	0
	大型企业	11	9	81.82	2	18.18
	中小企业	19	18	94.74	1	5.26
	合计	37	34	91.89	3	8.11
按性质分析	国有独资企业	17	17	100.00	0	0
	国有控股企业	18	16	88.89	2	11.11
	民营企业	2	1	50.00	1	50.00
	合计	37	34	91.89	3	8.11
按类别分析	上市公司	2	2	100.00	0	0
	非上市公司	35	32	91.43	3	8.57
	合计	37	34	91.89	3	8.11

表11－5的数据显示：

（1）从总体上看，未实行财务预算管理的37家样本企业中，有34家编制现金流量预算（占91.89%），只有3家不编制现金流量预算（占8.11%）。

（2）从行业来看，制造业、商品流通业、交通运输业和建筑业中，未实行财务预算管理的企业都能编制现金流量预算；而房地产业、服务业和其他行业中，则有一部分企业（分别占33.33%、25.00%和16.67%的比例）甚至连现金流量预算都不编制。

（3）从企业规模来看，未实行财务预算管理的企业集团都能编制现金流量预算，而未实行财务预算管理的大型企业和中小企业则有部分企业（分别占18.18%和5.26%的比例）连现金流量预算都不编制。

（4）从企业性质来看，未实行财务预算管理的国有独资企业都能编制现金流量预算，而未实行财务预算管理的国有控股企业和民营企业则有部分企业（分别占11.11%和50.00%的比例）连现金流量预算都不编制。

（5）从企业类别来看，未实行财务预算管理的上市公司都能编制现金流量预算，而未实行财务预算管理的非上市公司则有部分企业（8.57%）连现金流量预算都不编制。

3. 样本企业是否有负责财务预算管理工作的专门机构（单项选择题）

这个问题课题组设计了“有”和“没有”两个选项，是单项选择题，目的是想调查样本企业对财务预算管理的重视程度。调查结果见表11－6。

表11－6 财务预算管理在样本企业的普及和应用程度(3)
——样本企业是否设有财务预算管理专门机构

样本分类 \ 调查结果		样本企业数	回答“有”的企业		回答“没有”的企业	
			数量/家	比例/%	数量/家	比例/%
		A	B	C = B/A	D	E = D/A
总体分析		75	23	30.67	52	69.33
按行业分析	制造业	37	13	35.14	24	64.86
	商品流通业	16	6	37.50	10	62.50
	交通运输业	12	3	25.00	9	75.00
	建筑业	6	3	50.00	3	50.00
	房地产业	8	2	25.00	6	75.00
	服务业	14	4	28.57	10	71.43
	其他	15	5	33.33	10	66.67
	合计	108	36	33.33	72	66.67
按规模分析	企业集团	20	7	35.00	13	65.00
	大型企业	19	8	42.11	11	57.89
	中小企业	36	8	22.22	28	77.78
	合计	75	23	30.67	52	69.33

（续）

样本分类 \ 调查结果		样本企业数	回答“有”的企业		回答“没有”的企业	
			数量/家	比例/%	数量/家	比例/%
		A	B	C = B/A	D	E = D/A
按性质分析	国有独资企业	37	14	37.84	23	62.16
	国有控股企业	34	9	26.47	25	73.53
	民营企业	4	0	0	4	100.00
	合计	75	23	30.67	52	69.33
按类别分析	上市公司	5	2	40.00	3	60.00
	非上市公司	70	21	30.00	49	70.00
	合计	75	23	30.67	52	69.33

表 11－6 的数据显示：

（1）从总体上看，只有 23 家样本企业（占 30.67%）设置财务预算管理专门机构，而另外 52 家样本企业（占 69.33%）则不设置财务预算管理专门机构。这说明，在实行了财务预算管理的 38 家样本企业（占 50.67%）中，仍有 15 家样本企业（占 20%）不设置财务预算管理专门机构。

（2）从行业来看，设置财务预算管理专门机构的比率，制造业为 35.14%，商品流通业为 37.50%，建筑业为 50.00%，其他行业为 33.33%（这几个行业均达 1/3 以上）；交通运输业为 25.00%，房地产业为 25.00%，服务业为 28.57%（这几个行业均不到 1/3）。

（3）从企业规模来看，设置财务预算管理专门机构的比率，大型企业为 42.11%，企业集团为 35.00%，中小企业为 22.22%。

（4）从企业性质来看，设置财务预算管理专门机构的比率，国有独资企业为 37.84%，国有控股企业为 26.47%，民营企业为零。

（5）从企业类别来看，设置财务预算管理专门机构的比率，上市公司为 40.00%，非上市公司为 30.00%。

4. 样本企业每年在什么时间编制财务预算或现金流量预算（单项选择题）

这个问题课题组设计了“9 月份”“10 月份”“11 月份”“12 月份”“其他月份”五个选项，是单项选择题，目的是想调查样本企业一般从哪个月份开始编制下一个预算年度的财务预算或现金流量预算。在样本统计时，课题组只针对编制财务预算或现金流量预算的 72 家样本企业进行统计。调查结果见表 11－7。

表11-7 财务预算管理在样本企业的普及和应用程度(4)
——样本企业每年编制财务预算或现金流量预算的时间

调查结果 / 样本分类		样本企业数	回答"9月份"的企业		回答"10月份"的企业		回答"11月份"的企业		回答"12月份"的企业		回答"其他月份"的企业	
			数量/家	比例/%	数量/家	比例/%	数量/家	比例/%	数量/家	比例/%	数量/家	比例/%
		A	B	C=B/A	D	E=D/A	F	G=F/A	H	I=H/A	J	K=J/A
总体分析		72	6	8.33	8	11.11	24	33.33	24	33.33	10	13.89
按行业分析	制造业	37	3	8.11	4	10.81	14	37.84	12	32.43	4	10.81
	商品流通业	16	1	6.25	3	18.75	4	25.00	4	25.00	4	25.00
	交通运输业	12	0	0	0	0	5	41.67	5	41.67	2	16.67
	建筑业	6	0	0	0	0	2	33.33	2	33.33	2	33.33
	房地产业	6	0	0	0	0	4	66.67	2	33.33	0	0
	服务业	12	0	0	1	8.33	6	50.00	4	33.33	1	8.33
	其他	14	4	28.57	1	7.14	3	21.43	4	28.57	2	14.29
	合计	103	8	7.77	9	8.74	38	36.89	33	32.04	15	14.56
按规模分析	企业集团	20	1	5.00	4	20.00	7	35.00	5	25.00	3	15.00
	大型企业	17	1	5.89	1	5.89	8	47.06	6	35.29	1	5.89
	中小企业	35	4	11.43	3	8.57	9	25.71	13	37.14	6	17.14
	合计	72	6	8.33	8	11.11	24	33.33	24	33.33	10	13.89
按性质分析	国有独资企业	37	6	16.22	3	8.11	12	32.43	12	32.43	4	10.81
	国有控股企业	32	0	0	4	12.50	11	34.38	11	34.38	6	18.75
	民营企业	3	0	0	1	33.33	1	33.33	1	33.33	0	0
	合计	72	6	8.33	8	11.11	24	33.33	24	33.33	10	13.89
按类别分析	上市公司	5	0	0	1	20.00	3	60.00	1	20.00	0	0
	非上市公司	67	6	8.96	7	10.45	21	31.34	23	34.33	10	14.93
	合计	72	6	8.33	8	11.11	24	33.33	24	33.33	10	13.89

表11-7的数据显示：

(1)从总体上看,有1/3的样本企业(24家)从11月份开始编制下一个预算年度的财务预算或现金流量预算,另外1/3的样本企业(24家)从12月份开始编制下一个预算年度的财务预算或现金流量预算,最后1/3的样本企业(24家)则从9月份、10月份或其他月份开始编制下一个预算年度的财务预算或现金流量预算。

(2)从行业来看,从11月份或12月份开始编制下一个预算年度的财务预算或现金流量预算的,制造业有70.27%的企业,商品流通业有50.00%的企业,交通运输业有83.34%的企业,建筑业有66.67%的企业,房地产业有100.00%的企业,服务业有83.33%的企业,其他行业有50.00%的企业。

(3)从企业规模来看,从11月份或12月份开始编制下一个预算年度的财务预算或现金流量预算的,企业集团有60.00%的企业,大型企业有82.35%的企业,中小企业有62.85%的企业。

(4) 从企业性质来看,从11月份或12月份开始编制下一个预算年度的财务预算或现金流量预算的,国有独资企业有64.86%的企业,国有控股企业有68.76%的企业,民营企业有66.67%的企业。

(5) 从企业类别来看,从11月份或12月份开始编制下一个预算年度的财务预算或现金流量预算的,上市公司有80.00%的企业,非上市公司有65.67%的企业。

5. 样本企业在编制预算时,采用以下哪种编制模式(单项选择题)

这个问题课题组设计了"自上而下"、"自下而上"、"先自上而下,后自下而上,上下结合"、"先自下而上,后自上而下,上下结合"四个选项,是单项选择题,目的是想调查样本企业在编制财务预算或现金流量预算时通常喜欢采用哪一种编制模式。在样本统计时,课题组只针对编制财务预算或现金流量预算的72家样本企业进行统计。调查结果见表11-8。

表11-8　财务预算管理在样本企业的普及和应用程度(5)
——样本企业编制财务预算或现金流量预算的程序

调查结果 / 样本分类		样本企业数	回答"自上而下"的企业		回答"自下而上"的企业		回答"先自上而下,后自下而上,上下结合"的企业		回答"先自下而上,后自上而下,上下结合"的企业	
			数量/家	比例/%	数量/家	比例/%	数量/家	比例/%	数量/家	比例/%
		A	B	C = B/A	D	E = D/A	F	G = F/A	H	I = H/A
总体分析		72	21	29.17	3	4.17	29	40.28	19	26.39
按行业分析	制造业	37	10	27.03	1	2.70	16	43.24	10	27.03
	商品流通业	16	5	31.25	1	6.25	5	31.25	5	31.25
	交通运输业	12	2	16.67	1	8.33	4	33.33	5	41.67
	建筑业	6	0	0	1	16.67	5	83.33	0	0
	房地产业	6	0	0	1	16.67	2	33.33	3	50.00
	服务业	12	3	25.00	0	0	4	33.33	5	41.67
	其他	14	0	0	0	0	7	50.00	7	50.00
	合计	103	20	19.42	5	4.85	43	41.75	35	33.98
按规模分析	企业集团	20	3	15.00	2	10.00	8	40.00	7	35.00
	大型企业	17	2	11.76	1	5.88	9	52.94	5	29.41
	中小企业	35	16	45.71	0	0	12	34.29	7	20.00
	合计	72	21	29.17	3	4.17	29	40.28	19	26.39
按性质分析	国有独资企业	37	8	21.62	2	5.41	13	35.14	14	37.84
	国有控股企业	32	10	31.25	1	3.13	16	50.00	5	15.63
	民营企业	3	3	100.00	0	0	0	0	0	0
	合计	72	21	29.17	3	4.17	29	40.28	19	26.39
按类别分析	上市公司	5	0	0	0	0	4	80.00	1	20.00
	非上市公司	67	21	31.34	3	4.48	25	37.31	18	26.87
	合计	72	21	29.17	3	4.17	29	40.28	19	26.39

表11-8的数据显示：

(1) 从总体上看，有40.28%的样本企业(29家)通常采用“先自上而下，后自下而上，上下结合”的程序来编制财务预算或现金流量预算；有29.17%的样本企业(21家)通常采用“自上而下”的程序来编制财务预算或现金流量预算；有26.39%的样本企业(19家)通常采用“先自下而上，后自上而下，上下结合”的程序来编制财务预算或现金流量预算；只有4.17%的样本企业(3家)采用“自下而上”的程序来编制财务预算或现金流量预算。

(2) 从行业来看，制造业和建筑业采用最多的是“先自上而下，后自下而上，上下结合”的程序(采用比率分别为43.24%和83.33%)；交通运输业、房地产业和服务业采用最多的是“先自下而上，后自上而下，上下结合”的程序(采用比率分别为41.67%、50.00%和41.67%)；商品流通业则比较均衡地采用“自上而下”“先自上而下，后自下而上，上下结合”和“先自下而上，后自上而下，上下结合”这三种程序(采用比率均为31.25%)；其他行业也比较均衡地采用“先自上而下，后自下而上，上下结合”和“先自下而上，后自上而下，上下结合”这两种程序(采用比率均为50.00%)。

(3) 从企业规模来看，企业集团采用较多的是“先自上而下，后自下而上，上下结合”和“先自下而上，后自上而下，上下结合”这两种程序(采用比率分别为40.00%和35.00%)；采用较少的是“自上而下”和“自下而上”这两种程序(采用比率分别为15.00%和10.00%)。大型企业采用较多的也是“先自上而下，后自下而上，上下结合”和“先自下而上，后自上而下，上下结合”这两种程序(采用比率分别为52.94%和29.41%)；采用较少的也是“自上而下”和“自下而上”这两种程序(采用比率分别为11.76%和5.88%)。中小企业采用较多的则是“自上而下”和“先自上而下，后自下而上，上下结合”这两种程序(采用比率分别为45.71%和34.29%)；采用较少的则是“先自下而上，后自上而下，上下结合”和“自下而上”这两种程序(采用比率分别为20.00%和0%)。

(4) 从企业性质来看，国有独资企业采用较多的是“先自上而下，后自下而上，上下结合”和“先自下而上，后自上而下，上下结合”这两种程序(采用比率分别为35.14%和37.84%)；采用较少的是“自上而下”和“自下而上”这两种程序(采用比率分别为21.62%和5.41%)。国有控股企业采用较多的是“先自上而下，后自下而上，上下结合”和“自上而下”这两种程序(采用比率分别为50.00%和31.25%)；采用较少的是“先自下而上，后自上而下，上下结合”和“自下而上”这两种程序(采用比率分别为15.63%和3.13%)。而民营企业则100%地采用“自上而下”的程序。

(5) 从企业类别来看，上市公司集中采用“先自上而下，后自下而上，上下结合”和“先自下而上，后自上而下，上下结合”这两种程序(采用比率分别为80.00%和20.00%)。非上市公司则较为分散地采用“自上而下”“先自上而下，后自下而上，上下结合”和“先自下而上，后自上而下，上下结合”这三种程序(采用比率分别为31.34%、37.31%和26.87%)；较少地采用“自下而上”这种程序(采用比率仅为4.48%)。

6. 样本企业主要采取下列哪些方法来编制财务预算或现金流量预算(多项选择题)

这个问题课题组设计了“固定预算”“弹性预算”“概率预算”“零基预算”“滚动预算”五个选项，是多项选择题，目的是想调查样本企业在编制财务预算或现金流量预算时通常喜欢采用哪一种编制方法。在样本统计时，课题组只针对编制财务预算或现金流量预算的72家样本企业进行统计。调查结果见表11-9。

表 11 -9　财务预算管理在样本企业的普及和应用程度(6)
——样本企业编制财务预算或现金流量预算的方法

调查结果 / 样本分类		样本企业数	回答“固定预算”的企业		回答“弹性预算”的企业		回答“概率预算”的企业		回答“零基预算”的企业		回答“滚动预算”的企业	
			数量/家	比例/%	数量/家	比例/%	数量/家	比例/%	数量/家	比例/%	数量/家	比例/%
		A[①]	B[①]	C = B/A	D[①]	E = D/A	F[①]	G = F/A	H[①]	I = H/A	J[①]	K = J/A
总体分析		72	38	52. 78	34	47. 22	11	15. 28	21	29. 17	10	13. 89
按行业分析	制造业	37	19	51. 35	18	48. 65	4	10. 81	10	27. 03	5	13. 51
	商品流通业	16	5	31. 25	6	37. 50	1	6. 25	7	43. 75	2	12. 50
	交通运输业	12	7	58. 33	6	50. 00	1	8. 33	4	33. 33	3	25. 00
	建筑业	6	5	83. 33	3	50. 00	2	33. 33	3	50. 00	0	0
	房地产业	6	5	83. 33	3	50. 00	2	33. 33	1	16. 67	0	0
	服务业	12	5	41. 67	6	50. 00	4	33. 33	3	25. 00	2	16. 67
	其他	14	5	35. 71	4	28. 57	0	0	7	50. 00	2	14. 29
	合计	103	51	49. 51	46	44. 66	14	13. 59	35	33. 98	14	13. 59
按规模分析	企业集团	20	12	60. 00	9	45. 00	3	15. 00	9	45. 00	5	25. 00
	大型企业	17	9	52. 94	12	70. 59	0	0	5	29. 41	2	11. 76
	中小企业	35	17	48. 57	13	37. 14	8	21. 62	7	20. 00	3	8. 57
	合计	72	38	52. 78	34	47. 22	11	15. 28	21	29. 17	10	13. 89
按性质分析	国有独资企业	37	19	51. 35	17	45. 95	6	16. 22	12	32. 43	5	13. 51
	国有控股企业	32	16	50. 00	15	46. 88	4	12. 50	9	28. 13	5	15. 63
	民营企业	3	3	100. 00	2	66. 67	1	33. 33	0	0	0	0
	合计	72	38	52. 78	34	47. 22	11	15. 28	21	29. 17	10	13. 89
按类别分析	上市公司	5	3	60. 00	5	100. 00	0	0	1	20. 00	1	20. 00
	非上市公司	67	35	52. 24	29	43. 28	11	16. 42	20	29. 85	9	13. 43
	合计	72	38	52. 78	34	47. 22	11	15. 28	21	29. 17	10	13. 89

① 由于是多项选择题,因此,“B + D + F + H + J”并不一定等于 A

表 11 -9 的数据显示:

(1) 从总体上看,固定预算法和弹性预算法被采用的比率较高,分别为 52.78% 和 47.22%;概率预算法和滚动预算法被采用的比率较低,分别为 15.28% 和 13.89%;零基预算法被采用的比率则介于较高和较低之间,为 29.17%。

(2) 从行业来看,制造业采用较多的是固定预算法和弹性预算法(比率分别为 51.35% 和 48.65%);商品流通业采用较多的是零基预算法和弹性预算法(比率分别为 43.75% 和 37.50%);交通运输业采用较多的是固定预算法和弹性预算法(比率分别为 58.33% 和 50.00%);建筑业采用较多的是固定预算法、弹性预算法和零基预算法(比率分别为 83.33%、50.00% 和 50.00%);房地产业采用较多的是固定预算法和弹性预算法(比率分别为 83.33% 和 50.00%);服务业采用较多的是固定预算法和弹性预算法(比率分别为 41.67% 和 50.00%);其他行业采用较多的是固定预算法和零基预算法(比率分别为 35.71% 和 50.00%)。

(3)从企业规模来看,企业集团采用较多的是固定预算法、弹性预算法和零基预算法(比率分别为60.00%、45.00%和45.00%);大型企业采用较多的是固定预算法和弹性预算法(比率分别为52.94%、70.59%);中小企业采用较多的也是固定预算法和弹性预算法(比率分别为48.57%、37.14%)。

(4)从企业性质来看,不管是国有独资企业、国有控股企业还是民营企业,采用较多的都是固定预算法和弹性预算法(比率分别为:国有独资企业51.35%和45.95%,国有控股企业50.00%和46.88%,民营企业100.00%和66.67%)。

(5)从企业类别来看,不管是上市公司还是非上市公司,采用较多的也都是固定预算法和弹性预算法(比率分别为:上市公司60.00%和100.00%,非上市公司52.24%和43.28%)。

7. 样本企业的财务预算或现金流量预算在执行过程中是否调整(单项选择题)

这个问题课题组设计了"调整"和"不调整"两个选项,是单项选择题,目的是想调查样本企业在财务预算或现金流量预算的执行过程中是否对预算进行调整。在样本统计时,课题组只针对编制财务预算或现金流量预算的72家样本企业进行统计。调查结果见表11-10。

表11-10 财务预算管理在样本企业的普及和应用程度(7)
——样本企业财务预算或现金流量预算在执行过程中是否有调整

样本分类 \ 调查结果		样本企业数	回答"调整"的企业		回答"不调整"的企业	
			数量/家	比例/%	数量/家	比例/%
		A	B	C = B/A	D	E = D/A
总体分析		72	59	81.94	13	18.06
按行业分析	制造业	37	32	86.49	5	13.51
	商品流通业	16	11	68.75	5	31.25
	交通运输业	12	12	100.00	0	0
	建筑业	6	6	100.00	0	0
	房地产业	6	5	83.33	1	16.67
	服务业	12	11	91.67	1	8.33
	其他	14	12	85.71	2	14.29
	合计	103	89	86.41	14	13.59
按规模分析	企业集团	20	18	90.00	2	10.00
	大型企业	17	15	88.24	2	11.76
	中小企业	35	26	74.29	9	25.71
	合计	72	59	81.94	13	18.06
按性质分析	国有独资企业	37	32	86.49	5	13.51
	国有控股企业	32	27	84.38	5	15.62
	民营企业	3	0	0	3	100.00
	合计	72	59	81.94	13	18.06
按类别分析	上市公司	5	5	100	0	0
	非上市公司	67	54	77.14	13	18.57
	合计	72	59	81.94	13	18.06

表 11－10 的数据显示：

（1）从总体上看，在财务预算或现金流量预算的执行过程中，有 81.94% 的样本企业对预算进行调整，有 18.06% 的样本企业对预算不进行调整。

（2）从行业来看，对预算进行调整的样本企业比率除了商品流通业仅为 68.75% 外，其他各行业均达 80% 以上，其中交通运输业和建筑业均达 100%。

（3）从企业规模来看，对预算进行调整的样本企业比率，企业集团最高，为 90.00%；大型企业居中，为 88.24%；中小企业最低，为 74.29%。

（4）从企业性质来看，对预算进行调整的样本企业比率，国有独资企业最高，为 86.49%；国有控股企业居中，为 84.38%；民营企业最低，为零。

（5）从企业类别来看，对预算进行调整的样本企业比率，上市公司为 100%，非上市公司为 77.14%。

8. 样本企业对财务预算或现金流量预算执行过程的监督是否严格（单项选择题）

这个问题课题组设计了“严格”和“不严格”两个选项，是单项选择题，目的是想调查样本企业对财务预算或现金流量预算的执行过程是否进行严格的监督。在样本统计时，课题组只针对编制财务预算或现金流量预算的 72 家样本企业进行统计。调查结果见表 11－11。

表 11－11　财务预算管理在样本企业的普及和应用程度(8)
——样本企业对财务预算或现金流量预算执行过程监督是否严格

样本分类 \ 调查结果		样本企业数	回答“严格”的企业		回答“不严格”的企业	
			数量/家	比例/%	数量/家	比例/%
		A	B	C = B/A	D	E = D/A
总体分析		72	46	63.89	26	36.11
按行业分析	制造业	37	25	67.57	12	32.43
	商品流通业	16	9	56.25	7	43.75
	交通运输业	12	7	58.33	5	41.67
	建筑业	6	2	33.33	4	66.67
	房地产业	6	3	50.00	3	50.00
	服务业	12	10	83.33	2	16.67
	其他	14	10	71.43	4	28.57
	合计	103	66	64.08	37	35.92
按规模分析	企业集团	20	13	65.00	7	35.00
	大型企业	17	12	70.59	5	29.41
	中小企业	35	21	60.00	14	40.00
	合计	72	46	63.89	26	36.11
按性质分析	国有独资企业	37	25	67.57	12	32.43
	国有控股企业	32	20	62.50	12	37.50
	民营企业	3	1	33.33	2	66.67
	合计	72	46	63.89	26	36.11
按类别分析	上市公司	5	5	100.00	0	0
	非上市公司	67	41	61.19	26	38.81
	合计	72	46	63.89	26	36.11

表11－11的数据显示：

(1)从总体上看,在财务预算或现金流量预算的执行过程中,有63.89%的样本企业进行严格监督,有36.11%的样本企业不进行严格监督。

(2)从行业来看,对预算进行严格监督的样本企业比率,制造业为67.57%,商品流通业为56.25%,交通运输业为58.33%,建筑业为33.33%,房地产业为50.00%,服务业为83.33%,其他行业为71.43%。

(3)从企业规模来看,对预算进行严格监督的样本企业比率,企业集团为65.00%,大型企业为70.59%,中小企业为60.00%。

(4)从企业性质来看,对预算进行严格监督的样本企业比率,国有独资企业为67.57%,国有控股企业为62.50%,民营企业为33.33%。

(5)从企业类别来看,对预算进行严格监督的样本企业比率,上市公司为100%,非上市公司为61.19%。

9. 样本企业在年度终了后是否编制财务预算或现金流量预算的年终决算分析报告(单项选择题)

这个问题课题组设计了“编制”和“不编制”两个选项,是单项选择题,目的是想调查样本企业在年度终了后是否编制财务预算或现金流量预算的年终决算分析报告。在样本统计时,课题组只针对编制财务预算或现金流量预算的72家样本企业进行统计。调查结果见表11－12。

表11－12 财务预算管理在样本企业的普及和应用程度(9)
——样本企业在年度终了后是否编制财务预算或现金流量预算的年终决算分析报告

样本分类 \ 调查结果		样本企业数	回答“编制”的企业		回答“不编制”的企业	
			数量/家	比例/%	数量/家	比例/%
		A	B	C = B/A	D	E = D/A
总体分析		72	60	83.33	12	16.67
按行业分析	制造业	37	32	86.49	5	13.51
	商品流通业	16	10	62.50	6	37.50
	交通运输业	12	11	91.67	1	8.33
	建筑业	6	5	83.33	1	16.67
	房地产业	6	4	66.67	2	33.33
	服务业	12	12	100.00	0	0
	其他	14	14	100.00	0	0
	合计	103	88	85.44	15	14.56
按规模分析	企业集团	20	19	95.00	1	5.00
	大型企业	17	14	82.35	3	17.65
	中小企业	35	27	77.14	8	22.86
	合计	72	60	83.33	12	16.67

（续）

样本分类＼调查结果		样本企业数	回答“编制”的企业		回答“不编制”的企业	
			数量/家	比例/%	数量/家	比例/%
		A	B	C = B/A	D	E = D/A
按性质分析	国有独资企业	37	31	83.78	6	16.22
	国有控股企业	32	26	81.25	6	18.75
	民营企业	3	3	100.00	0	0
	合计	72	60	83.33	12	16.67
按类别分析	上市公司	5	5	100.00	0	0
	非上市公司	67	55	82.09	12	17.91
	合计	72	60	83.33	12	16.67

表 11－12 的数据显示：

（1）从总体上看，在年度终了后，有 83.33% 的样本企业编制财务预算或现金流量预算的年终决算分析报告，有 16.67% 的样本企业不编制财务预算或现金流量预算的年终决算分析报告。

（2）从行业来看，编制财务预算或现金流量预算年终决算分析报告的样本企业比率，制造业为 86.49%，商品流通业为 62.50%，交通运输业为 91.67%，建筑业为 83.33%，房地产业为 66.67%，服务业为 100.00%，其他行业为 100.00%。

（3）从企业规模来看，编制财务预算或现金流量预算年终决算分析报告的样本企业比率，企业集团为 95.00%，大型企业为 82.35%，中小企业为 77.14%。

（4）从企业性质来看，编制财务预算或现金流量预算年终决算分析报告的样本企业比率，国有独资企业为 83.78%，国有控股企业为 81.25%，民营企业为 100.00%。

（5）从企业类别来看，编制财务预算或现金流量预算年终决算分析报告的样本企业比率，上市公司为 100%，非上市公司为 82.09%。

10. 样本企业对财务预算或现金流量预算的执行结果是否严格考核？考核结果是否与员工薪酬密切挂钩（单项选择题）

这个问题课题组设计了“严格考核，且考核结果与员工薪酬密切挂钩”“考核不严格，考核结果也不与员工薪酬挂钩”“根本不考核”三个选项，是单项选择题，目的是想调查样本企业对财务预算或现金流量预算的执行结果是否严格考核以及考核结果是否与员工薪酬密切挂钩。在样本统计时，课题组只针对编制财务预算或现金流量预算的 72 家样本企业进行统计。调查结果见表 11－13。

表11－13　财务预算管理在样本企业的普及和应用程度(10)
——样本企业对财务预算或现金流量预算的执行结果的考核程度

调查结果 / 样本分类		样本企业数	回答“严格考核,且考核结果与员工薪酬密切挂钩”的企业		回答“不严格考核,考核结果也不与员工薪酬挂钩”的企业		回答“根本不考核”的企业	
			数量/家	比例/%	数量/家	比例/%	数量/家	比例/%
		A	B	C = B/A	D	E = D/A	F	G = F/A
总体分析		72	49	68.06	22	30.56	1	1.39
按行业分析	制造业	37	27	72.97	8	21.62	2	5.41
	商品流通业	16	10	62.50	5	31.25	1	6.25
	交通运输业	12	9	75.00	2	16.67	1	8.33
	建筑业	6	3	50.00	3	50.00	0	0
	房地产业	6	4	66.67	2	33.33	0	0
	服务业	12	11	91.67	1	8.33	0	0
	其他	14	9	64.29	4	28.57	1	7.14
	合计	103	73	70.87	25	24.27	5	4.85
按规模分析	企业集团	20	15	75.00	5	25.00	0	0
	大型企业	17	11	64.71	6	35.29	0	0
	中小企业	35	23	65.71	11	31.43	1	2.88
	合计	72	49	68.06	22	30.56	1	1.39
按性质分析	国有独资企业	37	27	72.97	9	24.32	1	2.70
	国有控股企业	32	21	65.63	11	34.37	0	0
	民营企业	3	1	33.33	2	66.67	0	0
	合计	72	49	68.06	22	30.56	1	1.39
按类别分析	上市公司	5	4	80.00	1	20.00	0	0
	非上市公司	67	45	67.16	21	31.34	1	1.49
	合计	72	49	68.06	22	30.56	1	1.39

表11－13的数据显示：

(1) 从总体上看,对财务预算或现金流量预算的执行结果进行“严格考核,且考核结果与员工薪酬密切挂钩”的样本企业比率为68.06%;对财务预算或现金流量预算的执行结果进行“不严格考核,且考核结果也不与员工薪酬挂钩”的样本企业比率为30.56%;对财务预算或现金流量预算的执行结果“根本不考核”的样本企业比率为1.39%。

(2) 从行业来看,对财务预算或现金流量预算的执行结果进行“严格考核,且考核结果与员工薪酬密切挂钩”的样本企业比率,制造业为72.97%,商品流通业为62.50%,交通运输业为75.0%,建筑业为50.00%,房地产业为66.67%,服务业为91.27%,其他行业为64.29%。

(3) 从企业规模来看,对财务预算或现金流量预算的执行结果进行“严格考核,且考核结果与员工薪酬密切挂钩”的样本企业比率,企业集团为75.00%,大型企业为64.71%,中小企业为65.71%。

（4）从企业性质来看，对财务预算或现金流量预算的执行结果进行“严格考核，且考核结果与员工薪酬密切挂钩”的样本企业比率，国有独资企业为 72.97%，国有控股企业为 65.63%，民营企业为 33.33%。

（5）从企业类别来看，对财务预算或现金流量预算的执行结果进行“严格考核，且考核结果与员工薪酬密切挂钩”的样本企业比率，上市公司为 80.00%，非上市公司为 67.16%。

（三）关于企业实行财务预算管理取得的主要成效（1 个问题）

样本企业实行财务预算或现金流量预算管理后，取得了哪些主要成效？（多项选择题）

这个问题课题组设计了“公司收入增加了”“公司成本降低了”“公司费用下降了”“公司效益提高了”“公司管理水平提升了”“公司经营目标更明确了”“职能部门工作目标更明确了”“员工劳动积极性更大了”“员工业绩考核更具体了”“员工薪酬更合理了”共 10 个选项，是多项选择题。在样本统计时，课题组只针对编制财务预算或现金流量预算的 72 家样本企业进行统计。调查结果见表 11－14 和表 11－15。

表 11－14　企业实行财务预算管理取得的主要成效

调查结果 / 样本分类		样本企业数	回答“公司收入增加了”的企业		回答“公司成本降低了”的企业		回答“公司费用下降了”的企业		回答“公司效益提高了”的企业		回答“公司管理水平提升了”的企业	
			数量/家	比例/%	数量/家	比例/%	数量/家	比例/%	数量/家	比例/%	数量/家	比例/%
		A①	B①	C = B/A	D①	E = D/A	F①	G = F/A	H①	I = H/A	J①	K = J/A
总体分析		72	21	29.17	40	55.56	44	61.11	36	50.00	40	55.56
按行业分析	制造业	37	11	29.73	22	59.46	22	59.46	19	51.35	22	59.46
	商品流通业	16	4	25.00	6	37.50	10	62.50	7	43.75	7	43.75
	交通运输业	12	2	16.67	7	58.33	7	58.33	6	50.00	6	50.00
	建筑业	6	4	66.67	5	83.33	5	83.33	5	83.33	5	83.33
	房地产业	6	3	50.00	5	83.33	4	66.67	3	50.00	4	66.67
	服务业	12	6	50.00	8	66.67	8	66.67	7	58.33	9	75.00
	其他	14	4	28.57	8	57.14	8	57.14	7	50.00	7	50.00
	合计	103	34	33.01	61	59.22	64	62.14	54	52.43	60	58.25
按规模分析	企业集团	20	8	40.00	11	55.00	14	70.00	13	65.00	12	60.00
	大型企业	17	2	11.76	9	52.94	9	52.94	8	47.06	10	58.82
	中小企业	35	11	31.43	20	57.14	21	60.00	15	42.86	18	51.43
	合计	72	21	29.17	40	55.56	44	61.11	36	50.00	40	55.56
按性质分析	国有独资企业	37	10	27.03	20	54.05	24	64.86	18	48.65	19	51.35
	国有控股企业	32	11	34.38	19	59.38	19	59.38	16	50.00	21	65.63
	民营企业	3	0	0	1	33.33	1	33.33	2	66.67	0	0
	合计	72	21	29.17	40	55.56	44	61.11	36	50.00	40	55.56
按类别分析	上市公司	5	3	60	3	60	3	60	4	80	4	80
	非上市公司	67	18	26.87	37	55.22	41	61.19	32	47.76	36	53.73
	合计	72	21	29.17	40	55.56	44	61.11	36	50.00	40	55.56

(续)

样本分类 \ 调查结果		样本企业数	回答"公司经营目标更明确了"的企业		回答"职能部门工作目标更明确了"的企业		回答"员工劳动积极性更大了"的企业		回答"员工业绩考核更具体了"的企业		回答"员工薪酬更合理了"的企业	
			数量/家	比例/%	数量/家	比例/%	数量/家	比例/%	数量/家	比例/%	数量/家	比例/%
		A①	B①	C = B/A	D①	E = D/A	F①	G = F/A	H①	I = H/A	J①	K = J/A
总体分析		72	40	55.56	33	45.83	20	27.78	22	30.56	17	23.61
按行业分析	制造业	37	25	67.57	19	51.35	13	35.14	12	32.43	9	24.32
	商品流通业	16	8	50.00	5	31.25	4	25.00	6	37.50	4	25.00
	交通运输业	12	5	41.67	5	41.67	3	25.00	3	25.00	2	16.67
	建筑业	6	5	83.33	4	66.67	3	50.00	4	66.67	1	16.67
	房地产业	6	4	66.67	3	50.00	3	50.00	2	33.33	1	16.67
	服务业	12	11	91.67	8	66.67	6	50.00	5	41.67	4	33.33
	其他	14	9	64.29	8	57.14	4	28.57	3	21.43	3	21.43
	合计	103	67	65.05	52	50.49	36	34.95	35	33.98	24	23.30
按规模分析	企业集团	20	11	55.00	10	50.00	8	40.00	9	45.00	6	30.00
	大型企业	17	11	64.71	7	41.18	3	17.65	5	29.41	3	17.65
	中小企业	35	18	51.43	16	45.71	9	25.71	8	22.86	8	22.86
	合计	72	40	55.56	33	45.83	20	27.78	22	30.56	17	23.61
按性质分析	国有独资企业	37	18	48.65	15	40.54	10	27.03	13	35.14	9	24.32
	国有控股企业	32	20	62.50	16	50.00	10	31.25	9	28.13	8	25.00
	民营企业	3	2	66.67	2	66.67	0	0	0	0	0	0
	合计	72	40	55.56	33	45.83	20	27.78	22	30.56	17	23.61
按类别分析	上市公司	5	4	80.00	4	80.00	2	40.00	1	20.00	1	20.00
	非上市公司	67	36	53.73	26	38.81	18	26.87	20	29.85	18	26.89
	合计	72	40	55.56	33	45.83	20	27.78	22	30.56	17	23.61

① 由于是多项选择题,因此,"B + D + F + H + J"并不一定等于 A

表 11 - 14 的数据显示:

(1) 从总体上看,在给出的能够反映财务预算或现金流量预算管理主要成效的 10 个选项中,中选率最高的是"公司费用下降了"(61.11%),其次是"公司成本降低了""公司管理水平提升了"和"公司经营目标更明确了"(三者均为 55.56%),再次是"公司效益提高了"(50.00%)和"职能部门工作目标更明确了"(45.83%);中选率最低的是"员工薪酬更合理了"(23.61%),其次是"员工劳动积极性更大了"(27.78%),再次是"公司收入增加了"(29.17%)。

(2) 从行业来看,在给出的能够反映财务预算或现金流量预算管理主要成效的 10 个选项中:

制造业中选率最高的是"公司经营目标更明确了"(67.57%),最低的是"员工薪酬更合理了"(24.32%)。

商品流通业中选率最高的是"公司费用下降了"(62.50%),最低的是"公司收入增加了”、“员工劳动积极性更大了”和“员工薪酬更合理了”（三者均为 25. 00%）。

交通运输业中选率最高的是“公司成本降低了”和“公司费用下降了”（二者均为 58. 33%），最低的是“公司收入增加了”和“员工薪酬更合理了”（二者均为 16. 67%）。

建筑业中选率最高的是“公司成本降低了”“公司费用下降了”“公司效益提高了”、“公司管理水平提升了”和“公司经营目标更明确了”（五者均为 83. 33%），最低的是“员工薪酬更合理了”（16. 67%）。

房地产业中选率最高的是“公司成本降低了”（83. 33%），最低的是“员工薪酬更合理了”（16. 67%）。

服务业中选率最高的是“公司经营目标更明确了”（91. 67%），最低的是“员工薪酬更合理了”（33. 33%）。

其他行业中选率最高的是“公司经营目标更明确了”（64. 29%），最低的是“员工业绩考核更具体了”和“员工薪酬更合理了”（二者均为 21. 43%）。

（3）从企业规模来看，在给出的能够反映财务预算或现金流量预算管理主要成效的 10 个选项中：

企业集团中选率最高的是“公司费用下降了”（70. 00%），最低的是“员工薪酬更合理了”（30. 00%）。

大型企业中选率最高的是“公司经营目标更明确了”（64. 71%），最低的是“公司收入增加了”（11. 76%）。

中小企业中选率最高的是“公司费用下降了”（60. 00%），最低的是“员工业绩考核更具体了”和“员工薪酬更合理了”（二者均为 22. 86%）。

（4）从企业性质来看，在给出的能够反映财务预算或现金流量预算管理主要成效的 10 个选项中：

国有独资企业中选率最高的是“公司费用下降了”（64. 86%），最低的是“公司收入增加了”和“员工劳动积极性更大了”（二者均为 27. 03%）。

国有控股企业中选率最高的是“公司管理水平提升了”（65. 63%），最低的是“员工薪酬更合理了”（25. 00%）。

民营企业只选择了“公司效益提高了”“公司经营目标更明确了”“职能部门工作目标更明确了”和“公司成本降低了”“公司费用下降了”五项（前三项中选率均为 66. 67% 后二项中选率均为 33. 33%）。

（5）从企业类别来看，在给出的能够反映财务预算或现金流量预算管理主要成效的 10 个选项中：

上市公司中选率最高的是“公司效益提高了”“公司管理水平提升了”“公司经营目标更明确了”和“职能部门工作目标更明确了”（四者均为 80. 00%），最低的是“员工业绩考核更具体了”和“员工薪酬更合理了”（二者均为 20. 00%）。

非上市公司中选率最高的是“公司费用下降了”（61. 19%），最低的是“公司收入增加了”和“员工劳动积极性更大了”（二者均为 26. 87%），另外，“员工薪酬更合理了”的中选率（26. 89%）也很接近最低水平。

（四）关于企业实行财务预算管理遇到的难点问题（2 个问题）

1. 样本企业没有实行财务预算管理的主要原因是什么（多项选择题）

这个问题课题组设计了"因为作用不大""因为领导不重视""因为管理难度太大""因为不知道如何进行财务预算管理"共4个选项,是多项选择题,目的是想知道没有实行财务预算管理的样本企业为什么不实行财务预算管理。在样本统计时,课题组只针对没有实行财务预算管理的37家样本企业进行统计。调查结果见表11-15。

表11-15 企业实行财务预算管理遇到的难点问题(1)
——样本企业没有实行财务预算管理的主要原因

样本分类 \ 调查结果		样本企业数	回答"因为作用不大"的企业		回答"因为领导不重视"的企业		回答"因为管理难度太大"的企业		回答"因为不知道如何进行财务预算管理"的企业	
			数量/家	比例/%	数量/家	比例/%	数量/家	比例/%	数量/家	比例/%
		A①	B①	C=B/A	D①	E=D/A	F①	G=F/A	H①	I=H/A
总体分析		37	8	21.62	4	10.81	28	75.68	11	29.73
按行业分析	制造业	14	4	28.57	2	14.29	11	78.57	4	28.57
	商品流通业	8	2	25.00	3	37.50	6	75.00	2	25.00
	交通运输业	7	2	28.57	0	0	5	71.43	3	42.86
	建筑业	3	0	0	0	0	3	100.00	0	0
	房地产业	6	0	0	1	16.67	3	50.00	2	33.33
	服务业	8	1	12.50	1	12.50	8	100.00	3	37.50
	其他	6	1	16.67	0	0	3	50.00	4	66.67
	合计	52	10	19.23	7	13.46	39	75.00	18	34.62
按规模分析	企业集团	7	1	14.29	0	0	7	100.00	2	28.57
	大型企业	11	1	9.09	0	0	8	72.73	2	18.18
	中小企业	19	6	31.58	4	21.05	13	68.42	7	36.84
	合计	37	8	21.62	4	10.81	28	75.68	11	29.73
按性质分析	国有独资企业	17	4	23.53	0	0	13	76.47	5	29.41
	国有控股企业	18	3	16.67	4	22.22	13	72.22	6	33.33
	民营企业	2	1	50.00	0	0	2	100.00	0	0
	合计	37	8	21.62	4	10.81	28	75.68	11	29.73
按类别分析	上市公司	2	0	0	0	0	1	50.00	1	50.00
	非上市公司	35	8	22.86	4	11.42	27	77.14	10	28.57
	合计	37	8	21.62	4	10.81	28	75.68	11	29.73
① 由于是多项选择题,因此,"B+D+F+H"并不一定等于A										

表11-15的数据显示:

(1)从总体上看,在给出的有可能成为企业没有实行财务预算管理的主要原因的4个选项中,中选率最高的是"因为管理难度太大"(75.68%),其余依次为"因为不知道如何进行财务预算管理"(29.73%)、"因为作用不大"(21.62%)和"因为领导不重视"(10.81%)。

(2)从行业来看,在给出的有可能成为企业没有实行财务预算管理的主要原因的4个选项中:

制造业中选率最高的是“因为管理难度太大”(78.57%),其次是“因为不知道如何进行财务预算管理”和“因为作用不大”(二者均为28.57%)。

商品流通业中选率最高的是“因为管理难度太大”(75.00%),其次是“因为领导不重视”(37.50%)。

交通运输业中选率最高的是“因为管理难度太大”(71.43%),其次是“因为不知道如何进行财务预算管理”(42.86%)。

建筑业只选择了“因为管理难度太大”这个选项,中选率为100.00%。

房地产业中选率最高的是“因为管理难度太大”(50.00%),其次是“因为不知道如何进行财务预算管理”(33.33%)。

服务业中选率最高的是“因为管理难度太大”(100.00%),其次是“因为不知道如何进行财务预算管理”(37.00%)。

其他行业中选率最高的是“因为不知道如何进行财务预算管理”(66.67%),其次是“因为管理难度太大”(50.00%)。

(3) 从企业规模来看,在给出的有可能成为企业没有实行财务预算管理的主要原因的4个选项中:

企业集团中选率最高的是“因为管理难度太大”(100.00%),其次是“因为不知道如何进行财务预算管理”(28.57%)。

大型企业中选率最高的是“因为管理难度太大”(72.73%),其次是“因为不知道如何进行财务预算管理”(18.18%)。

中小企业中选率最高的是“因为管理难度太大”(68.42%),其次是“因为不知道如何进行财务预算管理”(36.84%),认为“因为作用不大”的企业也有一定比例(31.58%)。

(4) 从企业性质来看,在给出的有可能成为企业没有实行财务预算管理的主要原因的4个选项中:

国有独资企业中选率最高的是“因为管理难度太大”(76.47%),其次是“因为不知道如何进行财务预算管理”(29.41%)。

国有控股企业中选率最高的是“因为管理难度太大”(72.22%),其次是“因为不知道如何进行财务预算管理”(33.33%)。

民营企业只选择了两项,其中“因为管理难度太大”的中选率为100.00%,“因为作用不大”的中选率为50.00%。

(5) 从企业类别来看,在给出的有可能成为企业没有实行财务预算管理的主要原因的4个选项中:

上市公司只选择了两项,即“因为管理难度太大”和“因为不知道如何进行财务预算管理”(中选率均为50.00%)。

非上市公司中选率最高的是“因为管理难度太大”(77.14%),其次是“因为不知道如何进行财务预算管理”(28.57%)。

2. 样本企业实行财务预算管理遇到的主要困难是什么(多项选择题)

这个问题课题组设计了“领导认识不足,不支持”“职能部门认识不统一,不配合”“人员素质不高,做不好”“市场可变因素太多,预算难以准确”共4个选项,是多项选择题,目的是想调查样本企业在实行财务预算管理过程中遇到的主要困难。由于无论是实行了还是未实行财务预算管理的样本企业都会面临或者已经面临到这个问题,所以,在样本统计时,课题组对所有的75家样本企业进行统计。调查结果见表11-16。

表11-16 企业实行财务预算管理遇到的难点问题(2)
——样本企业实行财务预算管理的主要困难

样本分类 \ 调查结果		样本企业数	回答"领导认识不足,不支持"的企业		回答"职能部门认识不统一,不配合"的企业		回答"人员素质不高,做不好"的企业		回答"市场可变因素太多,预算难以准确"的企业	
			数量/家	比例/%	数量/家	比例/%	数量/家	比例/%	数量/家	比例/%
		A①	B①	C=B/A	D①	E=D/A	F①	G=F/A	H①	I=H/A
总体分析		75	9	12.00	29	38.67	20	26.67	50	66.67
按行业分析	制造业	37	5	13.51	11	29.73	10	27.03	24	64.86
	商品流通业	16	5	31.25	8	50.00	5	31.25	10	62.50
	交通运输业	12	1	8.33	5	41.67	5	41.67	10	83.33
	建筑业	6	1	16.67	4	66.67	1	16.67	5	83.33
	房地产业	8	2	25.00	3	37.50	1	12.50	6	75.00
	服务业	14	2	14.29	5	35.71	4	28.57	10	71.43
	其他	15	1	6.67	5	33.33	7	46.67	8	53.33
	合计	108	17	15.74	41	37.96	33	30.56	73	67.59
按规模分析	企业集团	20	1	5.00	8	40.00	6	30.00	15	75.00
	大型企业	19	2	10.53	7	36.84	5	26.32	11	57.89
	中小企业	36	6	16.67	14	38.89	9	25.00	24	66.67
	合计	75	9	12.00	29	38.67	20	26.67	50	66.67
按性质分析	国有独资企业	37	4	10.81	14	37.84	11	29.73	24	64.86
	国有控股企业	34	3	8.82	12	35.29	6	17.65	23	67.65
	民营企业	4	2	50.00	3	75.00	3	75.00	3	75.00
	合计	75	9	12.00	29	38.67	20	26.67	50	66.67
按类别分析	上市公司	5	0	0	2	40.00	0	0	2	40.00
	非上市公司	70	9	12.86	27	38.57	20	28.57	48	68.57
	合计	75	9	12.00	29	38.67	20	26.67	50	66.67
① 由于是多项选择题,因此,"B+D+F+H"并不一定等于A										

表11-16的数据显示:

(1)从总体上看,在给出的有可能成为企业实行财务预算管理的难点问题的4个选项中,中选率最高的是"市场可变因素太多,预算难以准确"(66.67%),其余依次为"职能部门认识不统一,不配合"(38.67%)、"人员素质不高,做不好"(26.67%)和"领导认识不足,不支持"(12.00%)。

(2)从行业来看,在给出的有可能成为企业实行财务预算管理的难点问题的4个选项中:

制造业中选率最高的是"市场可变因素太多,预算难以准确"(64.86%),其次是"职能部门认识不统一,不配合”(29.73%)。

商品流通业中选率最高的是“市场可变因素太多,预算难以准确”(62.50%),其次是“职能部门认识不统一,不配合”(50.00%)。

交通运输业中选率最高的是“市场可变因素太多,预算难以准确”(83.33%),其次是“职能部门认识不统一,不配合”和“人员素质不高,做不好”(二者均为41.67%)。

建筑业中选率最高的是“市场可变因素太多,预算难以准确”(83.33%),其次是“职能部门认识不统一,不配合”(66.67%)。

房地产业中选率最高的是“市场可变因素太多,预算难以准确”(75.00%),其次是“职能部门认识不统一,不配合”(37.50%)。

服务业中选率最高的是“市场可变因素太多,预算难以准确”(71.43%),其次是“职能部门认识不统一,不配合”(35.71%)。

其他行业中选率最高的是“市场可变因素太多,预算难以准确”(53.33%),其次是“人员素质不高,做不好”(46.67%)。

(3) 从企业规模来看,在给出的有可能成为企业实行财务预算管理的难点问题的4个选项中:

企业集团中选率最高的是“市场可变因素太多,预算难以准确”(75.00%),其次是“职能部门认识不统一,不配合”(40.00%)。

大型企业中选率最高的是“市场可变因素太多,预算难以准确”(57.89%),其次是“职能部门认识不统一,不配合”(36.84%)。

中小企业中选率最高的是“市场可变因素太多,预算难以准确”(66.67%),其次是“职能部门认识不统一,不配合”(38.89%)。

(4) 从企业性质来看,在给出的有可能成为企业实行财务预算管理的难点问题的4个选项中:

国有独资企业中选率最高的是“市场可变因素太多,预算难以准确”(64.86%),其次是“职能部门认识不统一,不配合”(37.84%)。

国有控股企业中选率最高的是“市场可变因素太多,预算难以准确”(67.65%),其次是“职能部门认识不统一,不配合”(35.29%)。

民营企业中,“市场可变因素太多,预算难以准确”“职能部门认识不统一,不配合”和“人员素质不高,做不好”三者的中选率均为75.00%,“领导认识不足,不支持”的中选率也有50.00%。

(5) 从企业类别来看,在给出的有可能成为企业实行财务预算管理的难点问题的4个选项中:

上市公司只选择了两项,即“市场可变因素太多,预算难以准确”“职能部门认识不统一,不配合”(中选率均为40.00%)。

非上市公司中选率最高的是“市场可变因素太多,预算难以准确”(66.67%),其次是“职能部门认识不统一,不配合”(38.67%)。

四、调查结果评价

(一) 可信度

为了保证调查结果的真实性和可靠性,课题组在调查和统计工作中采取了三项重要的保障措施:一是请广西财政厅会计管理处以行业主管部门的身份将调查问卷寄发给样本企业;二是指定样本企业的总会计师或相当于总会计师职务的主管领导作为问卷的答卷人;三是对收回的有效问卷进行严肃、科学、认真、细致的统计。出乎意料的是,大多数样本企业都在寄回的答卷上加盖了单位公章,这也成为一种保障。这些有力的保障措施使课题组的调查结果具有较大的可信度。

(二)局限性

(1)样本企业的选取是采用主观判断和随机抽样相结合的方法,而不是采用严格意义上的分层抽样方法。

(2)样本企业数为200家,对这个样本数的合理性课题组没有经过严密的论证。

(3)有效问卷的收回率较低,只有37.50%。

以上三个方面的遗憾可能会对课题组的调查结果的可信度造成一定程度的影响。此外,由于样本企业的选取范围只限于广西境内的企业,因此,课题组的调查结果并不能完全(但相信可以在一定程度上)代表全国企业的现状。

五、调查结果思考

(一)关于样本企业对财务预算管理的了解和认识程度

1. 关于样本企业是否知道什么是财务预算管理的问题

从总体上看,有88.00%的样本企业知道什么是财务预算管理,有12.00%的样本企业不知道什么是财务预算管理。这说明,大多数样本企业对财务预算管理是有了一定程度的了解和认识的,财会界多年来在财务预算管理的宣传和推广应用方面所做的不懈努力已经取得了明显的成效。但是,也应该看到,仍然有少数样本企业对财务预算管理还没有什么了解和认识。即使是88.00%这部分企业,也还存在了解和认识的深度问题。因此,财会界在财务预算管理的宣传和推广应用方面仍需继续努力。

课题组认为,关于什么是财务预算管理,应该从以下四个方面来理解:

(1)从预算管理的范围来看,财务预算管理既涉及企业左右各个职能部门及其人员,又涉及企业上下各个核算单位及其人员,是一种全员的管理,需要各个职能部门、核算单位及其人员的密切配合,积极参与。

(2)从预算管理的内容来看,财务预算管理包括营业活动预算、投资活动预算、筹资活动预算和财务活动预算,是一种全方位的管理,需要各项经营管理活动的互相协调,综合平衡。

(3)从预算管理的环节来看,财务预算管理包括预算的编制、预算的执行、预算的调整、预算的监督、预算的考核和预算的奖惩,是一种全过程的管理,需要各个管理环节的环环相扣,层层落实。

(4)从预算管理的对象来看,财务预算管理包括实物量的预算和价值量的预算,是一种全量化的管理,需要各种量化指标的互相衔接,因果关联。

2. 关于样本企业是否需要实行财务预算管理的问题

从总体上看,有89.33%的样本企业认为需要实行财务预算管理,但也有10.67%的样本企业认为不需要实行财务预算管理。这说明,大多数样本企业还是认为需要实行财务预算管理的。

课题组认为,需不需要实行财务预算管理,关键在于企业对财务预算管理的作用的认识程度。财务预算管理的作用主要表现为明确公司及其所属各部门、各单位的经营目标；协调公司及其所属各部门、各单位的经济关系；控制公司及其所属各部门、各单位的经济活动；评价公司及其所属各部门、各单位的经营业绩；提高公司及其所属各部门、各单位的经营管理水平和效益。企业对财务预算管理的作用的认识应该包括三个层次：高层管理人员的认识、中层管理人员的认识和基层管理人员的认识。财务预算管理作为一种“全员、全方位、全过程、全量化”的管理，只有企业高层管理人员的重视是远远不够的，它还要求企业上下左右各个单位、各个部门的中层管理人员和基层管理人员人人都要重视、人人都要参与。在实际工作中，一些企业和一些管理人员（包括一些高层管理人员）往往认为财务预算管理只是财务部门和财务人员份内的工作，与其他部门和其他人员无关。这种错误的认识是导致财务预算管理无法在这些企业实施或实施效果不佳的最初动因。因此，提高企业内部高层管理人员、中层管理人员和基层管理人员对财务预算管理的作用的认识程度，是企业实行财务预算管理的首要前提。

（二）关于财务预算管理在样本企业中的普及和应用程度

1. 关于财务预算管理的普及率问题

从总体上看，财务预算管理在样本企业中的普及率只有50.67%，这与样本企业对财务预算管理的了解和认识程度形成了鲜明的反差。是什么原因造成这种反差？课题组认为，原因可能有四个：

（1）认识问题。从总体上看，仍然有12.00%的样本企业不知道什么是财务预算管理，10.67%的样本企业认为不需要实行财务预算管理；从单项比率来看，在没有实行财务预算管理的样本企业中，有21.62%的样本企业认为财务预算管理的作用不大（见表11－15）。

（2）管理难度问题。财务预算管理是一种“全员、全方位、全过程、全量化”的管理，管理难度大是众所周知的事实。在没有实行财务预算管理的样本企业中，有75.68%的样本企业认为是因为管理难度太大（见表11－15）。

（3）管理水平问题。财务预算管理作为一种“全员、全方位、全过程、全量化”的高难度的预算管理，它需要企业的管理人员整体上具备相应的管理知识和管理能力。如果管理知识和管理能力没有达到相应的水平，即使实行了财务预算管理，其管理效果也不会明显。在没有实行财务预算管理的样本企业中，有29.73%的样本企业认为是因为不知道如何进行财务预算管理（见表11－15）。

（4）领导重视问题。财务预算管理作为一种全方位的、需要全员参与的高难度的预算管理，没有领导的重视是实行不起来的，即使实行起来了，其管理效果也是不好的。在没有实行财务预算管理的样本企业中，有10.81%的样本企业认为是因为领导不重视（见表11－15）。课题组对这个比率并不完全相信，因为课题组的调查问卷是指定由总会计师或相当于总会计师职务的主管领导来填写的，领导们一般不太敢承认自己不重视，因此，课题组怀疑这个比率的可靠性。根据课题组的职业判断，课题组认为领导不重视也是造成财务预算管理普及率低的一个重要原因。

2. 关于财务预算管理专门机构的设置问题

从总体上看，只有23家样本企业（占样本总数的30.67%，占实行了财务预算管理的38家样本企业的60.53%）设置了财务预算管理的专门机构。

关于是否需要设置财务预算管理的专门机构，课题组认为这要根据企业的规模来决定（暂且不考虑领导的认识问题）。一般而言，企业集团和大型企业都应该设置财务预算管理的专门机构,中小企业则可以根据领导的认识程度来决定是否设置财务预算管理的专门机构。这是因为,在企业集团和大型企业,财务预算管理作为一种“全员、全方位、全过程、全量化”的高难度的预算管理,其管理范围比中小企业大、管理层次比中小企业多、管理的复杂程度比中小企业高,如果没有专门的管理机构是很难管出水平、管出成效来的。所以,课题组主张企业集团和大型企业都应该设置财务预算管理的专门机构。

3. 关于财务预算编制的时间问题

从总体上看,有1/3的样本企业(24家)从11月份开始编制下一个预算年度的财务预算或现金流量预算,另外1/3的样本企业(24家)从12月份开始编制下一个预算年度的财务预算或现金流量预算,最后1/3的样本企业(24家)则从9月份、10月份或其他月份开始编制下一个预算年度的财务预算或现金流量预算。这说明,大多数(2/3)的样本企业不会在11月份以前就着手去编制下一个预算年度的财务预算或现金流量预算。课题组对这种现象的解释是,一般到了11月份或12月份的时候,当年的预算执行已经有了一个较为明朗的预计结果,这时以这个较为明朗的预计结果作为基础来编制下一个预算年度的财务预算或现金流量预算,可以使预算更为可靠,也可以使预算编制的工作量大大减少。相反,如果过早地着手编制下一个预算年度的财务预算或现金流量预算,必然要对当年的预算执行结果做出过早的预计,这种过早的预计往往不太可靠,它会导致预算的反复调整,无形中增加了预算编制的工作量。课题组的这种解释应该有一定的道理。但课题组也注意到,如果编制时间过于推后(比如12月份或次年的1月份),可能会影响预算编制的完成时间和预算的执行起点(即起始月份)。因此,课题组不主张财务预算或现金流量预算的编制时间过于推后,特别是在企业集团和大型企业。

4. 关于财务预算编制的程序问题

从总体上看,有40.28%的样本企业(29家)通常采用“先自上而下,后自下而上,上下结合”的程序来编制财务预算或现金流量预算,有29.17%的样本企业(21家)通常采用“自上而下”的程序来编制财务预算或现金流量预算,采用这两种编制模式的合计比率为69.45%;有26.39%的样本企业(19家)通常采用“先自下而上,后自上而下,上下结合”的程序来编制财务预算或现金流量预算,只有4.17%的样本企业(3家)采用“自下而上”的程序来编制财务预算或现金流量预算,采用这两种编制模式的合计比率为30.55%(见表11-8)。

课题组认为,这四种不同的编制模式分别体现着四种不同的管理思想。“自上而下”的程序体现的是高度集权的管理思想;“先自上而下,后自下而上,上下结合”的程序体现的是以集权为主的民主管理思想;“先自下而上,后自上而下,上下结合”的程序体现的是以分权为主的民主管理思想;“自下而上”的程序体现的是高度分权的管理思想。企业采用什么编制模式,主要是受主导者的管理思想影响,其次是受企业的生产经营和管理特点影响。从调查结果来看,大多数样本企业(占69.45%)是在集权思想的指导下编制财务预算或现金流量预算的。这个结果印证了我国传统的管理思想是一种以集权为主的管理思想这个基本观点。但课题组同时认为,企业集团应该更多地选择采用“先自上而下,后自下而上,上下结合”的编制模式或者“先自下而上,后自上而下,上下结合”的编制模式。这是因为,企业集团的经营规模大、管理层次多,母子公司之间既存在独立的法人财产权利,又存在以产权关系为核心的控股和被控股关系(亦即母子关系),在预算的编制上无论是采用高度集权的管理思想(“自上而下”的程序)还是采用高度分权的管理思想(“自下而上”的程序),都不适合企业集团的产权关系特点和经营管理特点。而且,从实际工作出发,企业集团由于经营规模大、管理层次多、经济活动复杂,预算的编制不能简单地定指标、下任务或者报个表、凑个数,而是要在各个部门、各级单位之间进行认真地测算、合理地分解、反复地协调、综合地平衡。因此,在预算编制的程序上,企业集团比较适合采用“先自上而下,后自下而上,上下结合”的程序或者“先自下而上,后自上而下,上下结合”的程序,亦即适合采用以集权为主的民主管理思想或者以分权为主的民主管理思想。

5. 关于财务预算编制的方法问题

从总体上看,固定预算法和弹性预算法被采用的比率较高,分别为52.78%和47.22%;概率预算法和滚动预算法被采用的比率较低,分别为15.28%和13.89%;零基预算法被采用的比率则介于较高和较低之间,为29.17%。

课题组认为,固定预算法、弹性预算法和零基预算法作为传统的、基本的预算方法,被采用的比率较高是正常的。但课题组也同时注意到了这三种预算方法各自的局限性。固定预算法不适用于那些受理财环境的变化影响较大的预算项目的预算。弹性预算法只局限于那些能够准确地把握弹性的度的预算项目的预算。零基预算法由于不考虑上一个预算年度的实际执行结果,完全根据下一个预算年度的预计需要数以零为基点进行预算,所以,它一般也只适用于新增预算项目的预算。如果把零基预算法用于对原有预算项目的预算,势必会使预算失去历史的参考依据,给预算增加难度,同时也给预算增加工作量。而概率预算法和滚动预算法作为两种在理论上被认为是最先进的预算方法,在实践中却最受冷落。究其原因,课题组认为是这两种预算方法的预算难度和预算工作量都很大,企业应用起来难以做到成本与效益相匹配。因此,如何推动概率预算法和滚动预算法在企业实践中的广泛应用,应该是财会界当前和今后都值得关注的重要课题。

6. 关于财务预算在执行过程中的调整问题

从总体上看,在财务预算或现金流量预算的执行过程中,有81.94%的样本企业对预算进行调整,有18.06%的样本企业对预算不进行调整。

课题组认为,对预算的调整问题应该一分为二地看,不能简单地说调整是好的、不调整是不好的,或者调整是不好的、不调整才是好的。一般来讲,预算一经审定,就不能随意调整。预算的调整应该基于以下两个原因:一是环境发生了重大变化,导致实际情况与原来的预算出现了重大偏差;二是环境并没有发生重大变化,而是预算严重失准导致实际情况与原来的预算出现了重大偏差。课题组在这里强调“重大偏差”是预算调整的唯一动因,是想阐述课题组的一个观点:预算不可能百分之百的准确,出现一些偏差是正常的,只要这种偏差不超出正常的范围,就不需要对预算进行调整;如果这种偏差超出了正常的范围,达到“重大偏差”的程度,就需要对预算进行调整。预算的经常调整,一方面说明环境可能经常发生重大变化;另一方面说明企业的预算水平不高。而且,预算经常调整也不利于预算执行的考核。因此,课题组主张:如果不是环境发生重大变化导致实际情况与原来的预算出现重大偏差,或者预算严重失准导致实际情况与原来的预算出现重大偏差,那么,就不需要对预算进行调整。

7. 关于财务预算执行的监督问题

从总体上看,在财务预算或现金流量预算的执行过程中,有63.89%的样本企业进行严格监督,有36.11%的样本企业不进行严格监督。

课题组认为,通过对预算执行情况的严格监督,可以及时发现并妥善处理预算执行过程中出现的问题,从而实现对预算执行过程的有效控制,保证预算目标的顺利实现。如果对预算执行过程不进行严格的监督,预算的执行就难以到位,预算的控制也无法有效实施,预算的目标也不可能实现,最终使预算失去了原有的意义。从调查结果看,有1/3强的企业集团对财务预算或现金流量预算的执行过程不进行严格的监督,这应该是一个值得关注的问题。

8. 关于财务预算的年终决算和年终考核问题

从总体上看,在年度终了后,有83.33%的样本企业编制财务预算或现金流量预算的年终决算分析报告,有16.67%的样本企业不编制财务预算或现金流量预算的年终决算分析报告。对财务预算或现金流量预算的执行结果,有68.06%的样本企业进行严格考核,且考核结果与员工薪酬密切挂钩;有30.56%的样本企业进行不严格考核,且考核结果也不与员工薪酬挂钩;有1.39% 的样本企业"根本不考核"。

课题组认为,年终决算分析报告是检查财务预算管理或现金流量预算管理的管理措施是否落实、管理效果是否显著、管理目标是否实现、管理水平是否提升以及预算执行结果的差异何在、出现这种差异的原因何在的最佳手段。通过编制年终决算分析报告,企业可以总结经验、发现问题、提出下一个预算年度的改进意见,逐步提高财务预算管理或现金流量预算管理的管理水平。同时,通过编制年终决算分析报告,企业还可以考核各个部门、各个经营单位的经营业绩,并据以对经营者和各级员工进行合理的奖惩。而对财务预算或现金流量预算的执行结果进行严格的考核,并且把考核的结果同员工的薪酬密切挂钩,是评价预算执行效果好坏的最佳方式和奖惩预算执行效果优劣的唯一依据。从调查结果来看,仍然有一部分企业在预算执行结果的考核和奖惩问题上需要给予进一步的重视和加强。

(三)关于企业实行财务预算管理取得的主要成效

从总体上看,在给出的能够反映财务预算或现金流量预算管理主要成效的10个选项中,中选率最高的是"公司费用下降了"(61.11%),其次是"公司成本降低了""公司管理水平提升了"和"公司经营目标更明确了"(三者均为55.56%),再次是"公司效益提高了"(50.00%)和"职能部门工作目标更明确了"(45.83%);中选率最低的是"员工薪酬更合理了"(23.61%),其次是"员工劳动积极性更大了"(27.78%),"公司收入增加了"(29.17%)和"员工业绩考核更具体了"(30.56%)。

这个调查结果说明,企业实行财务预算或现金流量预算管理对公司费用下降、公司成本降低、公司管理水平提升、公司经营目标更明确、公司效益提高和职能部门工作目标明确这六个方面产生比较明显的影响;而对员工薪酬合理、员工劳动积极性提高、员工业绩考核具体化和公司收入增加这四项则没有产生明显的作用。课题组对这个结果表示遗憾,因为在课题组看来,财务预算或现金流量预算管理应该是一个目标明确、责任明确、考核严格、奖惩得当的管理系统,它应该在合理分配员工薪酬、有效提高员工积极性、公正评价员工业绩这三个方面发挥着较大的作用,结果却出乎课题组的意料。课题组认为,之所以出现这种结果,根本的原因还是在于企业在实行财务预算或现金流量预算管理的过程中没有正确处理好激励与约束的关系,没有对预算的执行过程和执行结果进行严格的监督和考核并把这种监督和考核的结果同员工的切身利益挂起钩来。如何正确处理好激励与约束的关系,是财务预算管理应用过程中又一个值得关注的重大问题。

(四)关于企业实行财务预算管理遇到的难点问题

1. 关于企业没有实行财务预算管理的原因问题

从总体上看,在给出的有可能成为企业没有实行财务预算管理的主要原因的4个选项中,中选率最高的是“因为管理难度太大”(75.68%),其余依次为“因为不知道如何进行财务预算管理”(29.73%)、“因为作用不大”(21.62%)和“因为领导不重视”(10.81%)。

课题组认为,财务预算管理作为一种“全员、全方位、全过程、全量化”的管理,管理难度大是客观的事实。它要求企业必须具备较好的管理基础和较高的管理水平,否则就很难实行,即使勉强实行了,也管不出什么效果来。因此,企业要想实行财务预算管理并使之管出成效来,必须努力加强自身的管理基础,提高自身的管理水平。此外,对一些企业而言,有关人员还需要加强对财务预算管理知识的学习和培训,提高自己对财务预算管理的认识程度和应用技能,才能满足财务预算管理对人员素质的要求。

2. 关于企业实行财务预算管理遇到的主要困难问题

从总体上看,在给出的有可能成为企业实行财务预算管理的难点问题的4个选项中,中选率最高的是“市场可变因素太多,预算难以准确”(66.67%),其余依次为“职能部门认识不统一,不配合”(38.67%)、“人员素质不高,做不好”(26.67%)和“领导认识不足,不支持”(12.00%)。

课题组认为:

(1) 企业的财务预算既包括实物量的预算,又包括价值量的预算。实物量预算包括销售量预算、采购量预算、耗用量预算、用工量预算、作业量预算等。价值量预算包括按权责发生制为基础的预算(如收入预算、费用预算等)和按收付实现制为基础的预算(如现金收支预算)。在市场经济条件下,无论是实物量预算还是价值量预算,都会受到市场可变因素变动的直接影响。当市场可变因素发生变动时,实物的预算量和价值的预算量都会与实际执行量(结果)发生或大或小的偏差。这种偏差不是人为造成的,或者说不完全是人为因素造成的,因此,如何保证预算的准确性就成了企业实行财务预算管理过程中难以逾越的一道难题。

(2) 预算执行的偏差虽然不是或不完全是人为因素造成的,但却是可以在一定程度上实施控制的。这种控制需要企业具备两个方面的较高素质:一是对市场信息的获取和利用能力,二是对企业内部经济运行过程和预算执行过程的监控能力。只要具备了这两方面的较高素质,要做到预算的相对准确也不是一件很难的事。课题组承认,既然是预算,就没有绝对的准确,合理的偏差是必然存在的,也是可以允许和接受的。预算偏差的大小和合理与否,是衡量企业财务预算管理水平高低的一个重要标志。

(3) 在当今的市场经济环境下,市场的变化莫测确实在一定程度上影响了企业实行财务预算管理的信心。因此,如何消除市场可变因素对企业实行财务预算管理所造成的负面影响,是摆在财会界同仁面前的一个具有挑战性的话题。此外,正如前文所说,财务预算管理是一种“全员、全方位、全过程、全量化”的高难度的预算管理,它对人员素质、部门协调、领导态度都有较高的要求,达不到这种要求,财务预算管理将是一种低效甚至无效的管理。因此,如何提高人员素质、加强部门协调、端正领导态度,也是财务预算管理推广应用过程中的重大问题。

(五) 关于调查结果的差异问题

课题组对调查结果除了从总体上进行统计分析之外,还区分不同行业、不同企业规模、不同企业性质和不同企业类别进行统计分析。统计分析的结果显示出了不同行业之间、不同企业规模之间、不同企业性质之间和不同企业类别之间的财务预算管理现状的差异性。课题组认为,这种差异性的存在是必然的,但差异过于悬殊却是需要关注的。比如,财务预算管理的普及率,制造业为62.16%,房地产业却只有25.00%,两者相差将近40个百分点。诸如此类的悬殊差异究竟是什么原因造成的？探求这种原因对财务预算管理的理论研究和实践应用将有什么重要意义？这些问题将是课题组下一步继续研究的方向。

第二节　企业财务预算管理的实施障碍与清除对策

一、企业财务预算管理的实施障碍

(一) 领导重视问题

课题组的问卷调查结果显示，在全部75家样本企业中，有9家样本企业(占全部样本企业的12.00%)认为领导对实施财务预算管理不支持；在没有实施财务预算管理的37家样本企业中，有4家样本企业(占没有实施财务预算管理的样本企业的10.81%)认为领导对实施财务预算管理不重视。这两个统计比例较低，实际情况应该超出这两个比例，因为"调查问卷是指定由总会计师或相当于总会计师职务的主管领导来填写的，领导们一般不太敢承认自己不重视"(韦德洪，2004)。不管这两个比例是否真实反映了客观实际，但根据常规来判断，领导不重视应当是企业无法实施财务预算管理或实施不好财务预算管理的首要障碍。

(二) 员工认识问题

课题组的问卷调查结果显示，在全部75家样本企业中，有9家样本企业(占全部样本企业的12.00%)不知道什么是财务预算管理，有8家样本企业(占全部样本企业的10.67%)认为不需要实施财务预算管理；在没有实施财务预算管理的37家样本企业中，有8家样本企业(占没有实施财务预算管理的样本企业的21.62%)认为财务预算管理的作用不大。认识问题是制约企业实施财务预算管理的一大障碍。

(三) 员工素质问题

课题组的问卷调查结果显示，在全部75家样本企业中，有20家样本企业(占全部样本企业的26.67%)认为由于人员素质不高而无法做好财务预算管理；在没有实施财务预算管理的37家样本企业中，有11家样本企业(占没有实施财务预算管理的样本企业的29.73%)表示不知道如何进行财务预算管理。

(四) 部门支持和配合问题

课题组的问卷调查结果显示，在全部75家样本企业中，有29家样本企业(占全部样本企业的38.67%)认为各个职能部门对财务预算管理的认识不统一，在推行财务预算管理的过程中，难以取得各个职能部门的支持和配合。

(五) 管理机构的设置问题

课题组的问卷调查结果显示，在实施了财务预算管理的38家样本企业中，只有23家样本企业(占实施了财务预算管理的样本企业的60.53%)设置财务预算管理专门机构，而另外15家样本企业(占实施了财务预算管理的样本企业的39.47%)则不设置财务预算管理专门机构。

(六) 编制方法的选择问题

课题组的问卷调查结果显示，在实施了财务预算管理和仅仅实施了财务收支预算管理的72家样本企业中，有38家样本企业(占72家样本企业的52.78%)采用了固定预算法，有34家样本企业(占72家样本企业的47.22%)采用了弹性预算法，有21家样本企业(占72家样本企业的 29. 17%)采用了零基预算法,有 11 家样本企业(占 72 家样本企业的 15. 28%)采用了概率预算法,有 10 家样本企业(占 72 家样本企业的 13. 89%)采用了固定预算法。被理论界认为比较先进、比较科学的概率预算法和滚动预算法,在实践中被采用的比率却最低。

(七) 预算执行过程的监督问题

课题组的问卷调查结果显示,在实施了财务预算管理和仅仅实施了财务收支预算管理的 72 家样本企业中,有 46 家样本企业(占 72 家样本企业的 63. 89%)表示对预算执行过程进行严格的监督,有 26 家样本企业(占 72 家样本企业的 36. 11%)表示对预算执行过程没有进行严格的监督。对预算执行过程进行严格监督的企业比例并不高,超过 1/3 的企业对预算执行过程的监督问题还没有给予应有的重视。

(八) 预算执行结果的考核问题

课题组的问卷调查结果显示,在实施了财务预算管理和仅仅实施了财务收支预算管理的 72 家样本企业中,有 49 家样本企业(占 72 家样本企业的 68. 06%)表示对预算执行结果进行严格考核并把考核结果同员工的经济利益密切挂钩,有 22 家样本企业(占 72 家样本企业的 31. 94%)表示对预算执行结果没有进行严格考核且考核结果也不与员工的经济利益挂钩。对预算执行结果进行严格考核并把考核结果同员工的经济利益密切挂钩的企业比例还不高,近 1/3 的企业对预算执行结果的考核问题还不引起重视。

(九) 预算的准确性和管理难度问题

课题组的问卷调查结果显示,在实施了财务预算管理和仅仅实施了财务收支预算管理的 72 家样本企业中,有 47 家样本企业(占 72 家样本企业的 65. 28%)认为由于市场可变因素太多而使预算难以准确;在实施了财务预算管理的 38 家样本企业中,有 28 家样本企业(占 38 家样本企业的 75. 68%)认为由于财务预算管理的难度太大而无法使财务预算管理的作用和效果得到应有的发挥。

(十) 预算管理的成效问题

课题组的问卷调查结果显示,在实施了财务预算管理和仅仅实施了财务收支预算管理的 72 家样本企业中,只有 17 家样本企业(占 72 家样本企业的 23. 61%)认为财务预算管理或财务收支预算管理使员工的薪酬更合理了,有 20 家样本企业(占 72 家样本企业的 27. 78%)认为财务预算管理或财务收支预算管理使员工的劳动积极性更大了,有 22 家样本企业(占 72 家样本企业的 30. 56%)认为财务预算管理或财务收支预算管理使员工的业绩考核更具体了。预算管理在促使员工薪酬合理、提高员工劳动积极性、考核员工工作业绩方面的成效并不显著。

二、企业财务预算管理实施障碍的清除对策

(一) 加强宣传,提高企业各级员工对财务预算管理的重要作用的认识程度

财务预算管理对明确企业及其所属各部门、各单位的经营目标;协调企业及其所属各部门、各单位的经济关系;控制企业及其所属各部门、各单位的经济活动;评价企业及其所属各部门、各单位的经营业绩;提高企业及其所属各部门、各单位的经营管理水平和效益等方面都具有十分重要的作用。有关部门和企业应该通过各种形式宣传财务预算管理的这种重要作用,以提高企业各级员工(包括企业高层管理人员、中层管理人员和基层管理人员)对财务预算管理的这种重要作用的认识程度。因为,财务预算管理是一种“全员参与、全方位渗透、全过程

监控、全量化考核”的管理,没有企业上下左右各单位、各部门的各级员工的一致重视、共同参与,财务预算管理是实施不起来的,即使实施起来了,效果也是不好的。因此,提高企业各级员工对财务预算管理的重要作用的认识程度,是企业取得各个职能部门和各级员工对财务预算管理工作的支持和配合、最终顺利实施财务预算管理的必要前提。

(二)加强培训,提高企业有关人员对财务预算管理知识的掌握和运用技能

从预算管理的范围来看,财务预算管理既涉及企业左右各个职能部门及其人员,又涉及企业上下各个核算单位及其人员,是一种全员参与的管理,需要各个职能部门、核算单位的有关人员的密切配合,积极参与。从预算管理的内容来看,财务预算管理包括营业活动预算、投资活动预算、筹资活动预算和财务活动预算,是一种全方位渗透的管理,需要各项经营管理活动的互相协调,综合平衡。从预算管理的环节来看,财务预算管理包括预算的编制、预算的执行、预算的调整、预算的监督、预算的考核和预算的奖惩,是一种全过程监控的管理,需要各个管理环节的环环相扣,层层落实。从预算管理的指标来看,财务预算管理包括对实物量指标的预算和对价值量指标的预算,是一种全量化考核的管理,需要各种量化指标的互相衔接,因果关联。企业各个职能部门、核算单位的有关人员必须认真学习并掌握营业活动预算、投资活动预算、筹资活动预算和财务活动预算的编制、执行、调整、监督、考核和奖惩的方法和技能,掌握各种实物量指标和价值量指标的计算和综合平衡方法,才能把财务预算管理工作做成、做好。

(三)建立健全财务预算管理的专门机构和规章制度,把财务预算管理工作引入良性运行的轨道

财务预算管理是一种“全员参与、全方位渗透、全过程监控、全量化考核”的管理,具有“层次多、范围广、内涵深、过程长、指标繁琐、利益敏感、关系复杂、管理困难”等特点,没有专门的管理机构和完善的管理制度是很难管出水平、管出成效来的。因此,企业应该按照“预算管理委员会—预算管理办公室—预算管理小组—预算管理岗位”的模式来构建财务预算管理的专门机构,以规章制度的形式来规范各个职能部门、各个核算单位、各个管理岗位和各级管理人员在预算的编制、执行、调整、监督、考核和奖惩等方面的责、权、利,完善“以机构为保障、以人员为推力、以责任为目标、以授权为手段、以利益为中心”的预算管理体制,把财务预算管理工作引入良性运行的轨道。

(四)加强预算项目业务活动规律和预算管理特点的研究以及预算编制方法的适用性研究,完善各个预算项目的预算编制方法

一套完整的财务预算方案通常涉及很多个预算项目,不同的预算项目通常因为有着不同的业务活动规律和预算管理特点而分别适用于不同的预算编制方法。因此,企业应该加强预算项目业务活动规律和预算管理特点的研究以及预算编制方法的适用性研究,针对不同的预算项目分别采取不同的但却是最为适合的预算编制方法,以保障预算指标数值的科学性、合理性、准确性、可靠性和可行性。在当前常见的几种预算编制方法中,固定预算法一般适用于未来发生数相对确定的项目(如工资项目等)的编制;弹性预算法一般适用于未来发生数相对不确定的项目(如营业收入项目等)的编制;定基预算法一般适用于未来发生数与历史发生数相比没有太大变化的原有预算项目(如固定资产折旧项目等)的编制;零基预算法一般适用于新增预算项目或者未来发生数与历史发生数相比有了较大变化的原有预算项目(如某些费用项目等)的编制;概率预算法一般适用于未来发生数存在几种可以预知的可能结果、而且每一种可能结果出现的概率又可以可靠估计的预算项目的编制；滚动预算法则是一种综合的、动态的预算编制方法，它可以应用于整个财务预算方案的编制，也可以应用于其中的某一个或某一些专门预算项目的编制。企业在选择预算编制方法之前，必须对上述预算编制方法的适用性进行深入的研究，结合各个预算项目在预算期内的业务活动规律和预算管理特点，确定每一个预算项目应该采用的最为适宜的编制方法，并注意在实践中对所采用的编制方法进行科学检验、认真总结、适时调整，保证预算编制方法选择的正确性。

（五）建立完善的市场信息管理网络，制定科学的预算编制管理流程，提高预算指标数值的准确性

一套完整的财务预算方案既包括实物量预算，又包括价值量预算。实物量预算包括销售量预算、采购量预算、耗用量预算、用工量预算、作业量预算等。价值量预算包括按权责发生制为基础的预算（如收入预算、费用预算等）和按收付实现制为基础的预算（如现金收支预算）。在市场经济条件下，企业的一切生产经营活动都是以市场为导向，无论是实物量预算还是价值量预算，其预算的指标数值都会受到市场可变因素变动的直接影响，都要根据市场可变因素的变动情况来加以确定，而且，当市场可变因素发生变动导致实际执行结果可能会与预算指标数值发生重大偏差时，还要根据市场可变因素的变动情况来合理调整预算指标数值。因此，在预算编制的过程中，企业必须对市场可变因素的变动情况进行合理可靠的估计，才能保证预算指标数值的准确性。而这种合理可靠的估计又有赖于企业对市场信息的获取能力。所以，建立完善的市场信息管理网络是提高预算指标数值准确性的重要保证。但是，仅仅是改善企业对市场信息的获取能力还不足以保证预算指标数值的准确性，企业对市场信息的利用能力也是一个不容忽视的因素。企业对市场信息的利用能力主要体现在预算编制的管理流程之中。如果预算编制的管理流程过于简单化和集中化，预算编制的整个过程就被掌控在少数几个人的手中。这时，这几个人对市场信息的利用能力就代表了整个企业对市场信息的利用能力，一旦他们对市场信息的利用能力遭受怀疑，整个企业的预算指标数值就会严重失准。这是一种重大的风险，企业不应该冒这种风险。因此，制定科学的预算编制管理流程，防止预算编制管理流程过于简单化和集中化，也是提高预算指标数值准确性的重要保证。一个科学的预算编制管理流程应该是体现“全员参与意识、民主管理思想、集中决策理念、纵横交叉（结合）模式、顺畅高效原则”的管理流程。企业在制定预算编制的管理流程时，只有全面贯彻全员参与意识、民主管理思想、集中决策理念、纵横交叉（结合）模式、顺畅高效原则，才能保证预算编制管理流程的科学化，进而提高预算指标数值的准确性。

（六）建立严密的预算监控和考核体系，增强财务预算管理的综合效果

财务预算管理是一种“全员参与、全方位渗透、全过程监控、全量化考核”的管理，具有“层次多、范围广、内涵深、过程长、指标繁琐、利益敏感、关系复杂、管理困难”等特点，需要建立严密的监控和考核体系，才能增强其综合效果。如果没有严密的监控体系，预算编制过程就可能会出现虚假数据，预算执行过程也可能会发生失控现象。相反，如果建立了严密的监控体系，对预算编制和预算执行的全过程实施有效监控，可以及时发现并妥善处理预算编制和预算执行过程中出现的各种人为或非人为因素造成的问题，保证预算指标数值的准确性和预算目标的顺利实现。同时，如果没有严密的考核体系，企业各部门、各单位的各级员工就不会有很高的积极性、主动性和很强的事业心、责任心去完成各自所承担的预算编制和预算执行任务，最终使预算编制难以准确可靠、预算执行难以严格到位、预算目标无法顺利实现、预算作用无法充分发挥、综合效果也就“子虚乌有”。因此,建立严密的预算监控和考核体系,是保证预算编制准确可靠、预算执行严格到位、预算目标顺利实现、预算作用充分发挥、综合效果显著增强的重要手段。一个严密的预算监控和考核体系,从监控和考核的环节来看,应该包括对预算编制的监控和考核、对预算执行的监控和考核、对预算调整的监控和考核、对年终决算的监控和考核、对效果评价的监控和考核以及对落实奖惩的监控和考核等几个环节;从监控和考核的措施来看,应该包括监控和考核的目标确定、监控和考核的标准制定、监控和考核的表格制定、监控和考核的信息反馈、监控和考核的技术选择、监控和考核的评价方法、监控和考核的奖惩办法等几个方面。企业建立的预算监控和考核体系,环节上必须是面面俱到、环环相扣、相互交织,结成一个严密的监控和考核网络;措施上必须要具体有力、灵活多样、相辅相成,构成一个完整的监控和考核的体系,这样,财务预算管理的监控和考核才能严格到位,财务预算管理的综合效果才能显著增强。

第三节　铁路运输企业财务预算管理的应用

一、铁路运输企业生产及管理的特点

铁路运输企业作为大型服务业企业,在生产经营及管理体制上具有自身的特殊性,主要体现在以下几个方面。

(一)具有生产过程和服务过程的一致性

也就是说生产过程与服务过程同时进行,生产过程表现为服务过程。这就要求在预算目标的设置上,既要包括财务指标,也要包括非财务指标。

(二)铁路运输具有大联动机和半军事化的特点

这是区别于其他企业的一大特点,这意味着对职工的安全意识有特高的要求。

(三)铁路产品的位移性

即它不改变劳动对象的属性和形态,而只是改变所运物品的位置,铁路生产经营的产品就是位移。因此成本管理的目标就是要降低单位位移的耗费。

(四)在支出方面按支出的特点可分为固定支出和变动支出

固定支出主要包括折旧费、大修理费、房屋及建筑物维修等项目;变动支出主要包括机车用燃料费、内燃机车小修费用、货车使用费、货物运输费等项目,变动支出项目主要是基层站段的可控成本项目。

(五)铁道部对铁路企业实行的是资产经营责任制管理体制

铁道部为了确保国有资产的保值增值,给铁路运输企业下达了相应的资产经营责任制目标,因此其生产经营目标是刚性的。同时铁路企业又模拟法人进行市场运作,完成责任目标的收入来源于市场。因此,在预算目标(货币性指标)的制定上要兼顾两者,可以通过弹性预算方法来实现。

财务预算管理是源于市场,立足市场,最终以市场为立脚点的一种综合管理方法。铁路运输企业生产经营的特殊性及管理上的特点,导致了铁路运输企业预算管理的行业特点,这一切加深了企业在构造预算管理体系上的难度,主要在以下几方面:预算目标的确定;预算组织体系的设置;预算编制的起点和预算方法的设置。

二、关于预算组织体系

企业的预算组织体系是由预算管理组织和预算执行两个层面构成的。它的建立要本着以企业的组织结构及生产特点为基础,同时又要满足企业内部管理需要为原则。

目前,铁路运输企业实行的是直线职能型组织结构,它与高度集权的管理模式相适应,从横向看,是按专业化原则组织的职能系统,铁路局及分局一级的职能部门分别履行对下级机构进行业务指导的职能。从纵向看,是按命令统一原则组织的指挥系统,铁路局下设铁路分局,分局下设各基层的站段。铁路运输企业的组织结构为企业管理提供了基本的组织框架,但还必须在这一框架下设立满足企业预算管理需要的组织体系。

(一)设立预算委员会

预算委员会是铁路局进行财务预算管理的最高权利机构。其成员应该包括铁路局的最高层管理者——铁路局局长、总会计师和其他主要职能部门的负责人。预算委员会的具体职责是制定本铁路局年度的经营目标及预算方针;解决预算编制过程中可能出现的冲突和分歧;审批企业及主要部门经营部门的预算目标;并对预算期内出现的重大预算调整进行审批;以保证企业预算的权威性。

(二)设立预算办公室

它是在预算管理委员会领导下处理预算管理日常事务的职能部门,以确保预算机制的有效发挥。具体职责是组织预算的编制工作;根据预算委员会批准的预算,组织各单位予以执行;跟踪、监督预算的执行过程;定期报告预算的执行情况;对预算执行过程中出现的问题和偏差及时进行修订和调整,确保路局总预算的实现;实行预算考核。

(三)建立责任中心

责任中心是企业内能够对收入、成本、利润及投资负责的任一管理层次,它是财务预算的预算执行组织。目前,铁路局具有投资决策权,因此,铁路局应作为投资中心,对整个铁路局的收入、成本、投资全面负责,是编制和执行资本预算的责任主体;铁路局下属的各分局具有经营决策权,因此应作为利润中心,对其收入预算目标与其所属成本费用预算目标的差额,即利润负责。而分局下的各站段则作为标准的成本中心,只对各自的责任成本负责,责任成本由各站段的可控成本构成。各职能部、处、室按照其责任范围分别设为收入中心和成本费用中心。总之,企业实施财务预算管理,也就是通过编制预算、执行预算和考核评价环节,对企业内部各个管理环节的责、权、利进行安排,这种制度的安排通过建立责任中心来实现。铁路运输企业应根据企业的组织结构和铁路运输生产经营的特点,从满足管理需要出发,来划分内部的各责任中心,使公司的经营目标按照特定的经营程序,贯彻横向到边,纵向到底的原则,层层分解落实到每个责任中心。

三、关于预算目标的确定

确定预算目标工作从层面上看主要包括铁路局层面预算目标的确定,即企业总目标的确定;分局层面预算目标的确定,即主要是将总目标进行分解;基层站段责任成本的确定,即主要是对其可控成本进行量化规定。从预算指标的类别来看,则包括财务预算目标和非财务预算目标两大类,前者可以从财务角度进行货币计量,后者难以进行货币计量。预算目标是财务预算管理体系的第一要素,是企业战略发展目标在预算期的具体体现。年度预算目标是企业战略发展目标在预算年度的具体工作任务,应充分体现企业管理层在预算年度面临的中心任务和要完成的工作目标。由于铁路运输企业在管理体制和生产经营方面的特殊性,因此,其预算目标应包括财务目标和非财务目标两大类,财务目标是目标体系的核心,同时也不能忽视对非财务目标的控制。

(一)关于财务预算目标

目前,铁道部对铁路局实行资产经营责任制考核,虽然自2001年开始对铁路局进行绩效评价,但绩效评价只是作为加强国有资本监管而进行的,不作为考核经营者的依据。因此,对于铁路运输企业来说,预算目标中关于考核指标的设置应以资产经营责任制考核为主,但出于长远考虑则要设置一些进行绩效考核的指标。预算目标的确定关键解决以下问题:

(1)铁路局如何确定本局的年度预算总目标。笔者认为铁路局应该以铁道部下达的盈亏目标作为年度预算总目标,因为资产经营责任制目标是刚性的,这是为了确保国有资产的保值增值。

(2)铁路局如何将预算总目标分解到各分局。分局作为利润中心,利润的实现主要受市场对运量的需求及成本的控制程度外,铁路局对分局资源的投入是根本因素,没有资源就不必谈及成本控制,因此,在将路局预算总目标分解时应充分考虑路局对分局资源投入对利润的影响。按以下关系确定各分局目标利润:

分局目标利润 = 投资收益率 × 投资额

投资利润率是铁路局为保证目标利润的实现所要求的单位资金利润回报,因而,铁路局的目标利润预算总体指标与各分局分解利润指标相一致。

(3)各分局如何确定基层站段的责任成本。分局目标利润的实现主要受市场对运量的需求和对基层站段成本的控制。铁路运输具有天然的优越性,对于某些客户来说,铁路运输是唯一的选择,因此目前在我国,铁路运输的市场份额虽然会因为其他交通运输方式的发展而受到一定程度的削弱,但在一定程度上说铁路运输的优越性依然存在,其运量水平主要取决于国民经济发展状况。在运量水平一定的情况下,利润目标的实现主要通过内部成本的控制。因此,站段目标成本的确定至关重要,过高过低都发挥不了预算管理的作用。

为了避免预算目标脱离实际的做法可以考虑以下几点;一是编制模式采取先自上而下,而后自下而上,上下结合反复多次的编制模式。二是预算的编制者应深入基层,尽可能地获取准确的第一手资料。三是加强交流与沟通。人的认知能力是存在差别的,对于同样一件事物,不同的人可能会有不同的理解。在预算管理中,可能会存在预算执行者对于合理目标理解上的差别,因而在预算的制定与实施过程中要充分考虑到人的这种认知能力的差别,在编制过程中进行广泛交流与沟通是非常必要的,以便使预算的认识误差提前释放,保证全体员工对预算的理解一致。

(二)关于非财务预算指标

铁路运输具有生产过程和服务过程的一致性;铁路的大联动机和半军事化的特点等,生产过程中,如果一个部位发生问题,都将波及整个运输计划,危及人民的生命财产安全。铁路运输企业的特殊性决定了对职工的安全意识和职业道德有相当高的要求,而这一切是无法用财务指标来衡量的,因此在对各责任单位制定财务预算目标的同时要有相应的非财务预算目标,如客户的满意程度、无行车特大事故持续天数等。

四、预算编制的起点

财务预算的内容一般包括业务预算、资本预算和财务预算。企业编制预算时,一般按照先业务预算、资本预算,然后财务预算的流程进行。

(一)关于财务预算的内容

业务预算是反映企业在预算期间日常发生的各种具有实质性的基本活动的预算。铁路运输企业作为服务类企业,它的日常活动主要是提供劳务性服务,即为社会提供的是货物运输和旅客运输,而不是实物形态的产品。企业通过使运输对象发生位移而取得收入,因此业务预算包括收入预算、运输总支出预算。

收入预算主要包括运量预算、运输工作量预算和运价。运量预算是对预算年度的货物运输量和旅客运输量所进行的预算,主要包括货物运输量、货物周转量、旅客发送量、旅客周转量等内容。运输工作量预算是根据运量预算中的客货运输量和客货周转量来预计预算年度的装车数、车辆公里数等运输工作量。

运输总支出预算是在预算年度内为保证正常的生产经营活动而耗费的各项费用。运输总支出预算按支出的特点分为固定支出预算和变动支出预算。固定支出预算是刚性的,一般不予调整,主要包括折旧费、大修理费、房屋及建筑物维修等项目预算;变动支出预算主要包括机车用燃料费、内燃机车小修费用、货车使用费、货物运输费等项目预算。此外,由于铁道部对铁路局实行资产经营责任制,整个企业的预算管理应该以铁道部下达的盈亏指标为中心,因此,在铁路运输企业,预算总支出应由收入预算和目标利润倒挤出来,即

运输总支出 = 总收入 - 目标利润

资本预算是铁路运输企业在预算期内进行资本性投资活动的预算。其责任主体是铁路局。

财务预算是反映铁路运输企业在预算期内有关现金收支、经营成果和财务状况的预算,可以从价值方面总括地反映业务预算和资本预算的结果。

(二)预算编制的起点是收入预算

收入预算是铁路运输企业财务预算的编制起点。原因有:

(1)运量的多少决定运输收入的大小,进而影响预算目标的完成。

(2)在总支出中,固定支出是刚性的,一般变化不大,企业要完成预算目标的主要措施就是从强化内部管理出发,降低变动性支出成本,这就要求决策者在制定基层站段的责任成本时要立足于预计的运量。

五、关于预算编制方法的选择

企业预算的编制方法主要有固定预算、弹性预算、滚动预算、零基预算和概率预算。各种方法均有所长,也有所短,企业进行选择时主要考虑自身的业务特点和管理上的需要。铁道部给铁路局下达了资产经营责任目标,但铁路局面对的是不确定的市场,企业需要反映这种变化的预算,以便进行业绩评价时尽可能地反映实际情况,预算管理的作用才能真正发挥。因此,建议收入预算、运输总支出预算、利润预算采用弹性预算,资本预算采用零基预算。总之,预算的编制应采取以收定支,收支兼顾,积极平衡,利润刚性,预算弹性的原则。

收入预算是财务预算的起点,因此,在编制弹性预算时,其基本方法是:在可预见的运量范

围内,按照一定的运量间隔,根据收入、支出、利润与运量及工作量的内在关系,分析确定其预算额。一般运量的间隔以5%～10%为宜,并且在所选择的运量水平中必须有与铁路局总预算目标相应的业务量。

资本预算采用零基预算是以铁路运输企业的战略目标为出发点,确定必需的开支项目,有利于企业长远目标的实现,促进预算部门精打细算,合理有效地利用资源。

第四节 路桥施工企业财务预算管理的应用

一、路桥施工企业生产经营的特点

(1) 企业施工项目分散。大多遍布全国各地,甚至跨市、跨省、跨国的施工项目也为数不少。同时,施工项目大多处于偏僻地区。

(2) 企业的生产经营受天气环境影响较大。其生产期主要集中在每年的旱季,雨季期间的生产基本处于停产状态,由此导致企业的产值分布不均衡。

(3) 工程施工项目建设周期较长。有的工程项目短则1年左右,长则需要几年。

(4) 工程施工项目主要是通过招投标的方式取得,中标标价的高低与企业的经营管理水平密切相关。

(5) 企业施工项目的资金回笼与其生产期密切相关。一般而言,生产期内资金回笼快,而停产期则会出现资金短缺的现象。

(6) 企业对各工程施工项目实行"两层分离"及"内部承包经营"的管理模式。"两层分离"是管理层与劳务层相分离。管理层主要从事生产设计、工程计量及财务管理等各项管理工作,而劳务层则是直接从事生产(即施工建设),两者各司其职,保证整个企业的生产经营活动有序进行。"内部承包经营"则是在企业取得项目中标后,在各工程处实行内部竞标,把项目投标价逐级分解下去,通过充分调动内部各部门的积极性来实现企业整体效益的最大化。

二、路桥施工企业财务预算管理的特点与难点

(一) 路桥施工企业财务预算管理特点

(1) 企业财务预算管理的控制对象为每一个施工项目,各级预算的编制均是针对每个施工项目而言,要求每个项目都必须实行预算控制。

(2) 财务预算的内容比较简单,主要包括工程结算预算、项目毛利预算、工程现金流量预算及工程项目利润预算四大块,这些内容构成了整个预算管理的核心。

(3) 由于企业按工程项目进行预算管理,在编制预算时一般先确定整个项目的预控目标,但该预控目标并没有具体确定每年的预算数额,因此,下属的各工程处可根据下达的总预算数来确定自己的各年、各季及各月的具体预算数,预算管理的弹性较大。

(4) 财务预算管理水平的高低受多种因素的影响,如企业的生产经营特点、企业管理者对财务预算管理的认识与态度、企业组织结构中有关预算管理机构的设置情况、预算编制人员的专业素质、预算管理与企业战略目标的协调程度以及外部因素对企业实行财务预算管理的影响。

（二）路桥施工企业财务预算管理的难点

1. 财务预算编制难

首先是转变观念、统一思想难。财务预算作为一种先进的管理模式，因为其是“舶来品”，大家对其认识不足。虽然近年来国家加大对财务预算管理的宣传力度，要求国有大中型企业必须实行财务预算管理，但实际操作中，由于观念问题，财务预算管理始终得不到应有的重视。具体到路桥施工企业，则是有相当多的员工认为财务预算管理可有可无，财务预算管理变成了财会部门的“独角戏”，设置的“预算管理委员会”或“预算编制小组”也是徒有虚名。其次是财务预算编制时所需的信息资料收集难。如前所述，路桥施工企业生产周期长，各施工项目地处偏僻，施工地点远离管理层，由此导致了信息收集不充分、不及时、不全面、缺乏针对性，据此编制出来的预算缺乏科学性，出现“为编而编”及“瞎编”的现象。再者是财务预算的编制方法难以正确把握。预算编制方法对预算结果的科学性影响很大，在路桥施工企业中，究竟采取何种编制方法来编制预算才更科学，目前尚未形成统一的认识，由此形成了编制预算时“各自为政”的局面，这样可能导致预算结果之间缺乏相互可比性，也不利于对预算目标进行考核。最后是企业管理层对财务预算管理的理解不够全面，片面地认为财务预算管理即是财务收支控制或成本控制，没有把财务预算管理与企业的整个发展战略目标融合在一起，从而导致了企业在实际推行财务预算管理过程中，企业战略目标与预算管理目标互不相关，因而出现了预算执行难、考核难的现象。

2. 财务预算执行难

路桥施工企业的总预算主要是根据项目的竞标价编制的，在预算总额已确定的情况下，由内部竞标的各工程处根据自身的情况编制出的子预算，往往会由于该项目的施工年度、施工地点、管理人员的素质等因素，与总预算之间存在较大的偏差，使预算的执行流于形式，未能达到预算管理的目标。同时，企业在施工过程中可能遭受到的不可预见的风险，也使得预算的执行难以真正落到实处。

3. 财务预算考核难

虽然路桥施工企业以竞标价作为预算管理的目标，但目前企业考核时却另有标准（兼有财务指标与非财务指标），这些考核指标与财务预算管理目标在内容上相差甚远，导致企业在进行预算考核时无所适从，财务预算管理成了一种摆设。同时，作为内部承包方的公司下属各工程处，目前尚未设置相关的考核指标，使得企业每个工程项目的预算管理处于一种粗放管理的状态，不利于企业经济效益的提高。此外，从整体上看，路桥施工企业在经营过程中往往缺乏核心的考核指标，在考核过程中既要重视工程质量的考核，又要重视工程安全生产的考核，还要重视工程资金控制考核，究竟孰先孰后，孰轻孰重，难以分清，导致企业考核时面面俱到，难以真正发挥财务预算管理的作用。

三、做好路桥施工企业财务预算管理的对策

（一）转变观念，提高认识

首先，提高企业高管层的认识。一方面，企业高管层应把财务预算管理提高到战略管理的高度，把财务预算管理目标与企业的发展战略目标有机地联系在一起；另一方面，企业高管层应成为“预算管理委员会”的主要成员，这样有利于加强对预算管理的领导，使财务预算管理在推行过程中得到强有力的支持。其次，提高项目经理的认识，防止出现预算编制不科学、预

算执行不到位、预算考核不严格的现象。最后,提高全体员工的认识,使全体员工摒弃“重生产,轻管理”的落后观念,重视财务预算管理。

(二)加强预算编制的科学性,使预算切合实际

一是要重视企业预算编制时有关信息资料的收集。预算编制所依赖的信息资料的真实可靠程度决定了预算的准确性,因此,企业应有专人负责收集有关的信息资料,并对这些信息资料进行归类和整理。二是要充分利用计算机网络资源,加快建设企业信息资料局域网,使企业内部各部门之间的信息互联互通,保证预算编制的及时性。三是在预算编制方法上,企业的预算管理委员会应会同下属各部门的预算管理小组,通过详细的调查研究,制定出符合各部门实际情况的预算编制方法,并使这些编制方法在一定范围和时间内保持稳定。

(三)强化预算考核措施,建立健全有关责任追究制度,维护财务预算管理的严肃性

首先,应从预算编制的各部门抓起,明确规定各部门的负责人为预算编制的第一责任人;其次,应确立首席考核指标,以该指标为中心,建立一套科学完善的考核指标体系;最后,应明确考核者的职责,保证考核结果的公平、公正、公开。

(四)正确对待预算执行过程中出现的偏差,尽可能把偏差控制在企业可接受的范围之内

预算管理实际上是对企业未来经济活动的一种预测,由于路桥施工企业的生产经营活动受环境的影响较大,其不可预见和不可抗拒的因素较多,因此,预算数与实际执行数不可避免地存在一定的偏差。在财务预算管理的过程中,企业应该正确对待这种偏差,并努力缩小这种偏差,使这种偏差保持在合理的范围内。为此,企业一方面应提高预算编制人员的素质,保证预算信息资料收集的及时性和真实性,使预算数尽可能地切合实际,避免出现人为的偏差;另一方面,应对预算执行过程实行严格的监控,当环境变化造成实际执行数可能与预算数发生重大偏差时,应积极主动地修正预算,以保证预算的实际可操作性。

四、路桥施工企业财务预算管理案例——某公路桥梁工程公司财务预算管理方案

(一)某公路桥梁工程公司简介

某公路桥梁工程公司具有45年的历史,改制后是某交通集团下属的国有全资子公司,是某省交通基础设施建设的骨干企业。经营范围以公路桥梁、水运、市政、机场、房屋建筑等交通、能源基础设施工程施工为主业,兼营工程项目管理及技术咨询、工程机械修理、租赁。2015年12月31日,公司注册资金0.85亿元,总资产达4.9亿元,完成施工产值5.6亿元,完成集团公司目标计划的113.4%,实现主营业务收入2亿元,利税总额2.8亿元。2015年末拥有在职员工1552人,其中学历情况:研究生4人、大学本科134人、大专243人、中专90人;专业技术情况:高级职称13人、中级职称208人、初级职称265人。

和我国绝大多数的大中型施工企业一样,某公路桥梁有限公司实行了“两层分离”管理、内部模拟市场和项目经营目标责任制。目前,某公路桥梁有限公司继续按照《公司法》完善公司的管理体制和运行机制,按照现代企业制度的要求和公司的战略发展规划以稳健的步伐推动各项改革,提高内部管理水平,积极拓展市场,扩大公司的影响力和社会竞争力。在此背景下,公司高层开始意识到实施财务预算管理的重要性,在其企业文化建设白皮书提出建立健全财务预算体系的目标。

(二)某公路桥梁有限公司财务预算管理存在的问题

某公路桥梁有限公司在早期的计划经营机制和十多年的市场导向经营体制的经营过程中,结合自身行业和企业的特点,推行计划管理制度,编制长期的企业战略规划和五年发展计划以及短期的年度生产经营计划和财务计划,并形成相对成熟的综合计划管理体系,对企业综合计划的编制、分解、监控、调整、考核都有成功经验,所有这些为推行财务预算管理奠定了基础。但是这种计划管理制度和真正意义上的财务预算管理相差甚远,某公路桥梁有限公司财务预算管理的现状主要存在以下六个方面的问题:

1. 对财务预算的重要性认识不足,认为预算的编制是成本中心的事,预算的执行和控制是财务部、审计部的事

预算与企业的战略密切相关,与企业的施工生产经营的各个环节密切相关,因此需要企业高层领导的高度重视。成本中心、财务部和审计部都只是预算的一个组织机构,负责财务预算的局部工作。由成本中心、财务部和审计部完成预算并进行实施,这显然降低了预算的权威性,不利于处理好各部门之间的利益关系,造成各部门在实际工作中对预算并没有切实遵行,产生企业预算软约束问题。财务预算管理不仅要求企业高层的高度重视,才能让员工真正了解财务预算的意义,才能调动全体员工的积极性,参与到预算编制过程中,还要求企业高层参与到预算的制定中,并对预算的制定有最后的决策权,才能从整个企业的大局出发,制定切实可行的预算方案。

财务预算管理还需要领导负责制下的全员参与。这样既能集中企业管理层和项目管理层的领导才能,又能体现出员工的主人翁精神,促进信息的更广范围内的交流,使预算编制中的沟通更为细致,增加预算的科学性和可操作性。

2. 预算管理组织体系不健全,没有专门的预算管理委员会,各部门各自为政地编制部门计划

财务预算管理需要设立专门的预算管理委员会来进行财务预算的管理。预算管理工作包括预算指标的测定、预算的汇总编制、预算管理文件的编撰、最终预算任务的下达、预算过程的监督和结果的评价等组织工作和汇总编制工作,由财务部或其他部门单独承担是不能完成好的。预算管理委员会同时作为预算管理的平衡协调机构,解决各部门及部门内编制的计划零散、缺乏协调性的问题,避免公司资源分配冲突,及时将信息传达给员工并影响员工的行为。

3. 以工程施工预算的工程量清单作为项目收入、成本和利润预算的编制基础和以传统财务会计核算结果作为项目预算的控制依据及考评标准不相一致,削弱实际成本与预算成本的可比性

项目的收入和成本预算成为公司财务预算管理的重点是路桥施工企业推行项目法施工的必然结果。一般情况下,工程项目的施工收入按投标取得的工程合同收入确定,项目的施工成本按成本计算目的分为预算成本、计划成本和实际成本,三类成本的计算方法都是以施工图预算为出发点,按照工程量清单,根据工程量和预算定额或施工定额及各项费用取费标准计算的,体现了“一个工程项目是一系列作业的集合体”,以作业成本管理提供的信息作为预算编制的基础。传统的以财务会计核算的结果作为预算控制依据及考评指标的优点在于会计核算数据方便收集,但是项目基层各作业单位不容易理解和接受。为了提高工程实际成本和预算成本的可比性,根据作业基础预算的理论,某公路桥梁有限公司应改变目前项目预算过程中单以传统的财务会计核算的结果作为控制依据及考评指标的标准,应根据工程量清单进行作业

成本的核算和归集,达到便于实际成本和预算成本的分析比较,发挥预算的过程监控作用和考核评价作用的目的。

4. 预算目标不能充分体现企业的战略目标,缺乏相对的先进性,而且预算目标体系中只含有年度产值、利润等短期利益指标,不够科学和完整

企业在制定预算目标时,应以企业战略目标为出发点,考虑公司长远利益。某公路桥梁有限公司原有的预算目标不能充分体现企业的战略目标,缺乏相对的先进性,例如,公司的产值预算目标根据某交通集团下达的年度计划制定,和公司的战略发展规划联系不够紧密。财务预算目标体系应综合运用长期利益指标和短期利益指标、财务指标和非财务指标、内部标准指标和外部标准指标等指标方法,从不同角度体现效益与规模兼顾、短期利益与长期发展能力均衡、内部效率和外部市场开拓并重、过程与结果结合。某公路桥梁有限公司可以运用平衡记分卡方法,从财务、顾客、经营过程、创新和学习四个方面考虑如何建立预算目标体系。

5. 预算编制内容不够全面,预算编制过程中上下沟通协调不够充分,预算编制的方法选择不恰当,预算编制不够精确

(1) 预算编制内容上:某公路桥梁有限公司预算编制的内容比较简单,主要包括工程结算预算、项目毛利预算、工程现金流量预算及工程项目利润预算四大块。在公司施工规模和经营范围逐渐扩大的今天,预算编制的内容应包括公司生产经营的各个方面,以工程项目为中心,确定施工项目预算为预算编制的重点,但不能忽略投资预算、筹资预算、公司费用中心预算和技术改造支出预算等,预算管理才能有效地发挥资源配置的作用。

(2) 预算编制程序方面:预算编制过程应是一个上下不断沟通协调的过程,这样既有利于公司级目标在项目层、生产要素管理部门和职能部门中落实,也有利于充分发挥下级部门的主观能动性,增强预算目标的科学性,提高预算编制的效率。某公路桥梁有限公司应改变当前简单的沟通形式,例如,对项目实行一次性内部招标的办法来确定项目成本预算控制数等。

(3) 预算编制方法上:某公路桥梁有限公司现有预算编制的方法主要为固定预算法和定基预算法。仅限于传统的固定预算方法和单纯定基预算方法进行预算,其预算业务水平和实际业务水平的差异太大,不利于预算的控制和考评。预算编制的方法须依据具体预算内容的不同而不同,使预算与实际情况相适应,充分发挥预算的指导和控制作用,某公路桥梁有限公司可以对预算编制的重点如项目的间接成本预算采用弹性预算法;对费用的预算采用几年一次的零基预算法;对财务收支预算、现金流量预算等,应采用滚动预算法等。

(4) 预算编制细化问题:某公路桥梁有限公司目前预算编制单位局限于各生产要素管理部门和各工程项目经理部,实行"利润上交,成本包干"的计划管理制度,预算编制不够精准。预算编制应根据预算责任单位得到授权的程度决定编制的细微程度。公司内部实行的以经营目标责任制为基础的责任网络确定了公司各级预算责任单位在施工生产活动中的责、权、利,也就决定预算目标要细化和落实到各责任中心。预算内容编制的细化要有利于指导、控制、考核和评价各责任中心,避免出现"以包代管"的现象。

6. 财务预算监控缺乏力度,财务预算考评未能落实到位

(1) 财务预算监控作用的发挥需要做好预算事前监控、事中监控和事后反馈与监控工作。目前,某公路桥梁有限公司的事后反馈工作做得还可以,但是事前、事中控制做得不够,往往是预算执行一段时期后才能了解情况,更没有建立起预算预警机制,导致预算失控,引起工程返工率和工程施工实际成本上升。这与公司的预算信息系统能否及时提供反馈有很大关系。为

了能适时地掌握和控制整个公司预算执行的情况和各个责任单位的责任预算的履行情况，就需要建立及时、高效的有关预算执行的信息反馈系统和预算预警机制，以便公司的各级责任单位的管理者随时了解预算执行的进展情况，并根据反馈信息做出相应的决策，控制经济活动脱离预算的差异，保证预算目标的完成。

（2）考评是财务预算管理的重要一环，预算考评的基本目标是实现预算的激励与约束机制作用。目前，公司虽然制定了预算考核与评价的标准、方法以及相应的奖惩制度，但是因为种种原因没有严格执行，例如，项目经营目标责任制中的管理风险抵押金问题。结果是很多部门、项目虽然没有达成预算目标，但不受到规定的处罚，因而对员工没有约束性和激励性。只有将预算目标作为考评指标，将预算考评落实到位，用预算来激励和约束预算责任主体，才能真正激发预算责任主体的积极性，促使他们努力达成预算目标。

（三）某公路桥梁有限公司财务预算的管理体制

1. 某公路桥梁有限公司财务预算管理体制确定的原则

（1）统一规划原则。财务预算目标由公司统一规划，并与公司经营目标相一致，各级预算必须服从于公司的战略目标和经营目标。

（2）分级管理原则。财务预算目标按逐级分解的原则实行分级管理，经下达的财务预算指标由公司各级部门负责落实，各单位、各工程项目对各自归口的业务做预算，并对预算执行负责，公司统一对单位财务预算执行情况分析考核。

（3）适度性原则。遵循实事求是的原则，防止低估或高估预算目标，增产节约和增收节支并重，保证预算在执行过程中切实可行。

（4）上下结合原则。自上而下分解目标，自下而上编制预算。

（5）不调整原则。预算一旦确定，没有审批，不予调整，以保证预算的严肃性和合法性。

2. 某公路桥梁有限公司财务预算管理组织体系

预算目标的实现必须建立在完善的预算组织的基础上，预算组织因企业组织结构的不同而不同。某公路桥梁有限公司以财务预算管理委员会、财务预算管理管理办公室为主体，跨部门设立预算责任网络构建了完整的财务预算组织体系。其财务预算管理的组织机构包括董事会、总经理、财务预算管理委员会、财务预算管理办公室及财务预算责任网络。财务预算管理的责任网络是以经济责任为基础的责任中心体系，从纵向分有企业层次、项目层次、作业层次，从横向分有各职能管理部门和各生产要素管理部门。

1）董事会

董事会是财务预算管理的最高决策机构，董事会在某交通集团有限公司的总体战略和年度目标要求的基础上，依据公司的发展战略，结合公司的期望利润、经营环境、经营计划等因素审议、批准公司上报的年度财务预算方案及其调整方案，并通过总经理授权财务预算管理委员会组织制定、下达正式年度财务预算方案及其调整方案。

2）总经理

总经理负责组织制定公司财务预算管理制度及预算方案，负责将董事会决议和公司年度经营计划落实在公司财务预算方案中，负责组织实施经董事会批准通过的预算方案及其调整方案，并对预算方案的执行负最终责任。

3）财务预算管理委员会

财务预算管理委员会是实施公司财务预算管理的最高决策咨询机构，以预算会议的形式审议各项预算事项,为非常设机构,通过定期召开会议的形式履行其职责。

财务预算管理委员会由包括公司总经理在内的领导班子组成:委员会主任由公司总经理担任,委员会副主任由总经理办公会成员、总会计师担任,委员由各职能部长、各生产要素管理部长、项目经理代表担任。

财务预算管理委员会在总经理的授权下行使以下职责:

(1)组织拟订公司预算管理办法及相关制度、年度预算基本假设、预算目标(包括总目标和目标分解体系)、预算编制方针和预算编制程序、预算执行监控方法,报总经理批准;

(2)组织召开质询会,对预算管理办公室提交的各部门各项目预算草案和公司整体预算草案提出质询,并就必要的修改与调整提出建议;

(3)审议财务预算管理办公室提交的公司财务预算草案、各部门各项目年度预算草案和调整草案,经总经理审批后上报董事会审批;

(4)审议财务预算管理办公室提交的公司季度滚动财务预算草案和各部门季度滚动预算草案;

(5)审查、分析预算执行分析报告,提出改善措施;

(6)在总经理授权下协调、裁定公司预算编制、执行过程中各部门各项目发生的重大冲突;

(7)审议与财务预算执行情况挂钩的考核及奖惩办法。

4)财务预算管理办公室

财务预算管理办公室是财务预算管理委员会的执行机构。在财务预算管理委员会直接领导下行使以下职权:

(1)具体负责拟定和修改公司预算管理办法及相关制度、年度预算基本假设、预算目标(包括总目标和目标分解体系)、预算编制方针、预算编制程序、财务预算编制手册(编制说明、编制表格)、预算执行监控方法等,报财务预算委员会审议;

(2)根据年度经营计划,将财务预算管理委员会提出的财务预算总目标进行分解、下达;

(3)组织各部门各项目编制预算或调整预算,对项目、部门编制的预算草案或预算调整进行初步审查、协调和平衡、汇总后编制公司预算草案和预算调整方案,上报预算管理委员会审议;

(4)向公司部门各项目下达经批准的财务预算方案,监督各部门预算执行情况,定期进行预算执行情况的分析评价和反馈;

(5)组织预算管理的培训工作,向预算编制、执行单位提供技术支持,提出改进预算管理工作的意见;

(6)遇有特殊情况时,向财务预算委员会提出预算修正建议,或接受并初步审查各部门各项目提出的预算调整申请;

(7)监督财务预算执行情况,并组织对财务预算执行结果进行分析评价和反馈,在规定的权责范围内处理相关问题,向财务预算管理委员会提交本预算年度财务预算管理工作的分析报告;

(8)协助财务预算管理委员会协调、处理预算执行过程中出现的一些问题。

5)财务预算责任网络

预算责任网络是各级预算执行主体,根据其在组织内部具有的一定权限和承担的相应经济责任划分为不同的责任中心，以承担不同的预算目标责任，包括公司各部门和各工程项目。预算责任网络负责提供编制预算的各项基础资料，包括：本部门/项目的预算初稿和初稿依据；监督本部门/项目预算的执行情况并及时进行反馈；根据内外部环境的变化提出预算调整申请，协调本部门/项目内部资源及部门/项目之间的预算关系。各部门/项目的第一负责人对本部门/项目预算承担第一责任。

预算责任网络包括 8 个职能部室和 7 个生产要素管理部门及各工程项目。职能部室包括设备物资部、经营部、工程管理部、财务部、成本中心、审计部、行政办公室、人力资源部，作为公司的费用中心。生产要素管理部门包括机具材料租赁公司、构件厂、机械修理厂、汽车修理厂、工程机械设备公司、劳务公司、物业公司，实行独立核算的财务制度，是公司相对独立的人为利润中心。各工程项目按照公司投标取得的工程设置，分开独立核算，实行项目经理责任制，是公司的成本中心。

在公司工程项目内实行项目目标成本责任制，项目总预算通过目标成本责任体系层层分解。项目经理部的管理职能分部是项目费用中心，各施工作业工区是项目作业成本中心。

（四）某公路桥梁有限公司财务预算的编制

1. 财务预算目标体系及分解

1）财务预算总目标体系

某公路桥梁有限公司在其《企业文化建设白皮书》中明确提出企业的战略目标：近期目标是提高经营效益，创造从国内到国外的良好知名度和美誉度；中期目标是增强企业竞争力，提升公司的资产质量、竞争能力，实现公司上市；长期目标是勇于创新并不断创新，建成专业化、现代化的国内同行业一流企业。

为达到上述战略目标，某公路桥梁有限公司根据公路施工行业的先进水平和公司自身的挖潜能力制定年度经营目标。为体现年度经营目标，某公路桥梁有限公司提出财务预算的总目标体系如下：

基本指标是核心指标，包括营业收入、营业利润、营业利润净现金率、资产报酬率四项。营业收入反映公司发展目标和竞争力目标对规模的要求；营业利润反映公司的经营效益；营业利润净现金率反映公司经营效益的质量；资产报酬率反映国有资产保值增值程度。

辅助指标包括成本费用收益率、存货周转率、计量回收率三项。成本费用收益率、存货周转率反映公司经营能力和竞争力；计量回收率反映公司资金回收能力。

修正指标包括工程优良品率、质量损失率、安全事故率、“三新”投入增长率四项非财务指标，反映公司战略目标从顾客、内部流程、学习和成长角度提出的要求。

否决指标包括各种可能发生的、对某公路桥梁有限公司的经营效益和竞争地位有重大影响的特别责任事项，在考评时实行一票否决制。

2）财务预算责任目标体系

某公路桥梁有限公司根据各部室、单位和工程项目经营管理特点，以财务预算指标作为主要控制标准，与经济责任制、资产经营责任制、资金集中管理等日常管理有机结合，划分不同的预算控制主体，确定不同的管理手段。同时，公司还根据不同预算执行主体的特点选择了目标成本、现金流量、费用定额、贡献毛益总额等财务指标作为核心预算指标的分解及控制的具体形式，见表 11－17 所列。

表11-17 某公路桥梁有限公司责任中心预算指标分类表

单位	责任中心级别	责任中心类别	核算体制	预算指标分解落实形式	控制重点指标
各职能部门	二级	费用中心	非独立核算	经济责任制	费用定额
各生产要素管理部门	二级	人为利润中心	独立核算	经济责任制与资产经营责任制结合	贡献毛益总额 投资报酬率
各工程项目	二级	成本中心	独立核算	经济责任制	目标成本 现金流量
各工程项目经理部	三级	项目费用中心	非独立核算	经济责任制	费用总额
各工程分部分项工程	三级	作业成本中心	非独立核算	经济责任制	目标成本
各工区	四级	作业成本中心	非独立核算	经济责任制	目标成本

责任中心的预算指标同样包括非财务指标,针对各工程项目设置工期、工程进度、工程优良品率、质量事故损失率、安全事故率、重伤率、汽车及有轮机械平均肇事损失额、机车完好率、机车利用率等指标;针对各职能部门设置员工淘汰率、员工平均培训费用、合理化建议数量、合同中标率指标等指标。

通过强调财务预算指标的分解体系和企业经济责任制的分解体系保持一致的原则,在某公路桥梁有限公司内部形成了“公司—职能部室、生产要素管理部门、项目部—分部分项工程部—工区—个人”的指标分解体系,使公司财务预算指标实实在在地分解落实到生产经营全过程的各个部门、各个环节、各个岗位,并逐级建立起各负其责、环环相扣的责任控制体系。

2. 财务预算编制的起点和模式

根据公司的实际经营条件和管理特点,某公路桥梁有限公司财务预算的起点是目标利润,采取以施工项目成本控制为核心的财务预算管理模式。在施工项目中(议)标价确定的情况下,由目标利润倒挤出的项目成本是每个工程项目成本的预算控制数。

某公路桥梁有限公司财务预算采用以集权为主适当分权的模式(即“先自上而下,后自下而上”模式)。

根据公路施工生产复杂、周期长的特点,某公路桥梁有限公司财务预算实行保持以1年为1期,每3个月滚动1次的预算编制方法,因此公司的财务预算编制分为年度预算编制与季度预算编制。

3. 财务预算编制的主要内容

某公路桥梁有限公司财务预算编制的主要内容应反映公司经济活动的各个方面,并以各类形式和表格表示出来。

1)从预算表编制的相互关系上分三个层面:预测表、计划表及预算表

预测表是对外界市场情况和内部资源所做的预测,包括建筑(公路)市场需求、工程业务单价、工程施工成本、劳务成本、工程施工能力的预测。预测结果只与内外部情况相关,不受公司战略目标和公司年度经营目标影响,是制定计划和预算的依据。

计划表是在预测表的基础上,根据公司战略目标和年度经营目标制定,包括公司主要生产经营活动的各项计划,如成本计划、物资采购计划、资金使用计划、人工和机械使用计划等。此处所指计划只是公司和各部门、项目所有计划的一部分,作为制定预算表的依据。

预算表是在对市场情况及内部资源状况充分分析研究的基础上，对涉及财务预算的计划进行进一步的细化和价值量化，形成一个完整的具备一定风险防范措施的资源优化配置方案。

2）财务预算的内容及表格

按预算涉及的业务活动领域分营业活动预算、投资活动预算、筹资活动预算、现金流量预算、财务状况预算和经营成果预算。

（1）营业活动预算：

① 施工生产预算：包括工程成本降低情况预测、工程项目生产计划、工程施工进度计划、物资采购计划、材料及结构件耗费计划、人工使用计划、机械使用计划、工程产值预算、项目作业成本预算、项目材料费用预算、项目人工费预算、项目机械使用费预算、项目其他直接费预算、项目施工间接费预算、材料采购成本预算、项目作业成本预算表等。

② 工程结算收入预算：包括工程项目产值（工作量）预算、工程款计量回收预算、工程未回收资金预算、应收账款（应收工程款和质量保证金）预算、工程变更收入预算、工程索赔收入预算、工程奖励收入预算等。

③ 7 个生产要素管理部门收入和支出预算：包括分别针对机具材料租赁公司、构件厂、机械修理厂、汽车修理厂、工程机械设备公司、劳务公司、物业公司取得的租赁收入、构件品收入、修理费收入、机械使用费用收入、劳务费收入、物业管理收入等进行收入预算。同时，对其为取得收入而发生的支出预算，如设备保险费、设备养路费、设备大中修理费、物业水电费等预算。

④ 职能管理部门费用预算：包括公司管理人员工资及工资附加费预算、管理费用预算、经营费用预算、行政办公费预算等。

⑤ 税金及附加费预算：包括增值税、营业税、城建税、企业所得税、个人所得税、教育附加费等税种应交、已交、未交等细项的预算。

（2）投资活动预算：包括长期股权投资预算、长期债权投资预算、固定资产投资预算等。

（3）筹资活动预算：包括长短期借款预算、集资款预算、财务费用预算等。

（4）财务报表预算：包括财务收支计划、预算资产负债表、预算利润表、预算现金流量表。

4. 财务预算的编制方法及编制依据

某公路桥梁有限公司在编制财务预算过程中，应区别不同预算项目的性质，结合使用固定预算、弹性预算、滚动预算、零基预算等多种预算编制方法，制定合理可行的编制依据，体现以收定支、收支兼顾、积极平衡、利润刚性、预算弹性的原则。

1）采用滚动预算编制方法的主要项目

（1）工程结算收入预算：在固定造价合同下，工程合同收入由固定的合同价或固定单价确定。工程结算收入是由工程项目建设指挥部分期（一般每月）进行工程量计量确认，在分期工程结算后确定应取得的工程款，工程结束后再进行工程总结算。因此，预算期内年度、季度的工程结算收入应按生产计划确定的施工进度确定年度总体数和各季度数，预算期内月度的工程结算收入的预算则一般根据每月项目内部预计的工程量及产值（工作量）确定。

（2）工程成本预算：某公路桥梁有限公司项目工程成本预控数制定和执行的程序一般是：

① 公司成本中心根据项目所在地的实际情况对人工、材料、机械的市场价格进行调查、询价后，以市场单价、施工组织设计和工程量清单为依据，计算出项目的实际成本。

② 经公司领导审定后，以上交公司管理费的形式，确定项目的计划利润率，作为内部招标的标底。

③ 经项目经理内部招投标后,由成本中心根据标底及中标人报价,向项目下达成本预控指标,作为项目预算成本。

④ 项目经理按《项目管理目标责任书》的要求,组织编制项目施工预算及项目施工成本计划,预算期内年度及季度的工程成本的预算根据项目施工预算及项目施工成本计划预算。

(3) 项目内部作业成本预算:

① 项目经理部根据工程项目施工图和工程量清单,识别作业,确定各项目内部各分部分项工程甚至各工区为不同的作业中心;把项目预控指标按项目施工预算和项目施工成本计划进行目标分解,将各分部分项工程成本控制及各成本费用的控制目标和要求,明确落实到各个成本控制责任人,据此预算各作业中心的作业成本。

② 预算期内月度的作业成本预算还要根据项目施工组织进度计划,区分已完工成本和未完工成本。按照预算定额规定的工序,在月末对未完施工进行盘点,折合成已完分部分项工程量,计算已完工成本和未完工成本,由此预算每月作业成本。

(4) 项目人工费预算:根据按各项目生产计划、施工进度计划编制的各项目人工使用计划和劳动工资、劳动效率计划与劳动工时定额来预算。

(5) 项目机械费预算:根据按各项目生产计划、施工进度计划编制的各项目机械使用计划和施工项目的机械设备生产能力、机械台班定额来预算。

(6) 项目材料费、库存材料预算:根据按各项目生产计划、施工进度计划编制的各项目物资需求计划和材料消耗定额预算。

(7) 7个生产要素管理部门收入和支出预算:7个生产要素管理部门根据公司预算年度下达的上交利润指标和各自的生产计划,密切配合工程项目的需要,增收节支,深挖潜力,分别编制收入和支出预算。

(8) 税金及附加预算:根据计划利润计算公司企业所得税由公司统一申报缴纳;营业税及附加按每月工程结算收入3%由各项目按规定工程项目所在地缴纳;个人所得税按工资、薪金所得适用税率和人工费用预算由各支付工资、薪金的项目按规定在工程项目所在地缴纳。

2) 采用弹性预算编制方法的主要项目

(1) 项目施工间接费预算:项目施工间接费是指企业内部项目经理部、施工队在工地现场为组织和管理工程施工所发生的费用支出,它既包括管理人员工资、办公费、差旅交通费、保险费、业务招待费、固定资产折旧费等固定费用,又包括一些变动费用和半变动费用,如外单位管理费、低值易耗品的摊销、检验试验费、修理费等。这使得项目间接费用与工程量之间呈非线性的关系,因此需要编制间接费用弹性预算。

(2) 合同收入预算:如建造合同属成本加成合同则需采用弹性预算方法。成本加成合同是指以合同允许或其他方式议定的成本为基础,加上该成本的一定比例或定额费用确定工程价款的建造合同。合同的收入因而随成本变化而变化。

3) 采用固定预算编制方法的主要项目

(1) 项目其他直接费预算:在施工图预算的基础上,依据施工定额,结合施工组织设计中的平面布置、施工方法、技术组织措施和现场实际情况等,计算工程的施工用工、用料数量以及施工机械的台班的需要量,按年度、季度、月份预算工程其他直接费,包括冬季、雨季、夜间施工增加费、材料二次搬运费、施工辅助费、施工队伍进退场费、临时设施摊销费等。

(2) 公司管理费用预算:管理费用是指企业行政管理部门为管理和组织生产经营活动所

发生的各项费用，包括公司经费、工会经费、职工教育经费、劳动保险费、失业保险金、审计费、土地使用费、业务招待费、坏账损失等。根据公司预算年度的业务成绩、各项职能工作计划预算和人力资源计划等，采用按年编制的固定预算方法。

（3）固定资产预算：包括固定资产采购预算、折旧分摊预算、机械设备修理大中修预算、机械设备保险费和养路费预算、技术更新改造预算等，根据公司长期发展战略的要求和机械设备销售、租赁市场状况进行预算编制，采用按年编制的固定预算方法。

4）采用零基预算编制方法的主要项目

（1）工程项目成本费用预算：由于路桥施工工程产品是单件性特点，不存在完全相同的施工项目，这就使某公路桥梁有限公司在编制预算时不能简单地按上年或上一个项目的成本水平进行调整，而必须根据每个工程项目的具体情况分别编制项目的成本费用预算。

（2）管理费用预算：对于管理职能部门可控的管理费用项目，采用3年一次的零基预算法以达到厉行节约的目的。对于职能部门不可控的费用项目，在参照以前预算期的基础上采用固定预算法。

（3）财务费用预算：根据预算年度公司发展战略目标、资金使用计划和现金回收计划进行编制。

（4）新投资项目的预算：根据预算年度项目投资计划书进行预算。

5. 财务预算编制质询会

某公路桥梁有限公司采用质询会作为财务预算编制上下沟通的有效形式，其目的是为了确保公司内各单位经营目标及预算草案的编制切实可行和公司整体目标实现。一般在年度预算草案编制结束或年中预算调整草案编制结束后10日内召开质询会，对各单位的年度经营计划和预算草案进行质询。质询会参加的人员包括总经理、副总经理、财务负责人、财务预算管理委员会成员、财务预算管理办公室成员、公司各部门负责人及预算编制人员、公司各工程项目经理及项目成本工程师，其他预算有关人员视情况参加。在总经理介绍公司的总体经营目标和财务目标及各单位分解目标的基础上，各单位向与会人员汇报各自计划，接受质询，从而明确预算草案的修改方向。

6. 财务预算预备费

某公路桥梁有限公司在财务预算编制时预留一定的预备费作为预算外支出的备留，预备费总额为公司年度预算总成本的一定比例。

预算预备费总额的确定根据财务预算编制和执行经验，对财务预算年度基本假设的信赖和争议程度，财务预算年度重大经营政策环境的变化，以及其他不确定因素的分析等，由财务预算管理办公室建议提留比例，经财务预算管理委员会审批通过。该比例一般为10%左右，首次可以扩大到15%以内。

在公司预算工作执行有一定积累、预算数据较准确的前提下，当预测预算年度经营环境比较稳定时，预算预备费可限定为3%～5%；当预测预算年度经营环境变化比较大时，预算预备费可限定为5%～10%；当预测预算年度经营环境将发生剧烈变化时，预算预备费可限定为10%～15%。

（五）某公路桥梁有限公司财务预算的执行和监控

1. 财务预算的执行

某公路桥梁有限公司财务预算的执行过程强调刚性，年度财务预算方案和季度滚动财务预算方案一经批准下达,即具有指令性,各责任中心必须按照预算方案的要求,认真组织实施,以确保预算目标的实现。

某公路桥梁有限公司财务预算的执行实行单位主要负责人责任制。公司总预算由预算办公室组织执行,分预算由各单位、各部门组织执行。公司根据谁编预算、谁负责执行的原则,将预算执行责任落实到各级预算责任部门,并明确责任中心的第一负责人是责任中心预算执行的直接责任人,主管具体业务和部门的公司副总经理对其分管的责任中心的预算执行负有主要责任。

某公路桥梁有限公司实行会计委派制,财务人员直接由财务部领导,通过对公司实行独立核算的各生产要素管理部门、各工程项目经理部委派财务人员,在人员上为财务预算的执行控制奠定基础。

2. 财务预算的监控

1)财务预算监控的方法

某公路桥梁有限公司财务预算监控的方法原则上依金额进行管理,同时运用预算项目管理、数量管理、量化指标管理的方法;对于不同的预算项目应区别对待,不同预算项目之间不得相互充抵;对于一些预算项目(如材料消耗、计划产值),还需从预算的数量方面进行管理;对于非财务指标尽量用量化指标表示和监控。

某公路桥梁有限公司财务预算监控以项目成本控制为基础,以现金流量控制为核心,实行资金收支两条线管理。各工程项目收到的业主支付的工程预备款、分期计量回收款要全部拨到公司指定的账户,由公司统一调配公司各项工作所需资金的协调周转。

某公路桥梁有限公司各类财务预算责任指标通过预算责任体系层层分解,具体落实到各级预算责任中心。各级预算责任中心通过和公司签订责任合同书的形式承担相应的预算责任,如《工程项目管理目标责任书》《职能部门年度管理责任状》等。各级预算责任中心均要建立预算执行统计台账,由专人负责统计和登记,每季度末与财务部门核对。

2)预算内和预算外资金控制

某公路桥梁有限公司下达的预算指标是与业绩考核挂钩的硬性指标,一般情况不得突破。费用预算的剩余可以跨月转入使用,但不能跨年度使用。成本、费用预算如遇特殊情况确实需要突破时,必须由相关部门提出申请,说明原因,经总经理审批纳入预算外支出。

某公路桥梁有限公司财务预算分有预算内资金控制和预算外资金控制。预算内支出,根据不同的审批权限由公司各责任中心第一负责人、主管副总经理、总经理审批,送各单位财务人员和公司财务部审核,再由他们根据资金的周转情况和资金需求情况,办理拨付手续,没有得到审批签字的不能拨付款项。预算外支出中的资金支付首先在预算预备费中列支,超出预备费的部分总经理无权审批,应报董事会申请审批。预算外资金的申请,须由责任中心根据业务的实际需要填写申请,申请内容包括使用目的、使用的责任中心和责任人、使用目标、使用方式等。财务预算管理办公室应对各部门预算外资金的实际使用情况进行另行管理。预算外资金的实际使用应在其影响的当期及后期的预算表中做出清晰的标志,预算外资金使用的考核按照申请中明确的使用目标单独进行。

3)财务预算监控的重点

为了保证财务预算控制的有效性,根据路桥施工企业生产经营的特点,通过价值链分析法,某公路桥梁有限公司确定了财务预算控制的重点单位是各工程项目经理部,依照财务预算目标的要求对其工作的各个方面，特别是影响财务预算目标实现的重大事项进行监控。例如，公司有权组织人员对项目的进度、质量、财务、机务、安全、成本、精神文明等工作进行考核及审计；有权监督并指导项目的有关决策（特别是分包工程、购买材料、租借设备、资金开支等重大决策）；有权审核项目施工方案更改超 5 万元以上的变更；项目主要材料单价与预算差异达 1.5% 以上的需要报公司审批。

4）财务预算执行信息反馈制度

某公路桥梁有限公司为了保证预算目标的实现，各部门在预算执行过程中要及时检查、追踪预算的执行情况，以财务预算执行分析报表、分析报告和专题报告等形式，全面、系统地报告每个责任中心及整个公司预算执行的进度和结果，于每月 3 日前报送预算办公室及各主管领导。预算办公室根据自己的记录与各部门的预算执行报表、分析报告进行核对、纠正偏差，分析差异产生的原因，形成总预算执行分析报告，在月度业绩考核会上对当月预算执行情况进行沟通，并及时解决执行过程中出现的问题。其中，财务预算执行分析报表是针对各级责任中心的各项经营活动预算执行结果设计的分析表格；分析报告是定期编制的报告，用来报告每个责任中心及整个公司的预算执行的进度和结果；专题报告是对重大预算差异的调研报告，不定期编制。

公司总经理、财务部及各级管理人员应定期审阅预算执行情况的反馈报告，以了解和掌握预算执行的进程，并及时组织相关责任部门解决预算执行过程中存在的问题。

5）财务预算预警机制

某公路桥梁有限公司建立了有效的财务预算管理的预算预警系统，通过该系统作用的发生，将非正常业务活动控制在萌芽之中，减少企业不必要的损失。该预算预警系统包括以下四类：

（1）预算内事项预警：是指预算内事项在其实际发生额接近预算时出具的预警提示。它主要是通过财务核算的实际与预算比较系统而自动发出的警告，提醒有关人员注意预算的执行情况是否将超出预算及决定应该采取何种措施。

（2）超预算事项预警：是指预算内事项在实际业务活动中，其实际发生数已经或将要超出预算额度时出具的预警提示。它主要是通过财务核算的实际与预算比较系统而自动发出的警告，或通过预算管理的授权控制系统而发出的警告，以提醒有关人员进行必要的判断，并决定相应的预算弥补措施。

（3）预算外事项预警：是指预算方案中没有预计而执行中即将发生某项业务事项时而出具的预警提示。它是通过预算管理中的授权控制系统而发生作用的，提醒有关人员按照授权制度进行分析和审核，以决定是否应该发生及如何分配资源。

（4）反常事项预警：是指在实际业务活动中，针对某些反常经济现象而发出的预警。反常现象并不一定成为隐患事项，但如果不对反常现象提起注意，一旦转换成隐患事项并最终发生将酿成重大损失，影响预算完成。

（六）某公路桥梁有限公司财务预算的调整

作为路桥施工企业，预算期内某公路桥梁有限公司的内部、外部的技术经济状况和供产销条件，很有可能发生一些预算编制时所未曾预料到的变化，尤其是材料价格受市场影响大，因此，某公路桥梁有限公司强调财务预算的调整环节。

1. 财务预算调整的原则

某公路桥梁有限公司规定财务预算一经批准，在公司内部即具有“法律效力”，不得随意更改与调整。当内外环境向着劣势方向变化,影响预算的执行时,应首先挖掘与预算目标相关的其他因素的潜力,或采取其他措施来弥补,只有在无法弥补的情况下,才能提出预算调整申请;当内外部环境向着有利方向变化,而且具备中长期的稳定趋势,有明确证据表明经营预算目标可以加以提高,公司内部应主动积极提出调整申请,或董事会在与公司经营班子进行协商一致后,提出调整申请。

具体的调整条件包括:

(1) 董事会调整公司发展战略,重新制定公司经营计划;

(2) 公司总经理办公会决定追加(或缩减)任务;

(3) 市场形势发生重大变化,需要调整相应预算;

(4) 国家相关政策发生重大变化;

(5) 生产条件发生重大变化;

(6) 发生不可抗力的事件。

2. 财务预算调整的权限

某公路桥梁有限公司财务预算的调整权属于公司董事会和财务预算管理委员会。董事会对涉及公司年度经营目标的调整具有决定权,对于重大调整(调整金额超过预算的 10% 的属于重大调整)的具有调整权;财务预算管理委员会在保证公司年度经营总目标不变的情况下,对月度、季度及年度预算项目的内部结构调整具有决定权。

3. 预算调整方式

(1) 由上而下的财务预算调整。当内外部环境发生明显变化,而且具备中长期的稳定趋势,有明确证据表明预算目标和现实情形差异重大时,董事会通过与公司经营班子协商一致后,可以在预算年度内进行公司经营目标的调整,同时下达财务预算调整要求,并最终确认财务预算调整方案。

(2) 由下而上的财务预算调整。在预算执行过程中,当内外部环境发生明显变化,且符合上述预算调整条件时,财务预算办公室、各责任中心可以向财务预算委员会提出预算调整申请。

4. 某公路桥梁有限公司规定向具有相应预算调整权限提交的财务预算调整申请中必须包括以下内容,并同时提交财务预算执行分析报告

(1) 导致无法实现财务预算的原因,并附相关文件(如市场价格变动情况说明,相关政策变化情况说明,变更前后的经营计划,公司下达追加或缩减任务,项目可行性建议书等);

(2) 已经采取的其他弥补措施和效果;

(3) 调整内容;

(4) 调整后的预算方案。

(七) 某公路桥梁有限公司财务预算的考评和奖惩

1. 财务预算的执行差异分析

在财务预算执行过程中,某公路桥梁有限公司财务预算管理办公室及各预算执行部门都要对差异进行分析,发现问题,找出原因,并提出改进措施,增强对整个经营活动的控制。

1) 负责分析差异的责任部门

负责分析差异的责任部门包括公司预算委员会、公司预算管理办公室和各责任中心。

2) 各部门执行差异分析的程序和内容

各部门应记录本部门财务预算执行情况,找出问题,分析本部门差异产生的原因,提出改

进建议；出具财务预算差异分析报告，上报公司预算管理办公室；落实由本部门负责的改进措施。

预算差异分析报告的内容包括：

（1）本期预算额、本期实际发生额、本期差异额、累计预算额、累计实对差异；

（2）产生不利差异的原因、责任归属、改进措施，以及形成有利差异的原因和今后进行巩固、推广的建议。

3）预算差异分析的主要方法

（1）对比分析法：针对预算数和实际数及累计预算数和累计实际数比较所得的绝对差异进行分析是预算差异分析的主要方面。

（2）比率分析法：针对预算数和实际数及累计预算数和累计实际数比较所得的相对差异进行分析是预算差异分析的重要方面。

（3）因素分析法：连环替代法、差额分析法、指标分解法能够分析影响预算差异的各种因素的影响方向和影响程度。

4）某公路桥梁有限公司统一采用的预算差异分析表

某公路桥梁有限公司预算差异分析表见表11－18。

表11－18　某公路桥梁有限公司预算差异分析表

编制单位：					编制时间：				
项目	本月预算	本月实际发生	本月实际与预算差异		累计预算	累计实际发生	累计实际与预算差异		本月实际占当季预算比例（%）
			绝对差异（%）	相对差异（%）			绝对差异（%）	相对差异（%）	
制表人：					审核人：		审批人：		

2. 财务预算考核与评价

1）财务预算考核的责任部门及职责

某公路桥梁有限公司的财务预算考评是全方位的考评体系，包括对公司经营业绩、财务预算执行部门、财务预算管理系统进行月度、季度、年度考评，明确了考评环节的责任部门及其职责，具体是：

（1）公司财务预算管理委员会：监控财务预算执行情况，讨论通过财务预算办公室提交的重大差异分析报告；对财务预算管理办公室确定的预算执行差异原因及责任部门进行审议，并提出处理意见；审议与财务预算执行情况挂钩的考核及奖惩办法。

（2）财务预算管理办公室：分析财务预算执行情况，汇总部门提供的差异分析报告，并加以综合分析，出具公司总的财务预算差异分析报告，并上报财务预算管理委员会；确认导致差异的原因；确认对差异负责的责任部门，提出处理意见；提出对财务预算执行的相关责任部门的考核意见,并上报财务预算管理委员会。

(3)行政办公室:根据公司绩效考核制度及财务预算管理体系,设计有关财务预算考核的指标体系;根据财务预算管理委员会审批后的财务预算执行考核意见对相关责任部门进行奖惩。

(4)人力资源部:根据公司实际情况、财务预算管理体系和相关制度规定,设计公司绩效考核制度;根据财务预算管理委员会审批后的财务预算执行考核意见,对相关责任人奖惩。

2)财务预算考核的重点

某公路桥梁有限公司根据财务预算指标体系的要求,建立对各预算执行责任中心的考评制度,确立对其考核的重点,具体包括:

(1)工程项目经理部:根据成本中心财务预算考核的原则,主要采用目标成本变动额和目标成本变动率来考核。

$$目标成本变动额 = 实际成本 - 预算成本控制额$$

$$目标成本变动率 = 目标成本变动额 \div 预算成本控制额 \times 100\%$$

(2)职能部门:根据费用中心财务预算考核的原则,主要采用费用定额差额和费用定额差额率来考核。

$$费用定额差额 = 实际费用 - 预算费用定额$$

$$费用定额差额率 = 费用定额差额 \div 预算费用定额 \times 100\%$$

(3)生产要素管理部门:根据人为利润中心财务预算考核的原则,主要采用利润中心贡献毛益总额来考核。

$$利润中心贡献毛益总额 = 营业收入总额 - 可控成本总额$$

3. 财务预算的奖惩

某公路桥梁有限公司财务预算指标是制定《经营目标责任书》《管理目标责任书》和《考核设计方案》的重要依据,公司根据预算执行情况对责任人进行考核、奖惩。各单位预算责任书完成情况与单位工资总额挂钩,个人责任书完成情况与个人实际收入挂钩;实行费用定额控制,所有费用支出的超支部分按一定比例从各预算单位工资总额扣除。

1)工程项目考核和奖惩办法

某公路桥梁有限公司根据公司对项目进行平时、年度及竣工考核,并按平时考核占10%、年度考核占30%、竣工验收考核占60%的比例对项目进行最终评价。

公司统一工程项目考核评分标准,具体见表11-19所列。

表11-19　工程项目考核评分标准表

序号	考核项目	标准分	考核及加、减分
1	利润	20	实现成本预控目标,不亏损记20分,产值利润率每提高1%加3分,加分不限,出现亏损记0分
2	上交费用	15	按时足额上交公司目标利润、机具租金、机械台班费等记15分,每欠交10%扣3分,欠费超过总额的40%记0分
3	计量回收	10	完成计量目标记10分,每提高1%加0.5分,加分不限,每减少1%扣0.5分,每延期1%扣1分,扣完为止
4	工 期	10	履约记10分,按工期率每提前10%加5分,每延期1%扣1分,扣完为止

（续）

序号	考核项目	标准分	考核及加、减分
5	工程质量	15	履约记15分，每发生质量事故经济损失1万元扣1分，经济损失最高不得超过10万元，超过10万元记0分
6	贯标工作	10	贯标工作全部达标计10分，每发现1个要素不合格扣0.5分
7	安全生产	10	履约达标记10分，重伤1人扣4分，一般重大安全事故记0分
8	精神文明建设	10	按公司党建目标责任制考核，再折合本项分

项目经理部实现《项目管理目标责任书》中制定的全部目标指标时，经公司审核有利润（该利润是指扣除上交费用后的净利润），且考核总评分在75分以上的项目，才能获取公司奖励，包括按项目净利润50%～100%的比例计提项目管理责任目标奖、工程奖励款收入提成、工程变更和索赔收入提成等。项目考核总评分在70分以下，不得享受上述奖励并没收风险抵押金。造成经营性亏损的，用项目所交风险抵押金冲减亏损数额。

项目经理部须向公司缴纳相当于有效合同额1%～3%的风险抵押金作为约束。

项目管理层人员工资总额按分期计量产值一定比例计提。在下列情况下应扣除部分管理层的计提工资：

（1）每季度考核工程进度低于公司下达的进度计划时，每降低10%，扣减该季度管理层应计提工资含量0.2%。

（2）月度考核项目计量回收率低于公司下达的计量目标时，计量回收率每降低2%，扣减该季度管理层应计提工资含量0.05%。

（3）季度考核项目工程成本突破产值预控成本时，成本率每超过1%，扣减该季度管理层应计提工资含量0.2%。

（4）季度考核项目没有完成上交公司的各项费用时，每欠缴10%，扣减该季度管理层应计提工资含量0.05%。

（5）月度考核项目间接费用超过预算值时，超过部分从管理层应提工资扣除。

（6）季度、年度考核项目工程质量事故损失（包括返工造成的经济损失）超过季度、年度产值的0.3%，应扣减该季度管理层应计提工资含量0.2%。同时超出部分应在项目最终利润中作为成本扣除。

（7）季度、年度考核项目工程安全事故损失超过预算控制指标值时，应扣减该季度管理层应计提工资含量0.2%。同时超出部分应在项目最终利润中作为成本扣除。

2）职能部门考核和奖惩办法

某公路桥梁有限公司对各职能部门预算执行的情况进行考评，包括月度、季度的工作计划、工作总结、工作计划的组织实施情况、工作计划的完成情况、费用开支情况等方面进行综合加权评分。部门考核评分与月（季）度发放效益工作挂钩，即得分在90分以上的，发放应得效益工资100%；得分低于90分的以得分的百分比系数乘以应得效益工资发给；低于75分的，免发当月效益工资。

3）生产要素管理部门考核和奖惩办法

某公路桥梁有限公司对各生产要素管理部门预算执行的情况进行月度、季度和年度考评，包括利润（部门贡献毛益总额）、上交费用、机车（具）利用率、机车（具）完好率、设备维修费率、汽车及有轮机械平均肇事损失额、劳动效率等方面,参照工程项目方法进行综合加权评分。各生产要素管理部门完成《经营目标责任书》制定的年度各项预算目标,综合考核评分在75分以上的,可按完成利润的100%获得年度目标奖;低于75分的,不得享受任何奖励。从各生产要素管理部门到具体项目参与工作的人员的工资在工程项目的工程成本中列支,限额按成本预算控制指标确定的工程计量产值的比例计提。

第五节　电信企业财务预算管理的应用

一、电信企业的特点及其对财务预算管理的要求

(一)电信企业的特点

近年来,我国电信行业在历经了拆分、重组后,电信市场的垄断逐步被打破,竞争日趋激烈,由其引发的对内部资源的需求不断扩大,投资与费用的稀缺成为了制约企业发展的瓶颈;同时,应我国电信业竞争全球化趋势的需要,中国电信企业必定要走向国际,参与国际市场竞争和国际资本运作,各电信企业相继成为上市公司,努力提高自身的综合实力,打造本企业的核心竞争力。快速发展的用户群,多样化的业务以及经营竞争环境对电信企业提出了更高、更新的要求。处在激烈竞争环境中的电信企业,已经真正感受到来自外部及内部的强大压力。在这种背景下,就需要各电信企业必须尽快寻找到新的盈利模式,以提升自身的核心竞争力。目前,我国电信企业具有以下几个与财务预算管理相关的特点:

1. 电信行业发展处于转型期,电信企业需要进行战略转型

电信行业已经步入了一个全新的发展阶段,转型意味着电信行业将在转型中逐步改变以投入为手段、以规模扩张为目标的粗放型增长模式,向以创新为手段、以效益增加为目标的集约型增长模式转变。传统的电信企业之间的企业竞争将演变成信息通信服务整体价值链的竞争,产业的成长不再是一家或者一类企业能够支撑的,而要靠整个产业链以用户需求为导向,展开有效合作。

对于电信企业来说,转型需要创新,创新是转型的灵魂,包括理念创新、机制创新、管理创新、业务创新和运营创新。以中国电信为例,在转型中强调和突出创新意识,在纵向上,中国电信将最终打造成合作共赢的综合信息服务提供商,其先期目标是转型为全业务提供者、互联网应用聚合者、中小企业ICT业务领先者,进而成为基于网络的综合信息服务价值链的主导者;在横向上,中国电信将从业务与服务、业务网络以及网络技术三大方面进行转型。我国的电信企业通过转型寻找到新的盈利模式,使得企业效益得到大幅增长。

2. 采用分级管理模式,企业组织机构庞大,需要协调员工行为,保证管理高效

由于电信企业大多采用分级管理模式,企业组织机构庞大,集团公司下设省级公司,省级公司下设市级分公司,上下级公司之间的沟通和信息交流十分重要。在预算管理工作中,由于下级部门存在独立的经济利益关系,在预算中往往会追求小集团的最大利益,从而损害了整个公司或集团公司的利益。在预算编制中,往往会出现下级部门少报收入、多报成本费用预算以及预谋要求调整有利于小集团的预算指标等,上级管理部门往往无法查明,缺乏有效的预算监督制度。电信企业需要一套有效的管理机制来协调全体员工的行为,保证企业的管理高效。

3. 电信技术发展迅速,电信企业需要有快速的市场反应能力

随着电信业的改革重组,我国电信业取得了跨越式的发展,一直是国民经济中发展速度最快的行业之一。信息技术不断进步,新产品、新业务不断涌现。各个电信企业争相推出新业务,希望能在新的市场领域占领更大的市场份额,消费者的需求也不断地相应变化,所以电信企业需要建立快速的市场反应机制,提高市场反应能力,以适应快速变化的市场环境。

(二)电信企业对财务预算管理的要求

目前,我国电信行业已形成四大基础电信运营商共存的竞争格局,电信企业已不再像从前一样处于垄断地位,另外,从2005年开始,我国开始逐步向外资开放电信市场,使我国电信企业面对更激烈的市场竞争环境,面临更大的挑战。随着电信业全球化和电信技术大发展,尤其是无线技术和互联网技术的发展,整个电信行业都必须进行转型,电信企业必须通过机制创新、管理创新、技术创新、服务创新以及精确化管理等方式推进企业转型,达到优化企业资源配置,提升企业价值的目的。

在企业管理方面,电信企业通过深化财务体制改革,进一步实行财务集中管理,以增强公司的财务管控能力;通过不断完善企业内控,建立分层负责的内控机制,以有效防范经营与财务风险;通过将企业的所有经营活动纳入财务预算管理,加强预算管理的实施、监督与考核力度,以实现长期战略规划和短期策略实施的有效结合。实施战略转型的电信企业,积极推行管理创新,其对财务预算管理有以下几点要求:

1. 通过将公司发展战略具体化,使长期战略规划和短期计划有效结合,确保公司战略目标的实现

我国电信行业计划用5～10年的时间实现行业的转型,电信企业也将通过产品与服务转型、网络与技术转型、人力与组织转型,逐步提高非话音收入,优化收入结构,由传统的电信运营商转型成为现代综合信息服务提供商,以使企业持续健康发展,创造更大价值。为了实现企业的这一战略目标,电信企业需要将这一长期的战略规划分解为可执行的、量化的各项预算指标,通过制定年度预算指标,对公司的整体经营活动做出一系列的安排,将公司的长期战略规划和短期计划有效结合,确保公司战略目标的实现。

2. 协调企业中各单位以及员工的行为,并保证他们的一致性,提高企业管理效率

电信企业大多采用分级管理模式,企业组织机构庞大,集团公司下设省级公司,省级公司下设市级分公司。为了提高企业管理效率,实现企业的战略目标,电信企业需要通过财务预算的编制,加强公司上下级之间、部门与部门之间的交流和沟通,增加相互之间的了解,加深部门及员工对公司战略的理解。同时,电信企业需要通过设定每个单位的预算目标,并对其执行预算情况进行跟踪和分析,实施考核,使整个企业的所有单位和员工都朝着一个目标努力,保证他们行为的一致性。

3. 通过对各单位执行预算情况的分析,控制企业的各项经营活动,并适时做出调整,加快企业对市场的反应速度

由于电信技术的飞速发展,电信企业所处的市场环境也是快速变化的,电信企业要适应多变的市场环境,就必须加快对市场的反应速度。企业需要通过对预算执行情况的分析,来监控各项经营活动,并通过高效的评估机制迅速采取相应的行动方案,及时解决出现的问题。若有必要,甚至可以对原有的财务预算体系和关键绩效指标体系做出必要的调整,使之更好地适应公司实际经营情况和市场环境不断变化的需要,实现公司既定的战略目标。

4. 充分调动员工的积极性,激励员工完成企业和个人的目标

电信企业需要通过编制财务预算,对各级员工宣传财务预算的编制方法,强调实施财务预算的必要性和重要性,树立全员预算的意识,鼓励全体员工参与到预算编制工作当中来,增加员工的主人翁责任感,让员工意识到企业的战略目标是和自己息息相关的事情,从而将企业的长期目标和短期计划传达到员工当中。

另外,电信企业还需要以财务预算指标为主要依据,通过预算与绩效管理相结合,使公司对其部门和员工的考核真正做到"有章可循,有法可依"。通过对员工进行绩效考核,把企业的目标和个人的目标充分结合起来,员工实现了自己的预算指标就得到预期的奖励,在充分调动员工积极性的同时,也实现了企业的目标。

5. 控制成本,提高企业利润

电信企业作为上市公司,按照资本市场的要求,保持企业的可持续发展,不断为股东创造价值是上市公司经营管理的第一要务。为进一步改善财务状况,电信企业必须牢固树立效益观念,围绕实现企业价值最大化这个中心目标开展工作,需要通过预算管理加大付现成本控制力度,优化成本结构,尤其是网络运营成本和行政管理费用,通过建立成本定额,制定切实可行的成本控制计划,确保净利润增长的可持续性和可预测性。

二、电信企业财务预算管理流程

(一)制定公司战略规划和经营计划,启动预算

1. 公司的战略、经营计划和预算应有机地结合在一起,各环节完成不同的任务

集团和省公司的战略计划应明确为公司的总经理计划,内容包括:建立公司运行策略;确定各运营单位的任务和目标;制定公司财务政策和目标。若公司的战略和经营计划不清晰或没有适当明确的表述,预算过程将会因为与公司目标缺乏一致性而变得十分低效。每年滚动更新的战略规划应成为年度经营计划的指导。

2. 集团年度经营计划的主要内容

(1)年度经营计划制定的前提、假设设置:重要资源配置策略和政策规定;股东的要求;各区域市场;网络资源状况与建设;宏观/行业情况和趋势;细分市场;运作管理状况。

(2)年度经营计划目标体系的设置:业绩目标(总体和分区域的经营成果期望);客户目标(结构比例、重点发展细分市场或客户、区域差别等);管理目标(理念、组织、激励、资源配置、流程、支撑技术等运营管理体系或能力的提高目标);学习与成长目标(各类技术研发、信息和知识积累等)。

(3)关键任务和年度经营计划目标体系的分解:关于集团公司全局的战略或策略行动计划、关键任务及时间表;分解到集团本部各业务、职能部门和各省或直辖市公司的年度经营目标。

(4)各职能部门及省、直辖市公司年度经营计划实施考核指标设置:以公司整体战略计划和目标体系,以及上述各业务、职能部门和省、直辖市的目标分解为依据,设置相应考核指标;落实到省、直辖市管理团队和个人的考核指标(根据岗位职责);年度经营计划的目标体系、行动计划和考核要求的设置与管理控制体系和绩效考核体系相互衔接方式,相关激励政策。

3. 省年度经营计划的主要内容

(1)年度经营计划制定的前提、假设设置:重要资源配置策略和政策规定;集团公司的要

求；省直辖市内各区域市场；网络资源状况与建设；宏观/行业情况和趋势；细分市场；运作管理状况。

（2）年度经营计划目标体系的设置：业绩目标（省、直辖市总体和分区域的经营成果期望）；客户目标（结构比例、重点发展细分市场或客户、区域差别等）；管理目标（理念、组织、激励、资源配置、流程、支撑技术等运营管理体系或能力的提高目标）；学习与成长目标（各类技术研发、信息和知识积累等）。

（3）关键任务和年度经营计划目标体系的分解：关于省、直辖市全局的战略或策略行动计划、关键任务及时间表；分解到省、直辖市各业务、职能部门和各地市分公司或地面局年度经营目标。

（4）各职能部门及省、直辖市公司年度经营计划实施考核指标设置：以公司整体战略计划和目标体系，以及上述各业务、职能部门和地市公司或地面局的目标分解为依据，设置相应考核指标；落实到各地市、地面局管理团队和个人的考核指标（根据岗位职责）；年度经营计划的目标体系、行动计划和考核要求的设置与管理控制体系和绩效考核体系相互衔接方式，相关激励政策。

（二）预算的编制、审批下达

某电信企业整个集团的预算由各层级的预算责任单位汇总生成。在确定整个集团的战略目标和年度经营计划后，各层级预算责任单位分别编制各自的预算，集团和省公司各部门只编制本层级部门预算，省公司预算由各市分公司预算和省公司本部预算汇总生成，集团预算由各省公司预算和集团本部预算汇总生成。

1. 集团预算编制流程

编制完年度经营计划后，11 月初启动预算；集团经营预算小组根据集团年度经营计划，审阅各省销售计划和预算，提出相关销售计划和预算调整意见；集团资本性支出小组根据销售计划和预算，评估资源状况，分析需求，审阅各省网络和土建投资预算，提出网络和土建投资预算的意见；集团本部各部门完成人力资源费用、行政管理费用及零星固定资产需求预算；财务部汇总所有计划和预算，提交预算管理委员会审议，最后形成各省调整后预算，正式下达。

2. 省公司预算编制流程

省公司经营预算小组根据省公司年度经营计划，审阅各市分公司销售计划和预算，提出相关销售计划和预算调整意见；省公司资本性支出小组根据销售计划和预算，评估资源状况，分析需求，审阅各市分公司网络和土建投资预算，提出网络和土建投资预算的意见；省公司本部各部门完成人力资源费用、行政管理费用及零星固定资产需求预算；财务部汇总所有计划和预算，提交省公司预算管理委员会审议，最后形成省公司汇总预算，上报集团公司。

3. 市分公司预算编制流程

市分公司各预算小组根据省公司对年度经营计划的要求，制定市分公司年度经营计划；市分公司经营预算小组根据市分公司经营计划制定市分公司销售计划和预算；市分公司资本性支出小组根据销售计划和预算，评估资源状况，分析需求，制定市分公司网络和土建投资预算；市分公司本部各部门完成人力资源费用、行政管理费用及零星固定资产需求预算；财务部汇总所有计划和预算，提交市分公司预算管理委员会审议，最后形成市分公司预算，上报省公司。

(三)预算的执行控制

某电信企业应将预算的控制重点放在资本性支出预算控制和成本费用预算控制上。由于收入预算不需要在收入发生前和收入发生时进行控制,需要在收入发生后进行分析,所以不属于预算控制的重点。而长期投资和筹资预算是不经常发生的费用,且发生时需要由高层管理者决策,不属于各个部门日常预算的执行控制范围之内,同样不属于预算控制的重点。

某电信企业的预算执行控制方案与企业内控制度相结合,对一个项目的控制主要通过事权和财权两个方面进行,首先进行事件发生合理性的审核,审核通过后,进行事件发生时合同合理性的审核,最后进行付款审核。

1. 资本性支出预算控制

资本性支出预算的执行控制金额上限为分专业的年度总额,按季度对投资预算进行执行控制,控制季度分专业总额。通过上下沟通的方式确定年度投资项目库,每季度滚动制定季度投资项目计划库。季度末结合市场和实际情况,对下季度的投资项目进行调整,确定季度项目库,该项目库是执行控制时的参照,每季度项目实际立项情况与季度预算项目库比较,凡是在项目库中的投资为预算内投资;反之,不在项目库中的投资为预算外投资。

1)预算内资本性支出预算控制

市分公司市场部根据市场需求提出投资申请,市分公司网发部审核该项投资是否在本季度投资项目计划库内,如在计划库内,则组织相关部门进行可行性研究,出具可行性研究报告,在审批权限金额内可进行合同签订和组织施工;如在审批权限金额外,则需要上报省公司网发部审批。

2)预算外资本性支出预算控制

当申请的投资项目属于预算外工程时,市分公司网发部需要向省公司提出专业调整意见,省公司判断是否突破市分公司投资总规模,如果是,则先审核项目的实际需求和必要性,证明其合理性后提交省公司预算管理委员会审议,分析增补预算的合理性和紧迫性,审议通过后给市分公司增加预算,进入预算内投资流程。

2. 成本费用预算控制

成本费用的执行控制金额上限为分预算项目和分季度的总额,成本费用的季度预算同样是通过每季度滚动制定季度预算形成。季度末结合实际使用情况,对下季度的费用项目和金额进行调整,确定成本费用季度预算,该季度预算是执行控制时的参照,每季度将需求部门的费用申请项目和金额与季度预算比较,在预算内的申请为预算内成本费用;反之,不在预算内的申请为预算外成本费用。

1)预算内成本费用预算控制

需求提出部门根据业务需求申请使用预算,填写费用使用申请单,由预算责任部门审核预算申请的合理性、运作计划和实物需求,如果通过并确定该项申请在预算内,预算责任部门则可以在审批权限金额内落实预算事项的发生,签订合同或者付款。

2)预算外成本费用预算控制

预算外申请是结合业务计划申请本季度以外的预算:申请占用下一季度的预算或者申请使用预留预算,预留预算在各级组织的预算管理办公室综合管理。预算责任部门提出增补预算的申请,填写预算外事项申请书,提交预算归口协调部门,由其分析增补预算的合理性和紧迫性,进行平衡,然后由财务部负责人审核增补预算的可行性,如通过则可付款。如果该项预算外申请预留预算部分，则需要提交预算管理委员会综合分析增补预算的业务和资金可行性，判断是否在资金总盘内，如果符合调整条件，则进行预算调整后付款。

（四）预算的分析评估

某电信企业的预算分析评估主要是为了解决实际完成情况为什么偏离预算及如何使实际完成情况趋向预算的问题。通过设定预算指标分析库，固化分析流程，采用相应的分析工具，来得出分析结论，找出偏离原因，从而采取相应的措施。公司审计部门负责审计各类、各部门预算执行情况，将定期或进行专项预算执行情况审计工作，并将审计结果报相关公司领导及预算管理委员会。

1. 设定预算指标分析库

指标库的建设为预算分析内容提供分析的基础。为了便于分析，在市分公司、省公司以及集团公司都有一个可供挑选的指标集合。根据各种指标对于不同层面的重要性程度差异，指标库设立的规模自下而上逐层减小，且上层可随意调用下层指标库。地市级预算分析关注的指标集合就是各地市以运营计划为基础的，按收入、成本费用、投资、财务等四种指标编制的较为详尽的预算；省级预算分析需要将部分细项的预算进行适当的归并，便于从一个省整体出发来评估预算的完成情况；集团级预算分析需要将预算项目进一步归并，对各省公司的总体目标、分项指标进行分析。

2. 分析流程

针对不同类型的预算项目，分别采用月度、季度和年度分析流程。收入预算和营销费用预算由市场部牵头负责，维护费由运维部负责，人工成本费用由人力资源部负责，其余费用由财务部负责，资本性支出由网发部牵头负责，长期投资/筹资预算、财务报表指标预算由财务部负责。

1）月度分析流程

收入预算及相关费用预算需要进行月度分析，资本性支出、长期投资/筹资预算以及财务报表指标预算不需要进行月度分析。主要分析本月度完成了季度和全年预算的百分比；分析到本月度为止累计完成全年预算情况。最后把分析结果排名，对于差异在10%以上的差异标识红色，重点关注。

2）季度分析流程

各项预算都需要进行季度分析。主要分析重大差异项目和重点项目；分析预算执行状况，剖析差异原因，分析到末梢。预算管理办公室质询1～2个下级单位，追踪差异及解决方案。

3）年度分析流程

主要对第四季度的预算执行做分析；对全年的预算工作做总体回顾分析。对全年预算执行情况进行综合分析评估、制定分析年报，以便来年借鉴经验。

（五）预算的调整

某电信企业的预算调整包括两种方式：以季度为时间跨度的滚动预算调整方式和半年一次的预算“总盘”调整方式。

根据某电信企业的实际情况，公司目前的业务计划制定工作不支持跨年度的业务制定，目前的人员能力和基础数据能力还需要进一步提高，因此，某电信集团的滚动预算结合预算调整进行，即根据已经执行期间的经营成果结合执行过程中发生的变化等信息，对到年底前的剩余期间加以修订，滚动预算期间只限于当年，结合预算调整实现。第一季度末进行季度调整时，年度收入成本不变,预算指标季度间进行调剂;第三季度末进行季度调整时,集团公司仍保持年度收入成本不变,预算指标季度间进行调剂,但是省公司则进行总盘调整,在市分公司间平衡增减,调整预留预算,全部下放到市分公司。

第二季度末进行半年一次的预算总盘调整,集团公司调整集团预算总盘,进行各省间的平衡增减;省公司调整省预算总盘,进行市分公司间的平衡增减,并调整预留预算的60%～80%。

(六)预算的考核

某电信企业运用恰当的相关考核指标集和考核方法,有效地引导和控制预算管理过程及其成果。与预算管理相关的过程和结果的考核,作为公司绩效考核体系的组成部分或者作为业绩考核的参考指标。由于预算指标在很大程度上反映了公司对经营绩效的期望,因此,某些结果导向的经营绩效考核指标同时也是预算考核指标。将预算考核指标列入员工的KPI考核,做到"人人肩上有责任",促进预算指标的完成。预算考核指标主要分为以下两类:

(1)对于预算执行成果的考核:包括总体和分业务预算的完成情况;预算使用的计划性情况;市场占有率和行业先进标杆指标的选用。

(2)对预算执行过程行为的考核:包括在预算编制中的协调作业情况和准确度;对预算执行方面的控制力度;对预算执行结果的分析的及时性、内容要求符合程度、对问题的清楚阐述及是否制定合理的解决方式。注重内部管理过程。

三、财务预算模型

(一)经营预算模型

某电信企业通过先进行用户数及业务量的预测,再预测产品价格,计算出收入预算。某电信的收入包括一次性初装费收入、一次性装机费收入、月租费收入、本地通话费收入、国内长途通话费收入、国际长途通话费收入、互联网收入、基础数据业务收入、互联互通业务收入、网元出租业务收入、其他收入。

1. 固定电话用户数预测

固定电话用户数的预测是话音业务收入预测的基础。需要预测的固定电话用户数包括本年末用户数、本年新增用户数、本年净增用户数、本年离网用户数、本年移机用户数及本年平均用户数。

本年末固定电话用户总数 = 上年末固定电话用户总数 × (1 + 增长率)

其中,"增长率"通过结合历史年度的增长情况、本年度用户发展目标等因素预测。

在预测出本年末用户数之后,已经可以得出本年平均用户数、本年净增用户数。

本年平均用户数 = (本年末用户数 + 上年末用户数)/2

本年净增用户数 = 本年末用户数 - 上年末用户数。

本年离网用户数 = 上年用户数 × 离网率

本年新增用户数 = 本年净增用户数 - 本年离网用户数

本年移机用户数 = 上年末用户数 × 移机比例

2. 一次性装机费预测

装机费收入分为装机收入和移机收入,上市公司应将本年的装、移机收入在今后10年内摊销,并加上以前年度的装、移机收入摊销。

装机收入 = 本年新增用户数 × 装机工料费单价 × 摊销比例 + 以前年度摊销

移机收入 = 本年移机用户数 × 移机工料费单价 × 摊销比例 + 以前年度摊销

3. 通话费收入预测

通话费收入包括本地通话费收入、国内长途通话费收入、国际长途通话费收入。首先预测本年每户每年通话次数比上年的增长率,计算出本年通话量,从而得出本年通话费收入。

通话费收入 = 本年平均用户数 × 上年每户每年通话次数 ×(1 + 增长率)× 通话费单价

4. 互联网业务收入预测

互联网业务收入分为 ADSL 收入和 LAN 终端收入,两项收入都由一次性费用收入和网络使用费组成。

ADSL 收入 = 新增 ADSL 用户 × 一次性费用单价 + 平均 ADSL 用户 × 每户平均收入

LAN 终端收入 = 新增 LAN 用户 × 一次性费用单价 + 平均 LAN 用户 × 每户平均收入

5. 经营预算输出的结果为资本支出预算和财务预算的编制提供依据

资本支出预算根据经营预算输出的新增用户数、用户主线数和通话量等进行投资规模预测;财务预算根据经营预算输出的新增用户数预测所需耗用的终端成本,根据经营预算输出的各项收入,按成本占收入比预测各项成本。

(二)资本支出预算模型

资本支出预算可以分为交换网投资、基础数据网投资、IP 网投资、传输网投资、接入网投资、无线市话投资、电源及空调投资、信令网及同步网投资、企业信息系统投资、管道投资、房屋投资、固定资产零星购置、研发投资和其他投资,并按照此分类分别进行资本支出预测。

1. 交换网投资预测

交换网投资分为本地交换设备投资、长途交换设备投资、省内/本地智能网投资、骨干智能网投资、独立汇接局交换设备投资、关口局交换设备投资、国际局交换设备投资、话音增值业务投资、交换网改造及其他投资。

交换设备投资 = 交换机容量 × 每门综合造价

交换机容量 = 期末容量 - 期初容量 + 更新容量

期末容量 = 年末用户数 ÷ 交换机实装率

2. IP 网投资预测

IP 网投资分为 IP 城域网投资、IP 骨干网投资。IP 城域网投资又细分为城域网交换机投资、城域网路由器投资、宽带接入服务器投资。

城域网路由器投资 = 需投资的端口数(分低速端口和高速端口)× 端口平均造价

城域网交换机投资 = 需投资的端口数(分 10M/100M、GE 端口)
× 端口平均造价 + 其他端口投资

宽带接入服务器投资 = 新增 BRAS 端口数(分 10M/100M、GE 和 ATM 端口)
× 端口平均造价 + 其他端口投资

IP 骨干网投资 = IP 骨干网端口投资
= 新增端口数(分 STM - 1、STM - 4、STM - 16 和 STM - 64 端口)
× 端口平均造价

3. 传输网投资预测

传输网投资分为本地SDH设备投资、本地DWDM设备投资、本地传输光缆投资、长途(省内)SDH设备投资、长途(省内) DWDM设备投资、长途(省内)传输光缆投资、长途(省际) SDH设备投资、长途(省际) DWDM设备投资、长途(省际)传输光缆投资。

SDH设备投资=需投资的SDH设备容量×SDH传输设备2M端口综合造价

注:需投资的SDH设备容量需要在流量流向预测数据的基础上,通过相应规划工具计算得出需投资SDH设备的等效2M端口个数。SDH设备含MSTP设备。

DWDM设备投资由规划直接提供。

4. 接入网投资预测

接入网投资分为用户电缆投资、接入光缆投资、五类线投资、宽带接入设备投资、接入网改造及其他投资。用户电缆投资又分为用户主干电缆投资和用户配线电缆。

用户电缆投资 = 本期需投资的电缆线对数 × 电缆平均线对长度
× 电缆平均每线对千米综合造价

接入光缆投资 = 本期需投资的接入光缆纤芯千米 × 每芯千米综合造价

五类线投资 = 平均每信息点布线长度 × 新增信息点数每百米 × 平均造价

5. 无线市话投资预测

无线市话投资 = 无线市话网络建设和优化投资 + 无线市话增值业务投资
+ 无线市话改造及其他投资

无线市话网络建设和优化投资=需投资的无线市话容量×无线市话综合造价

(三) 财务预算模型

1. 财务收支预算

收入预算由经营预算直接生成,财务收支预算主要是成本费用的预测。

1) 主营业务成本预测

主营业务成本包括工资、福利费、折旧、修理费、低值易耗品、业务费。

主营业务成本中的工资=平均生产人员数×上年人均工资×(1+变化率)

固定资产本期计提折旧=(固定资产平均原值-固定资产年初减值准备)×综合折旧率

修理费 = 设备平均固定资产原值 × 上年传输设备一般修理费占平均固定资产原值比例
× (1 + 变化率)

2) 其他业务支出预测

其他业务支出包括出售商品支出、出租固定资产支出、广告成本、销售材料支出、其他业务税金。

出售商品支出 = 本期销售量(根据新增用户数预测) × 上年平均每部终端销售支出
× (1 + 变化率)

出租固定资产支出 = 出租固定资产收入 × 出租固定资产支出占出租固定资产收入的比例

广告成本 = 广告收入 × 广告成本占广告收入的比例

3) 营业费用预测

营业费用包括工资、福利费、广告费、宣传费、代办手续费、其他。

广告费(或宣传费) = 主营业务收入 × 上年广告费(或宣传费) 占主营业务收入比例
× (1 + 变动率)

代办手续费 = 新增用户 × 代办比例 × 上年标准 × (1 + 变动率)

4）管理费用预测

管理费用包括工资、福利费、折旧费、修理费、工会经费、劳动保险费、办公费、差旅费、职工教育经费、住房公积金、房屋租赁费、业务招待费、咨询费、排污费、无形资产摊销、车辆使用费、消防费、水费、电费等。管理费用总额采取占收入比的定额计算方法控制。

2. 资产负债预算

传统的资产负债预算都由财务部负责填列，现在某电信企业逐渐将部分资产负债科目预算的编制由财务部向相关的专业部门转移，使得科目预算更为准确合理，体现预算与业务部门经营计划的联系，并且使业务部门在考虑投资、收入、成本费用的同时也考虑对企业整体资产负债状况的影响、客户质量、付款安排等因素。

应收账款 = 应收公众客户款 + 应收商业客户款 + 应收大客户款 + 应收公用电话客户款 + 应收网间结算款（由市场部负责预测）

应收账款 = 主营业务收入 × 应收账款平均周转率（财务部采用该算法对市场部预测数进行修正）

存货、无形资产可由市场部、运维部、网发部根据公司管理现状及经营运转需要进行预测，财务部再做相应的修订。

3. 现金流量预算

资金缺口、筹资规模、筹资结构根据财务费用预算的情况进行填列，现金流量按照现金流量表编制要求，根据损益表和资产负债表逐项填列。

第六节　烟草商业企业财务预算管理的应用

一、烟草商业企业的经营特点

（一）业务专卖专营

烟草行业作为特殊行业，实行“统一领导，垂直管理，专卖专营”的专卖体制。《中华人民共和国烟草专卖法》规定，只有中国烟草总公司所属的各省、市（地、州）、县烟草公司（营销部）才有卷烟批发权，其他任何单位和个人不得从事卷烟批发业务。这种体制有效地避免了资源浪费和财源流失，减少了重复建设和盲目发展，满足了市场需求，增加了财政积累。由此，各省、市（地、州）、县烟草公司（营销部）成为地方上唯一的烟草批发商。国家对烟草专卖品，包括卷烟、雪茄烟、烟丝、复烤烟叶、烟叶、卷烟纸、滤嘴棒、烟用丝束、烟草专用机械的生产经营各个环节均实行专卖管理，即由国家直接控制、垄断经营，在“产供销、人财物、内外贸”等方面实行统一领导、垂直管理和专卖经营，实行上一级烟草专卖局（公司）和当地政府双重领导，以上一级烟草专卖局（公司）为主的管理体制。

（二）经营执法合一

由于多种原因，目前各省、市烟草专卖局与烟草公司是两块牌子一套人马的合署办公形式。一方面行使专卖执法职能（包括省、市（地、州）、县烟草专卖局），严格执行《烟草专卖法》及其《实施条例》，树立烟草专卖行政执法良好的社会形象，创造公平竞争、规范有序、诚实守信的烟草市场环境，同时，根据《行政处罚法》《行政许可法》等法律法规的规定，负责涉烟管理相对人的烟草专卖检查、监督、许可、处罚等执法行为。一方面行使公司经营职能（主要是各市(地、州)烟草公司),负责卷烟制品的批发业务,同时负责烟叶的种植、收购和销售。根据党的十七届三中全会通过的《中共中央关于推进农村改革发展若干重大问题的决定》,目前,烟草行业把建设现代烟草农业作为全行业重大历史任务全面加以推进,认真贯彻“以工促农、以城带乡”重大方针,按照“一基四化”,即打牢烟田基础设施建设基础,实现规模化种植、集约化经营、专业化分工、信息化管理的总体要求,大力发展现代烟草农业建设,以此回报国家、回馈社会,造福农民,牢固树立两个利益(国家利益、消费者利益)至上价值观,促进社会和谐发展。

(三)经营管理集中

2003年,根据国家烟草专卖局有关烟草系统实行总公司、省级公司、市(地、州)级公司三级企业法人模式的管理体制,烟草商业企业在全省烟草系统撤销县级公司的企业法人资格,原县级公司更改为县营销部,作为市公司的分支机构。2006年,行业真正形成了以资产关系为纽带的母子公司体制,构建了“一个中心,两个实体”的管理模式,“归属清晰、权责明确”的现代产权制度已经确立。即广西自治区烟草公司作为广西烟草行业出资人,行使出资人的权利,同时也承担相应的国有资产保值增值责任;各市烟草公司是经营实体,负责卷烟经营;各县烟草专卖局是专卖执法主体,负责属地烟草专卖执法。

(四)营销模式独特

工业的卷烟生产总量是指令性计划,不得突破,卷烟超产一箱也是违纪行为。卷烟营销方面,各市烟草公司目前正在努力实现“按客户订单组织货源”,包括卷烟需求预测、卷烟货源组织、卷烟货源供应和卷烟品牌管理等四项规范都是市场经济管理模式。目前,行业生产经营中最大矛盾是卷烟生产的指令性计划和按市场经济所体现的“按客户订单组织货源”,即按卷烟零售户的要求提供产品。为了实现上述目标,行业持续推进以“电话订货、网上配货、电子结算、现代物流”为主要内容的现代烟草流通建设,为了加快现代流通建设步伐,坚持按照“突出服务、注重效率、优化流程、提高素质”的要求,全面提升卷烟销售网络建设水平,提高零售客户和消费者满意度。同时,按照“准确定位、有机对接、突出品牌、全面提升”要求,全面推进工商协同营销工作。服务是卷烟流通企业的灵魂,要切实做到平等互利、互动互信、资源共享、效率责任。

(五)经营商品自身也消费商品

香烟是烟草商业企业经营的商品,烟草商业企业经营中也消费香烟。消费的香烟主要用于公务接待和赠送客人。在紧紧围绕建设“严格规范、富有效率、充满活力”广西烟草的目标任务时,行业不断加强自律,生产经营中更加注重“严格规范”,在行业内部使用时,也要按照批发价视同销售,缴纳增值税及城建税和教育费附加,成本作为业务招待费计入管理费用。

二、烟草商业企业财务预算管理的特点

(一)预算编制以指令性计划和目标利润为起点

烟草行业属于国家垄断行业,计划性很强,因此,企业在进行预算编制时多注重指令性计划,强调计划的刚性。在卷烟总量刚性的基础上强调卷烟的“按客户订单组织货源”,烟叶方面是“控制总量、稳定规模”,因此,预算的编制起点是卷烟销售总量和烟叶收购数量。由于卷烟出厂价格、商业批发价格都是统一的,烟叶收购价、销售价都是国家统一价格,因此,在卷

烟和烟叶总量确定的情况下，除了卷烟和烟叶结构对收入有所影响，企业的收入来源具有一定的确定性。

（二）预算控制的重点是费用的控制

由于卷烟和烟叶的收入和成本都是确定的，在卷烟销售总量和烟叶收购数量确定的基础上，企业卷烟的收入来源和卷烟成本具有一定的确定性，因此，企业卷烟毛利、增值税、城建税及教育费附加也具有一定的确定性。毛利－费用＝利润。因此，在毛利确定的基础上，企业的利润和费用存在着博弈。要想利润大，只有减少费用；费用增大了，利润就减少了。因此，预算管理的重点也是费用和成本的编制、控制和考评。

（三）预算管理的体系是总公司、省、市（地、州）三级公司和多个责任主体

烟草商业企业按照“统一领导、分级管理”的原则，建立以总公司、省、市（地、州）公司三级预算主体，县级局（营销部）、各级预算主体内部职能部门为预算责任主体的预算管理组织体系。由于各责任主体的众多以及地域的广阔给预算的编制和执行控制带来一定的难度，各级责任主体的信息传递很难做到及时。

三、烟草商业企业财务预算管理存在的问题

（一）认识层面的问题

1. 部分管理层对财务预算管理的认识不到位

长期以来，烟草商业企业部分管理层对财务预算管理及其重要性的认识都还存在着一定的偏差。一是部分管理层在思想上对预算认识不到位，对编制预算不十分重视，没有在单位或部门内让全员参与，没有将预算编制与全年的工作计划结合起来，没能将项目预算与战略发展规划结合起来，编制预算就是为了应付上级主管部门；二是部分管理层对财务预算管理缺乏系统的了解和认识，认为财务预算管理主要是对费用和规定资产投资的控制，年初没有预算，年中突然想花和购买资产设备就没那么容易，因此，行业内普遍存在着对费用支出和资产投资的高估冒算，这样以备急需支出而又没有预算的项目需要；三是部分管理层对预算的重要性缺乏足够的认识，认为财务预算管理是财务工作的一部分，没有将财务预算管理看做企业基础管理的重要内容；四是部分管理层虽然认识到财务预算管理的重要性，但就如何实施和运用财务预算管理尚缺乏深刻的理解。受传统计划经济的影响，在选择预算管理模式时侧重于集权式管理模式，强调自上而下的强制性、传递信息的单向性，从而缺乏部门之间的横向交流和沟通，极易演变为指令性计划。过分集权不仅使财务预算管理不能很好地应用实施，也难以构筑以人为本的企业文化。

2. 部分员工对财务预算管理的认识有偏差

部分员工对财务预算管理的认识存在片面性，认为财务预算管理是财务部门和领导的事，应该由财务部门全权负责，与一般员工没有关系。因此，在工作中，他们对财务预算管理各个环节的参加度不够，在财务预算管理中只是被动地作为，缺乏主动性和积极性，预算管理的作用不能最大限度地发挥。由于预算管理部门和其他业务部门对预算管理相关信息掌握程度不同，获得时间不同，从而形成两者间的信息不对称。预算管理部门缺乏相关的一线信息，导致下达的预算指标不够准确、客观、合理。业务部门又缺乏相关的预算总体情况分析，容易导致预算执行的偏差。

(二)技术层面的问题

1. 部分人员素质不高

一套完整的财务预算管理系统,涉及企业的方方面面,影响到每个员工的切身利益。正因为上述原因,很多员工对预算管理都有强烈的参与意识。从预算的编制到预算的执行、控制、调整和考核,财务预算管理是一项系统工程,这就要求全体员工都要有一定的预算管理知识,特别是从事预算管理工作的员工要掌握相关理论知识,同时也要有一定的实践经验,因此,财务预算管理对员工的素质要求比较高。烟草行业劳动用工制度"四定"改革以后,烟草的员工虽然都是合同制职工,但是,年龄、文化水平参差不齐的现象仍然存在,即使是从事预算管理工作的财务人员素质也有很大的差别。虽然近几年烟草行业财务队伍新充实了部分新鲜血液,大部分为本科毕业生,队伍逐步年轻化,但年轻员工缺乏实践经验。老财务人员虽然有一定的实践经验,但缺乏相关的理论知识。由于财务预算管理是一项庞大的系统工程,要求相关管理人员具备一定的理论知识和一定的实践经验,同时还要有一定的沟通协调能力。对于这样的高层次管理人员,烟草行业目前还是比较缺乏的。

2. 预算指标体系不完善

部分预算指标以数量计量,未转化为货币指标,既削弱了预算指标的可比性,又不利于各个环节预算指标的衔接。例如,一类卷烟所用烟叶与五类卷烟所用烟叶的"选叶损耗率""打叶出片率"虽然同降一个百分点,但是两者烟叶成本的降低额却相差甚远,无法直接、明确地体现损耗变化与烟叶成本升降之间的价值关系。一些烟草商业企业的效益指标考核均是以实际数和上年实际数进行对比,而不是用预算数与实际数进行对比,这就没有充分发挥财务预算管理的作用。

3. 预算编制不够全面

目前,烟草商业预算管理的重点是费用预算和资本性支出预算,轻视财务预算和业务预算。由于烟草行业目前还是典型的计划经济,生产经营指标都是指令性计划,没有太多的自主权,企业能够控制的主要还是费用支出和资本性支出,所以,预算编制的重点就放在了费用预算和资本性支出预算。

4. 预算编制方法单一

烟草商业企业普遍采用单一的定基预算编制方法,预算编制没有与宏观经济环境及行业重大的经济环境相关联。这种方法就是编制预算时,以基期费用水平为基础,结合当期业务量及有关因素的变化,调整原有费用项目和金额的方法。这种做法以过去经验为基础,认为过去存在的即是合理的,主张不需要在预算内容上做较大改进,既忽视了经济环境变化对指标的影响,又给指标的确定留下了讨价还价的空间。采用这种方法时,往往不加分析地保留或接受原有成本项目,可能会导致原来不合理的费用开支继续存在下去,形成不必要开支的合理化。而有些单位则采用固定预算方法,各项预算均依据上一年度的实际发生数,在此基础上进行一定幅度的调整。

5. 预算考评过于简单化

因为预算考评是对预算完成情况的考评,所以预算考评的内容应该与预算编制的内容相适应。烟草商业企业虽然根据责、权、利一致的原则逐步完善了各级责任中心,并将预算完成情况与各部门经营业绩挂钩,较好地调动了各部门积极性。但考评的内容与预算编制的内容不太一致。预算编制包括费用、资本性支出、销售收入、销售量、资产负债表、损益表等内容,但预算考评更多地只侧重于费用的考核。由于预算考评内容过于简单,不能充分发挥预算考评的激励作用。预算考评包括动态考评和综合考评两个层次。烟草商业更多地侧重综合考评,即预算期末对当期预算各项指标的完成情况进行分析评价。这种考评职能起到事后监督的作用。烟草商业目前普遍缺乏动态考评,即预算的事中控制。

(三)管理层面的问题

1. 管理缺乏过程控制

内部控制从时间分为事前控制、事中控制和事后控制。目前,烟草商业缺乏完整的控制过程,各单位预算负责机构或人员仅在预算编制中发挥作用,在执行过程中未发挥应有的作用,没有相应的作业指导,职责划分不明。目前,烟草行业一般是次年初才对上年预算执行情况进行检查和分析,很多问题都是出现以后才发现。这种管理模式只能起到事后评价的作用,实时控制作用较差。目前,这是行业各单位财务预算管理的软肋。预算的编制耗时耗力,但由于缺乏有效的控制体系,往往编制出的预算却被束之高阁,成为一纸空文。

2. 缺乏双向预算反馈渠道

快速的预算信息反馈系统是保证预算管理体系高效率运作的必要条件。但要保证预算信息反馈系统的高效运行,必须建立的双向信息反馈渠道。首先是预算责任主体对本部门的预算执行情况进行及时的分析,并将分析结果上报公司预算管理办公室,公司预算管理办公室对各责任主体的反馈意见进行汇总、整理和分析以后,将公司的预算执行分析情况一并上报公司领导和预算管理委员会。公司领导和预算管理委员会进一步分析后,提出处理意见并进一步反馈给各预算责任主体。目前,烟草商业企业的反馈系统不完整,反馈渠道存在障碍,主要表现在:各预算责任主体没有建立相关的预算台账,同时也没有及时分析本部门的预算执行情况,更没有将本部门的预算执行情况主动上报公司预算管理办公室;公司预算管理办公室也没有定期分析各责任主体预算执行情况,没有及时将相关信息反馈给各责任主体。这种情况下,公司领导、预算管理委员会和各责任主体均不能及时发现新情况、新问题,预算管理工作就存在一定的缺陷。

3. 各部门预算管理工作不协调

烟草商业预算编制工作涉及财务、计划、销售、烟叶、科技、劳资、基建等多个部门。目前虽然烟草商业企业已经建立了由公司领导挂帅、上述部门负责人组成的预算管理委员会,但是各个部门之间在预算编制过程中仍然缺乏有效的协调机制。例如,对于预算执行的差异分析方面,由于专业分工的不同,以财务部门为主体,缺乏相关专业部门积极参与,过多地重视财务预算和财务指标的分析,对业务预算尤其是指标背后更深层次的东西缺乏深入挖潜。从预算分析的主体来看,由于财务人员对于其他部门业务了解不深入,因此难以对预算差异做出正确的判断,达到预算管理的目标。

4. 监督管理不够有效

目前,烟草商业企业对预算管理的监督主要依靠内审部门来实现,这样的监督方式存在以下几个不足:一是由于内审部门审计任务的多样性,一般是年度终了才进行一次预算执行情况审计,这样只达到了事后监督的目的,而事前、事中就缺乏一定的监督,有些不合理事项没有在发生前加以控制;二是由于审计人员很少,在内审的范围上,很多企业的内部审计工作仅仅是审核具体的财务核算行为及企业较大的财务活动,而对内部稽查、评价预算控制制度是否完善和企业内各组织机构执行指定职能的效率等方面,很少有所触及;三是同级监督存在着职能作用发挥不够、检查方法和手段有待改进、权威性不强等方面的难点,因此同级监督的有效性也要打折扣。

四、烟草商业企业财务预算管理的改进对策

(一)认识层面的改进对策

1. 管理层重视,是抓好财务预算管理的前提

管理层重视,转变观念,预算管理工作才能顺利开展,财务预算、全过程预算、全员预算才能落到实处,因为管理层的决心会对工作的开展产生很大的促进作用,特别是新推开的预算管理工作,广大职工对其认识不足,理解不透,这就需要管理层更多地参与、推动、督促与引导,在讲清道理的同时制定相应措施,从组织上、制度上来确保此项工作的顺利开展。首先让公司的各位领导成为预算管理委员会的成员,在组织上提供了强有力的保障。其次管理层应牵头组织认真学习财务预算管理方面的理论,必要时聘请专业机构进行详细讲解和学习。根据企业的不同发展阶段和企业文化建设情况,分步实施财务预算。分步骤分阶段地采取相应的编制程序,逐步由集权式向民主式转变,充分调动各责任部门的积极性和主动性,发挥财务预算的最大效用。

2. 全员参与,是实施财务预算管理的保证

财务预算管理是一种全新的管理方式,是一种"全员参与、全方位渗透、全过程监控、全量化考核"的管理。预算编制并不是预算管理部门或财务部门的责任,需要全公司、各部门和全体员工的共同参与。如果企业的各部门、各级员工对财务预算管理的认识不一致,财务预算是很难推行下去的。因此,要开展好这项工作,就要求员工从过去"先干后算"的管理思想转变为"先算后干"的管理思想。这就意味着公司从上到下,全体员工思想上必须有一个根本性的转变。思想观念的转变是推行预算化管理的关键,也是取得成功的保证。公司应充分利用电视、报纸等宣传工具,以及讲谈、培训、会议等多种形式,宣传推行预算化管理的重要性和必要性,营造浓厚的氛围,使财务预算管理成为公司员工最关心、最重视的工作。

(二)技术层面的改进对策

1. 建设一支素质好、技术高的预算队伍

人员素质的高低是制约企业发展的重要因素,从近年预算情况分析,目前最难控制的是资本性支出预算,因为资本性预算在预算之初都没有进行相关的概算及概算审计,而大多数烟草商业企业又缺乏相关专业技术人员,很多基层单位上报的资本性支出预算只是一个概算和估算,导致在实际工作中预算难以执行,因此,应对预算管理人员进行强化培训,加强学习,提升人员素质,特别是要借鉴一些预算管理工作开展较好企业的先进经验、先进方法、先进理念为己所用,实现自我突破,实现预算管理的跨越性提高。

2. 完善预算指标体系

财务部门应对不同业务性质的单位设计不同的指标,首先根据生产经营流程和各单位的工作性质,分为费用中心和利润中心。一般来说,业务部门(包括销售部门、烟叶部门)是利润中心,除了业务部门以外,其他部门一般是费用中心。其次,合理设计指标体系。一套完整的财务预算管理指标包括实物量预算和价值量预算。烟草商业实物量预算包括销售量预算、采购量预算、耗用量(包括选叶损耗率、打叶出片率)预算。当然,实物量预算也要结合价值量预算进行管理。如上等烟叶与下等烟叶的选叶损耗率、打叶出片率虽然同降一个百分点,但是两

者烟叶成本的降低额却相差甚远。价值量预算包括收入、成本、费用预算和资本性支出、现金收支等预算。

3. 注重财务预算的编制

要改进烟草商业财务预算管理，不但要注重费用预算和资本性支出预算，还要重视财务预算和业务预算。特别是资金管理应该看成是企业财务管理的核心，要以资金平衡为准绳贯彻预算管理工作，加强企业整体资源的合理、高效组合和运用。

4. 立足实际情况，综合运用多种预算编制方法

编制预算是预算管理的基础，选择正确的预算编制方法是保证预算科学性、有效性的前提。预算编制方法有固定预算法、弹性预算法、定基预算法、零基预算法、动态预算法、静态预算法、概率预算法等，不同方法有各自的优势和劣势。烟草商业企业应根据各经济业务的特点，综合运用多种预算编制方法，大力提高预算的科学性和有效性。如在资产没有大的增减变动情况下，固定资产折旧可以采用固定预算法；对于办公费、电话费等项目可以采用定基预算法；对于业务招待费、差旅费、会议费等可控费用采用零基预算法；对于卷烟、烟叶的销售收入和成本可以采用弹性预算法。只有综合运用多种预算编制方法，才能够提高预算的科学性和有效性。

5. 建立健全的考核机制

预算考核是对各预算主体预算执行结果的考核和评价。预算考核机制是否完善和健全，直接关系到预算考核的科学性和有效性，关系到预算执行情况的奖惩，更关系到员工执行预算工作的热情度，最后直接关系到预算执行的效果。所以，预算考核体系一定要完善，考核的内容应该与预算编制的内容相适应，各业务部门的考核指标应该紧密地与其业务工作相关。通过预算考核，进一步调动各业务部门工作的积极性，进一步提高工作效率。同时，预算考评应该灵活运用动态考评和综合考评两种方式，使预算考核达到事中监督、事后分析的效果，进一步促进预算执行的科学性。

（三）管理层面的改进对策

1. 严格执行过程控制

过程控制是预算得到执行的保证。在管理过程中，除了充分发挥财务部门在资金拨付及核算过程中的管理作用外，还充分发挥审计、经济运行等部门在预算管理中的作用，通过财务控制、审计监督检查，过程考核，全程跟踪，加强管理，提高预算的执行力。过程控制从时间分为事前控制、事中控制和事后控制。要执行好过程控制，就要分别发挥好这三个时间段的控制。对预算的编制，特别是重大项目安排、大额资金使用要特别注意合理性、合法性的事前控制。对于各项费用开支，特别是可控费用的开支，包括业务招待费、会议费、差旅费等项目要做到事中控制，不该发生的费用，在报账时就要进行有效控制。对于财务预算管理的执行情况，要做好事后的检查和分析工作，寻找典型，查找不足，以便总结经验教训，进一步提高财务预算管理水平。为了实现预算管理的过程控制，在一定的管理范围内可以实行“七个统一”，即统一会计科目设置、统一会计核算口径、统一集中管理资金、统一管理银行账户、统一审批资金使用、统一财产保险和统一审批资本性支出。实现了上述“七个统一”，预算的整个过程控制就会实现得更好。

2. 加强沟通，保持反馈渠道的畅通

人的认知能力是存在差别的，不同的人对于同样一件事物，可能会有不同的理解。在

预算管理中,不同的人对于同一预算目标的理解上也会有差别,因而在编制过程中进行广泛沟通与交流是非常必要的。在财务预算管理工作中进行有效的沟通将有助于在预算管理工作中形成全面系统的沟通机制,有利于公司员工对于公司预算目标理解的一致性,有利于他们积极参与公司的预算管理工作,有利于形成统一的企业文化。具体来讲,在企业预算的管理过程中要形成双向的、畅通的沟通机制。在预算编制前,要进行战略沟通和财务预算管理理念与制度的沟通。在编制过程中要遵循“自上而下”、“自下而上”、再“自上而下”的沟通渠道。“自上而下”就是企业高层管理者、预算管理委员会首先要让企业中层干部及以下人员对企业的目标、计划有充分的了解,使公司全体干部职工形成统一的奋斗目标,以便进一步形成企业合力。“自下而上”是各预算责任主体根据公司目标,结合本部门工作进一步细分公司工作的总目标,再将细分后的目标进行上报。再“自上而下”就是公司管理层、预算管理委员会根据各责任主体上报的预算方案进行综合平衡,形成公司最后的预算方案,再将公司的预算总方案分解落实到各责任部门。只有这样上下不断地进行信息沟通,预算管理工作才能走上一个新台阶。

3. 健全组织机构,协调各部门预算管理工作

首先成立公司财务预算管理委员会,它是专门为财务预算管理而设置的机构,是实施财务预算管理的最高管理机构。财务预算管理委员会由单位行政一把手担任主任,各行政副职担任副主任,财务、计划、审计、办公室、劳资、销售、烟叶公司等部门主要负责人担任预算委员会成员。其次,设立预算管理办公室,隶属预算管理委员会,处理预算管理的日常事务。预算管理办公室一般设在财务部门。财务部门负责人兼任办公室主任,主要是确定预算编制的原则和方法,为业务部门编制各专业预算提供有关数据资料和财务咨询,汇总、分析各业务预算并编制财务预算。根据企业的经营目标,向预算管理委员会提出平衡、调节业务预算的建议,监控预算执行情况,以确保企业经营目标的实现。计划、审计、办公室、劳资、销售、烟叶公司等部门密切配合好财务部门做好财务预算管理工作。

4. 强化监督,保证预算的有效执行

搞好财务预算管理,监督必不可少。首先是财务对各经营、管理部门的日常财务监督。作为财务部门监督的重点关键是对资金支出的合法性、真实性,监督的范围侧重在接待费、差旅费、烟叶生产物资、产前投入以及县级公司费用开支的报账审核上。其次是内部审计部门对财务部门日常财务收支、预算执行情况、物资采购、基建维修等实施的事前、事中、事后全过程的内部审计监督。重点就是要及时启动同级财务收支审计,进一步完善内部牵制制度,把审计关口前移。再次是纪检监察部门对财务收支程序、效能、过程、结果的惩防监督。重点是财务收支程序的合法性,以及对违纪者的及时查处,防微杜渐。具体说就是要严把重大投资项目、大宗物质采购的招标关,及时查处超越开支权限、超越开支范围以及化整为零搞上有政策下有对策等违纪现象,确保政令畅通。最后,还应发挥同级监督的作用:第一,将同级监督的内容由过去单一的对结果的监督转变为对过程和结果的持续监督,从以业务监督为重点转移到以内控监督为重点上来;第二,将同级监督的工作方式由主要采用对特定问题的专项检查的方法转变为主要采用常规审计和专卖内部监督的方法;第三,将同级监督由以业务检查为重点转变为监督与服务相结合;第四,将工作手段由过去相对简单的查账转变为与监督对象共同发现问题、解决问题,同时将工作的程序由过去的一次性检查转向注重后续跟踪检查。

五、某省烟草公司财务预算管理的实践探索

（一）某省烟草公司简介

某省烟草公司是中国烟草总公司下属的一家省级公司，创建于1983年8月，现有18个处室，下辖14家市烟草公司，76家县营销部，1家烟叶复烤有限责任公司。全行业有干部职工8800余人。2015年全年完成卷烟销量128万箱，增长5.7%，其中低档烟43万箱；实现税利26.7亿元，同比增长21.8%；收购烟叶47万担，基本完成国家局下达的收购计划。2003年，根据国家烟草专卖局有关烟草系统实行三级企业法人模式的管理体制，某省烟草公司在全省烟草系统撤销县级公司的企业法人资格，原县级公司更改为县营销部，作为市公司的分支机构。2003年，某省烟草公司所属卷烟工业企业与某省烟草公司分家，成立某中烟工业公司，从而形成两家并列的厅级烟草单位，某省烟草公司的职能是烟草专卖、卷烟销售、烟叶生产和销售。2006年，烟草行业根据国办发〔2005〕57号文件的要求，实现了资产一体化管理，真正形成了以资产关系为纽带的母子公司体制，构建了“一个中心，两个实体”的管理模式。即某省烟草公司作为某省烟草行业出资人，行使出资人的权利，同时也承担相应的国有资产保值增值责任；各市烟草公司是经营实体，负责卷烟经营；各县烟草专卖局是专卖执法主体，负责属地烟草专卖执法。从2015年开始积极创建“严格规范、富有效率、充满活力”的某烟草活动。目前，某省烟草公司把提高现代化水平作为行业的重点任务，全力推进传统烟叶向现代烟草农业转变，传统商业向现代流通转变。烟叶方面坚持用现代烟草农业理念指导烟叶生产，打造优质特色烟叶基地；卷烟方面更加重视现代流通和网建水平的提升，积极推进“按客户订单组织货源”工作；队伍建设方面按照“分类管理、科学设岗、明确职责、严格考核、落实报酬”的总体要求，稳步推进“四定”改革试点。近年来，某优质特色烟叶基地已初具规模，某烤烟“烟叶橘黄，油润丰满，原烟香气质好，香气量足，气味纯净，劲头大，燃性好”，可与进口优质烟叶媲美。某省烟草公司积极推动烟叶规模化种植、集约化经营、专业化分工、信息化管理工作，在政府的领导下，积极推进土地流转和“田改”。发挥市场机制作用，完善专业化分工、社会化服务体系，提高烟叶生产综合水平，把烟叶新区建设、现代烟草农业试点、优化烟叶资源配置、特色优质烟叶开发等四个方面的工作结合起来，按“四位一体”的要求进行整体规划、整体推进，体现出较高的发展水平。

（二）某省烟草公司财务预算管理的主要做法

1. 预算编制方面

1）各中心、各部门及各县局（营销部）自编并上报各市公司审核汇总

各中心、各部门及各县依据本部门工作职责范围按照下发的预算编制项目表样，分别编制预算项目的指标金额，按照业务明细项目填写详细预算说明，说明必须写清预算编制的原因、各项预算金额，包括但不限于下一年度相关工作计划、调查分析了解到的现况等，例如，购买物资的预算须经充分市场询价才能上报。预算责任单位负责人审核签字确认后，将相应预算项目指标通过电子表报各市公司业务归口管理部门审核。归口管理部门审核也需按照相关预算原则进行审核，审核未通过的必须转回各单位重新进行编制，审核通过后对各部门的预算签署审核意见后报各市公司预算管理委员会。各预算单位与归口管理部门须充分进行预算沟通以保证预算的准确性。由各市公司预算管理委员会对上述各项预算进行初步分类、汇总、审核、协调平衡，转回各业务归口审核部门重新进行审核，重新上报，在此基础上，依据预算管理委员

会最终平衡结果编制市公司的总预算草案。预算管理委员会逐一对各预算责任单位的预算明细项目进行审核并协调平衡,对预算明细项目编制依据不充分、编制计算过程不详细、指标项目解释不清的,不予通过,转回各预算责任单位进行重新编制再上报,在此基础上,预算管理委员会依据最终平衡的结果汇总编制公司的总预算草案。

2)各市公司将总预算草案上报某省烟草公司审核并由某省烟草公司汇总后报中国烟草总公司备案

各市公司将总预算草案上报某省烟草公司(以下简称省公司)以后,由省公司预算委员会初步汇总,形成全省烟草商业预算总草案。省公司预算委员会依据国家烟草专卖局预算管理的相关规定及省公司党组的相关要求对预算进行初步审核。审核采用一对一的方式面谈。省公司预算委员会一般1天面谈2～3个单位。各市公司预算委员会相关人员组成汇报小组,省公司预算委员会相关人员听取汇报并随时提出疑问。省公司预算委员会重点审核的是费用预算和资本性支出预算。涉及工资薪金支出的由人事劳资部门把关;涉及科技支出,包括软件开发的,由科技处把关;涉及烟叶投入支出的,由烟叶部门把关;涉及基本建设支出的,由计划部门把关;涉及专卖打假支出的,由专卖部门把关;其他项目所有项目,包括购买办公资产、汽车等由财务部门把关。省公司预算委员会初步审核后,包括省公司本级预算汇总形成全省烟草商业预算草案。本草案报省公司党组同意后上报中国烟草总公司备案,其中,基本建设支出和捐赠支出需要经中国烟草总公司批准。

2. 预算执行方面

中国烟草总公司备案并批复基本建设支出和捐赠支出后,省公司再将预算批复给各市公司,各市公司再批复给各中心、各部门及各县局(营销部)。各级预算的执行有以下几个特点:第一,财务预算一经批复下达,即具有指令性。各级预算单位必须认真组织实施。根据批复的财务预算,部署各职能部门根据其职责范围,提出分项目具体执行预算,形成全方位的财务预算执行责任体系。第二,年度预算执行过程中,资金的筹集和运用严格按照有关法律法规实施。应当强化现金流量的预算管理,严格按照预算组织和监控预算资金的收付,使企业保有足够的资金寸头用于必需的支付准备。对于预算外的项目支出,按规定经过市局(公司)预算管理委员会审批后再予以支付。对于无合同、无凭证、无手续的项目支出,予以拒付。第三,企业要严格执行成本费用预算,确保完成利润目标。日常控制中,要完善各项成本费用管理的规章制度,模拟市场进行内部结算,严格执行成本费用定额定率标准,推行标准成本、责任成本控制办法,实现成本费用控制目标。第四,各单位应当建立财务预算报告制度。各预算执行职能部门要定期报告预算执行情况,并随时向财务部门反映执行中的问题,查找原因,提出改进的措施和建议。第五,全面、准确地完成财务预算是实现年度经营目标、进行投资筹资的基本依据和重要保证,必须严格执行,未经审批不得随意突破或调整预算;出现特殊情况确需调整预算的,要严格按预算调整审批程序报批。

3. 预算调整方面

正式下达执行的预算,一般不予调整。但预算执行中,出现以下两种情况可以进行调整:一是由于市场环境、经营条件、政策法规等发生重大变化,致使预算的编制基础不成立,可以调整预算,并适用考核的免责条款;二是由于预算责任单位主观因素导致预算项目漏编的,指标金额编制不足、指标编制失真的。确有必要调整的预算,一般在当年9月进行,但必须通过预算管理委员会按照先申请、评审、批准、下达的程序。预算调整的程序与预算编制的程序是一致的。

4. 预算监控方面

建立预算执行情况分析制度,定期召开预算执行分析会,纠正预算执行偏差。财务部门定期收集有关预算指标资料,根据不同情况分别采用比率分析、比较分析、因素分析、平衡分析等方法,从定量和定性两方面分析现状、发展趋势、存在的潜力以及产生问题的原因,提出解决的措施或建议,提交预算管理委员会研究决定。省公司预算分析一般半年进行一次,各市公司一般1～3个月一次。

5. 预算考核方面

各市公司对预算编制、预算审核与预算执行分别考核。对预算编制按部门年度预算指标设置单项奖励考核;对年度总预算执行和月度分解预算执行进行当月的绩效考核,与当月的收入挂钩(如办公费用、接待费用、配送车辆费用以及其他定额费用);对预算执行按月度实行开支程序规范性考核,重点针对预算指标的执行过程,从业务真实性、合法性以及开支的规范性进行绩效考核。在考核的过程中引入预算委员会责任评估机制,及时评估预算责任。

6. 预算奖惩方面

各市公司建立预算执行激励机制,明确责任,奖惩分明。凡是预算编制真实、预算执行符合进度、遵守国家法规和内部管理规定的,要给予精神或物质上的奖励;反之,凡是预算编制与实际执行差异过大(超过20%)、预算执行中控制不严、违反国家法规或内部管理规定的,要视情节轻重,追究相关责任人的责任,给予经济处罚或行政处分。

(三)某省烟草公司财务预算管理的经验总结

1. 逐步完善了预算管理体系

目前,从省局(公司)到各市局(公司),都成立了预算管理委员会,构建了省、市两级预算管理体系,把省局(公司)、市局(公司)所有重要组成部门分别纳入省、市两级预算管理体系之中,确立了各级预算管理机构、预算主体和责任主体,保障了预算管理工作的有序开展。一般是各单位的法人代表担任预算管理委员会主任。预算管理委员会办公室设在财务部门,财务部门负责人担任预算管理委员会办公室主任。

2. 制定了相应的预算管理制度,明确预算程序

2005年,某省烟草公司制定印发了《某省烟草公司预算管理暂行办法》,对预算的编制、审批、执行、调整等环节做了明确规定,使预算管理工作有章可循。预算编制的过程是一个先"自上而下"再"自下而上",最后再"自上而下"的过程,即每年底由省局(公司)确定下一年度行业总体生产经营目标任务,省局(公司)经过测算、平衡后,将各项任务指标(包括销量、利润、税金、单箱销售额、费用水平等)分解下达各市局(公司),这是一个"自上而下"的过程;市局(公司)各基层部门围绕本企业年度目标任务,结合部门实际,编制部门预算上报市局(公司)预算管理委员会办公室平衡、修正,审核后上报省局(公司)预算管理委员会审批,这是一个"自下而上"的过程;省局(公司)预算管理委员会审核并批复下达各市局(公司)预算方案,这又是一个"自上而下"的过程。

3. 预算范围基本涵盖企业生产经营的各个环节

目前,某省烟草公司编制的预算从大类上分为经营预算、财务预算和投资预算三类。其中,经营预算分为卷烟经营预算(包括卷烟销量、类别,卷烟销售收入、成本、毛利)和烟叶经营预算(包括烟叶销售数量、等级,烟叶销售收入、成本、毛利);财务预算分为损益预算、经营费

用预算、管理费用预算、财务费用预算、营业外收支(包括捐赠、赞助支出)预算;投资预算也就是人们常说的资本性支出预算,预算范围基本涵盖企业生产经营的各个环节。当前某省烟草公司只对各市公司的三项费用预算、捐赠(赞助)支出预算和资本性支出预算进行审批,对其他类预算实行备案。

4. 通过宣传引导,财务预算理念渐入人心

经过近几年的预算宣传,现在各单位员工,特别是各级领导干部,逐渐树立起"先预算,后开支;无预算,不开支"的预算观念,逐渐改变了以前"无预算,乱开支"或"先支后算"等随意开支的做法,提高了行业职工对财务预算管理工作的认识。但是,与行业先进单位相比,某省烟草公司的财务预算管理工作还处在初级阶段,还存在诸多不足。比如,预算编制不够精细,预算审核不够严格,预算执行分析不够到位,缺乏预算考核机制、有些单位对预算工作还不够重视等。比如,在编制2015年度预算时,有的单位第一次上报的预算方案中,在卷烟销售数量增加的情况下,税利预算竟然比2014年实现数还低,这是一种对预算不负责任的态度。

(四)某省烟草公司财务预算管理存在的问题

1. 预算编制方法不灵活

很多下属市公司一直采用的是定基预算法,这种方法以历史数据为基数,在预算期内按一定的增长率或节约率来编制预算,简便易行,省时省力,但缺乏科学性和先进性,其中往往夹杂着"经验预算"和"灵感预算"的成分,预算结果不够准确。省公司对各市公司预算的审核在2015年以前也一直采用定基预算法,这种方法最大的弊病是默认了以前年度的开支都是合理的,长年累月采用这种方法,预算中就会存在越来越多的不合理成分。在2016年预算编制中,才真正引进了零基预算法,比如,业务招待费、差旅费等项目,没有在去年的基础上进行增减,而是根据业务量的大小完全重新核定,以后会针对不同预算项目的特点,采用更多适合的方法编制可以提高预算的准确性,真正达到预算的目标。

2. 会计核算口径不统一

烟草企业开支项目很多,会计科目中的费用项目也很多,有些开支项目与会计科目并不是很清楚的一一对应关系。因此,同样的支出项目,不同的企业、甚至同一企业不同的会计人员,都有可能在不同的费用科目反映。如某下属市公司根据开支项目的性质分四大类预算:权责费用项目(如后勤负责车队运营、油费、保养)、定额预算费用项目(如通信费、业务接待费)、报告性费用项目(如专卖执法、办案相关费用)、不可预见性费用项目;而另一下属市公司则分为两类支出:损益类支出(如销售,成本费用)和资本性资出。再如,差旅费、培训费、会务费这三项费用如何区分、如何归集并没有统一起来,导致各个下属市公司的费用大相径庭,难以比较。这种会计核算的不统一,影响到预算编制的准确性。

3. 预算编制不够精细

大多数下属市公司虽然都对预算编制的程序做了规定,如将损益性预算的编制划分为收入预算的编制、成本费用预算的编制和营业外收支预算,对成本费用预算的编制只是规定了:成本费用预算是以预算期内可能实现的商品销售量、劳务业务量为基础,以企业目标利润为核心,以货币形式对企业生产经营活动全部成本费用的财务反映,它是企业实行财务预算管理的重要组成部分;成本费用主要包括卷烟销售成本、期间费用(经营费用、管理费用、财务费用)、预提费用、待摊费用、长期待摊费用等。但对具体子项目中的开支内容、标准并不明确,预算的编制过于粗略。

4. 预算执行不够严格

编制前未能进行充分的调查分析，使预算基数的核定缺乏充分的科学依据，大多靠经验核定，预算基数脱离了实际；预算编制过程中不够严谨、科学合理，日后随意调整预算；对预算的跟踪执行过程、差异分析和预算的调整在企业未能得到真正的贯彻落实，出现了架空预算控制职能、预算执行不严的现象。从 2013 年各市、县局(公司)报送给资金管理中心的现金预算可以看出，有的单位对本月资金收支预算心中无底，随意编报，追加预算数占月度预算的比例较大；有的单位对开支项目心中无数，做预算时未考虑，到需开支时只好作为追加预算；有的单位对预算开支额不予控制，编了预算却不按预算控制开支等。出现上述情况的主要因素是预算的约束性不强。目前，各单位还没有制定相应的预算执行的检查措施和办法。

5. 缺乏科学的预算考核制度

科学的考核体系，完善的考核制度，以及严格执行考核制度，坚决以预算标准来考核责任单位和责任人，才能保证预算管理的效果。目前对预算的考核还没有具体制度和配套奖惩措施，缺乏应有的激励机制，致使企业的预算人员责任心不强，认为预算的准确与否对自己的实际利益关系不大，使预算与开支差距较大，预算工作流于形式。另外，即便有少数下属市公司有考核制度，考核也存在着只惩不奖的现象，并且难以实现考核科学性，如业务宣传费预算额 90 万元，实际花费了 80 万，虽然没有达到 90 万元的预算，但完成了 90 万元应该完成的事，这时是否应该惩罚。诸如此类现象，必须要建立科学完善的考核制度加以规范。同时，省公司对各市公司的预算考核目前暂时还由审计部门对各单位的预算执行情况检查代替，没有真正建立起全省烟草的预算考核制度，也没有对预算的奖励及惩罚制定出明确的标准。

6. 财务预算编制还没有实现电算化

目前，某省烟草公司的预算编制、审核、汇总还停留在电子表格的基础上，这对预算的审核、汇总无形之中增加了工作量。同时，预算的编制与执行没有与财务软件，更没有与资金软件系统有机联系起来。这样，在账务处理时不能及时掌握预算的执行情况，预算的事中控制就没办法实现。由于预算没有与资金软件系统有机联系起来，资金的拨付也就没有预算数据作依据，因此，资金的使用控制也不能做到科学合理。

7. 内部控制不规范

一些下属市公司用一般的财务规章制度代替内控制度，如对费用支出的管理制度，管理办法仅按照一般的财务规章制度，就其开支范围、开支标准加以限制，认为只要严格执行费用开支范围与标准，就控制住了费用开支。部分单位的财务活动按照传统的程序执行，用以前形成的“经验”代替内部财务控制，他们认为，单位有切实有效的“经验”，用老实可靠的人办事，单位未出差错，不必再制定专门的内控制度。此外，部分内控制度缺少科学性，也造成实务上无法执行或控制成本比控制收益大等问题。在监督考核方面，目前多数县级单位对内部控制监督主要依靠内审部门来实现，而部分单位的内审部门隶属于财务部门，与财务部门同属一人领导，内部审计在形式上缺乏应有的独立性。另外，由于审计人员很少，在内审的范围上，很多企业的内部审计工作仅仅是审核具体的财务核算行为及企业较大的财务活动，而对内部稽查、评价内部控制制度是否完善和企业内各组织机构执行指定职能的效率等方面，很少有所涉及，因此应加强县级单位审计人员的管理和培养。另外，目前对内部控制的考核奖惩也几乎是空白，很少有市公司明确奖惩机制。

(五)某省烟草公司财务预算管理的改进建议

1. 改变预算编制方法,实现预算编制方法多元化

预算编制的方法很多,有固定预算、弹性预算、定基预算、零基预算、定期预算、滚动预算等。改进预算编制方法是某省烟草公司当前和今后预算管理的重要任务。建议以传统的定基预算法与零基预算法相结合的方式来编制预算。对一些相对固定、不可控的费用(如固定资产折旧费、基本的"五险一金"费用、防洪保安费等),采用定基预算法进行编制;对那些可控的、易受人为或市场因素影响的费用,采用零基预算法进行编制。而采用零基预算法,就要求预算编制部门充分收集这些费用的历史数据资料,并对其进行分析研究,剔除其中的不合理因素和偶然因素,在此基础上结合市场环境等客观情况来编制本企业(或部门)预算。

2. 进一步统一会计核算口径,实现预算管理的可比性

针对下属各个市公司对某些费用的处理口径不一致的问题,需要广泛开展调查研究,收集各单位对处理此类问题的意见和看法,然后由省局(公司)进行统一。这样,既规范了会计核算,又落实了预算编制基础。

3. 强调预算编制科学性,实现费用预算精细化

预算控制主要是费用水平,关键是管理费用,要控制好费用,关键是要实现预算管理精细化,对于预算中的大多子目,要能说明具体的开支内容等情况,如汽油费:一是要制定有关消耗标准或定额,使各单位编制相关费用预算时有标准可依,也必须依据标准来编制预算,对超出标准的预算,必须理由充分,否则一律核减;二是完善车用燃料管理办法,由现金结账方式,改为统一购买加油卡,根据出车里程和定额消耗核算总油耗及金额,这样既能降低费用,又能取得增值税抵扣;三是对送货线路进行优化,降低运输成本;四是实行送货车辆单车核算,所属各单位要成立单车核算小组,设立车辆费用台账,并对车辆的单车经济指标进行考核,核定的依据之一是卷烟送货量、送货里程。

4. 加强预算编制审核,强化预算执行管理

要按照"分级编制、层层审核"的原则,严格预算编制审核。各级预算管理委员会依据预算编制要求、定额标准对各单位(部门)编制的预算进行严格审核把关。通过表格化对比分析,将不符合预算编制要求和定额标准,以及依据不足、说明不清或缺项、漏项的预算及时返回预算编制单位(部门)重新编制;对各费用项目中的"其他"要列出所有明细,避免不合理的费用打包;对一些"特殊"的可控费用,比如业务接待费,要采取一定的措施(如费用增长幅度不能高于经济增长幅度)加以控制;对未取得上级部门批复的项目的资本性支出预算坚决不批;对宣传项目不明,没有宣传方案,或宣传方式、途径、金额不具体的广告、业务宣传费一律不批。总而言之,凡是预算不清的,审核就不能通过;凡是预算不够细致的,就要反复修订。通过严把预算审核关,使预算方案更加全面、准确、科学、合理,更加符合生产经营管理实际,更利于预算的执行。

在预算执行过程中,必须加强事中控制,跟踪经济活动(特别是重大专项预算项目、大额投资等)和各项开支是否按照预算进度进行,如果偏离预算进度较大,就要及时分析原因,并对预算方案进行重新评估。

5. 加强预算考核制度,完善预算激励机制

为使预算能够贯彻执行,并能注重过程管理,达到对所属企业开支的日常监管和制约,还需要制定完善有关内控制度和管理办法,将预算执行的考核情况纳入对市级公司领导班子的考核指标体系,为预算管理提供制度保障。

同时，为充分发挥考核的激励导向作用，一方面，在制定工作目标考核办法时，要根据各项费用在经济运行中的可控程度、重要程度，年度总预算、分类预算执行情况以及年度实际费用水平增减幅度分别设置不同的考核分值；另一方面，要加大费用水平在预算考核中的比重，并将预算管理考核结果同各单位评先挂钩，与单位领导、干部职工的薪酬和绩效工资挂钩，充分发挥预算考评机制的作用，最大限度地调动干部职工的积极性和创造性，全员参与、全程控制，促进财务预算管理工作落到实处。

6. 实现财务预算电算化，促进各软件平台有机集合

要尽快实现预算电算化，将预算模块与账务模块有机结合起来，在编制会计记账凭证时就能随时掌握预算的执行情况，同时可以制定预算预警机制，在预算执行达到一定比例，如 80% 时就开始预警，这样就较好地对预算进行了事中控制，有利于使预算的执行更加准确。要将预算模块与资金管理系统模块有机结合起来，这样，资金的拨付就有预算数据作依据，避免资金的闲置与浪费，可以节约资金成本，加强企业基础管理，提高经济经济效益。

7. 加强内控制度建设，完善企业内部管理

内控制度建设是企业预算管理水平的保障，是企业管理水平和提高企业经济效益的关键。因此，企业必须加强企业内控制度建设。某省烟草公司应当加强以下内控制度的建设：

1）会议费的管理

目前的行业的管理模式是由一个部门将会议联系、食宿安排、费用签单、购买会议用品、结账、报账为一体全程操作，这不符合内控制度建设中的相互牵制机制。建议会议联系、食宿安排、签单、购买会议用品由一个业务部门负责，会后由内审部门对会议开支进行现场审计，审计签字后，由财务部门统一结账，统一入账。建议能开电视电话会议的不集中开会，能开短会的不开长会，年初会议费预算根据年初会议安排计划、参加人员、收费标准进行预算。

2）各种财产保险费管理

根据调查和不完全统计，某省烟草公司 2014 年至 2015 年度保险费共计 * 300 万元，主要为财产险、车辆险；另有极少数量的货运、现金险。据统计报来的数据：投保固定资产和存货 20 余亿元，保险费约 * 10 万元。费率一般在 1‰　3‰之间，综合费率在 2. 5‰。调查显示：某省烟草公司 2014 年至 2015 年度保险存在以下不足：一是保险险种落后，保障严重不足，费用较高，如，财产以投保财产基本险、综合险为主，格式化条款，保险范围窄，保险额度和保障范围明显不足，无法有效地转嫁风险；二是部分机动车辆保险没有得到优惠；三是没有投保必要的责任保险，对企业、社会和职工的保障构成一定风险。由于统一保险具备了一定的规模效应，可以充分扩大了某省烟草公司各级烟草的财产、人身和责任风险的保障范围。经初步了解，统一保险后，财产一切险费率可以降为 0. 5‰，比去年 2. 5‰降低了 80% 。因此，统一保险后将极大地节约保险成本，同时扩大保障范围。

3）修理费，特别是汽车修理费的管理

2015 年，省局（公司）本级修理费预算 * 20 万元，其中汽车修理费为 45 万元；行业修理费预算 * 037 万元，其中汽车修理费为 * 19 万元；修理费合计 * 198. 5 万元，其中汽车修理费为 * 94 万元。建议由行业各单位在当地统一招标或定点修理，一定额度修理费必须经内审部门现场审计后，由财务部门统一支付。

4）汽车购买、管理和使用等方面

目前，行业的汽车数量巨大，且每年都有大量购买汽车的现象，汽车不断更新，且汽车修理

费不断加大,2014年预算为*48万元,2015年预算为*94万元,这是值得思考的问题。

在汽车购买方面,建议购买管理用车,应该用管理人员人均拥有量进行适当控制;购买物流配送用车,应该用卷烟销售和烟叶销售量进行适当控制。

在汽车保有量方面,建议各单位对本单位管理用车、物流用车、专卖用车进行一次彻底的清理,报省局(公司)备查,同时该报废的要及时报废,该拍卖的就要及时拍卖,不要在本单位长期闲置不用,增大汽车保险、年审、维护费用。

汽车使用方面,建议加强汽车使用管理。单位公车,在下班时间必须入库管理,管理人员要做好登记,不是专职司机或应该配备公车的人员,不能驾驶单位公车办私事。

5) 烟、酒、广告品等物品的管理

建议单位统一购买的用于接待的烟、酒,统一制作的广告品,财务部门要建立备查账,建立领用和登记制度,单位内审部门应该不定期对上述物品的领用、使用情况进行审计。必要时,可以对大额使用情况进行现场跟踪审计。

6) 省局(公司)本级单列业务招待费管理

根据原机关费用管理规定,接待厅级以上领导,由服务中心统一安排,计入省局(公司)本级或单列业务招待费。为了便于对口部门的业务沟通,接待对象有对口部门的,建议经主管领导审批后,由对口部门进行接待。没有对口部门的,再由公司领导指定部门安排。

第七节　某集团公司财务预算管理制度及其实施细则

一、某集团公司财务预算管理制度

(一) 财务预算管理的目的

集团公司依据本制度实行财务预算管理,必须达到以下目的:

(1) 明确集团公司及其所属各经营公司(含母公司、子公司,下同)的经营目标。

(2) 协调集团公司及其所属各经营公司的经济关系。

(3) 控制集团公司及其所属各经营公司的经济活动。

(4) 评价集团公司及其所属各经营公司的经营业绩。

(5) 提高集团公司及其所属经营公司的经营管理水平和效益。

(二) 财务预算的内容

集团公司财务预算包括经营活动预算、投资活动预算、筹资活动预算、现金流量预算、财务状况预算、经营成果预算六部分内容。

(1) 经营活动预算是指对集团公司及其所属各经营公司在预算期内从事的各种经营活动所编制的预算。它包括目标利润(或目标成本)预算、主营业务收入预算、应收账款预算、主营业务量预算、主营业务成本预算、主营业务采购量预算、应付账款预算、间接费用预算、营业费用预算、管理费用预算、财务费用预算、其他业务收支预算、营业外收支预算、税费支出预算等。

(2) 投资活动预算是指对集团公司及其所属各经营公司在预算期内从事的各种投资活动所编制的预算。它包括对内投资预算和对外投资预算、短期投资预算和长期投资预算、股权投资预算和债权投资预算等。

(3) 筹资活动预算是对集团公司及其所属各经营公司在预算期内从事的各种筹资活动所

编制的预算。它包括股权筹资预算和负债筹资预算、短期筹资预算和长期筹资预算、内部筹资预算和外部筹资预算等。

(4) 现金流量预算是指对集团公司及其所属各经营公司在预算期内的现金流入量、现金流出量和现金净流量所编制的预算。它包括经营活动现金流量预算、投资活动现金流量预算和筹资活动现金流量预算。

(5) 财务状况预算是指对集团公司及其所属各经营公司在预算期末各种资产、负债、所有者权益的构成情况所编制的预算,亦即资产负债表各项目期末余额的预算。

(6) 经营成果预算是指对集团公司及其所属各经营公司在预算期内的利润及其分配情况所编制的预算,亦即利润及利润分配表各项目本期发生额的预算。

(三) 财务预算管理的实施范围

集团公司财务预算管理的实施范围包括集团公司及其所属的经营公司。

(1) 集团公司是指某集团有限公司。

(2) 集团公司所属的经营公司包括集团母公司和集团母公司所属的子公司。

① 集团母公司是指 B0 有限公司。

② 集团母公司所属的子公司包括 B1 房地产有限公司、B2 超市有限公司、B3 拍卖有限公司。

(四) 财务预算管理的层次设定

集团公司财务预算管理分为集团公司总预算和集团公司所属各经营公司财务预算两个层次来进行管理。

(1) 集团公司总预算是一级预算,它是在集团公司所属各经营公司财务预算的基础上汇总编制而成的、反映集团公司在预算期内各项预算指标总体水平的预算。集团公司总预算只编制现金流量预算、财务状况预算和经营成果预算,不编制经营活动预算、投资活动预算和筹资活动预算。集团公司总预算应体现集团公司在预算期内计划要实现的总体经营目标。

(2) 集团公司所属各经营公司财务预算是二级预算,它是在集团公司下达给它的经营目标(目标利润、目标成本、目标资产保值增值率、目标资本保值增值率等)的控制下编制而成的财务预算。它包括经营活动预算、投资活动预算、筹资活动预算、现金流量预算、财务状况预算和经营成果预算。

(五) 财务预算管理的机构设置

集团公司财务预算的管理机构由集团公司财务预算管理委员会、集团公司财务预算管理办公室、各经营公司财务预算管理委员会、各经营公司财务预算管理办公室四级机构组成。

(1) 集团公司财务预算管理委员会是集团公司董事会领导下的一个非常设性机构,是集团公司财务预算管理的最高领导机构。

① 集团公司财务预算管理委员会设主任 1 人,由集团公司总经理兼任;设成员若干人,由集团公司财务总监、各分管副总经理和各经营公司总经理组成。

② 集团公司财务预算管理委员会的职责是:制定集团公司财务预算管理制度及其附属的相关制度;制定集团公司财务预算的总目标、总方针和总要求;提出集团公司财务预算管理的改进方案;协调集团公司财务预算管理过程中的有关矛盾。审定集团公司总预算和各经营公司财务预算的草案、修正案和年终决算方案,并下达集团公司总预算和各经营公司财务预算的草案、修正案和年终决算方案的执行通知书;审查集团公司总预算的年终决算奖惩方案。

(2) 集团公司财务预算管理办公室是集团公司财务预算管理委员会下属的执行机构,负责集团公司财务预算的日常管理工作。

① 集团公司财务预算管理办公室设在集团公司财务中心。集团公司财务预算管理办公室设主任1人,由集团公司财务总监兼任;设成员若干人,由集团公司财务中心职员和集团公司各职能部门经理组成。

② 集团公司财务预算管理办公室的职责是:转发集团公司财务预算管理委员会制定的集团公司财务预算管理制度及其附属的相关制度;转发集团公司财务预算管理委员会制定的集团公司财务预算总目标、总方针和总要求;组织集团公司财务预算编制前的人员培训,布置集团公司财务预算编制工作;组织编制集团公司总预算草案、修正案和年终决算方案;指导各经营公司编制财务预算预案、草案、修正案和年终决算方案;审查各经营公司财务预算预案、草案、修正案和年终决算方案;监督集团公司总预算草案、修正案和年终决算方案的执行,定期做出执行情况分析报告,并向集团公司财务预算管理委员会汇报;会同集团公司人力资源管理部门考核集团公司总预算的执行过程和结果,并编制集团公司总预算的年终决算奖惩方案。

(3) 各经营公司财务预算管理委员会分别是各经营公司董事会领导下的非常设性机构,是各经营公司财务预算管理的领导机构。

① 各经营公司财务预算管理委员会分别设主任1人,由各经营公司总经理兼任;分别设成员若干人,由各经营公司副总经理、财务部门及其他职能部门负责人组成。

② 各经营公司财务预算管理委员会的职责是:贯彻落实集团公司财务预算管理制度及其附属的相关制度,并制定本公司财务预算管理的实施办法;贯彻落实集团公司财务预算的总目标、总方针和总要求,并制定本公司财务预算的目标、方针和要求;审定本公司财务预算预案、草案、修正案和年终决算方案;协调本公司财务预算管理过程中的有关矛盾;根据集团公司财务预算管理委员会下达的本公司财务预算草案、修正案和年终决算方案的执行通知书,向本公司各职能部门传达执行通知;审查本公司财务预算的年终决算奖惩方案。

(4) 各经营公司财务预算管理办公室分别是各经营公司财务预算管理委员会下属的执行机构,分别负责各经营公司财务预算的日常管理工作。

① 各经营公司财务预算管理办公室分别设在各经营公司的财务部门。各经营公司财务预算管理办公室分别设主任1人,由各经营公司分管财务的副总经理兼任;分别设成员若干人,由各经营公司财务部门职员和其他职能部门经理组成。

② 各经营公司财务预算管理办公室的职责是:组织编制本公司财务预算预案、草案、修正案和年终决算方案;监督本公司财务预算草案、修正案和年终决算方案的执行,定期做出执行情况分析报告,并向本公司财务预算管理委员会和集团公司财务预算管理办公室汇报;会同本公司人力资源管理部门考核本公司财务预算的执行过程和结果,并编制本公司财务预算的年终决算奖惩方案。

(5) 由于集团公司和集团母公司在组织机构上实行两块牌子、一套人马,所以,集团公司和集团母公司的财务预算管理机构也相应实行两块牌子、一套人马,即集团公司财务预算管理委员会行使集团母公司财务预算管理委员会的职责,集团公司财务预算管理办公室行使集团母公司财务预算管理办公室的职责。

(6) 由于B1房地产有限公司的会计核算和财务管理工作目前暂由集团公司财务中心代

管,所以,这家子公司的财务预算管理委员会组成人员中应包括集团公司财务中心经理,财务预算管理办公室组成人员中应包括集团公司财务中心职员,财务预算管理办公室暂时设在集团公司的财务中心。

(六)财务预算的编制模式

集团公司财务预算的编制采取由上到下、由下到上、再由上到下,上下相结合的模式,即采取以集权为主、适当分权的模式。

(1)集团公司财务预算管理委员会根据集团公司长期发展战略和预算年度的经营目标,制定集团公司财务预算的总目标、总方针和总要求。

(2)集团公司财务预算管理办公室转发集团公司财务预算的总目标、总方针和总要求,并组织财务预算编制前的人员培训,布置财务预算编制工作。

(3)各经营公司财务预算管理委员会根据集团公司财务预算总目标、总方针和总要求,制定本公司财务预算的目标、方针和要求。

(4)各经营公司财务预算管理办公室根据本公司财务预算的目标、方针和要求,编制本公司的财务预算预案。

(5)各经营公司财务预算管理委员会审定本公司财务预算预案,并上报集团公司财务预算管理办公室。

(6)集团公司财务预算管理办公室审查各经营公司财务预算预案,提出修改意见,要求各经营公司修改财务预算预案。

(7)各经营公司根据集团公司财务预算管理办公室的修改意见,修改本公司财务预算预案,并形成本公司财务预算草案,经本公司财务预算管理委员会审定后上报集团公司财务预算管理办公室。

(8)集团公司财务预算管理办公室审查各经营公司财务预算草案,根据各经营公司财务预算草案编制集团公司总预算草案,连同各经营公司财务预算草案一起上报集团公司财务预算管理委员会。

(9)集团公司财务预算管理委员会审查集团公司总预算草案和各经营公司财务预算草案,提出修改意见,要求集团公司财务预算管理办公室和各经营公司修改财务预算草案,并协调修改过程中的有关矛盾。

(10)各经营公司根据集团公司财务预算管理委员会的修改意见修改本公司财务预算草案,经本公司财务预算管理委员会审定后上报集团公司财务预算管理办公室。

(11)集团公司财务预算管理办公室审查各经营公司修改后的财务预算草案,并根据各经营公司修改后的财务预算草案重新编制集团公司总预算草案,连同各经营公司修改后的财务预算草案一起上报集团公司财务预算管理委员会。

(12)集团公司财务预算管理委员会审定集团公司总预算草案和各经营公司财务预算草案,并下达集团公司总预算草案和各经营公司财务预算草案执行通知书。

(七)财务预算的编制方法

集团公司财务预算编制方法分为基本方法和专门方法两大类,各经营公司应根据本公司的经营特点选择适用的编制方法。

1. 集团公司财务预算编制的基本方法

集团公司财务预算编制的基本方法包括固定预算法、弹性预算法、零基预算法和定基预算法等。

1)固定预算法

它是指根据预算期内已确知的业务量水平来编制预算数的一种方法。比如,某工程已确知在预算期内将会发生某一水平的工程量,根据这一水平的工程量来编制该项工程的收支预算,就称为固定预算。该方法不考虑预算期内业务量可能会发生的变动,故只适用于业务量较稳定的业务活动的预算。

2)弹性预算法

它是指根据预算期内可能预见的多种不同的业务量水平来分别编制多种不同的预算数的一种方法。比如,某工程在预算期内有三种水平的可预见的工程量,根据这三种不同的工程量来分别编制出该工程三种不同的收支预算,就称为弹性预算。该方法考虑了预算期内业务量可能发生的多种变化,故适用于业务量不稳定的业务活动的预算。

3)零基预算法

它是指以零为基数来编制预算数的一种方法。比如,管理费用中折旧费的预算,在固定资产占用情况可能会发生变化的情况下,就应以零为起点,根据预算期内固定资产占用情况据实做出预算。该方法不考虑预算项目上年的实际(或预计)发生数对预算期预算数的影响,只根据预算期内的可能发生数来做出预算,故适用于上年实际(或预计)发生数对预算期内的预算数没有多大参考价值的业务活动的预算。

4)定基预算法

它是指以预算期前一期的实际发生数为基数,考虑合理的增减因素之后来编制预算数的一种方法。比如,管理费用中办公费的预算,在办公条件可能不会发生较大变化的情况下,应以上年实际发生数(由于年度预算一般在上年第四季度就开始编制,所以实际编制时应以上年预计发生数)为基数,剔除一些不合理的发生数,再加进一些合理的可能发生数之后,编制出预算年度的预算数。该方法考虑了预算项目上年的实际(或预计)发生数对预算期预算数的影响,故适用于上年实际(或预计)发生数对预算期内的预算数有较大参考价值的业务活动的预算。

2. 集团公司财务预算编制的专门方法

按预算编制的起点不同,集团公司财务预算编制的专门方法分为以目标利润为编制起点的编制方法和以目标成本为编制起点的编制方法两类。

1)以目标利润为编制起点的编制方法

它适用于有正常的营业收支的经营公司。财务预算的编制方法按预算编制的先后顺序分述如下:

(1)目标利润的确定方法:以预算期前一年实际(或预计)实现的净利润为基数,考虑预算期内经营条件和经营环境可能会发生的变化,确定预算期的目标利润,即

目标利润 = 预算期前一年实际(或预计)净利润 + 预算期净利润目标增长额

或

目标利润 = 预算期前一年实际(或预计)净利润 × (1 + 预算期净利润目标增长率)

(2)主营业务收入的预算方法:根据主营业务收入利润率与目标利润之间的内在联系来确定主营业务收入的预算数,即

主营业务收入预算数 = 目标利润 ÷ 合理的主营业务收入利润率

根据这个公式计算出的预算数是主营业务收入预算总额,各经营公司在编制预算时要根

据预算期前一年各业务分部实际(或预计)业务收入占总收入的比重,结合预算期各业务分部经营条件和经营环境的变化情况,将该总额分解给各项业务分部。主营业务收入包括现销收入和赊销收入两部分,在编制主营业务收入预算时,应同时根据收款政策确定主营业务收入所引起的现金收入预算数。收款政策包括现销比例、赊销比例、赊销收款期限等内容。

(3) 应收账款期末余额的预算方法:根据预算期初应收账款实际(或预计)余额与预算内应收账款预计借贷方发生额来确定预算期末应收账款预计余额,即

预算期末应收账款预计余额 = 预算期初应收账款实际(或预计)余额
+ 预算期内应收账款预计借方发生额
− 预算期内应收账款预计贷方发生额

其中

预算期内应收账款预计借方发生额 = 预算期主营业务收入预算数 × 控制的赊销比例

预算期内应收账款预计贷方发生额 = 预算期初应收账款实际(或预计)余额
× 控制的回笼比例 + 预算期内应收账款预计借方发生额
× 控制的回笼比例

(4) 主营业务量的预算方法:根据各业务分部主营业务收入的预算数与该项业务分部的业务单价之间的内在联系来确定各业务分部的主营业务量,即

某项业务分部的主营业务量预算数 = 该业务分部的主营业务收入预算数
÷ 该项业务分部的业务单价

(5) 主营业务成本的预算方法:根据主营业务成本与目标利润之间的内在联系来确定主营业务成本的预算数,即

主营业务成本 = 目标利润 ÷ 合理的主营业务成本利润率

根据这个公式计算出来的预算数是主营业务成本预算总额,各经营公司在编制主营业务成本预算时要根据预算期前一年各业务分部实际(或预计)发生的业务成本占总成本的比重,结合预算期各业务分部经营条件和经营环境可能发生的变化,把该预算总额分解给各项业务分部。各项业务分部的主营业务成本预算数也可以根据以下公式来确定:

某项业务分部的主营业务成本预算数 = 该项业务分部的主营业务收入预算数
× 该项业务分部合理的主营业务成本率

其中:主营业务成本率是指主营业务成本占主营业务收入的比率,某项业务分部合理的主营业务成本率是根据预算期前一年该项业务分部实际(或预计)的主营业务成本率,结合预算期该项业务分部采购价格可能会发生的变化来确定。如果主营业务成本中包含人工成本(工资),还要将直接人工成本单独分解出来,以便编制现金预算。直接人工成本的分解可根据预算期内计划用工数和工资政策采用零基预算法来分解。有的主营业务成本在会计核算中要求进行明细分类核算的,编制预算时还要将主营业务成本(含业务分部主营业务成本)的预算数分解到明细项目上。

(6) 主营业务采购量的预算方法:主营业务采购量要按各项业务分部来预算

某项业务分部的主营业务采购量预算数 = 该项业务分部预算期内主营业务量预算数
+ 该项业务分部预算期末合理的主营业务库存量
− 该项业务分部预算期初实际(或预计)
的主营业务库存量

预算主营业务采购量,应同时预算主营业务采购金额。

主营业务采购金额预算数 = 主营业务采购量预算数 × 预计的采购单价

(7) 应付账款期末余额的预算方法:与应收账款期末余额的预算一样,应付账款期末余额的预算主要目的是为了编制现金预算。

预算期末应付账款预计余额 = 预算期初应付账款实际(或预计)余额
+ 预算期内应付账款预计贷方发生额
− 预算期内应付账款预计借方发生额

其中,预算期内应付账款预计贷方发生额和预计借方发生额根据供货方可能要求的付款条件和本公司预计的采购金额、付款能力来合理估计。

(8) 间接费用的预算方法:间接费用往往已分配计入主营业务成本之中,预算时可根据预算期前一年间接费用占主营业务成本的实际(或预计)比重采用定基预算法来确定,也可以根据预算期内可能的发生数采用零基预算法来确定。间接费用中包含付现费用的,要单列现金项目进行预算。

(9) 营业费用的预算方法:营业费用又叫销售费用或经营费用,可以根据"主营业务收入 × 营业费用占主营业务收入的合理比率"来确定,也可以根据预算期前一年营业费用实际(或预计)发生数采用定基预算法来确定,还可以根据预算期内的可能发生数采用零基预算法来确定。营业费用中包含付现费用的,要单列现金项目进行预算。

(10) 管理费用的预算方法:先根据"主营业务收入 × 预算期前一年管理费用占主营业务收入的实际(或预计)比率"确定一个基数,然后再采用定基预算法来确定预算期管理费用的预算数;或者根据预算期内的预计发生数采用零基预算法来确定管理费用的预算数。管理费用的预算按照先固定费用、后变动费用的顺序来进行,即先确定固定费用,后确定变动费用。预算时应分项目进行,现金项目应单独列出。

(11) 财务费用的预算方法:根据预算期初付息债务的结余金额和还本付息约定以及预算期内的筹资活动预算,采用零基预算法来确定财务费用的预算数。财务费用中包含非付现费用的,应将付现费用和非付现费用分开列出。

(12) 其他业务收支的预算方法:根据预算期内的预计发生数采用零基预算法来做预算,涉及现金流量的,应单独列出。

(13) 营业外收支的预算方法:根据预期内的可能发生数采用零基预算法或定基预算法来确定营业外收支的预算数。涉及现金流量的,应单独列出。

(14) 税费支出的预算方法:根据预算期内应税收入、应税利润和应税行为的预计发生情况以及相应的税费率,采用零基预算法来确定税费支出的预算数。其中,所得税支出也可根据"[目标利润 ÷ (1 − 所得税税率)] × 所得税税率"来确定其预算数。在预算各种税费支出时,应同时确定因前期税费支出和本期税费支出而引起的本期现金支出额和现金收入额(退税收入)的预算数。税费支出的预算应按税费种类来编制。

(15) 投资活动的预算方法:根据预算期内的投资计划采用零基预算法来编制预算。投资活动预算应按对内投资和对外投资来编制。其中,对内投资应按固定资产投资、其他资产投资、营运资金垫支和投资活动现金流量四个项目来编制;对外投资应按长期股权投资、长期债权投资、短期投资、投资收益和投资活动现金流量五个项目来编制。

(16) 利润分配的预算方法:利润分配预算包括两项预算:一是预算期前一年年末可供分

配的利润按该年利润分配政策在预算期内对投资人进行利润分配的预算(或对投资人支付应付利润的预算),这项预算涉及现金流出,它同时构成现金流量预算的组成部分;二是预算期内的目标利润按预算期利润分配政策补亏、提留法定公积金、提留公益金、提留任意公积金、提留奖励基金、确定可供分配的利润在投资人之间的分配金额等事项的预算,这项预算不涉及现金流出,只影响预计资产负债表和预计利润分配表的金额。

(17) 筹资活动的预算方法:根据预算期初现金余额、预算期内经营活动和投资活动产生的现金净流出量以及预算期内为支付前期筹资本息或利润而发生的现金净流出量来确定筹资金额的预算数,即

筹资金额预算数 = 投资活动产生的现金净流出量
+ 预算期内为支付前期筹资本息或利润而发生的现金净流出量
+ 预算期末现金合理余额 - 预算期初现金余额
- 经营活动产生的现金净流入量

筹资活动预算应按股权筹资、负债筹资和筹资活动现金流量三个项目来编制。

(18) 现金流量的预算方法:根据上述经营活动预算、投资活动预算和筹资活动预算中涉及的现金流量项目,采用直接编制法来确定现金流量的预算数。编制时,项目分类按经营活动现金流量、投资活动现金流量和筹资活动现金流量来设置,每一类现金流量都应较为详细地列出明细项目。

(19) 利润表的预算方法:根据上述经营活动预算和投资活动预算中涉及的利润表收支项目,采用直接编制法来确定利润表各项目的预算数。

(20) 利润分配表的预算方法:根据公司利润分配政策和上述利润分配预算及筹资活动预算中涉及的利润分配项目,采用直接编制法来确定利润分配表各项目的预算数。预算时应注意上述利润分配预算和筹资活动预算中重复预算的部分,避免利润分配表预算出现重复预算。

(21) 资产负债表的预算方法:首先把资产负债表项目分为敏感项目和不敏感项目,然后对敏感项目和不敏感项目分别采用零基预算法和定基预算法来确定其预算数。所谓敏感项目,是指发生额及余额受经营活动、投资活动和筹资活动影响较大、预计在预算期内会发生较大变动的项目,如货币资金、应收账款、存货、应付账款、应交税金、盈余公积等。对这类项目,应根据上述经营活动预算、投资活动预算和筹资活动预算的相关结果,采用零基预算法来确定其预算数。所谓不敏感项目,是指发生额及余额受经营活动、投资活动和筹资活动影响不大、预计在预算期内发生较小变动(甚至不发生变动)的项目,如待摊费用、长期投资、无形资产、其他资产、实收资本、资本公积等。对这类项目,应采用定基预算法来确定其预算数。敏感项目和不敏感项目并不是绝对的、一成不变的,而是相对的、变化的。有的项目在某家经营公司是敏感项目,而在另一家经营公司则不一定是敏感项目;有的项目在某个预算期是敏感项目,而在另一个预算期则变成了不敏感项目。因此,各经营公司在编制资产负债表预算时,必须根据本公司的实际来划分敏感项目和不敏感项目,做到结合实际、与时俱进。

(22) 现金流量表的预算方法:在上述现金流量预算的基础上按照现金流量表项目采用直接编制法来确定现金流量表项目的预算数。

2) 以目标成本为编制起点的编制方法

它适用于只有营业成本(费用)发生,没有(或极少有)营业收入发生的经营公司或它们发展过程中的某一个时期。其财务预算的编制方法按预算编制的先后顺序分述如下:

(1) 目标作业成本的确定方法:根据预算期内计划完成的作业量和单位作业量目标成本来确定预算期的目标作业成本。如果预算期内同时进行若干项相互独立的作业(如若干项不同的开发项目),则应按不同的作业项目来分别确定其目标作业成本,存在共同发生的间接作业成本的,还应确定目标间接作业成本,并将目标间接作业成本分配计入各作业项目的目标作业成本。

某项作业的目标作业成本 = 该项作业的目标作业量 × 该项作业单位作业量的目标成本

或

某项作业的目标作业成本 = 该项作业的目标直接作业成本
+ 该项作业应分摊的目标间接作业成本

其中

该项作业的目标直接作业成本 = 该项作业的目标作业量
× 该项作业单位作业量的目标直接成本

该项作业应分摊的目标间接作业成本 = 该项作业分配依据数量(额) × 分配率

分配率 = 目标间接作业成本 ÷ 各项作业分配依据总量(额)

分配依据应根据各项作业的共性来选择,力求做到合理。

目标作业成本确定后,应按照合理的构成比例将目标作业成本分解给目标作业成本的各项构成项目,编制出目标作业成本各项构成项目的预算数。

(2) 目标管理成本的确定方法:首先将目标管理成本划分为变动管理成本和固定管理成本,然后对这两类管理成本采用不同的方法来加以确定。

所谓变动管理成本,是指随目标作业成本(或目标作业量)的增减而增减的管理成本。这类管理成本应按照其与目标作业成本(或目标作业量)之间的内在联系来加以确定,即

变动管理成本 = 目标作业成本(或目标作业量)
× 变动管理成本占目标作业成本的合理比率
(或单位作业量目标变动管理成本)

所谓固定管理成本,是指在一定的目标作业成本(或目标作业量)范围内不随目标作业成本(或目标作业量)的增减而增减的管理成本。这类管理成本应按预算期前一年的实际(或预计)发生数,结合预算期可能发生的变化,采用定基预算法来进行预算。

目标管理成本确定后,应按照合理的构成比例将目标管理成本分解给目标管理成本的各项构成项目,编制出目标管理成本各项构成项目的预算数。

投资活动预算、筹资活动预算和财务活动预算的编制方法与以目标利润为编制起点的同类预算编制方法基本相同。

3. 集团公司财务预算的编制

集团公司财务预算的编制主要采取固定预算法、零基预算法和定基预算法,如果市场变化导致集团公司及其所属各经营公司的目标利润或目标成本出现几种相对确定的可能值时,也可以采用弹性预算法。但由于弹性预算法会成倍或成几倍地增加财务预算编制的工作量,所以,从减轻财务预算编制的工作量和提高财务预算管理效率的角度出发,集团公司要求各经营公司慎重采用弹性预算法。如果市场变化导致目标利润或目标成本确实存在几种相对确定的可能值,而且这几种相对确定的可能值出现的概率又能够较为合理地估计时,可以采用加权平均的方法计算出加权平均目标利润或加权平均目标成本,然后再以加权平均目标利润或加权平均目标成本为编制起点采用固定预算法来编制财务预算,并同时计算出加权平均目标利润

或加权平均目标成本的标准差和标准差系数,以便衡量财务预算所面临的风险。

$$\text{加权平均目标利润(成本)} = \sum_{i=1}^{r}[\text{第}\,i\,\text{种可能的目标利润(成本)} \times \text{第}\,i\,\text{种可能的目标利润(成本)出现的概率}]$$

$$\text{加权平均目标利润(成本)的标准差} = [\sum_{i=1}^{r}(\text{第}\,i\,\text{种可能的目标利润或成本} - \text{加权平均目标利润或成本})^2 \times \text{第}\,i\,\text{种可能的目标利润或成本出现的概率}]^{1/2}$$

$$\text{加权平均目标利润(成本)的标准差系数} = \text{加权平均目标利润(成本)的标准差} \div \text{加权平均目标利润(成本)}$$

(八)财务预算的编制时间

集团公司财务预算编制的时间从预算年度前一年的9月份起至预算年度前一年的12月份止共4个月,每个月作为一个时间段,各时间段的工作内容如下:

(1)9月份,集团公司财务预算管理委员会研究制定集团公司下一预算年度财务预算的总目标、总方针和总要求。

(2)10月份,集团公司财务预算管理办公室转发集团公司财务预算管理委员会制定的集团公司财务预算总目标、总方针和总要求,组织集团公司财务预算编制前的人员培训,布置集团公司财务预算的编制工作。集团公司各经营公司编制本公司的财务预算预案。

(3)11月份,集团公司财务预算管理办公室审查各经营公司的财务预算预案。各经营公司编制本公司的财务预算草案。集团公司财务预算管理办公室审查各经营公司的财务预算草案,并根据各经营公司的财务预算草案编制集团公司总预算草案。

(4)12月份,集团公司财务预算管理委员会审查集团公司总预算草案和各经营公司财务预算草案。各经营公司修改本公司财务预算草案。集团公司财务预算管理办公室审查各经营公司修改后的财务预算草案,并重新编制集团公司总预算草案。集团公司财务预算管理委员会审定集团公司总预算草案和各经营公司财务预算草案,并下达集团公司总预算草案和各经营公司财务预算草案执行通知书。

(九)财务预算的执行与调整

集团公司财务预算的执行机构是集团公司及其所属各经营公司以及它们所属的各职能部门。集团公司财务预算的调整权归各级财务预算管理委员会。

(1)集团公司财务预算的执行时间为预算年度的1月1日至预算年度的12月31日。其中,1月1日至3月31日为财务预算草案执行观察期;4月1日至4月30日为财务预算修正期;5月1日至12月31日为财务预算修正案执行期。

① 在财务预算的执行期间,各级执行机构必须不折不扣地贯彻执行本级财务预算草案和修正案,努力创造条件、积极采取措施确保本级财务预算目标的顺利完成或超额完成。

② 在财务预算的执行期间,各级执行机构要建立严格的执行报告制度。各级执行机构根据本级财务预算管理的需要,可以建立日报制度、旬报制度、月报制度、季报制度、年报制度等。

③ 集团公司财务预算管理委员会要求集团公司所属各经营公司每月5日前向集团公司

财务预算管理办公室呈报本公司财务预算上月的执行情况分析报告,集团公司财务预算管理办公室每月 10 日前向集团公司财务预算管理委员会呈报集团公司总预算上月的执行情况分析报告。这是常规性的执行报告制度。如遇重大事件的发生导致本级财务预算的执行结果可能会出现重大偏差,各级执行机构都要及时通过集团公司财务预算管理办公室向集团公司财务预算管理委员会报告。

(2) 集团公司财务预算正常调整时间为预算年度 1 月 1 日至预算年度 4 月 30 日。其中,1 月 1 日至 3 月 31 日为财务预算草案执行观察期,不正式调整财务预算草案;4 月 1 日至 4 月 30 日为财务预算草案正式调整期,集团公司将根据前三个月的执行情况修正财务预算草案,编制财务预算修正案。从预算年度 5 月 1 日起至预算年度 12 月 31 日止,除非发生重大事件导致财务预算的执行结果可能会出现重大偏差,否则不再调整财务预算。

① 集团公司所属各经营公司内部的经营条件和外部的经营环境发生变化,影响到本公司内部各项预算目标的执行结果,但不影响到集团公司下达给该经营公司的目标利润(或目标成本)、目标资产保值增值率、目标资本保值增值率等和集团公司总预算目标的执行结果时,属于经营公司内部预算目标的调整,其调整权归经营公司财务预算管理委员会。

② 集团公司所属各经营公司内部的经营条件和外部的经营环境发生变化,影响到集团公司下达给该经营公司的目标利润(或目标成本)、目标资产保值增值率、目标资本保值增值率等和集团公司总预算目标的执行结果时,属于集团公司总预算目标的调整,其调整权归集团公司财务预算管理委员会。

③ 不管是集团公司所属经营公司内部预算目标的调整,还是集团公司总预算目标的调整,都属于集团公司财务预算草案在执行过程中的修正范畴,修正后的财务预算草案即为集团公司财务预算修正案。经营公司财务预算修正案由经营公司财务预算管理委员会授权经营公司财务预算管理办公室编制。集团公司总预算修正案由集团公司财务预算管理委员会授权集团公司财务预算管理办公室编制。

(十) 财务预算执行的监督与考核

集团公司财务预算执行过程中的监督机构为各级财务预算管理办公室,考核机构为各级财务预算管理办公室和同级人力资源管理部门。

(1) 集团公司财务预算管理办公室行使集团公司总预算执行过程中的监督权,各经营公司财务预算管理办公室行使本公司财务预算执行过程中的监督权。各级监督机构行使监督权应采取事前监督、事中监督和事后监督相结合的方式,认真履行监督职责,保证本级财务预算目标的顺利或超额完成。

(2) 集团公司财务预算管理办公室和集团公司人力资源管理部门共同行使集团公司总预算执行过程中的考核权,各经营公司财务预算管理办公室和各经营公司人力资源管理部门共同行使本公司财务预算执行过程中的考核权。财务预算管理办公室侧重于对财务预算的执行结果进行考核,即考核财务预算的各项目标是否完成;人力资源管理部门侧重于对财务预算的执行过程进行考核,即考核各部门、各员工在财务预算的执行过程中是否尽职尽责。各级考核机构应严格按照《集团公司财务预算执行结果的考核与奖惩办法》的规定,客观、公正地行使考核权。

(十一) 财务预算的年终决算

集团公司财务预算管理实行年终决算制度。财务预算的年终决算制度是预算年度终了后对财务预算的最终执行结果进行全面的考核和评价,并根据考核和评价的结果进行奖惩的一项制度。财务预算的年终决算既是考核和评价财务预算最终执行结果的一项措施,也是衡量财务预算管理水平的一项标准。

(1) 集团公司总预算的年终决算方案由集团公司财务预算管理办公室组织编制,集团公司所属各经营公司财务预算的年终决算方案由各经营公司财务预算管理办公室组织编制。

(2) 集团公司所属各经营公司财务预算的年终决算方案经本公司财务预算管理委员会审定后上报集团公司财务预算管理办公室。集团公司财务预算管理办公室审查各经营公司财务预算的年终决算方案后组织编制集团公司总预算的年终决算方案,并连同各经营公司财务预算的年终决算方案一起呈报集团公司财务预算管理委员会。

(3) 集团公司财务预算管理委员会审定集团公司总预算的年终决算方案和各经营公司财务预算的年终决算方案后,下达集团公司总预算和各经营公司财务预算的年终决算方案执行通知书,集团公司及其所属各经营公司根据该执行通知书制定奖惩方案,落实奖惩政策。

(4) 集团公司的奖惩方案(含对所属各经营公司的奖惩方案)需经集团公司董事会审批,各经营公司的奖惩方案需经各经营公司董事会审批。

(5) 集团公司财务预算的年终决算方案的编制时间为预算年度下一年的第一季度。其中,1 月份为各经营公司编制财务预算的年终决算方案的时间;2 月份为集团公司编制集团公司总预算的年终决算方案的时间;3 月份为集团公司财务预算管理委员会审定集团公司总预算的年终决算方案和各经营公司财务预算的年终决算方案的时间,并同时是集团公司及其所属经营公司制定奖惩方案、落实奖惩政策、兑现奖惩措施的时间。

(十二) 财务预算管理的时间流程

集团公司财务预算的管理流程分为工作流程和时间流程两个系统。

(1) 集团公司财务预算的工作流程包括财务预算的编制、财务预算的执行与调整、财务预算执行的监督与考核、财务预算的年终决算与奖惩四个环节。

(2) 集团公司财务预算的时间流程也相应分为财务预算的编制时间、财务预算的执行与调整时间、财务预算执行的监督与考核时间、财务预算的年终决算与奖惩时间四个时间段。

(3) 集团公司财务预算的工作流程和时间流程合起来就构成了集团公司财务预算的管理流程。

集团公司财务预算的管理流程见表 11－20 所列。

表 11－20　集团公司财务预算的管理流程表

顺序	时间	工作内容	责任机构
1	预算年度前一年的 9 月份	制定集团公司财务预算总目标、总方针和总要求	集团公司全面预算管理委员会
2	预算年度前一年的 10 月份	转发集团公司财务预算总目标、总方针和总要求;组织集团公司财务预算编制前的人员培训;布置集团公司财务预算的编制工作	集团公司全面预算管理办公室
		各经营公司制定本公司财务预算的目标、方针和要求,并编制本公司财务预算预案	各经营公司

(续)

顺序	时间	工 作 内 容	责任机构
3	预算年度前一年的11月份	审查各经营公司的财务预算预案,提出修改意见	集团公司全面预算管理办公室
		各经营公司编制本公司财务预算草案	各经营公司
		审查各经营公司的财务预算草案,并编制集团公司总预算草案	集团公司全面预算管理办公室
4	预算年度前一年的12月份	审查集团公司总预算草案和各经营公司财务预算草案,提出修改意见	集团公司全面预算管理委员会
		各经营公司修改本公司财务预算草案	各经营公司
		再次审查各经营公司财务预算草案,并再次编制集团公司总预算草案	集团公司全面预算管理办公室
		审定集团公司总预算草案和各经营公司财务预算草案;下发集团公司总预算草案和各经营公司财务预算草案执行通知书	集团公司全面预算管理委员会
5	预算年度的1月份至3月份	执行集团公总预算草案和各经营公司财务预算草案	集团公司及其所属各经营公司
		观察集团公司总预算草案和各经营公司财务预算草案的执行情况,提出集团公司总预算草案和各经营公司财务预算草案的修正意见	集团公司及其所属各经营公司的财务预算管理办公室
6	预算年度的4月份	各经营公司编制本公司财务预算修正案	各经营公司
		审查各经营公司财务预算修正案;编制集团公司总预算修正案	集团公司全面预算管理办公室
		审定集团公司总预算修正案和各经营公司财务预算修正案;下发集团公司总预算修正案和各经营公司财务预算修正案的执行通知书	集团公司全面预算管理委员会
7	预算年度的5月份至12月份	执行集团公司总预算修正案和各经营公司财务预算修正案	集团公司及其所属各经营公司
		监督集团公司总预算修正案和各经营公司财务预算修正案的执行过程;考核集团公司总预算修正案和各经营公司财务预算修正案的执行结果	集团公司及其所属各经营公司的财务预算管理办公室和人力资源管理部门
8	预算年度下一年的1月份	各经营公司编制本公司财务预算的年终决算方案	各经营公司
9	预算年度下一年的2月份	审查各经营公司财务预算的年终决算方案,并编制集团公司总预算的年终决算方案	集团公司全面预算管理办公室
10	预算年度下一年的3月份	审定集团公司总预算的年终决算方案和各经营公司财务预算的年终决算方案,并下达集团公司总预算的年终决算方案和各经营公司财务预算的年终决算方案的执行通知书	集团公司全面预算管理委员会
		集团公司及其所属各经营公司制定奖惩方案、落实奖惩政策	集团公司及其所属各经营公司的财务预算管理办公室和人力资源管理部门
		集团公司及其所属各经营公司的董事会审批奖惩方案	集团公司及其所属各经营公司的董事会
		集团公司及其所属各经营公司兑现奖惩措施	集团公司及其所属各经营公司的财务预算管理办公室和人力资源管理部门

（十三）其他需要说明的事项

（1）《集团公司财务预算管理制度实施细则》由集团公司另行制定，作为本制度附属的相关制度。

（2）《集团公司财务预算执行结果的考核与奖惩办法》也由集团公司另行制定，作为本制度附属的相关制度。

（3）集团公司所属各经营公司应根据本制度及其附属的相关制度，结合本公司财务预算管理的需要，制定本公司的《财务预算管理实施办法》，并送集团公司财务预算管理办公室备案。

（4）本制度及其附属的相关制度自集团公司颁布之日起执行，其解释权和修改权均归集团公司财务预算管理委员会。

二、某集团公司财务预算管理制度实施细则

（一）B0 有限公司、B1 房地产有限公司财务预算编制方法

1. 目标利润的确定方法

目标利润的确定，由集团公司财务预算管理委员会根据经营公司预算年度前一年的预计净利润和预算年度经营条件及经营环境可能会发生的变化情况，采用定基预算法来确定。

$$预算年度目标利润=预算年度前一年的预计净利润+预算年度净利润目标增长额$$

或

$$预算年度目标利润=预算年度前一年的预计净利润\times(1+预算年度净利润目标增长率)$$

2. 房地产经营收入的预算方法

房地产经营收入的预算，由集团公司财务中心和经营公司营销部门共同编制。

（1）集团公司财务中心根据经营公司预算年度的目标利润与房地产经营收入之间的内在联系来确定房地产经营收入的预算数，得出集团公司财务中心的年度预算数，即集团公司财务中心年度预算数 = 预算年度目标利润 ÷ 合理的房地产经营收入利润率

其中，合理的房地产经营收入利润率可以根据行业标准来确定，也可以根据经营公司的历史数据来分析确定。

（2）经营公司营销部门根据预算年度的营销计划采用零基预算法按不同的工程项目来确定房地产经营收入的预算数，得出经营公司营销部门的分月预算数。

（3）集团公司财务中心的年度预算数与经营公司营销部门的分月预算数总和之间一般都会发生差异。这时，应由双方预算编制人员共同分析差异形成的原因，在集团公司财务中心年度预算数的基础上确定一个合理的调整数，把双方的预算数调整一致，得到房地产经营收入的年度和分月预算数。

$$房地产经营收入年度预算总数=(目标利润\div合理的房地产经营收入利润率)\pm合理的调整数$$

$$房地产经营收入分月预算数=经营公司营销部门分月预算数\pm合理的调整数$$

（4）房地产经营收入的预算应按不同的工程项目来编制，并同时编制由房地产经营收入而带来的现金收入预算。

（5）房地产经营收入预算编制表的格式。（表略）

3. 工程结算收入的预算方法

工程结算收入的预算,由集团公司财务中心和经营公司业务部门共同编制。

(1) 集团公司财务中心的年度预算总数:

集团公司财务中心的年度预算总数 = 预算年度目标利润 ÷ 合理的工程结算收入利润率

其中,合理的工程结算收入利润率可以根据经营公司的历史数据来分析确定。

(2) 经营公司业务部门根据预算年度预计的工程量和工程进度以及预计的工程结算方式按不同的工程项目采用零基预算法来确定工程结算收入分月预算数。

(3) 集团公司财务中心的年度预算数与经营公司业务部门的分月预算数总和一般也会发生偏差。这时,应由双方的预算编制人员共同分析偏差发生的原因,在集团公司财务中心年度预算数的基础上确定一个合理的调整数把双方的预算数调整一致,得出工程结算收入的年度和分月预算数。

工程结算收入年度预算总数 =(目标利润 ÷ 合理的工程结算收入利润率) ± 合理的调整数

工程结算收入分月预算数 = 经营公司业务部门分月预算数 ± 合理的调整数

(4) 工程结算收入的预算应按不同的工程项目来编制,并同时编制由工程结算收入而带来的现金收入预算。

(5) 工程结算收入预算编制表的格式。(表略)

4. 房地产经营成本的预算方法

房地产经营成本的预算,由集团公司财务中心根据房地产经营成本与目标利润或房地产经营收入之间的内在联系来编制。

(1) 房地产经营成本的年度预算总数:

房地产经营成本的年度预算总数 = 目标利润 ÷ 合理的房地产经营成本利润率

其中,合理的房地产经营成本利润率可以根据行业标准或经营公司的历史数据来分析确定。

(2) 房地产经营成本的分月预算数:

房地产经营成本的分月预算数 = 房地产经营收入分月预算数 × 合理的房地产经营成本比率

其中,房地产经营成本比率是指房地产经营成本占房地产经营收入的比率;合理的房地产经营成本比率可以根据行业标准或经营公司的历史数据来分析确定。

(3) 房地产经营成本的预算,应按不同的工程项目来编制。

(4) 房地产经营成本预算编制表的格式。(表略)

5. 工程结算成本的预算方法

工程结算成本的预算,由集团公司财务中心根据工程结算成本占工程结算收入的合理比率来编制。

(1) 工程结算成本的年度预算总数:

工程结算成本的年度预算总数 = 工程结算收入年度预算数 × 工程结算成本占工程结算收入的合理比例

(2) 工程结算成本的分月预算数:

工程结算成本的分月预算数 = 工程结算收入分月预算数 × 工程结算成本占工程结算收入的合理比率

其中,工程结算成本占工程结算收入(或工程合同收入)的合理比率可以根据经营公司的历史数据来分析确定。

(3) 工程结算成本的预算应按不同的工程项目来编制。

(4) 工程结算成本预算编制表的格式。(表略)

6. 房地产开发直接成本的预算方法

房地产开发直接成本的预算,由经营公司工程部门和集团公司财务中心共同编制。经营公司工程部门侧重于对直接成本的本期发生额进行预算,集团公司财务中心侧重于对直接成本的发生所引起的本期现金支出进行预算。

(1) 经营公司工程部门根据预算年度内不同工程项目的工程预算来编制各个工程项目的直接成本预算。集团公司财务中心根据经营公司工程部门提供的直接成本预算和计划采取的结算方式来编制直接成本所引起的现金支出预算。

(2) 房地产开发直接成本预算编制表的格式。(表略)

7. 工程施工直接成本的预算方法

工程施工直接成本的预算方法比照房地产开发直接成本的预算方法来执行。

8. 房地产开发间接费用的预算方法

房地产开发间接费用的预算,由经营公司工程部门和集团公司财务中心共同编制。经营公司工程部门侧重于对间接费用的本期发生额进行预算,集团公司财务中心侧重于对间接费用的发生所引起的本期现金支出进行预算。

(1) 经营公司工程部门根据预算年度内不同工程项目的工程预算来编制各个工程项目的间接费用预算。集团公司财务中心根据经营公司工程部门提供的间接费用预算和计划采取的结算方式来编制间接费用所引起的现金支出预算。

(2) 房地产开发间接费用预算编制表的格式。(表略)

9. 工程施工间接费用的预算方法

工程施工间接费用的预算方法比照房地产开发间接费用的预算方法来执行。

10. 房地产开发成本的预算方法

(1) 房地产开发成本包括直接成本和间接费用分摊。房地产开发成本的预算,由集团公司财务中心根据房地产开发直接成本预算和间接费用预算(需分摊)按不同的工程项目来编制。

(2) 房地产开发成本预算编制表的格式。(表略)

11. 工程施工成本的预算方法

工程施工成本的预算方法比照房地产开发成本的预算方法来执行。

12. 销售费用的预算方法

销售费用的预算,由经营公司营销部门和集团公司财务中心共同编制。经营公司营销部门侧重于对销售费用的本期发生额进行预算,集团公司财务中心侧重于对销售费用的发生所引起的本期现金支出进行预算。

(1) 经营公司营销部门根据预算年度内的营销计划按不同的费用项目采用零基预算法或定基预算法来确定销售费用各项目的预算数。变动费用采用零基预算法,固定费用采用定基预算法。经营公司营销部门应根据销售费用发生额和房地产经营收入发生额之间的关系大小来划分哪些是变动费用,哪些是固定费用。

(2) 集团公司财务中心根据预算年度内销售费用与房地产经营收入之间的内在联系来确

定销售费用发生的基数,然后将该基数与经营公司营销部门的预算数进行对比分析,确定一个合理的调整数,再确定销售费用预算数,并同时确定现金支出预算数。

(3) 销售费用预算数

销售费用预算数=(房地产经营收入预算数×合理的销售费用比率)±合理的调整数

其中,销售费用比率是指销售费用占房地产经营收入的比率,合理的销售费用比率可以根据行业标准或经营公司的历史数来确定;合理的调整数根据集团公司财务中心的预算基数与经营公司营销部门的预算数之间的差异来分析确定。

(4) 销售费用预算编制表的格式。(表略)

13. 经营费用的预算方法

经营费用的预算方法比照销售费用的预算方法来执行。

14. 其他业务收支与营业外收支的预算方法

(1) 其他业务收支与营业外收支的预算,由集团公司财务中心与经营公司工程部门根据预算期内的可能发生数采用零基预算法来编制,可能发生数是难以估计的,也可以由集团公司财务中心根据预算期前一年的预计发生数采用定基预算法来编制。涉及现金流量的应单独列出。

(2) 其他业务收支与营业外收支预算编制表的格式。(表略)

15. 管理费用的预算方法

管理费用的预算,由集团公司财务中心与经营公司各职能部门共同编制。

(1) 集团公司财务中心先根据"房地产经营收入×预算期前一年管理费用占房地产经营收入的预计比率"确定一个基数,然后再采用定基预算法来确定预算期内管理费用预算数。这个预算数最后还要根据经营公司各职能部门的预算数进行调整。

(2) 经营公司各职能部门根据本部门预算期前一年管理费用的预计发生数,结合预算期管理工作的实际需要,采用定基预算法或零基预算法来确定本部门管理费用预算数。这个预算数需经集团公司财务中心核查。

(3) 集团公司财务中心最后根据本中心的预算数和经营公司各职能部门的预算数来确定管理费用预算数。

(4) 管理费用预算数:

管理费用预算数=集团公司财务中心预算数±合理的调整数

其中,合理的调整数根据集团公司财务中心预算数与经营公司各职能部门预算数总和之间的差异来分析确定。管理费用中涉及现金支出的,应单独列出。

(5) 管理费用预算编制表的格式。(表略)

16. 税费支出的预算方法

(1) 税费支出的预算,由集团公司财务中心根据预算期内应税收入、应税利润和应税行为的预计发生情况以及相应的税费率,采用零基预算法来编制。税费支出的预算应按税费种类来编制,并同时编制税费支出所引起的现金支出数。

(2) 税费支出预算编制表的格式。(表略)

17. 财务费用的预算方法

(1) 财务费用的预算,由集团公司财务中心根据预算期初付息债务的结余金额和还本付息约定以及预算期内的筹资活动,采用零基预算法,按照短期负债利息、长期负债利息和其他财务费用三类项目来编制,并同时编制财务费用所引起的现金支出数。

(2) 财务费用预算编制表的格式。(表略)

18. 投资活动的预算方法

投资活动的预算,由集团公司财务中心与经营公司投资管理部门根据预算期的投资计划采用零基预算法来共同编制。投资活动预算应按对内投资和对外投资来编制。

(1) 对内投资的预算应按固定资产投资、其他资产投资、营运资金垫支和投资现金流量四个项目来编制。先由经营公司投资管理部门根据投资计划做出投资预算,再由集团公司财务中心根据投资预算和投资结算方式做出投资现金流量预算。

(2) 对外投资的预算应按长期股权投资、长期债权投资、短期投资、投资收益和投资活动现金流量五个项目来编制。先由经营公司投资管理部门根据投资计划做出投资预算,再由集团公司财务中心根据投资预算和投资结算方式做出投资现金流量预算。

(3) 投资活动预算编制表的格式。(表略)

19. 筹资活动的预算方法

(1) 筹资活动的预算, 由集团公司财务中心根据经营公司预算期初现金余额、预算期内经营活动和投资活动所产生的现金流量以及预算期内为支付前期筹资本息或利润而发生的现金流量来编制。筹资活动预算应按股权筹资、负债筹资和筹资活动现金净流量三个项目来编制。

(2) 筹资活动预算编制表的格式。(表略)

20. 现金流量的预算方法

(1) 现金流量的预算,由集团公司财务中心根据上述经营活动预算、投资活动预算和筹资活动预算中涉及的现金流量项目,采用直接编制法来编制。现金流量预算应按经营活动现金流量、投资活动现金流量、筹资活动现金流量和现金净增加额四个项目来编制。

(2) 现金流量预算编制表的格式。(表略)

21. 利润表和利润分配表的预算方法

利润表和利润分配表的预算,由集团公司财务中心编制。

(1) 利润表预算根据上述经营活动和投资活动预算中涉及的利润表收支项目,采用直接编制法来编制。利润表预算可以利用空白的利润表来编制,编制时把“本月数”栏改为“上年数”,把“本年累计数”栏改为“本年预算数”即可。

(2) 利润分配表预算根据经营公司在预算年度内的利润分配政策和目标利润采用直接编制法来编制,编制时把“本年实际”栏改为“本年预算数”即可。

(3) 利润表预算和利润分配表预算只编制年度预算,不编制月份预算。

22. 资产负债表的预算方法

(1) 资产负债表的预算,由集团公司财务中心编制。编制时,首先把资产负债表项目中受上述经营活动预算、投资活动预算、筹资活动预算和利润分配表预算的影响而发生变动的项目确定为敏感项目,并根据这种影响的结果来确定这些敏感项目的预算数;然后再根据预算期前一年的期末数来确定非敏感项目的预算数。

(2) 资产负债表预算可以利用空白的资产负债表来编制,编制时把“期末数”栏改为“年末预算数”即可。

(3) 资产负债表预算只编制年末预算,不编制月末预算。

23. 现金流量表的预算方法

现金流量表的预算,由集团公司财务中心根据上述经营活动预算、投资活动预算、筹资活动预算和现金流量预算,按照现金流量表项目采用直接编制法来编制。现金流量表预算只编制年度预算,不编制月份预算。

(二)B2 超市有限公司财务预算编制方法

1. 目标利润的确定

目标利润的确定,由集团公司财务预算管理委员会根据 B2 超市预算年度前一年的预计净利润和预算年度经营条件及经营环境可能会发生的变化情况,采用定基预算法来确定。

预算年度目标利润 = 预算年度前一年的预计净利润 + 预算年度净利润目标增长额。

或

预算年度目标利润 = 预算年度前一年的预计净利润
× (1 + 预算年度净利润目标增长率)

2. 商品销售收入的预算

商品销售收入的预算,由 B2 超市有限公司的财务部门和营销部门共同编制。

(1) 财务部门首先根据预算年度的目标利润和商品销售收入之间的内在联系来确定商品销售收入的年度预算总数,然后再根据不同柜组的商品销售收入占商品销售总收入的合理比例来确定各个柜组的商品销售收入年度预算数。

商品销售收入年度预算总数 = 预算年度目标利润 ÷ 合理的商品销售收入利润率

其中,合理的商品销售收入利润率可以根据行业标准或 B2 超市历史数据来分析确定。

某柜组商品销售收入年度预算数 = 商品销售收入年度预算总数
× 该柜组商品销售收入占商品销售总收入的合理比例

其中,该柜组商品销售收入占商品销售总收入的合理比例可以根据 B2 超市的历史数据结合该柜组在预算年度的经营条件和经营环境可能会发生的变化情况来分析确定。

(2) 营销部门首先根据不同柜组的历史销售台账采用 12 个月移动平均法来确定预算年度各个柜组各类商品的商品销售收入分月预算数,然后再加总计算各个柜组各类商品的商品销售收入年度预算数。

(3) 财务部门的年度预算数与营销部门的分月预算数总和一般会发生偏差。这时,应由双方的预算编制人员共同分析偏差发生的原因,在财务部门年度预算数的基础上确定一个合理的调整数,把双方的预算数调整一致。

某柜组商品销售收入年度预算数 = 财务部门预算数 ± 合理的调整数

某柜组商品销售收入分月预算数 = 营销部门分月预算数 ± 合理的调整数

商品销售收入年度预算总数 = (预算年度目标利润
× 合理的商品销售收入利润率) ± 合理的调整数

或

商品销售收入年度预算总数 = 各柜组商品销售收入年度预算数之和。

商品销售收入分月预算总数 = 各柜组商品销售收入分月预算数之和。

(4) 商品销售收入的预算应按柜组和商品类别来编制,并同时编制由商品销售收入而带来的现金收入预算数。

(5) 商品销售收入预算编制表的格式。(表略)

3. 商品销售成本的预算方法

商品销售成本的预算,由B2超市有限公司财务部门根据商品销售收入和商品销售成本之间的内在联系来编制。

(1) 某柜组商品销售成本年度预算数:

某柜组商品销售成本年度预算数=该柜组商品销售收入年度预算数×合理的商品销售成本比率

其中,商品销售成本比率是指商品销售成本占商品销售收入的比率;合理的商品销售成本比率可以根据行业标准或B2超市的历史数来分析确定。

(2) 某柜组商品销售成本分月预算数:

某柜组商品销售成本分月预算数 =该柜组商品销售收入分月预算数
×合理的商品销售成本率

(3) 商品销售成本年度预算总数:

商品销售成本年度预算总数=商品销售收入年度预算总数×合理的商品销售成本比率

或

商品销售成本年度预算总数=商品销售成本分月预算数总和

(4) 商品销售成本分月预算数:

商品销售成本分月预算数=商品销售收入分月预算数×合理的商品销售成本比率

(5) 商品销售成本预算应按柜组和商品类别来编制。

(6) 商品销售成本预算编制表的格式。(表略)

4. 商品采购成本的预算方法

商品采购成本的预算,由B2超市有限公司财务部门根据期初商品库存成本、本期商品销售成本和期末商品合理库存成本同本期商品采购成本之间的内在联系来编制。

(1) 本期商品采购成本:

本期商品采购成本=本期商品销售成本+期末商品合理库存成本-期初商品库存成本

其中

期末商品合理库存成本=日均商品销售成本×供货间隔期

(2) 商品采购成本的预算应按柜组和商品类别来编制,并同时编制由商品采购而引起的现金支出预算。

(3) 商品采购成本预算编制表的格式。(表略)

5. 物资采购成本的预算方法

这里所说的物资,专指包装物和低值易耗品。

物资采购成本的预算,由B2超市有限公司财务部门根据采购部门制定的采购计划来编制。

(1) 物资采购成本:

$$物资采购成本 = \sum_{i=1}^{n}(第\,i\,种物资计划采购量 \times 第\,i\,种物资计划采购单价)$$

(2) 物资采购成本的预算应按物资品种来编制,并同时编制由物资采购而引起的现金支出预算数。

(3) 物资采购成本预算编制表的格式。(表略)

6. 经营费用的预算方法

经营费用的预算,由B2超市有限公司营销部门和财务部门共同编制。营销部门侧重于对经营费用的本期发生额进行预算,财务部门侧重于对经营费用的发生所引起的本期现金支出进行预算。

(1) 营销部门根据预算年度内的营销计划按不同的费用项目采用零基预算法或定基预算法来确定经营费用各项目的预算数。变动费用采用零基预算法,固定费用采用定基预算法。营销部门应根据经营费用发生额和商品销售收入发生额之间的关系大小来划分哪些是变动费用,哪些是固定费用。

(2) 财务部门根据预算年度内经营费用与商品销售收入之间的内在联系来确定经营费用发生的基数,然后将该基数与营销部门的预算数进行对比分析,确定一个合理的调整数,再确定经营费用预算数,并同时确定现金支出预算数。

(3) 经营费用预算数:

经营费用预算数 =(商品销售收入预算数 × 合理的经营费用比率)± 合理的调整数

其中,经营费用比率是指经营费用占商品销售收入的比率,合理的经营费用比率可以根据行业标准或B2超市的历史数来确定;合理的调整数根据财务部门的预算基数与营销部门的预算数之间的差异来分析确定。

(4) 经营费用预算编制表的格式。(表略)

7. 其他业务收支与营业外收支的预算方法

(1) 其他业务收支与营业外收支的预算,由B2超市有限公司财务部门与各职能部门根据预算期内的可能发生数采用零基预算法来编制,可能发生数是难以估计的,也可以由财务部门根据预算期前一年的预计发生数采用定基预算法来编制。涉及现金流量的应单独列出。

(2) 其他业务收支与营业外收支预算编制表的格式。(表略)

8. 管理费用的预算方法

管理费用的预算,由B2超市有限公司财务部门与各职能部门共同编制。

(1) 财务部门先根据"商品销售收入 × 预算期前一年管理费用占商品销售收入的预计比率"确定一个基数,然后再采用定基预算法来确定预算期内管理费用预算数。这个预算数最后还要根据各职能部门的预算数进行调整。

(2) 各职能部门根据本部门预算期前一年管理费用的预计发生数,结合预算期管理工作的实际需要,采用定基预算法或零基预算法来确定本部门管理费用预算数。这个预算数需经财务部门核查。

(3) 财务部门最后根据本部门的预算数和各职能部门的预算数来确定管理费用预算数。

管理费用预算数 = 财务部门预算数 ± 合理的调整数

其中,合理的调整数根据财务部门预算数与各职能部门预算数总和之间的差异来分析确定。管理费用中涉及现金支出的,应单独列出。

(4) 管理费用预算编制表的格式。(表略)

9. 税费支出的预算方法

(1) 税费支出的预算,由B2超市有限公司财务部门根据预算期内应税收入、应税利润和应税行为的预计发生情况以及相应的税费率,采用零基预算法来编制。税费支出的预算应按税费种类来编制,并同时编制税费支出所引起的现金支出数。

(2) 税费支出预算编制表的格式。(表略)

10. 财务费用的预算方法

(1) 财务费用的预算,由 B2 超市有限公司财务部门根据预算期初付息债务的结余金额和还本付息约定以及预算期内的筹资活动,采用零基预算法,按照短期负债利息、长期负债利息和其他财务费用三类项目来编制,并同时编制财务费用所引起的现金支出数。

(2) 财务费用预算编制表的格式。(表略)

11. 投资活动的预算方法

投资活动的预算,由 B2 超市有限公司财务部门与投资管理部门根据预算期的投资计划采用零基预算法来共同编制。投资活动预算应按对内投资和对外投资来编制。

(1) 对内投资的预算应按固定资产投资、其他资产投资、营运资金垫支和投资现金流量四个项目来编制。先由投资管理部门根据投资计划做出投资预算,再由财务部门根据投资预算和投资结算方式做出投资现金流量预算。

(2) 对外投资的预算应按长期股权投资、长期债权投资、短期投资、投资收益和投资活动现金流量五个项目来编制。先由投资管理部门根据投资计划做出投资预算,再由财务部门根据投资预算和投资结算方式做出投资现金流量预算。

(3) 投资活动预算编制表的格式。(表略)

12. 筹资活动的预算方法

(1) 筹资活动的预算,由 B2 超市有限公司财务中心根据预算期初现金余额、预算期内经营活动和投资活动所产生的现金流量以及预算期内为支付前期筹资本息或利润而发生的现金流量来编制。筹资活动预算应按股权筹资、负债筹资和筹资活动现金净流量三个项目来编制。

(2) 筹资活动预算编制表的格式。(表略)

13. 现金流量的预算方法

(1) 现金流量的预算,由 B2 超市有限公司财务部门根据上述经营活动预算、投资活动预算和筹资活动预算中涉及的现金流量项目,采用直接编制法来编制。现金流量预算应按经营活动现金流量、投资活动现金流量、筹资活动现金流量和现金净增加额四个项目来编制。

(2) 现金流量预算编制表的格式。(表略)

14. 利润表和利润分配表的预算方法

利润表和利润分配表的预算,由 B2 超市有限公司财务部门编制。

(1) 利润表预算根据上述经营活动和投资活动预算中涉及的利润表收支项目,采用直接编制法来编制。利润表预算可以利用空白的利润表来编制,编制时把“本月数”栏改为“上年数”,把“本年累计数”栏改为“本年预算数”即可。

(2) 利润分配表预算根据 B2 超市在预算年度内的利润分配政策和目标利润采用直接编制法来编制,编制时把“本年实际”栏改为“本年预算数”即可。

(3) 利润表预算和利润分配表预算只编制年度预算,不编制月份预算。

15. 资产负债表的预算方法

(1) 资产负债表的预算,由 B2 超市有限公司财务部门编制。编制时,首先把资产负债表项目中受上述经营活动预算、投资活动预算、筹资活动预算和利润分配表预算的影响而发生变动的项目确定为敏感项目,并根据这种影响的结果来确定这些敏感项目的预算数;然后根据预算期前一年的期末数来确定非敏感项目的预算数。

(2) 资产负债表预算可以利用空白的资产负债表来编制,编制时把“期末数”栏改为“年末预算数”即可。

(3) 资产负债表预算只编制年末预算,不编制月末预算。

16. 现金流量表的预算方法

现金流量表的预算,由B2超市有限公司财务部门根据上述经营活动预算、投资活动预算、筹资活动预算和现金流量预算,按照现金流量表项目采用直接编制法来编制。现金流量表预算只编制年度预算,不编制月份预算。

(三) B3拍卖有限公司财务预算编制方法

1. 目标利润的确定方法

目标利润的确定,由集团公司财务预算管理委员会根据B3拍卖公司预算年度前一年的预计净利润和预算年度经营条件及经营环境可能会发生的变化情况,采用定基预算法来确定。

预算年度目标利润 = 预算年度前一年的预计净利润 + 预算年度净利润目标增长额

或

预算年度目标利润 = 预算年度前一年的预计净利润 × (1 + 预算年度净利润目标增长率)

2. 拍卖收入的预算方法

这里所说的拍卖收入,是指按拍卖价的一定比例提取的、属于B3拍卖公司经营所得的那部分收入。

拍卖收入的预算,由B3拍卖公司的财务部门和拍卖部门共同编制。

(1) 财务部门根据预算年度的目标利润和拍卖收入之间的内在联系来确定拍卖收入的年度预算总数。

拍卖收入预算数 = 预算年度目标利润 ÷ 合理的拍卖收入利润率

其中,合理的拍卖收入利润率可以根据行业标准或B3拍卖公司的历史数据来分析确定。

(2) 拍卖部门根据预算年度的拍卖计划采用零基预算法来按不同的拍卖项目(业务)来确定拍卖收入的分月预算数和年度预算总数。

(3) 财务部门的预算数和拍卖部门的预算数发生差异时,应由双方的预算编制人员共同分析差异发生的原因,在财务部门预算数的基础上确定一个合理的调整数,把双方的预算数调整一致,得到拍卖收入的年度和分月预算数。

拍卖收入年度预算总数 = (目标利润 ÷ 合理的拍卖收入利润率) ± 合理的调整数

拍卖收入分月预算数 = 拍卖部门分月预算数 ± 合理的调整数

(4) 拍卖收入的预算应按不同的拍卖项目(业务)来编制

(5) 拍卖收入预算编制表的格式。(表略)

3. 经营费用的预算方法

经营费用的预算,由B3拍卖公司拍卖部门和财务部门共同编制。营销部门侧重于对经营费用的本期发生额进行预算,财务部门侧重于对经营费用的发生所引起的本期现金支出进行预算。

(1) 拍卖部门根据预算年度内的拍卖计划按不同的费用项目采用零基预算法或定基预算法来确定经营费用各项目的预算数。变动费用采用零基预算法,固定费用采用定基预算法。拍卖部门应根据经营费用发生额和拍卖收入发生额之间的关系大小来划分哪些是变动费用,哪些是固定费用。

（2）财务部门根据预算年度内经营费用与拍卖收入之间的内在联系来确定经营费用发生的基数，然后将该基数与拍卖部门的预算数进行对比分析，确定一个合理的调整数，再确定经营费用预算数，并同时确定现金支出预算数。

（3）经营费用预算数：

经营费用预算数 =（拍卖收入预算数 × 合理的经营费用比率）± 合理的调整数

其中，经营费用比率是指经营费用占拍卖收入的比率，合理的经营费用比率可以根据行业标准或 B3 拍卖公司的历史数来确定；合理的调整数根据财务部门的预算基数与拍卖部门的预算数之间的差异来分析确定。

（4）经营费用预算编制表的格式。（表略）

4. 其他业务收支与营业外收支的预算方法

（1）其他业务收支与营业外收支的预算，由 B3 拍卖公司财务部门与各职能部门根据预算期内的可能发生数采用零基预算法来编制，可能发生数是难以估计的，也可以由财务部门根据预算期前一年的预计发生数采用定基预算法来编制。涉及现金流量的应单独列出。

（2）其他业务收支与营业外收支预算编制表的格式。（表略）

5. 管理费用的预算方法

管理费用的预算，由 B3 拍卖公司财务部门与各职能部门共同编制。

（1）财务部门先根据"拍卖收入 × 预算期前一年管理费用占拍卖收入的预计比率"确定一个基数，然后再采用定基预算法来确定预算期内管理费用预算数。这个预算数最后还要根据各职能部门的预算数进行调整。

（2）各职能部门根据本部门预算期前一年管理费用的预计发生数，结合预算期管理工作的实际需要，采用定基预算法或零基预算法来确定本部门管理费用预算数。这个预算数需经财务部门核查。

（3）财务部门最后根据本部门的预算数和各职能部门的预算数来确定管理费用预算数。

管理费用预算数 = 财务部门预算数 ± 合理的调整数

其中，合理的调整数根据财务部门预算数与各职能部门预算数总和之间的差异来分析确定。管理费用中涉及现金支出的，应单独列出。

（4）管理费用预算编制表的格式。（表略）

6. 税费支出的预算方法

（1）税费支出的预算，由 B3 拍卖公司财务部门根据预算期内应税收入、应税利润和应税行为的预计发生情况以及相应的税费率，采用零基预算法来编制。税费支出的预算应按税费种类来编制，并同时编制税费支出所引起的现金支出数。

（2）税费支出预算编制表的格式。（表略）

7. 财务费用的预算方法

（1）财务费用的预算，由 B3 拍卖公司财务部门根据预算期初付息债务的结余金额和还本付息约定以及预算期内的筹资活动，采用零基预算法，按照短期负债利息、长期负债利息和其他财务费用三类项目来编制，并同时编制财务费用所引起的现金支出数。

（2）财务费用预算编制表的格式。（表略）

8. 投资活动的预算方法

投资活动的预算，由 B3 拍卖公司财务部门与投资管理部门根据预算期的投资计划采用零基预算法来共同编制。投资活动预算应按对内投资和对外投资来编制。

(1)对内投资的预算应按固定资产投资、其他资产投资、营运资金垫支和投资现金流量四个项目来编制。先由投资管理部门根据投资计划做出投资预算,再由财务部门根据投资预算和投资结算方式做出投资现金流量预算。

(2)对外投资的预算应按长期股权投资、长期债权投资、短期投资、投资收益和投资活动现金流量五个项目来编制。先由投资管理部门根据投资计划做出投资预算,再由财务部门根据投资预算和投资结算方式做出投资现金流量预算。

(3)投资活动预算编制表的格式。(表略)

9. 筹资活动的预算方法

(1)筹资活动的预算,由B3拍卖公司财务部门根据预算期初现金余额、预算期内经营活动和投资活动所产生的现金流量以及预算期内为支付前期筹资本息或利润而发生的现金流量来编制。筹资活动预算应按股权筹资、负债筹资和筹资活动现金净流量三个项目来编制。

(2)筹资活动预算编制表的格式。(表略)

10. 现金流量的预算方法

(1)现金流量的预算,由B3拍卖公司财务部门根据上述经营活动预算、投资活动预算和筹资活动预算中涉及的现金流量项目,采用直接编制法来编制。现金流量预算应按经营活动现金流量、投资活动现金流量、筹资活动现金流量和现金净增加额四个项目来编制。

(2)现金流量预算编制表的格式。(表略)

11. 利润表和利润分配表的预算方法

利润表和利润分配表的预算,由B3拍卖公司财务部门编制。

(1)利润表预算根据上述经营活动和投资活动预算中涉及的利润表收支项目,采用直接编制法来编制。利润表预算可以利用空白的利润表来编制,编制时把“本月数”栏改为“上年数”,把“本年累计数”栏改为“本年预算数”即可。

(2)利润分配表预算根据B3拍卖公司在预算年度内的利润分配政策和目标利润采用直接编制法来编制,编制时把“本年实际”栏改为“本年预算数”即可。

(3)利润表预算和利润分配表预算只编制年度预算,不编制月份预算。

12. 资产负债表的预算方法

(1)资产负债表的预算,由B3拍卖公司财务部门编制。编制时,首先把资产负债表项目中受上述经营活动预算、投资活动预算、筹资活动预算和利润分配表预算的影响而发生变动的项目确定为敏感项目,并根据这种影响的结果来确定这些敏感项目的预算数。然后再根据预算期前一年的期末数来确定非敏感项目的预算数。

(2)资产负债表预算可以利用空白的资产负债表来编制,编制时把“期末数”栏改为“年末预算数”即可。

(3)资产负债表预算只编制年末预算,不编制月末预算。

13. 现金流量表的预算方法

现金流量表的预算,由B3拍卖公司财务部门根据上述经营活动预算、投资活动预算、筹资活动预算和现金流量预算,按照现金流量表项目采用直接编制法来编制。现金流量表预算只编制年度预算,不编制月份预算。

【复习思考题】

1. 在财务预算管理实践中，为什么零基预算法、滚动预算法、概率预算法被采用的可能性比较小？

2. 企业财务预算管理遇到的主要障碍是什么？如何有效克服这些障碍？

3. 铁路运输企业生产经营活动有什么特点？这些特点对财务预算管理提出了怎样的要求？

4. 路桥施工企业财务预算管理的特点和难点是什么？如何解决这些难点问题？

5. 电信企业的生产经营活动有什么特点？这些特点对财务预算管理提出了怎样的要求？

6. 烟草商业企业的生产经营活动有什么特点？财务预算管理的特点又是什么？财务预算管理存在什么问题？应该如何解决这些问题？

7. 企业财务预算管理制度及其实施细则主要应该包含哪些方面的内容？怎样才能确保企业财务预算管理制度及其实施细则得到有效的贯彻执行？

【课外作业题】

以本校财务管理活动为例，调查了解高校财务管理活动的主要内容和特点，设计适合本校实际情况的财务预算管理方案。要求所设计的财务预算管理方案能够体现本校财务管理活动的特点，能够满足本校财务预算管理各个环节实际操作的需要。

第十二章　国家预算管理概论

内容介绍

本章主要介绍国家预算管理的基本理论和基本原理，内容主要包括国家预算的概念、特点和作用，国家预算的管理体制和编制原理。

学习目标

了解国家预算的概念、特点和作用，了解国家预算的管理体制，掌握国家预算的编制原理。

第一节　国家预算的概念、特点和作用

一、国家预算的概念

国家预算是各级政府、公共部门依据法律和制度规定编制，并经过法定程序审核批准后成立的以政府财政收支为主的年度财力配置计划。

（一）国家预算是政府的年度财力配置计划

传统的国家预算概念往往被定义为政府的年度财政收支计划，近年来，预算管理范围由收支流量延伸到结余等存量、由资金扩展到资产、由静态发展到动态，涵盖一切公共资源，据此，可将国家预算界定为政府按预算年度进行的公共财力配置计划，但其主要是对财政收支的预先安排，它规定了年度内国家财政收支项目、内容、应达到的指标及其平衡状态。

（二）国家预算是依法定程序审批的法律文书

国家预算和政府的年度财力配置计划不完全一致，政府的年度财力配置计划只有经过法定程序、由立法机关审批通过后形成法律文件，才成为国家预算。追根溯源，当经济社会发展要求对国家财政收支制定统一的年度计划，并要经过一定立法程序审查批准时，国家预算才成为国家财政体系以及财政管理的内容。没有经法定程序审批的年度财力配置计划仅仅是国家预算草案。

国家预算作为具有法律效力的文件，政府负有贯彻执行的责任，政府应按照预算规定的收支项目、内容来组织财政分配活动，保证国家实现其职能的物质需要，达到国家编制年度预算的目的。政治权力必须受到约束，政府预算就是立法权和行政权之间相互制约、达成均衡的结果。由立法机关审核批准国家预算，可以明确政府的法律责任和义务，同时为监督机构监督检查政府职能履行情况提供依据，政府预算一旦经权力机构审批就具有法律效力，政府必须贯彻执行，不能任意修改，如需修订要经权力机构批准。

（三）国家预算的实质应该是体现民意

预算是经过立法程序审批后得以成立，并由此而形成的年度预算法案，这就意味着预算是

由国会赋予政府预算执行权。由于立法机构采取代表制度,各立委通常是特定阶层或集团利益的代表者,经过立法程序审批预算就是将各方代表的意志进行归集的过程,并将归集结果采取立法机构授权政府的方式,由此确立政府活动的范围和方向,因此,现实中的国家预算往往是各利益集团之间权力协调的结果,据此深化到规范性要求,预算措施应该体现国民意志。通过政府预算进行的公共财力安排应该用于满足社会公共需要,以便达成公共商品供求之间的均衡。政府必须将预算草案提交立法机构审查批准后才能进行预算活动,预算的实质是采取政治行政程序将国民意愿和政府履行职能的财力安排达成一致,是对国民意愿采取政治行政程序进行归集的方式,也是立法机构授权的政府财力计划,因此,国家预算是关于反映国民意愿并监督政府活动的一种制度安排。

（四）国家预算的范围具有宽泛性

国家预算涉及的范围具有宽泛性,按范围划分包括单位预算和总预算,前者构成预算的基本单位,后者是以单位预算为基础汇总编制的预算;按组织机构划分包括支用机构的预算和分配机构的预算,在我国表现为行政事业单位预算、部门预算和各级政府财政总预算。

随着政府规模的扩大,业务成倍增长,预算收支之间、预算收支与社会经济变量之间的有机联系日益复杂,但预算又必须易于管理,由此产生了单式预算和复式预算编制形式的选择问题,我国的复式预算应该包括公共预算、社会保障预算、国有资本预算等。显然,国家预算的范围比公共预算的范围更加宽泛。

二、国家预算的特点

国家预算作为一个独立的财政范畴,从产生到发展为现代国家预算,其内涵不断充实,形成了区别于其他财政范畴的特征。

（一）预测性

国家预算是一定时期财政收入与支出数的估算表,最典型的是年度财政收支计划。计划具有预测性,国家预算的预测性是指国家通过编制预算对财政收支规模、收入来源和支出用途做出事前的预计和设想。一般在本预算年度结束以前,需要对下一年度的财政收支做出预测,编制预算收支计划,进行收支对比,进而研究对策。国家预算受预算执行中客观条件变化,以及预算管理水平和预算管理手段的影响,提高预测的准确度是完善国家预算管理的基础。

（二）法定性

国家预算与一般的经济计划不同,它必须经过法定程序,并最终成为一项法律文件。国家预算的法定性是指国家预算的成立及执行结果要经过立法机关审查批准,经立法机关审批的国家预算才具有法律效力。我国《宪法》和《中华人民共和国预算法》明确规定各级人民代表大会有审查批准本级预算的职权。各级预算确定的收支指标经国家权力机关审查批准后下达,具有法律强制性;各级政府、各部门、各单位都必须维护国家预算的严肃性、权威性,严格贯彻执行,并保证预算收支任务的圆满实现;非经法定程序,任何地方、单位和个人均不得擅自改变批准的预算;如需调整预算,必须报请本级人民代表大会常务委员会审查批准。

（三）集中性

为了从资金上保证实现国家职能、满足社会共同性的需要,国家必须通过预算安排,集中财政资金,统筹资金的使用。国家预算是国家集中分配财政资金的手段,国家预算资金即为国家集中性的财政资金。国家预算的规模、来源、去向、收支结构比例和平衡状况,要从国家整体利益出发进行统筹安排。预算收入必须及时、足额地缴入国库,任何部门、单位或个人不能坐支、挪用;各地区、部门、单位必须按照预算规定的数额、用途使用资金,不得各行其是。

(四)完整性

国家预算的内容应包含国家在履行职能中产生的各项财政收支,以体现国家的整体工作安排,综合反映政府活动的全貌,使预算成为国家各项收支的汇集点和枢纽。为了综合反映政府收支活动的全貌,预算应该包括一切收支,并以总额列入预算,不应该以收抵支,只列入收支相抵后的净额。国家预算比其他财政环节涉及的范围要广泛得多,比如,工商税收计划、基本建设拨款计划等,均属于财政的单项收支计划,而这些单项收支既是国家预算的组成部分,又受国家预算的制约。

(五)循环性

预算收支的起讫时间通常为一年。在预算年度内,预算工作的程序按时序通常包括预算的编制、预算的执行和决算等环节,各环节在年度内依次递进,并在年度之间循环往复。很多国家除编制年度预算外,还编制5年或10年的中长期预算,以指导中长期的财政工作并调节经济周期的运行,但法定预算仍以年度为时限。

(六)公开性

公共经济行为涉及全体民众的利益,除涉及国家安全的内容外,其他应向社会公开。国家预算是社会公众和政府之间的委托代理关系,因此,预算内容必须明确、公开、透明,以便社会公众及其代表能理解、审查和监督;同时,政府预算收支计划的制定、执行以及决算的全过程也应向社会公开,一般是采取向权力机构提交预算报告的形式阐述预算编制的依据,并说明在执行过程中为保证政府预算实现而采取的措施,同时报告上一年度政府预算的执行情况和结果。

三、国家预算的作用

(一)国家预算是国家集中和分配政府资金的主要手段

国家以预算形式集中了相当数量的社会资源,用以满足公共需要,预算活动体现了财政集中和分配资金的基本过程。一方面,国家通过税收、企业收入、公债等多种手段把分散在各地区、部门、企业和个人的一部分国民收入集中起来,形成预算收入;另一方面,通过预算支出的安排,维持国家正常运行,促进社会发展,提高人民生活水平。因此,国家预算资金的来源和去向反映财政分配活动的主体部分,并在一定程度上反映国民经济和社会发展的规模、结构、速度和效益水平。

(二)国家预算是国家进行宏观调控的重要杠杆

在市场经济中,国家预算具有“稳定器”和“调节器”的功能,是国家进行宏观调控的重要杠杆。预算调控主要从三个方面实现:一是调节社会总供求,总量调控是宏观调控的主要内容,预算收支直接或间接影响社会总供求,预算收入规模影响部门的产出和需求水平,预算支出则构成社会需求的一部分,并制约供给水平,国家可根据经济运行情况,调整预算收支规模及对应关系,影响社会总供求关系,使之实现平衡。二是调节经济结构,预算收支具有结构效应,收支结构的变化会引起经济结构的相应变化。三是促进社会公平,包括通过预算管理体制的合理设计正确处理中央和地方、地方和地方之间的关系,合理分配财力,缩小地区间的经济差距;通过税收和支出调节城乡之间、地区之间、行业之间的利益关系,缓解分配上的矛盾;通过社会保障的安排促进社会和谐。

（三）国家预算是保障公共商品供给的重要工具

公共商品具有非竞争性、非排他性，市场不能有效地提供，需要公共部门对其供给配置资源。实际上，国家以预算形式集中资金只是手段，而保障公共商品提供的需要才是其基本目的。国家预算的规模大体反映了一定时期公共商品供给的总体状况，而预算支出的结构比例、去向用途则反映国家提供的公共商品及服务的基本构成。

（四）国家预算是国民经济运行状态的反映器

国家预算活动联系面广，综合性强，预算的收支涉及一系列经济社会行为，不仅反映政府活动的范围和方向，而且反映经济和社会发展各方面的情况。在预算的编制和执行中，国民经济各部门、各有关企事业单位、国家金库以及财政部门内各职能机构，都要按规定向政府预算管理机构及时报告情况，同时，经济社会活动的各项指标都会直接或间接地反映到预算上来，从而形成一个以预算为中心的信息系统，使得预算管理工作成为国民经济运行状态的观察哨。预算收入反映国民经济发展规模和经济效益水平，预算支出反映各项经济社会事业发展的基本情况。因此，通过国家预算的编制和执行，能够掌握国民经济发展的态势，发现其中存在的问题，及时采取措施，促进国民经济稳定、健康、快速发展。

第二节　国家预算的管理体制

一、国家预算管理的概念

国家预算管理是国家依法对公共财力的筹集、分配、使用进行合理安排、有效配置、优化管理而开展的组织、指挥、控制、协调和监督等一系列活动的总称，其基本目标是合理编制预算、有效完成预算收支任务和提高预算资金运行效率。

国家预算管理的基本要素包括以下几个方面。

（一）国家预算管理的主体是国家

国家预算管理的主体是由相关机构共同构成的国家组织体系，在我国由各级人民代表大会及其常务委员会、政府、财政部门等行使相应的管理职权。

（二）国家预算管理的对象是公共财力的运行

国家预算管理的对象是以预算资金为主的公共财力的全部运动过程和结果。具体包括三个方面：①积极组织预算收入，确保收入任务的实现；②合理安排各项预算支出；③在收支过程中要努力做到收支平衡。

（三）国家预算管理的依据是法规

国家预算管理的依据是国家的有关法律法规和方针政策，要确保预算资金的组织、协调和监督纳入法制轨道，做到依法理财，依法治财。

二、国家预算管理体制

预算管理体制是财政管理体制的中心环节。我国预算管理体制是国家预算管理体系和预算管理根本制度的总称。这就是说，国家预算管理体制的一层含义是指管理体系，即国家预算中，中央与地方以及地方各级政府形成的预算管理体系。它主要包括预算管理的组织机构、组织形式、决策权限、监督方式等。另一层含义是预算管理的根本制度，即预算管理体系中，各级预算管理层次之间收支范围和管理职责权限的划分和实施,也就是各级预算管理权限和财力的划分。因此,我们可以把国家预算管理体制概述为:国家预算管理体制是国家正确处理中央与地方、地方各级政府之间的分配关系,确定各级预算收支范围和管理职责的一项根本制度。它是各级政府财力划分的法制依据,规定着各级政府预算资金筹集运用的方向、范围、内容和权限。

从理论上讲,国家预算管理体制要解决的核心问题是预算管理的动力和轨道问题。所谓动力问题,主要是指在国家预算资金的管理和运用上,中央与地方各级政府之间责、权、利的划分,要有利于调动各方面的积极性;所谓的轨道问题,主要是指采取什么样的预算管理体制办法,即通过什么途径才能正确划分各级预算之间的责、权、利,处理好各级预算之间的分配关系,以调动中央和地方各级政府的积极性。

三、国家预算管理体制建立的客观依据

(一)依据社会生产力发展水平和生产关系的客观要求

我国社会主义脱胎于半殖民地半封建社会,生产力水平落后于发达的现代市场经济国家,这就决定了必须经历一个很长的社会主义初级阶段。由于生产力水平落后,生产关系就不能纯而又纯。党的十一届三中全会以来,我国出现了以社会主义公有制为主体,多种所有制经济并存发展的局面,商品经济得到很大发展。社会主义市场经济体制正在建立的进程中,在分配领域,同时存在以按劳分配为主体的多种分配方式并存的制度,并把按劳分配和按生产要素分配结合起来。预算管理体制,必须依据社会主义初级阶段的经济基础的要求来建立,使其更好地为发展和完善社会主义的经济基础服务。

(二)依据国家职能的客观要求

预算是国家各级政府履行其职能的财力保证,预算管理体制的建立必须与国家各级政府的职能相适应,为实现国家各级政府职能服务。政府的经济管理职能,主要是制定和执行宏观调控政策,搞好基础设施建设,创造良好的经济发展环境,运用经济手段、法律手段和必要的行政手段管理国民经济。同时,加强政府的社会管理职能,保证社会经济正常运行和良好的社会秩序,以推进社会主义市场经济体制建立的进程。预算是国家政府管理经济的重要经济杠杆,因此,预算管理体制的建立要适应国家政府职能的客观要求。

(三)依据我国国情的客观要求

国情是建立预算管理体制的基本前提。生产力不发达,生产关系不完善,上层建筑不成熟是我国现阶段社会主义的基本特征。我国预算管理体制的建立不能照搬其他国家的模式,必须以我国的实际情况为依据,必须从我国自然条件、经济文化发展水平不平衡的情况出发,这样才能建立起有利于我国社会主义市场经济发展的、具有中国特色的预算管理体制。

(四)社会主义市场经济的客观要求

我国实行社会主义市场经济,社会主义市场经济是同社会主义基本制度联系在一起的。党的十七大明确指出:实现未来经济发展目标,关键要在加快转变经济发展方式、完善社会主义市场经济体制方面取得重大进展。要深化对社会主义市场经济规律的认识,从制度上更好发挥市场在资源配置中的基础性作用,形成有利于科学发展的宏观调控体系。

国家宏观调控和市场的基础性作用都是社会主义市场经济体制的本质要求,二者是统一的,相辅相成、相互促进的。因此,我国建立和完善预算管理体制,必须从我国发展社会主义市

场经济的客观要求出发,这样才能建立起与社会主义市场经济体制相适应的预算管理体制。

四、建立国家预算管理体制的原则

(一)统一领导,分级管理

这是由我国的基本政治、经济制度和国情所决定的。统一领导,是指预算管理的大政方针由中央统一制定,全局性的预算法规由中央统一制定和颁布,国家预算管理体制变革的重大举措由中央统一部署。从我国的实际出发,关系国家整体利益的预算管理权限和国家的主要财力应集中在中央,以保证国家重大方针、政策、法规的统一性和宏观调控的需要。分级管理,是指在统一政策的前提下,各级地方政府都是相对独立的一级财政,都有相对独立的预算管理权,有地方性预算法规的制定的颁布权,以及对本级预算收支的安排、调剂、使用权。

统一领导,分级管理,既有利于强化中央预算的宏观调控能力及在预算管理体系中的主导地位,又有利于调动地方各级政府管理本级预算的积极性,因此,成为我国建立国家预算管理体制的基本原则。

(二)财权与事权相统一

预算管理体制是以在各级政府间划分财权和财力为核心的制度,而财权、财力划分的依据主要是各级政府承担的职责和任务,即事权。各级政府间的事权划分是财权、财力划分的前提和依据,事权决定财权,又以财权作为保证。只有事权没有财权,事权无法落实;只有财权没有事权,财权难以约束。

权责统一主要解决一级政府的财政权利与财政责任的合理结合问题,一级政府财权的界定应与其事权范围的划分基本一致,以保证各级政府的有效运行,履行各自的经济社会职责。

在实行分税制的条件下,中央与地方实行以分税为特征的分级财政管理,政府事权趋于分散。但分税的结果又往往将预算财力集中于中央,从现象上看出现了财权相对集中与事权相对分散的矛盾。实际上,分税制的实施总要配套以中央对地方的转移支付制度,这就使中央与地方分配关系的形成要经历第一次分配和第二次分配两个环节。尽管在分税的分配中财权与事权并不相对称,但通过转移支付机制将部分集中的财力转给地方,从而使地方政府的财权和事权达到统一。体现了在国家宏观调控下让市场在资源配置中起基础性作用的经济体制要求,体现了宏观经济调控权必须集中在中央的要求,是保证经济社会各项事业发展的重要条件。

(三)兼顾公平与效率

实现公平与效率的结合,是社会主义市场经济的基本要求。效率是公平的基础,公平是效率的前提。所以,我们要坚持效率优先、兼顾公平的分配原则。一般来说,初次分配要更多地讲究效率,再分配应当更多地提倡公平。我们讲公平与效率是政府分配要兼顾的两个重要准则,兼顾公平与效率也是建立预算管理体制,正确处理政府间财政分配关系的基本要求。

预算管理体制中的公平原则包括两方面的含义:一是基于财力水平均等要求的上解负担公平;二是基于机会均等要求的发展条件公平。上解负担公平主要体现在收入划分上,它要求按各地区的经济条件来确定其上解任务,使上解负担与上解能力相统一;发展条件公平体现在中央对地方转移性支付的调节过程中,它要求中央按照各地区社会经济发展的差异程度,来确定转移支付数额,通过转移支付来缩小区域间财政能力和社会经济发展的差距,使不发达地区享有与发达地区大致均等的发展条件和社会服务水平。

在建立预算管理体制时提出效率原则,是因为预算管理体制作为确立中央与地方,以及地方各级政府预算分配关系的基本制度,它对经济活动和资源配置状况有着重要的影响;同时,预算管理体制的建立和运作也存在着效率问题。因此,运用效率准则来规范预算管理体制的建立和运行过程,使预算管理体制成为提高经济效率的重要手段。

五、我国预算管理体制的历史变迁

(一) 统收统支体制的调整历程

1. 1949 年—1952 年的中央高度集权型的财政体制

新中国成立之初,我国正处于国民经济恢复时期,为了尽快医治战争创伤,恢复生产,发展国民经济,稳定社会,改变长期革命战争中财经工作分散管理的局面,建立社会主义计划经济体制,我国实行了高度集中、"统收统支"的财政管理体制,即地方收入集中于中央,地方支出由中央统一审核、逐级拨付,地方财政收入与支出之间基本不发生直接关系,中央处于绝对主导地位。

1949 年—1952 年的中央高度集权型的财政体制的主要特征是:

(1) 收入和支出高度集中。全国各地的主要收入统一上缴中央,支出由中央集中统一管理,地方的财政支出由中央统一规划,统一按月拨付。

(2) 财政管理权限集中于中央,包括税收制度、人员编制、工资和供给标准,预决算和审计、会计制度统一由中央制定、编制和执行。

(3) 中央和地方的收入分享机制,地方政府只是执行中央政府决定的职能部门,它的财政支出与收入的缺口由中央的转移支付来解决。

(4) "收支两条线"模式,地方政府组织的财政收入要如数上缴中央,地方政府所需支出均由中央财政另行拨付。

2. 1953 年—1978 年间的统一领导、分级管理的财政体制

在这段时间里,先后经历了几次下放财权的变革,虽然在方法上屡经调整,但体制类型总体上没有改变。

统一领导、分级管理财政体制的主要做法是,由中央核定地方收支指标,凡收入大于支出的地方上交收入,凡支出大于收入的地方由中央补助。具体的体制特征是:

(1) 在中央统一计划的前提下,按行政区划实行分级预算、分级管理,主要税种的立法权、税率调整权和减免权集中于中央;全部收入分为固定收入和比例分成收入,由地方统一组织征收,分别入库,对超收部分另定分成比例,地方多收多留。

(2) 按中央政府和地方政府的职责分工及企事业单位的行政隶属关系确定各级政府的支出范围,属于中央的企业、事业和行政单位的支出列入中央预算,属于地方的企业、事业和行政单位的支出列入地方预算。

(3) 地方预算由中央核定,按照支出划分。

(二) "分灶吃饭"的预算包干制

1980 年—1994 年间,普遍实行"分灶吃饭"的预算体制。"分灶吃饭"是指打破吃大锅饭,中央和地方各自拥有独立的利益。"分灶吃饭"财政体制的核心是"包干","包干"的前提是划清中央和地方的财政收支范围,确认各级政府拥有各自独立的利益,以责、权、利结合,自求平衡。

1. 1980 年开始实行划分收入,分级包干的财政体制

1980 年,中国开始了全面的经济体制改革,为了调动地方增加财政收入的积极性,财政决

定改革统收统支的体制,下放财权,并按照经济管理体制规定的隶属关系明确划分中央财政和地方财政的收支范围。这次调整对大数省份实行了“划分收支,分级包干”的预算管理体制,建立了财政包干体制的基础。

2. 1985 年实行划分税种,核定收支,分级包干的财政体制

1985 年,中央决定将“分灶吃饭”的具体形式改为“划分税种,核定收支,分级包干”,在划分收支的基础上对各地方实行不同的分配办法。即按照税种和企业隶属关系,确定中央、地方各自的固定收入,另有共享收入;支出仍按隶属关系划分。凡地方固定收入大于地方支出者,实行定额上缴;凡地方固定收入小于地方支出者,中央确定一个比例留给地方作为部分共享收入;若地方固定收入和共享收入全部留给地方仍不抵其支出,中央实行定额补贴。

3. 1988 年实行 6 种形式的财政包干

1988 年,为了配合国有企业普遍推行的承包经营责任制,中央决定实行一种新的承包体制。该体制包括 6 种不同的办法,分别适用于 6 类省、市、自治区和计划单列市。总的来说,1988 年的财政体制增加了主要财政大省保留在地方的财政收入的比例,该体制一直延续到 1993 年末。

包干制的基本特征是:

(1) 建立激励机制。按照经济管理体制规定隶属关系,明确划分中央与地方财政的收支范围,使地方财政初步成为责、权、利相结合分配主体,可以多支,自主支配,能够刺激地方扩大生产,增加财政收入。

(2) 收入分灶。按照当时的经济管理体制,整个财政收入主要包括:中央固定收入,包括中央所属企业的收入、关税收入和中央其他收入;地方固定收入,地方所属企业的收入、盐税、工商所得税、地方税和其他地方收入;

(3) 扩大地方财政收支范围。收入分灶以后支出也要明确划分。支出不仅包括经常性支出,而且包括建设性支出。中央的基本建设投资、中央企业的流动资金、国防战备费、对外援助、中央级的事业费和行政管理费等由中央财政支出。地方支出的范围包括地方的基本建设投资、地方企业的流动资金、支援农业支出、地方各项事业费、社会救济及地方行政管理费等。

(4) 增强了规范性和稳定性。财政管理体制开始由过去一年一变,改为一定几年不变,为体制效益的发挥创造条件。

(5) 确定包干基数。凡是地方收入大于支出的地区,按比例上交;支出大于收入的地区,从工商税中按比例留给地方,收入仍然小于支出的,不足部分由中央财政给予定额补助。

(三) 分税制预算管理体制

分税制是在中央和地方以及地方各级政府之间划分事权的基础上,以划分税种和税权为主要方式来确定各级政府的财力和财权范围,以分税制为基础来规范各级政府的财政关系,实行分级财政管理的财政预算管理体制。它是市场经济国家普遍推行的一种财政管理体制模式。

1994 年起取消承包制,实行分税体制改革,并多次进行了完善性的配套改革。我国分税制的核心框架有两个:一是分税、分征、分管;二是实行规范化的转移支付制度,中央保持必要的自上而下的调控能力。

1. 1994 年分税制财政体制改革

分税制财政体制改革的主要目标是:加强中央政府对税收来源的控制,提高“两个比重”,

尤其是中央财政收入占全国财政收入的比重;提高地方政府征税的积极性,解决中央和地方之间长期存在的利益矛盾;通过调节地区间分配格局,促进地区经济和社会均衡发展,实现基本公共服务水平均等化,实现横向财政公平。将税种划分为中央固定税、地方固定税、中央和地方共享税,通过分税稳定中央和地方的财力关系。此外,还根据中央和地方政府的事权确定相应的财政支出范围。中央财政支出主要包括:中央统管的基本建设投资,中央直属国有企业的技术改造和新产品试制费、地质勘探费等,国防费、武警经费,外交和援外支出,中央级行政管理费和文化、教育、卫生等各项事业费支出,以及应由中央负担的国内外债务的还本付息支出。地方财政支出主要包括:地方统筹的基本建设投资,地方国有企业的技术改造和新产品试制经费,支农支出,城市维护和建设经费,地方文化、教育、卫生等各项事业费和行政管理费,价格补贴支出以及其他支出。

2. 1995 年的过渡期转移支付

1994 年的分税制改革目标是使中央财政收入的比重逐步上升到 60%,其中中央直接使用的支出为 40%,其余 20% 由中央以转移支付的办法分配到地方。1995 年开始实行过渡期转移支付办法是分税制改革的配套性举措,之后经过逐年的修改完善,逐步形成了通过因素法,对一般均衡性财力进行规范化转移的基本框架。

3. 2002 年所得税分享改革

从 2002 年 1 月 1 日起,取消按企业隶属关系划分所得税收入的分配方法。除少数特殊行业外,绝大部分企业所得税和全部个人收入所得税实行中央与地方按比例分享的办法。

这次改革,以 2001 年为基期,保证地方合理既得利益,基数内的收入全部归地方。2002 年所得税增量收入,中央与地方按五五比例分享。2003 年按六四比例分享,以后年度分享比例,根据实际情况另行确定。改革后中央从所得税增量中分享的收入,全部用于增加中央对地方,特别是中西部地区的转移支付。

所得税分享制改革是继 1994 年分税制改革后,财政管理体制方面的又一次重大改革,其力度之大,不仅直接撼及地方财政,牵涉到重新调整各地利益格局,而且也是中央对公共财政改革与国际惯例接轨所采取的一项重要措施。

预算管理体制是规范上下级政府之间收入划分、支出职责以及调节收支关系的制度,其实质是正确处理上下级政府在财权上的“收”与“放”、“集中”与“分散”之间的关系,涉及中央和地方、地方政府之间错综复杂的利益关系,其变革会引起各个集团之间利益的重新分配。1949 年以来,我国财政体制经历了收放的不断反复、多次调整,但总体趋势是从高度集中向分权化的方向发展。

六、我国分税财政体制的构架

(一)按税种划分中央与地方财政收入

目前,我国采用不完全形式的分税制,即将作为财政收支来源的各个税种划分为中央税(国税)、地方税、中央地方共享税。企业既向中央政府缴纳国税,又向地方政府缴纳地方税。分税过程等于切蛋糕,是体制中最为关键的内容。

分税的基本原则是将一些关系国家大局和实施宏观调控的税种划归中央,把一些与地方经济和社会发展关系密切以及适合地方征管的税种划归地方,同时把收入稳定、数额较大、具有中性特征的增值税等划作中央和地方共享收入。

中央固定收入主要包括：关税，消费税，海关代征的消费税和增值税，中央企业所得税，铁道部门、各银行总行、各保险总公司集中缴纳的收入等。中央和地方共享收入包括增值税（中央分享75%，地方分享25%）、证券交易税（目前仅在上海和深圳以印花税形成征收，中央和地方各分享50%）和资源税（其中海洋石油资源税归中央，其他自然资源税目前暂归地方所得）。其他税种为形成地方固定收入的地方税，主要包括营业税、地方企业所得税、个人所得税、城镇土地使用税、固定资产投资方向调节税、城市维护建设税、房产税、车船使用税、印花税、屠宰税、耕地占用税、农牧业税、对农业特产收入征收的农业税、契税、国有土地有偿使用收入等。

（二）中央对地方实行的"两税"返还制度

为了缓解改革对各利益主体带来的影响，调节地区间的财力分配，分税制还制定了中央对地方政府的转移支付制度。税收返还是一种经常性的收入返还。

1. 1994年中央对地方"两税"税收返还数额的确定

以1993年为基期年，将中央净上划数全额返还地方。为了保证1993年地方既得财力，按照1993年地方实际收入以及税制改革后中央和地方的收入划分情况，确定1993年中央从地方净上划的收入数额，以此作为中央对地方收入返还基数，如数返还给地方。

2. 1994年后税收返还额在1994年基数上实行逐年递增返还的方法

递增率为增值税和消费税平均增长率的30%。即递增率按当年全国增值税和消费税增长率的1:0.3系数确定，即全国增值税和消费税每增长1%，中央财政对地方的税收返还增长0.3%。

3. "两税"税收返还的特点

（1）采取基数法，保护地方既得利益。税收返还是在推行分税制中为保证地方的既得利益所确定的财政资金的分配方法，所采取的"不触动地方既得利益"原则和"保存量，调增量"的渐进改革模式，对保证改革顺利推进，减少社会震荡方面发挥了积极作用，但同时也削弱了它在调整地区财力差异方面的力度。

（2）基数被放大，形成累积效应。分税制按地方政府1993年的税收基数给予一定的返还，维持地方原有的支出规模。地方政府为了在税制改革以后得到更多的税收返还，就拼命把1993年的财政做大，结果是1993年的税收收入比1992年上升了49.6%，此后，地方政府硬性规定税收任务增长指标的做法沿袭了下来。分税制改革依然未使各省得到比较公平的对待，中央规定如果地方政府能够超额完成征税任务，就会再给它一定的税收返还作为奖励。经济发达地区税源充足，容易完成任务，也就可以从中央得到更多的税收返还收入，而经济落后地区由于自身条件的限制，仍然面临不平等待遇。由此，获得税收返还最多的往往是经济发达地区，而落后省份获得的收入却很少。

（3）地方在增量分配中所占比重下降速度过快。中央对地方的"两税"增量返还"1:0.3"系数事实上在逐年下降，而且下降速度过快。1994年—1997年依次为0.27、0.26、0.23和0.21。影响"1:0.3"系数下降速度的因素主要是各地"两税"增长速度不一致、产业结构的不同导致增值税和消费税比重的差异、中央下划收入占地方收入比重不同等。此外，"两税"增量返还系数下降幅度在地区之间很不平衡，造成地区间财力集中程度差别较大。

以上分析表明，1:0.3系数返还办法主要存在两个问题：一是中央通过该办法集中增量时，地区之间力度不一，部分地区与全国平均水平相差悬殊；二是"两税"收入增长速度越快的地区，中央集中程度越高，客观上不利于调动地方"两税"增收积极性。针对这些问题，财政部在办理1997年财政决算时,为了调动地方增加“两税”收入的积极性,决定对“两税”增长快的地区给予奖励性补助。具体办法是:①以各地1993年—1997年“两税收入”平均增长率为标准,凡高于平均增长率的地区,按高出的百分点和“两税”增收额计算,给予奖励;②以各地1997年税收返还增量占“两税”增量的平均比例为依据,凡低于平均比例的,补到平均比例。

(三)保留原体制上解与补助办法,对民族地区实行特殊照顾

分税制保留原体制的上解与补助办法,延续了对民族地区以往的照顾政策,实行新旧制度双轨并行,并在1995年建立了过渡期转移支付制度。新中国成立以来,国家对民族地区实行特殊的财政体制,1981年开始实行“分灶吃饭”和“大包干”的财政管理体制,在体制变化中,对民族地区的财政一直实行部分单列和特殊补助的方式。对民族地区以往的照顾政策,主要体现在中央的税收返还基数以1993年为基期核算,以1993年的实际征收额为依据,剔除不合理因素,保留对民族地区的特殊财政支持,在对民族地区计算税收返还额时,保留了定额补助和民族专项补助;在一般性转移支付计算上,以地方上缴中央金库的“两税”为基础,核定出相应的地方财政动用的资金比例,包括中央允许支付的各项专项支出,适时调用;根据民族地区财政收入基数低、包干体制中存在部分不合理因素和财政需要解决一些临时性、突发性的特殊问题等情况,中央在1995年决算中,实行了“过渡期转移支付办法”,在体制中单列了“民族地区政策性转移支付”,支付对象为民族八省区和辖有民族自治州的省。

(四)税务机构分设实现税收分征分管

分税制按税种划分中央和地方财政收入后,相应分设了国家税务局和地方税务局两套机构,分别征管。中央税种和共享税种由国家或中央直属的税务机构负责征收,共享税按比例分给地方,中央收入不再受地方收入努力程度的影响。地方税种由地方税务机构征收,地方政府只负责征收地方税,其所负责征收的税种不再与中央分享,因而不再有减少税收努力以避免上缴中央过多的动机。中央和地方的税务机构均将致力于完善管理机制以增加各自的收入。新体制下地方政府至多只能控制地方税种的有效税率与税基,这样把主动权掌握在中央财政手里,可以保证税基不受侵蚀,抑制住了中央财政比重下滑的势头,中央利用税收政策进行宏观调控的能力明显增强。分税分征的效果立竿见影,中央财政收入在分税制改革初期,每年迅猛增长,目前中央占全国财政收入的比重上升到50%以上。由于随着中央财政收入的增加,其利用支出政策的自由度也增加,尤其是中央政府在掌握用于转移支付的财源后,能更有效缓解地区差别。税务机构分设也仍然存在一些弊端,例如,财税机构的协调难度大,国税与地税征管范围互有交叉,征管权限和事务划分存在交叉等。针对这些问题,需要理顺国税、地税的征收管理关系:①在政策上要有明确规定,即按各收各税的原则划分国税和地税的征收范围,避免征管盲点的存在;②在操作上协调,建立国税、地税两局协调的税收征管系统;③加快税收征管改革的步伐,建立适应市场经济体制要求的征管模式。

第三节 国家预算的编制原理

一、国家预算编制的原则

(一)预算编制必须全面贯彻执行国家的方针政策

国家的预算既然体现政府的职能,必然反映着整个国家的政策。因此,在编制预算时必须把全面贯彻国家的方针政策放在首位。国家的方针政策是根据各个历史时期的政治经济形势而制定的。它体现了社会主义国家的基本职能,反映了社会主义客观经济规律的要求,代表着全国人民的根本利益,是编制国家预算的根本指导思想。如果离开国家的方针政策,预算的收支安排就会偏离方向。多年来的历史证明,预算的编制,只有根据各个时期的政治经济任务进行统筹安排,保证国家各项方针政策在预算收支中得到具体体现,才能保证国家职能的正常履行,才能更好地发挥预算的职能作用。

(二) 预算编制必须遵循法律规定

依法编制预算,首先是依照《中华人民共和国预算法》。预算法是财政预算工作的基本大法,预算法将预算编制的时间、编制形式、预备费资金的设置、上年结余的安排、预算报告的批准程序等都纳入了法制轨道。同时,国家其他与预算编制相关的法律,如《中华人民共和国农业法》《中华人民共和国教育法》《中华人民共和国科技进步法》,都分别规定了财政对农业的总投入、对教育的拨款、对用于科技的投入增长速度,均要高于财政经常收入的增长幅度。在预算编制中,也要遵循这些相关法律的规定,依法进行统筹兼顾,全面安排。

(三) 预算编制必须遵循公开透明的原则

国家预算,反映着国家集中性财力的规模和结构,关系到国家职能的履行、社会经济的发展和人民物质文化生活的改善。对这样一个重大的问题,必须进行民主决策,贯彻公开透明的原则,让人民群众了解预算编制的情况,收入支出的情况,并置于人民群众的监督之下。我国的中央预算草案和地方各级政府编制的预算草案,必须向各级人民代表大会报告,预算草案必须经各级人民代表大会审查,并会同预算报告一并批准才能成立。这就是遵循公开透明原则的具体体现。

(四) 预算编制必须遵循统一真实原则

统一原则是指不论中央预算还是地方各级政府预算的编制,都要有统一的预算制度,统一的预算收支科目,统一的预算表格,统一按照国务院下达的编制预算的指示编制。同时,全国人民代表大会还要审查中央和地方预算草案及中央和地方预算的执行情况报告。这样就使得各级政府的预算都能全面反映政府的收支活动,才能使预算编制体现党的方针政策,国家的法律和政府的意志。

预算编制的真实性,是指编制预算时间,各级政府、各部门、各单位都必须提供真实可靠的数据资料,以便使政府正确确定计划年度的预算收支规模,按照编制预算的要求,按照统一的预算科目和设计程序,逐项进行科学预测,合理分配指标,必须使预算收支规模和各项收支指标反映客观实际情况,才能真正做到遵循预算编制的统一真实性原则。

(五) 注意预算的连续性

预算是政府的年度财政计划,集中反映预算年度国家政府的政治经济活动情况。社会再生产是连续不断进行的,预算的编制必须充分考虑到连续性这一客观实际,注意瞻前顾后,要在以后年度、特别是上年度预算执行实际情况的基础上,从计划年度的政治经济条件的实际情况出发,考虑到以后年度的发展变化趋势,确定预算收支指标。使中央预算与地方预算能够前后衔接具有连续性。

(六) 预算编制必须坚持预算的科学性

编制预算讲究科学性原则,主要是指在编制预算时,必须遵循客观经济规律的要求。只有正确认识客观规律,严格按照客观经济规律办事,才能科学地预见未来的经济发展过程和国民收入的分配过程,正确地预见国家集中资金的规模、来源、去向和结构,制定出符合经济规律、符合客观实际情况的中央预算和地方预算。

二、国家预算的编制形式

国家预算与国家政府的职能和社会经济活动密切关联,是国家实现其职能的财力保证,是政府调控社会经济活动的经济杠杆。随着生产力的发展,社会经济活动和国家政府职能的扩大,国家预算的规模、结构、范围和形式也逐步趋于复杂化和多样性。预算的编制形式是指预算安排的外在组织形式,其实质体现预算收支之间的内在联系和资金管理的要求。预算一般包括两种形式,即单式预算和复式预算。

(一)单式预算

单式预算是传统的预算形式。在内容上,是国家的全部财政收入和支出编入一个预算之中,对各项收支的性质并不区分是经常性的或是资本性的,统一编入一个收支项目安排对照表。这种预算制度的优点是能从整体上反映出国家财政的全貌,便于政府统筹安排运用财政资金,有利于监督和控制政府各部门的经费运用。在自由资本主义时期,其目的是为了避免支出浪费和征敛无度。在第二次世界大战前,西方国家大都采用这种预算形式。但是单式预算不区别各项财政收支的经济性质,不利于政府对复杂财政活动进行具体深入的分析和科学管理。

(二)复式预算

复式预算是把同一预算年度内全部预算收入和支出按其性质划分,分别编成两个或两个以上的预算,形成两个或两个以上的收支对照表,各自以特定的预算收入来源保证特定的预算支出,并使两者保持相对稳定的、有对应关系的预算组织形式。在复式预算中,几个分预算一方面相对独立、自成体系,各部分的预算分别以各自来源应付各自支出,各自平衡;另一方面相互之间又具有内在联系、内容相互补充,并在一定的规则上相互流通,由此,共同构成一个科学、完整的预算体系。复式预算是在单式预算的基础上演化而来的,由于它把财政收支按其经济性质分别编入不同的两个或两个以上预算之中,各项收支之间对应关系明确,能较好地反映财政收支平衡状况,便于政府合理地安排使用财政资金,有利于更好地发挥国家政府的职能,有利于政府对社会经济生活进行宏观调控,有利于促进经济的协调发展。

新中国成立以来,我国一直采用单式预算编制方式,近年来的宏观经济分配格局以及财政收支结构发生很大的变化,需要探讨复式预算的管理框架。

1. 复式预算改革初期:双轨式预算的试行

1992年财政部试编复式预算,但未能完全实施和推广,地方仍按单式方式编制地方总预算,预算组织方式仍在不断探讨之中。1992年试编的复式预算是将原有的单一预算按各种预算收支不同的来源和资金的性质,划分为经常性预算和建设性预算两部分,由此形成双轨式预算。国家以管理者身份取得的税收等一般收入并以此用于维护政府活动的经常费用,保障国家安全和稳定、发展教科卫文农等各项事业和社会保障支出、非生产性基建支出、国家政权建设支出、价格补贴、其他支出和预备费、用于人民生活等方面支出,列为经常性预算;国家以资产所有者身份取得的收入以及国家特定用于建设方面的某些收入和直接用于国家建设方面的支出,列为建设性预算。

2. 我国复式预算的目标模式:多轨式预算

复式预算要求对政府以不同身份进行的收支活动加以区分,以便反映不同性质预算资金的来源和使用情况，对不同的预算资金采取不同的管理办法，从而更加有效地管理预算资金。我国各级政府复式预算的改革目标是逐步建立公共预算、国有资本预算、社会保障预算、债务预算和其他预算等功能互补的多轨式预算，各个预算都应规定各自的收入来源、各自平衡，形成相互独立的预算体系，但各种预算又密切联系，每一分支预算都是政府财政预算的重要组成部分，共同构成国家预算的有机整体。

三、公共预算的管理

（一）公共预算的内容

在我国，公共预算包括政府行政过程中的公共经常性收支预算和公共建设性收支预算两大部分。

1. 公共经常性收支

公共经常性预算是指政府以社会管理者身份取得的收入以保证政府职能正常运转和维护社会公共利益的支出而形成的财力配置计划。公共经常性预算用于维持政府机关活动，维护社会秩序，保障国家安全，发展各项文教科学及社会公益事业，其收支的大体内容包括：收入主要是各项税收收入以及规费、罚没等其他收入；支出为保证政府职能正常运转的国家机关，保障国家安全、维持社会秩序的部队、警察及代表社会公共利益和长远利益的非营利性领域中的经费。

2. 公共建设性预算

公共建设性预算是指用于公共性、非经营性的政府投资而确定的财力配置计划，一般适用于投资规模大、建设周期长，其价值难以通过市场增值的公共基础设施的投资。公共建设性预算的收支内容大体如下：收入主要包括城市维护建设税、房产税、城镇土地使用税、土地增值税、海域场地矿区使用费收入、专项基金征缴收入、环保收入、经常性预算结转收入、项目使用收入、预算拨款收入、贷款收入和捐赠收入等；支出内容主要包括国防、教育、科研、卫生、环保、市政、水利、交通、能源、通信、广播、电视等各种公共设施、基础设施和公益性设施建设项目的投入。公共建设性预算是为各级财政履行基本职能提供物质条件，财政资金供给必须以满足社会公共需要为前提，以弥补市场缺陷和发挥宏观调控作用为目标，提供市场无法满足和无法有效满足的公共商品和准公共商品。

（二）公共经常性预算的管理

1. 行政经费的管理

行政经费是政府行政机关和类似行政机关的单位为社会提供一般公共服务所需要的经费。国家财政对行政经费支出采取“保证供给，厉行节约”的原则。行政经费的效率可通过民意调查或公民投票进行评价，并根据相关的财政财务制度，对行政管理支出进行考核。此外，还应服从国家政治经济任务的要求。衡量行政支出规模的指标一般用行政管理支出占财政支出的比例表示；在控制办法上可对其规模规定一个具有法律效力的指标，并由司法和民意机关施行严格监督。

提高行政支出效率的途径：一是精简机构，合理定员定编；结合政府职能转变和机构改革，压缩机构人员，精简会议和文件，坚持勤俭办事，节省财政开支；二是严格财务管理制度，控制行政费用开支；三是净化行政管理费的内容，防止我国行政支出的“虚假”扩大，以利于国家宏观制约；四是健全经费定额包干制度。

2. 事业经费的管理

事业经费的管理主要是指教、科、文、卫、体事业费的管理以及农、林、水、气支出的管理:我国科技体制改革贯彻“稳住一头,放开一片”的方针,对科研经费进行分类管理:一是技术开发型项目推行技术合同制;二是社会科学研究课题和国家重大研究项目攻关实行基金制;三是对社会公益、技术基础、农业科研机构实行经费包干制,采用经费与任务挂钩等办法;四是国家重点基础研究专项经费实行课题制;五是多种研究类型的科研机构,其经费来源多种渠道解决,通过财政政策进行间接的资金投入,加大科技贷款力度;六是国家重大科技项目逐步推行招标制;七是对企业科技投入采取减税让利优惠;八是为高新技术建立风险基金。在教育经费的管理方面,一是基础教育以政府免费提供为主,非政府组织有偿提供为辅,充分发挥个人投资的多渠道筹资方式;二是大学教育和职业教育实行付费制。

教、科、文、卫、体事业资金筹集要注意合理性:一是公共性程度确定政府财政的资金支持力度,对于满足社会公共需要所需的资金应主要由国家财政来提供;对其他事业单位或由国家供应部分经费或彻底推向市场。二是合理考察支出绩效,主要考核支出的实际结果与目标之间的差距。事业成果的表现形式多种多样,除关注数量外,更应关注质量。对科教成果还应考察其转化为现实生产力的状况。

农、林、水、气支出直接构成农林生产的外部条件,财政对此类支出可采取如下方式:一是财政补贴制,例如,对农民个人所种粮食采取的财政直接补贴方式,对粮食流通企业实行的补贴等;二是财政补助制,如对水利气象部门的事业费等采取财政拨款予以补助。农、林、水、气类支出的有些收益可以内在化,比如,科研成果可采取有偿形式转让,有些活动可进行企业化经营,用市场效率的方式予以评估,其所需经费可由部门自己负担。

(三)公共建设性预算的管理

1. 公共建设性预算的项目管理机制

公共建设性预算主要用于公共基础建设项目,其管理方式包括:

(1)政府垄断方式,即由直接投资建设,直接经营和管理。公共提供、公共生产的经营管理体制在我国计划经济时期是一种被普遍采用的方法。在这种方式下,企业由政府建,领导由政府派,资金由政府拨,价格由政府定,政府包盈亏。但政府垄断企业往往缺乏创新的动力,而且政府过多地从事具体事物而承担诸多额外的责任,容易导致质差量乏、价格高的公共产品,资源浪费严重。因此,对基建投资项目的建设,除设立国有企业外,还可以充分利用企业、私人和国外资本筹资投资功能,我国改革以来已逐步形成投资主体多元化的格局。

(2)加强政府投资项目管理,对建设项目实行项目法人负责制。我国1996年要求建设项目要明确投资主体,实行政企分开,投资所有权与经营权分离,由项目法人从建设项目的筹措、筹资、设计、建设实施直至生产经营、归还贷款本息以及国有资产的保值、增值全过程负责,承担投资风险,从而真正建立起一种各类投资主体自求发展、自觉协调、自我约束、讲求效益的微观运行机制。

(3)引入市场机制,对项目实行多元化的筹资方式,充分发挥政府投资效益。各级政府要创造条件,利用特许经营、投资补助多种方式,吸引社会资本参与有合理回报和一定投资回收能力的公益事业和公共基础设施项目建设。对于具有垄断性的项目,试行特许经营,通过业主招标制度,开展公平竞争,保护公众利益。

(4)以招标方式引入竞争机制。政府通过招标的方式,邀请所有的或一定范围的潜在供应商参加投标，按某种事先确定并公布的标准，从所有投标中评选出中标供应商，并与之签订合同的一种竞争制度。政府通过招标的方式授权企业投资、经营，并提出服务要求，激励企业提高工程质量、降低管理成本、提高服务水平。该制度具有公开、公正、公平和竞争性的特点，能够保证政府获得价廉物美的商品、工程和服务，降低基础设施的成本，同时减少腐败。

2. 推行代建制，改进建设实施方式

代建制是指政府主管部门对政府投资的基本建设项目，按照使用单位提出的建筑功能要求，通过公开招标选定专业的工程项目建设单位并委托其进行项目可行性研究、环境评估、规划设计、项目报审以及项目施工的投招标和材料设备采购等整个建设过程，由代建单位负责项目前期阶段和建设实施阶段的组织管理工作，严格控制项目投资、质量和工期，竣工验收后移交使用单位。代建制采购项目的资金来源于非经营性政府投资，大部分出自于国家财政。代建制是世界上一种比较先进的成熟的项目法人运作方式，在我国是对政府投资项目进行优化管理的重要举措和新的尝试，便于增强投资风险意识，建立和完善政府投资项目的风险管理机制。

3. 公共建设性预算的管理环节

（1）公共基建项目的立项采取计划管理。基本建设影响国家产业政策、国民经济发展战略目标和国家宏观调控，因此需要加强基建的计划管理。基本计划管理既是控制基建的总规模、合理分配投资结构的重要手段，也是保证完成计划、实现投资预期效果的重要条件。

（2）财政投资资金的供应实行拨贷并存方式。财政投资的范围应该在公共领域，但为了提高基本建设项目的投资效率，财政投资可根据项目的属性，在资金的供应方式上实行拨贷并存，分别管理和核算。其中无偿拨款方式适用于没有回收能力的非经营性建设项目，例如，属于社会再生产共同的外部条件的基础设施、大型公共设施建设。贷款方式，是指国家对基建投资以信用原则，采取有借有还的贷款方式，通过中国建设银行按国家计划对有关基建项目供应资金。

（3）项目建设进程中强化建设单位财务管理。建设单位需要配备专职基建财务管理人员，基建财务实行相对独立的管理。

（4）建立"三算审查制度，实行财政全程监管机制。"三算"审查制，即财政对项目建设过程中的工程设计概算、施工图预算和竣工决算进行评审，控制项目造价。由此，强化对财政基建支出预算的成立、执行、管理、考核等各环节和工程建设全过程的管理。

（5）项目完工环节健全效益分析报告制度。对基建项目，通过定期分析，及时、准确反映和分析预算投资资金的使用和效益情况。效益分析要以数据为依据，突出重点分析，包括进行投资情况和预算投资来源情况、投资效果和投资政策分析。效益分析报告要求过高，内容多，有关数据收集的难度也比较大，需要逐步完善起来。

四、社会保障预算的管理

（一）社会保障预算的内容

社会保障预算是指国家在维护社会稳定、保障公民生活、实施扶贫救助及各项社会保障基金投资运营活动中的收支预算。社会保障预算直接体现收入公平分配、稳定经济和社会的职能，有利于发挥国家预算的整体调控功能。社会保障预算的编制是由社会保障制度的基本构架决定的，并在很大程度上受政府对社会保障各项目筹资责任大小的影响。一般而言，社会保障体系由养老保险、失业保险、医疗保险和社会救济构成。

社会保障预算的收入应包括各企事业单位及个人交付的保障基金，以及财政安排的收入，主要有工资税或社会保险税收入，社会福利基金、住房公积金、残疾人就业保证金、社会保障基金投资收益、经常性预算补助收入和社会捐赠收入等；社会保障预算的支出应包括养老保险、待业保险和医疗保险等社会保险支出、社会救济支出、社会福利和社区服务支出等内容。

(二) 社会保障预算的财政管理环节

1. 社会保障收支管理

主要是对社会保障资金筹集和支付的管理。一般包括财政拨款的社会保障经费预算管理、划转社会保障经费预算管理、社会保险基金经办机构管理预算管理等。

2. 社会保险基金运营的管理

管理的重点是社会保障结余基金的投资管理,即从保值增值的角度对结余基金的投资方向进行控制,一般应将结余基金投向风险性较小或无风险的领域。

3. 社会保险基金的调剂管理

主要是对调剂基金的收支在预算上予以列收列支出,并监督调剂基金的筹集和使用。

(三) 社会保障预算编制的原则

1. 全面性原则

即社会保障预算应该反映所有与社会保障事务有关的收支,以利于社会保障基金的统筹与管理,提高资金的使用效益。这就要求将现行各部门掌握的社会保障资金收支及各项基金结余的投资运营活动统一归并,纳入社会保障预算之中,实行统一核算、统筹安排。

2. 政策性原则

即社会保障预算要贯彻国家社会政策和收入分配政策,这些政策是政府引导和促进社会保障事业发展的重要手段,社会保障预算的编制应充分体现这些政策的宗旨,从财力上予以支持。

3. 专款专用原则

即社会保障资金只能用于社会保障方面的开支,不得挪作他用。资金的专用性要求编制预算时,要严格按规定安排各项支出,确保资金的专门用途,做到专款专用,以防挪用、浪费现象的发生。对结余资金,应按规定进行投筹资活动,并保证其完整和保值增值,不得用于弥补政府公共预算赤字。

4. 适度结余原则

社会保障支出是为面临生存困难的社会成员提供资助的,而困难的成因又是多方面的,其中有许多是不确定因素,诸如寿命的不确定性,失业、病残的风险等,这就意味着社会保障支出有相当一部分在编制预算时难以测算的,为了不给经常性预算造成太大的压力,年度社会保障预算收支相抵后应留有适度结余,这也有利于社会保障资金的投资增值和调剂,规范资金分配,完善财政职能。

(四) 社会保障预算编制的目标和模式

1. 社会保障预算的目标

逐步建立起以社会保障税为主要收入来源,各项社会保障资金得到全面反映,收支管理及社会保障基金投资运营活动规范化、各项政策措施完整配套的具有中国特色的社会保障预算体系。据此,需要把分散于各部门管理的社会保障基金收支活动以及由政府公共预算安排的社会保障收支活动合为一体,建立统一的、相对独立的社会保障预算,全面反映社会保障基金收支运营情况,并对社会保障事业发展的资金供求做出全面统一的安排。

2. 社会保障预算编制的模式

(1) 基金预算,美国、新加坡等国家实行的是这种模式;

(2) 政府公共预算,即社会保障收支同其他政府预算收支混在一起,英国、瑞典等福利国家实行的是这种模式;

(3) 一揽子社会保障预算,即将政府一般性税收收入安排的社会保障性支出、各项社会保障基金收支、社会筹集的其他社会保障资金收支、社会保障事业单位的收入等作为一个有机的整体,编制涵盖内容全面的一揽子社会保障资金预算;

(4) 政府公共预算下的二级预算,即半独立性子预算。

从国际惯例和我国的国情来看,可采取一揽子社会保障预算的编制方案,即社会保障资金预算应将社会保障基金预算拨款、政府公共预算安排中安排的社会保障支出、社会筹集资金、社会保障事业单位的收入等归集起来,形成一个完整的社会保障预算。

五、国有资本预算的管理

(一) 国有资本预算的内容

在新的政府收支分类体系中,国有资本预算收入项目包括非税收入中的国有资本经营收入、国有资源有偿使用收入等款级科目,以及贷款转贷回收本金收入、债务收入等;国有资本预算支出项目可包括对企事业单位的补贴中的企业政策性补贴等款级科目,债务利息支出、债务还本支出、基本建设支出、其他资本性支出、贷款转贷及参股等按经济分类的支出。

(二) 国有资本预算的汇编程序

"两级三层"模式下的国有资本监督管理体制包括中央和地方两级,国资委—国有资产经营公司—控股、参股公司或企业三个层次,其中控股、参股公司是国有资本经营的微观基础;国资委和国有资产经营公司是国有资本经营的宏观主体,作为出资者代表对参股、控股企业的财务预算具有知情权和表决权。由此,国有资本预算分为国有资产授权经营公司预算和政府预算两个层面,国有资产授权经营公司预算是基础。在国有资产授权经营公司预算完成后,再汇总国有资产授权经营公司预算,形成政府的国有资本预算。

国有资本预算的汇编程序如下:

(1) 参股、控股的公司依据《公司法》编制企业的财务预算,形成国有资本经营总预算的微观基础。

(2) 国有资产经营公司编制公司国有资本预算,报国资委。国有资产经营公司对国资委负责并报告工作,必须编制各个公司自己的资本经营预算。

(3) 国资委汇编成为国有资本总预算,提出国有资本预算草案,经过财政纳入政府总预算草案,由人大批准后执行。国资委对国有资本的经营具有管理权,在国有资产授权经营公司财务预算的基础上,汇编政府的年度国有资本总预算。每个预算年度开始之前,国资委应将所编国有资本预算交财政部汇总,形成统一的国家预算,并由财政部提交全国人大审议通过。

(三) 国有资本预算的特点

(1) 属于财务预算的范畴,但具有宏观性。国有资产经营公司和其参股、控股公司编制的财务预算是国有资本总预算的微观基础,因此,国有资本预算必须根据财务运行规律和原则编制。但国有资本预算又不同于一般的企业财务预算。企业财务预算以具体的生产经营业务预算为基础,编制的主体、依据、时空范围容易界定;国有资本预算要反映整个国有经济的资本投入与收益活动状况,属于宏观财务的范畴,预算编制的意义、主体、依据、目的、级次、体系、内容需要重新界定。在将经营性资产划转给国有资本预算之后,应严格限制政府公共预算资金投向经营性企业或项目。

(2) 国家所有权机构具有主导性,是编制国有资本预算的主体。国家所有权机构应执行具有高透明度和最低风险的财务管理程序,财务目标包括来自股东和国有企业的股息支付,也包括国有企业股权价值的增值,追求国有资本的保值增值。运营国有资本取得的资本回报或收益、利润,需要由政府与国家所有权机构做出安排,并就国有企业的利润是用于再投资还是作为红利支付的"股息政策"达成协议,体现出资者的目的,应有的权力,同时也表明对经营者的约束和经营者对出资者的责任。国有资本控股、参股公司编制的预算反映公司的全面业务预算,是国有资本预算编制的数据基础,但不能列为国有资本预算的主体,国资委和国有资本经营公司是编制国有资本预算的主体。

(四) 国有资本预算的报表体系

预算编制的目的直接决定了预算反映的内容。从出资者的角度看,需要了解资本的投入与收益状况,包括资本的运营过程、结果、效率以及资本预算等财务信息。这些财务信息分类体现在预算报表之中。

1. 国有资本经营性收支预算表

国有资本经营性收支预算表是反映预算期内国有资本经营收支与结余的预算报告。经营性收支是指与国有资本经营过程直接相关的收入与支出。收支预算表的项目可分为经营性收入、经营性支出和经营性结余三个大项目。经营性收入包括产权转让收入、金融投资转让收入、股息收入、利息收入等;经营性支出包括产权转让支出、金融投资转让支出、利息支出、业务费支出、管理费用支出等。

2. 现金预算表

预算期内国有资本经营过程中现金的收入、支出与结余情况也是重要的决策有用信息。现金预算表与收支预算表的区别在于,收支预算表编制的基础是权责发生制,反映的是国有资本经营性收支状况的报表;现金预算表反映的项目包括经营性现金收支及其结余状况、筹资性现金收支及其结余状况和转移性现金收支及其结余状况。转移性收入是指预算期内财政资金转为国有资金的数额;转移性支出是指预算期内国有资本转为财政资金、社保资金等消费资金的数额。

3. 国有资本存量预算表

国有资本存量预算表反映预算期末国有资本经营的结果。反映的内容包括本期期末和预算期期末国有资产、国有资本的存量及其分布结构。

4. 国有资本保值增值预算表

国有资本保值增值预算表反映了预算期内国有资本经营的效率,是在经营性收支预算表和国有资本存量预算表的基础上编制的。它反映了本期期末国有资本存量的余额,预算期国有资本投入增加量、国有资本平均投入余额、增值额、增值比率,以及国有资本对国民经济的贡献额、贡献率及其增长比率。

5. 国有资本投资预算表

国有资本投资预算表反映预算期内国有资本投资项目在建设期、经营期以及终结期的现金流入量、流出量的分布预测,风险因素评估,资金筹措安排和获利因素分析等。

【复习思考题】

1. 如何理解国家预算的内涵?
2. 如何理解国家预算的特点和作用?
3. 我国现行的国家预算管理体制有什么特点?
4. 国家预算编制应遵循哪些原则?
5. 什么是单式预算和复式预算? 它们有什么区别?
6. 我国公共预算、社会保障预算、国有资本预算的内容分别是什么?

参 考 文 献

[1] 张长胜. 企业全面预算管理教程. 北京:北京大学出版社,2012.
[2] 章显中. 企业预算控制. 北京:中国人民大学出版社,2009.
[3] 刘小虎. 烟草商业企业全面预算管理的应用研究. 南宁:广西大学 MBA 学位论文,2009.
[4] 王金秀,陈志勇. 国家预算. 北京:中国人民大学出版社,2007.
[5] 马蔡琛. 政府预算. 大连:东北财经大学出版社,2007.
[6] 苏芳. 路桥施工企业全面预算管理的应用研究. 南宁:广西大学 MBA 学位论文,2006.
[7] 李琦. 电信企业全面预算管理的应用研究. 南宁:广西大学硕士学位论文,2006.
[8] 韦德洪,邹武平,黎朝霞. 财务预算管理理论与实务. 上海:立信会计出版社,2005.
[9] 韦德洪. 图解全面预算与企业管理的十大关系. 首席财务官,2005(9).
[10] 王化成,佟岩,李勇. 全面预算管理. 北京:中国人民大学出版社,2004.
[11] 韦德洪. 企业全面预算管理现状分析与思考. 财会通讯·学术,2004(7).
[12] 韦德洪. 企业全面预算管理的实施障碍与清除对策. 会计之友,2004(11).
[13] 胡乐亭. 国家预算. 北京:中国财政经济出版社,2002.
[14] 潘爱香,高晨. 全面预算管理——整合“四流”,创造“一流”. 杭州:浙江人民出版社,2001.
[15] 中国集团公司促进会,国家经贸委企业改革司. 中国企业集团制度创新案例精选. 北京:中国财政经济出版社,2001.

主编箴言一

财务管理"七·三论"[①]

所谓财务管理"七·三论",是指财务管理的七个"三论",即财务管理三管论、三无论、三分论、三控论、三计论、三看论和三防论。

一、财务管理"三管论"

财务管理"三管论"是指财务管理主要是管资产的取得、资产的耗用和资产的保全三件事情,或者说是管筹资活动、投资活动和经营活动三项活动。

财务是什么?财务管理又是什么?根据《现代汉语词典》的解释:"财"是钱和物资的总称,"务"是事情。因此,财务就是"跟钱和物资有关的事情",财务管理就是"对那些跟钱和物资有关的事情所进行的管理"。而所谓的"钱"就是货币性资产,所谓的"物资"就是非货币性资产,两者合称资产。所以,财务管理就是"对那些跟资产有关的事情所进行的管理"。可见,财务管理的客体就是"跟资产有关的事情"。

一个法人或自然人发生的跟资产有关的事情很多,可将这些事情划分为三大类,即资产的取得、资产的耗用和资产的保全。因此,财务管理主要就是管资产的取得、资产的耗用和资产的保全。这就是财务管理"三管论"。

资产取得的渠道包括筹资活动、投资活动和经营活动。资产耗用的途径包括筹资活动、投资活动和经营活动。资产保全的目标是保证资产取得和耗用过程或者筹资活动、投资活动和经营活动所形成的存量资产的安全完整。其中:筹资活动主要包括股权筹资活动(含股权资金的取得、股份回购和利润分配)和债权筹资活动(含债权资金的取得和还本付息)等。投资活动主要包括长期投资和短期投资活动、对内投资和对外投资活动、股权投资和债权投资活动等。经营活动主要包括采购、生产、销售、研发等活动以及这些活动所形成的收入和利得、所发生的成本费用和损失等。因此,财务管理主要就是管筹资活动、投资活动和经营活动。这是财务管理"三管论"的另一种表达。

二、财务管理"三无论"

财务管理"三无论"是指财务管理无处不在、无所不是、无人不做。它是由"三管论"派生出来的一个论点。

---

① 韦德洪. 财务管理"七·三论". 财会月刊,2012(4):91-93.

任何一个法人和自然人都有各自的资产,都会发生各自的跟资产有关的事情,因此都需要进行财务管理。财务管理无处不在!每一个人都应当树立并践行全民财务管理的观念。其中,法人主要包括国家、行政事业单位、企业、其他非营利组织等;自然人主要是指家庭和个人。因此,从财务管理的主体来看,财务管理应该包括国家财务管理、行政事业单位财务管理、企业(含金融企业)财务管理、其他非营利组织财务管理、家庭和个人财务管理、社会公众财务管理等。其中,国家财务管理主要包括国家财政管理、国家税收管理、国家金融管理、国家外汇管理等;社会公众财务管理主要包括社会保险基金管理、社会救助基金管理、社会慈善基金管理、住房公积金管理等。

一个财务管理主体内部,没有什么事情不跟资产有关,因此没有什么事情不是财务管理的事情。财务管理无所不是!每一个人都应当树立并践行全面财务管理的观念。

一个财务管理主体内部,没有什么人不在做着跟资产有关的事情,因此没有什么人不在做着财务的事情。财务管理无人不做!每一个人都应当树立并践行全员财务管理的观念。

三、财务管理“三分”论

财务管理“三分”论是指一个单位的高管层、财务部门和其他部门这三个机构及其人员,各自都要承担一部分财务管理责任,完成一部分财务管理工作。它是由“三无论”派生出来的一个论点。

根据财务管理“三无论”,一个单位的财务管理责任和工作,不光是财务部门及其人员的事情,而应当是全部机构及其人员的事情。那种认为财务管理责任和工作都只由财务部门来承担和完成的观点是极端错误的,坚持这种观点的人是绝对管不好财务的。因此,单位里的高管层、财务部门和其他职能部门及其人员都应当意识到自身的财务管理责任,完成好自身的财务管理工作。其中,高管层的财务管理责任或工作主要是制定或审定财务政策、进行重大财务规划或财务决策、协调和处理重大财务问题等。财务部门的财务管理责任或工作主要是进行日常的财务预测、决策、预算、核算、控制、分配、分析、审计、沟通和协调等。其他职能部门的财务管理责任或工作主要是与本部门工作职责有关的成本控制、风险控制和资产保全等。

四、财务管理“三控论”

财务管理“三控论”是指日常的财务管理要重点控制现金、控制债权、控制存货。

现金断流,一剑封喉!一个单位如果没有效益,尚可苟延残喘,比如有的公司连年亏损还在继续经营;但如果没有现金,则残喘也苟延不了,比如有的公司资金链一旦断裂就马上倒闭。因此,财务管理的基本任务不是为单位创造效益,而是保证单位的现金不断流,即保证单位能够取得正常的现金流入,保证单位正常的业务支出能够有现金流出。此外,一个单位所发生的经济业务绝大多数都和现金的收支有关,把现金管好了,就相当于把绝大多数的经济业务管好了。所以,日常的财务管理要重点控制现金。

债权过高,脖子架刀!一个单位如果应收账款等债权资产占比过高,表明自己的资金被债务人占用过多,资金回笼就可能很慢,很容易造成现金断流和资产损失,非常危险,因此,一定要控制应收账款等债权资产的占比,同时采取有效措施加速债权资金的回笼。

存货积压,脑袋搬家!一个单位的存货(商品或业务)如果长期积压卖不出去,势必会遭遇关门倒闭的命运,因此,必须准确把握市场的变化,生产经营适销对路的商品或业务,同时采取有效措施严格控制存货的采购、生产、销售和仓储,保证存货的质量,提高存货的周转速度,降低存货的积压。

五、财务管理“三计论”

财务管理“三计论”是指日常的财务管理要重点计算现金流量、计算成本费用、计算收入利润。

计算现金流量是在保证现金流量平衡的基础上重点关注经营活动现金净流量。所谓现金流量平衡是指在保持最佳现金余额的基础上使现金流入量等于现金流出量。为何要重点关注经营活动现金净流量?因为只有经营活动现金净流量充足,单位才能有充足的自有现金用于投资、偿债或分红。一个单位如果没有充足的经营活动现金净流量,投资、偿债、分红所需要的现金就得通过筹资活动来获得,势必增加单位的筹资成本,降低经济效益。

计算成本费用是在保证必要开支的基础上厉行节约。增收节支、开源节流、厉行节约等传统的理财观在当今的市场经济环境下仍然值得坚持,但必要的开支也是必不可少的。投入产出理论、投资回报理论表明,没有必要的投入或投资,就不会有相应的产出或回报。因此,一个单位日常的财务管理必须保证单位必要的开支能够支付。

计算收入利润是在积极创造收入的基础上多获利润。因为“利润 = 收入 - 费用 + 利得 - 损失”,因此,一个单位要想获得更多的利润,必须一方面努力创造收入,另一方面在保证必要开支的基础上努力降低费用,同时要把握时机获取利得,控制风险减少损失。

六、财务管理“三看论”

财务管理“三看论”是指日常的财务管理要重点看现金流量表、看资产负债表、看利润表。

看现金流量表,重点是看有没有充足的经营活动现金净流量,因为只有经营活动现金净流量充足,单位才可以减少对外筹资,从而减少筹资成本。

看资产负债表,重点是看净资产是否增加以及是什么原因导致净资产增加。净资产是归属于投资人的权益,净资产的增加意味着投资人的权益增加。而资产总额则是包含了投资人权益和债权人权益在内的总的权益。根据会计平衡公式,负债和净资产同时增加、负债增加额大于净资产减少额或者净资产增加额大于负债减少额这三种情况都会导致资产总额增加。看资产负债表如果仅仅看资产总额是否增加,就容易忽视负债增加额大于净资产减少额这种尽管资产总额增加、但净资产却减少的情况,从而使投资人权益减少的事实容易被掩盖起来。因此,看资产负债表必须重点看净资产是否增加。但净资产增加可能是由于公允价值变动、投资人增加投资以及单位实现净利润所致。而这三种原因导致的净资产增加,只有净利润导致的才是正常的、可持续的,因此,看净资产的增加,重点是看是否因净利润而增加。

看利润表,重点是看营业活动和主营业务有没有利润。利润总额 = 营业利润 + 营业外收支净额。其中,营业利润 = 主营业务利润 + 其他业务利润 + 公允价值变动收益 + 投资收益。正常情况下,一个单位的利润总额应该主要来源于营业利润,而营业利润又应该主要来源于主营业务利润。只有主营业务和营业活动创造出更多的利润,这个单位才有竞争力和可持续发展的能力。因此,看利润表不能只看利润总额或净利润,而应该重点关注营业利润和主营业务利润。

七、财务管理“三防论”

财务管理“三防论”是指日常的财务管理要注重防范错账乱账、防范贪污挪用、防范损失浪费。其中,防范错账乱账就是要严格按照会计准则的规定进行确认、计量、记录和报告,保证会计信息质量达到真实性、可靠性、完整性、相关性、明晰性、可比性、实质重于形式、重要性、谨慎性、及时性的要求。防范贪污挪用就是防范虚报冒领、截留和挪用公款等违法犯纪行为。防范损失浪费就是要求可靠保全资产、合理耗用资产,防止失窃、毁损、变质、提前报废和过度耗用等。

主编箴言二

财务管理“11·12法则”[①]

所谓财务管理“11·12法则”，是指财务管理要“树立并践行10种观念、牢记并活用1组口诀、掌握并善用10门技术、重视并理顺2个关系”。

一、树立并践行10种观念

财务管理要树立并践行的10种观念是：全面财务管理观念、全员财务管理观念、资金时间价值观念、风险报酬匹配观念、现金重于利润观念、以人为本观念、社会责任观念、利益兼顾观念、战略服务观念、可持续发展观念。

“全面财务管理观念”要求任何一个财务管理主体都要把自身发生的任何一项经济活动看作是财务管理的事情，用财务管理的思维来管理每一项经济活动，让财务管理的触角延伸到每一项经济活动，让财务管理的制度约束到每一项经济活动，让财务管理的手段控制到每一项经济活动。

“全员财务管理观念”要求一个财务管理主体内部的每一个成员都要把自己所承担的每一项工作看作是财务管理的事情，用财务管理的思维来完成自己所承担的每一项工作，用财务管理的制度来约束自己所承担的每一项工作，用财务管理的手段来控制自己所承担的每一项工作。

“资金时间价值观念”要求一个财务管理主体在对自身发生的经济活动进行管理时，要注重资金的时间价值，讲求资金来源和运用的时效性。

“风险报酬匹配观念”要求一个财务管理主体在对自身发生的经济活动进行管理时，要注重风险与报酬之间的匹配关系，高风险应该追求高报酬，反过来，低报酬必须确保低风险。

“现金重于利润观念”要求一个财务管理主体在对自身发生的经济活动进行管理时，要更加注重现金的管理，而不能只关注利润，要把现金看得比利润还重要。

“以人为本观念”要求一个财务管理主体在对自身发生的经济活动进行管理时，要以人为本，在财务资源的配置上要关注人的物质利益和精神利益。

“社会责任观念”要求一个财务管理主体在对自身发生的经济活动进行管理时，努力尽到应尽的社会责任，在财务资源的配置上要考虑社会责任的尽责要求。

“利益兼顾观念”要求一个财务管理主体在对自身发生的经济活动进行管理时，兼顾各个利益相关者的利益，不能只追求某一个利益相关者的利益最大化。

---

① 韦德洪．财务管理“11·12法则”．财会月刊，2012(4)：91－93.

"战略服务观念"要求一个财务管理主体的财务管理活动要服从于该主体的战略大局，服务于该主体的战略目标，从战略大局出发，促进战略目标的实现。

"可持续发展观念"要求一个财务管理主体在对自身发生的经济活动进行管理时，在财务资源的配置上避免短期行为、短视眼光，切实保证所在主体的可持续发展。

二、牢记并活用1组口诀——韦德洪财务管理108字诀

财务管理要牢记并活用的1组口诀是：无事不是财务，无人不做财务，领导更要财务；时间就是价值，风险必求收益；现金重于利润，收支互为前提；环境决定目标，目标指挥行动；行动需要决策，决策依赖预测；行动还需预算，预算必须控制；核算乃是基础，分配尤为重要，分析不可或缺；审计才能验证，沟通方可协调。

"无事不是财务，无人不做财务，领导更要财务"是指一个财务管理主体内部没有什么事情不是财务管理的事情，没有什么人不在做着财务管理的事情，领导更要熟知和重视财务管理的事情。

"时间就是价值，风险必求收益"是指时间既可以增加价值、也可以减少价值，财务管理应该以追求价值增加为目标，注重时间因素对价值的影响，同时要追求与风险水平相匹配的收益，有多大的风险就应该追求多大的收益。

"现金重于利润，收支互为前提"是指现金比利润更重要，一个财务管理主体应该更加关注现金的管理，同时，收入和支出是互为前提的，没有足够的收入就没有充分的支出(投资)，而没有必要的支出(或投资)也没有应得的回报(或收益)。

"环境决定目标，目标指挥行动"是指财务管理目标受到财务管理环境的制约，环境改变了，财务管理的目标就要适时调整，财务管理目标一旦确定了，财务管理的一切行动就要围绕着这个目标来展开。

"行动需要决策，决策依赖预测"是指财务管理的一切行动都必须慎重的做出决策，而正确的决策又依赖于科学的预测，因此，在做出财务决策之前必须进行科学的预测。

"行动还需预算，预算必须控制"是指财务管理的一切行动都必须在事前编制一个合理的预算，有了合理的预算就必须严格控制，只有严格控制，才能保证预算目标的实现。

"核算乃是基础，分配尤为重要，分析不可或缺"是指财务核算(即会计确认、计量、记录和报告)是财务管理的重要基础，财务分配(即经济利益在各个利益相关者之间分配)也是一项非常重要的财务管理工作，财务分析(亦即经济活动分析)更是不能缺少的。

"审计才能验证，沟通方可协调"是指财务管理必须借助审计的手段，只有通过严格的审计，才能验证财务管理活动的合法性、合规性、合理性、经济性、效率性和效果性，同时，只有通过和各个利益相关者进行有效的沟通，才能协调好各个利益相关者之间的利益冲突，兼顾好各个利益相关者之间的利益。

三、掌握并善用10门技术

财务管理要掌握并善用的10门技术是：财务预测技术、财务决策技术、财务预算技术、财务核算技术、财务控制技术、财务分析技术、财务分配技术、财务审计技术、财务沟通技术、财务

协调技术。

财务预测技术主要包括收入预测(含销量预测、价格预测、销售收入预测等)技术、成本费用预测技术、利润预测技术、现金流量预测技术等。财务决策技术主要包括经营决策(含采购决策、生产决策、销售决策等)技术、投资决策技术、筹资决策技术等。财务预算技术主要包括经营预算技术、投资预算技术、筹资预算技术等。财务核算技术主要包括会计确认、计量、记录和报告技术等。财务控制技术主要包括经营活动控制技术、投资活动控制技术、筹资活动控制技术等。财务分析技术主要包括经营活动分析技术、投资活动分析技术、筹资活动分析技术等。财务分配技术主要包括薪酬分配技术、息税前利润分配技术、税前利润分配技术、税后利润分配技术等。财务审计技术主要包括财务收支审计技术、经济效益审计技术、经济责任审计技术、社会责任审计技术、环境资源审计技术等。财务沟通与协调技术主要包括心理测度技术、语言表达技术、谈话谈判技术、为人处世技术等。

四、重视并理顺 2 个关系

财务管理要重视并理顺的 2 个关系,即组织内部各个利益相关者之间的利益关系和组织同外部各个利益相关者之间的利益关系。前者如投资者与经营者之间的利益关系,投资者与投资者之间的利益关系,经营者与经营者之间的利益关系,经营者与员工之间的利益关系,员工与员工之间的利益关系。后者如组织同债权人之间的利益关系,组织同客户或者消费者之间的利益关系,组织同政府有关部门之间的利益关系,组织同周边居民之间的利益关系,组织同整个社会公众之间的利益关系。重视并理顺这两个关系首先要把财务管理的目标确定为利益相关者的利益有效兼顾,不能片面强调股东财富最大化或企业价值最大化;其次要坚持以人为本观念、社会责任观念、利益兼顾观念和可持续发展观念,使投资者、经营者、员工、债权人、客户或者消费者、政府有关部门、周边居民以及整个社会公众的利益都得到有效兼顾,才能实现组织的可持续发展目标。

财务学之歌

1=D $\frac{4}{4}$

♩=120

韦德洪 词曲

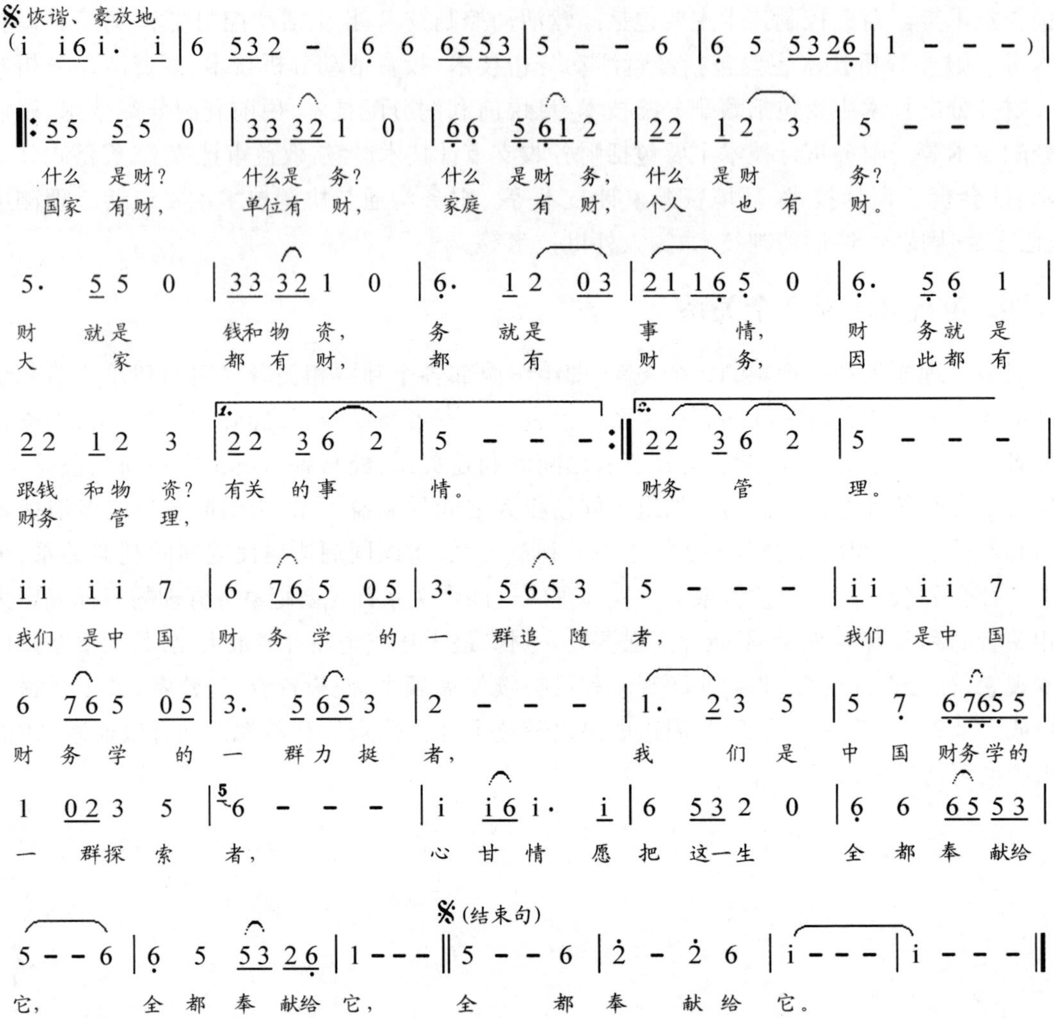

𝄋 恢谐、豪放地

什么 是财？ 什么是 务？ 什么 是财 务， 什么 是财 务？

国家 有财， 单位有 财， 家庭 有 财， 个人 也 有 财。

财 就是 钱和物 资， 务 就是 事 情， 财 务就 是

大 家 都 有 财， 都 有 财 务， 因 此都 有

跟钱 和物 资？ 有关 的事 情。 财务 管 理。

财务 管 理，

我们 是中 国 财 务 学 的 一 群追 随 者， 我们 是中 国

财 务 学 的 一 群力 挺 者， 我 们 是 中 国 财务学的

一 群探 索 者， 心 甘 情 愿 把 这一生 全 都 奉 献给

𝄋（结束句）

它， 全 都 奉 献给 它， 全 都奉 献 给 它。